普通高等教育“十一五”国家级规划教材

新编21世纪法学系列教材
总主编 曾宪义 王利明

外国法制史

第八版

主　编 林榕年 叶秋华
执行主编 王云霞
副主编 高仰光

撰稿人（以姓氏笔画为序）
王云霞 叶秋华 张彩凤 林榕年
姜 栋 高仰光 崔林林 曾尔恕

Foreign Legal History

中国人民大学出版社
·北京·

图书在版编目（CIP）数据

外国法制史 / 林榕年，叶秋华主编．-- 8 版．北京：中国人民大学出版社，2025.1．--（新编 21 世纪法学系列教材 / 曾宪义，王利明总主编）．-- ISBN 978-7-300-33630-5

Ⅰ．D909.9

中国国家版本馆 CIP 数据核字第 2025CH2939 号

普通高等教育"十一五"国家级规划教材

新编 21 世纪法学系列教材

总主编　曾宪义　王利明

外国法制史（第八版）

主　　编　林榕年　叶秋华

执行主编　王云霞

副 主 编　高仰光

Waiguo Fazhishi

出版发行	中国人民大学出版社		
社　　址	北京中关村大街 31 号	**邮政编码**	100080
电　　话	010－62511242（总编室）		010－62511770（质管部）
	010－82501766（邮购部）		010－62514148（门市部）
	010－62515195（发行公司）		010－62515275（盗版举报）
网　　址	http://www.crup.com.cn		
经　　销	新华书店		
印　　刷	北京七色印务有限公司	**版　　次**	1999 年 9 月第 1 版
开　　本	787 mm×1092 mm　1/16		2025 年 1 月第 8 版
印　　张	20 插页 1	**印　　次**	2025 年 1 月第 1 次印刷
字　　数	455 000	**定　　价**	55.00 元

内容简介

本教材的研究范围覆盖古埃及法、楔形文字法、古代印度法、希伯来法、古希腊法、罗马法、日耳曼法、教会法、城市法和商法、伊斯兰法、英国法、美国法、法国法、德国法、日本法和俄罗斯法共16个在世界历史上最具代表性的法律体系，对各个法律体系的历史演变、主要法律制度、表现形式、基本特征及历史地位作了详细阐述。

与其他同类教材相比，本教材重点突出、线索清晰，反映了学科前沿发展动态。本教材不仅可供高等院校法学、历史学等相关专业的本科生、研究生学习外国法制史使用，也可作为国家统一法律职业资格考试的辅助教材，同时也适合希望拓展外国法律史知识的各类在职人员阅读。

主编简介

林榕年（1928—2014） 中国人民大学法学院教授，我国外国法制史学科奠基人，全国外国法制史研究会创始人之一，曾长期担任中国法律史学会副会长、全国外国法制史研究会会长。主要研究领域包括罗马法、大陆法、英美法等。出版《外国法制史讲义》（三卷本）、《外国法制史》、《外国法制史新编》等多部全国高校统编教材和规划教材，发表《谈人权问题》《陪审制度的起源》《民主是个过程》《外国法制史研究中的几个问题》《论罗马法的接受和影响》等论文数十篇。

叶秋华 女，1950年6月出生，中国人民大学法学院教授，博士研究生导师。曾任中国人民大学法学院副院长、全国外国法制史研究会副会长、中国法学教育研究会秘书长。主要研究领域包括英美法、西方经济法律制度、比较法律文化等。出版《外国法制史论》《西方经济法律制度》《外国法制史》等近10部专著与教材，发表《希伯来法论略》《关于罗马法的几个理论问题》《西方民法史上的“骄子”》等论文20余篇。

主编简介

王云霞 女，1962年10月出生，中国人民大学法学院教授、博士研究生导师，中国人民大学法律文化研究中心副主任，中国人民大学法学院文化遗产法研究所所长。兼任全国外国法制史研究会副会长。主要研究方向为外国法制史、比较法律文化、文化遗产法。出版《东方法律改革比较研究》《普通法的诉讼形式》《文化遗产法：概念、体系与视角》《文化遗产法教程》等专著、教材、译著十余部，发表《印度社会的法律改革》《〈法国民法典〉的时代精神探析》《论文化遗产权》等论文40余篇。

高仰光 男，1978年1月出生，中国人民大学法学院副教授。兼任全国外国法制史研究会副秘书长。主要研究领域为古希腊法、罗马法、西方中世纪法、西方法律近代化等。代表作有专著《〈萨克森明镜〉研究》，以及论文《论日耳曼法中的赔命价制度》《马克斯·韦伯与当代中国人的法律信仰》《欧盟距离“同一个欧洲”还有多远》《纳粹统治时期德国法律史学的源流、变迁与影响》。

总序

曾宪义

在人类文明与文化的发展中，中华民族曾作出过伟大的贡献，不仅最早开启了世界东方文明的大门，而且对人类法治、法学及法学教育的生成与发展进行了积极的探索与光辉的实践。

在我们祖先生存繁衍的土地上，自从摆脱动物生活、开始用双手去进行创造性的劳动、用人类特有的灵性去思考以后，我们人类在不断改造客观世界、创造辉煌的物质文明的同时，也在不断地探索人类的主观世界，逐渐形成了哲学思想、伦理道德、宗教信仰、风俗习惯等一系列维系道德人心、维持一定社会秩序的精神规范，更创造了博大精深、义理精微的法律制度。应该说，在人类所创造的诸种精神文化成果中，法律制度是一种极为奇特的社会现象。因为作为一项人类的精神成果，法律制度往往集中而突出地反映了人类在认识自身、调节社会、谋求发展的各个重要进程中的思想和行动。法律是现实社会的调节器，是人民权利的保障书，是通过国家的强制力来确认人的不同社会地位的有力杠杆，它来源于现实生活，而且真实地反映现实的要求。因而透过一个国家、一个民族、一个时代的法律制度，我们可以清楚地观察到当时人们关于人、社会、人与人的关系、社会组织以及哲学、宗教等诸多方面的思想与观点。同时，法律是一种具有国家强制力、约束力的社会规范，它以一种最明确的方式，对当时社会成员的言论或行动作出规范与要求，因而也清楚地反映了人类在各个历史发展阶段中对于不同的人所作出的种种具体要求和限制。因此，从法律制度的发展变迁中，同样可以看到人类自身不断发展、不断完善的历史轨迹。人类社会几千年的国家文明发展历史已经无可争辩地证明，法律制度乃是维系社会、调整各种社会关系、保持社会稳定的重要的工具。同时，法律制度的不断完善，也是人类社会文明进步的显著体现。

由于发展路径的不同、文化背景的差异，东方社会与西方世界对于法律的意义、底蕴的理解、阐释存有很大的差异，但是，在各自的发展过程中，都曾比较注重法律的制定与完善。中国古代虽然被看成是“礼治”的社会、“人治”的世界，被认为是“只有刑，没有法”的时代，但从《法经》到《唐律疏议》、《大清律例》等数十部优秀成文法典的存在，充分说明了成文制定法在中国古代社会中的突出地位，唯这些成文法制所体现出的精神旨趣与现代法律文明有较大不同而已。时至20世纪初叶，随着西风东渐、东西文化交流加快，中国社会开始由古代的、传统的社会体制向近现代文明过渡，建立健全的、符合现代理性精神的法律文明体系方成为现代社会的共识。正因为如此，近代以来的数百年间，在西方、东方各主要国家里，伴随着社会变革的潮起潮落，法律改革运动也一直呈方兴未艾之势。

从历史上看，法律的文明、进步，取决于诸多的社会因素。东西方法律发展的历史均充分证明，推动法律文明进步的动力，是现实的社会生活，是政治、经济和社会文化的变迁；同时，法律内容、法律技术的发展，往往依赖于一大批法律专家以及更多的受过法律教育的社会成员的研究和推动。从这个角度看，法学教育、法学研究的发展，对于法律文明的发展进步，也有着异常重要的意义。正因为如此，法学教育和法学研究在现代国家的国民教育体系和科学研究体系中，开始占有越来越重要的位置。

中国近代意义上的法学教育和法学研究，肇始于19世纪末的晚清时代。清光绪二十一年（公元1895年）开办的天津中西学堂，首次开设法科并招收学生，虽然规模较小，但仍可以视为中国最早的近代法学教育机构（天津中西学堂后改名为北洋大学，又发展为天津大学）。三年后，中国近代著名的思想家、有“维新骄子”之称的梁启超先生即在湖南《湘报》上发表题为《论中国宜讲求法律之学》的文章，用他惯有的富有感染力的激情文字，呼唤国人重视法学，发明法学，讲求法学。梁先生是清代末年一位开风气之先的思想巨子，在他辉煌的学术生涯中，法学并非其专攻，但他仍以敏锐的眼光，预见到了新世纪中国法学研究和法学教育的发展。数年以后，清廷在内外压力之下，被迫宣布实施“新政”，推动变法修律。以修订法律大臣沈家本为代表的一批有识之士，在近十年的变法修律过程中，在大量翻译西方法学著作，引进西方法律观念，有限度地改造中国传统的法律体制的同时，也开始推动中国早期的法学教育和法学研究。20世纪初，中国最早设立的三所大学——北洋大学、京师大学堂、山西大学堂均设有法科或法律学科目，以期“端正方向，培养通才”。1906年，应修订法律大臣沈家本、伍廷芳等人的奏请，清政府在京师正式设立中国第一所专门的法政教育机构——京师法律学堂。次年，另一所法政学堂——直属清政府学部的京师法政学堂也正式招生。这些大学法科及法律、法政学堂的设立，应该是中国历史上近代意义上的正规专门法学教育的滥觞。

自清末以来，中国的法学教育作为法律事业的一个重要组成部分，随着中国社会的曲折发展，经历了极不平坦的发展历程。在20世纪的大部分时间里，中国社会一直充斥着各种矛盾和斗争。在外敌入侵、民族危亡的沉重压力之下，中国人民为寻找适合中国国情的发展道路而花费了无穷的心力，付出过沉重的代价。从客观上看，长期的社会骚动和频繁的政治变迁曾给中国的法治与法学带来过极大的消极影响。直至20世纪70年代末期，以“文化大革命”宣告结束为标志，中国社会开始用理性的目光重新审视中国的过去，规划国家和社会的未来，中国由此进入长期稳定、和平发展的大好时期，以这种大的社会环境为背景，中国的法学教育也获得了前所未有的发展机遇。

从宏观上看，实行改革开放以来，经过二十多年的努力，中国的法学教育事业所取得的成就是辉煌的。首先，经过“解放思想，实事求是”思想解放运动的洗礼，在中国法学界迅速清除了极左思潮及苏联法学模式的一些消极影响，根据本国国情建设社会主义法治国家已经成为国家民族的共识，这为中国法学教育和法学研究的发展奠定了稳固的思想基础。其次，随着法学禁区的不断被打破、法学研究的逐步深入，一个较为完善的法学学科体系已经建立起来。理论法学、部门法学各学科基本形成了比较系统和成熟的理论体系和学术框架，一些随着法学研究逐渐深入而出现的法学子学科、法学边缘学科也渐次成型。1997年，国家教育主管部门和教育部高校法学学科教学指导委员会对原有专业目录进行了又一次大幅度调整，决定自1999年起法学类本科只设一个单一的法学专业，按照一个专业招生，从而使法学学科的布局更加科学和合理。同时，在充分论证的基础上，确定了法学专业本科教学的14门核心课程，加上其他必修、选修课程的配合，由此形成了一个传统与更新并重、能够适应国家和社会发展需要的教学体系。法学硕士和博士研究生及法律硕士专业学位研究生的专业设置、课程教学和培养体系也日臻完善。再次，法学教育的规模迅速扩大，层次日趋齐全，结构日臻合理。目前中国有六百余所普通高等院校设置了法律院系或法律本科专业，在校本科学生和研究生已达二十余万人。除本科生外，在一些全国知名的法律院校，法学硕士研究生、法律硕士专业学位研究生、法学博士研究生已经逐步成为培养的重点。

众所周知，法律的进步、法治的完善，是一项综合性的社会工程。一方面，现实社会关系的发展，国家政治、经济和社会生活的变化，为法律的进步、变迁提供动力，提供社会的土壤。另一方面，法学教育、法学研究的发展，直接推动法律进步的进程。同时，全民法律意识、法律素质的提高，则是实现法治国理想的关键的、决定性的因素。在社会发展、法学教育、法学研究等几个攸关法律进步的重要环节中，法学教育无疑处于核心的、基础的地位。中国法学教育过去二十多年所走过的历程令人激动，所取得的成就也足资我们自豪。随着国家的发展、社会的进步，在21世纪，我们面临着更严峻的挑战和更灿烂的前景。“建设世界一流法学教育”，任重道远。

首先，法律是建立在经济基础之上的上层建筑，以法治为研究对象的法学也就成为一门实践性很强的学科。社会生活的发展变化，势必要对法学教育、法学研究不断提出新的要求。经过二十多年的奋斗，中国改革开放的前期目标已顺利实现。但随着改革开放的逐步深入，国家和社会的一些深层次问题，比如说社会主义市场经济秩序的真正建立、国有企业制度的改革、政治体制的完善、全民道德价值的重建、环境保护和自然资源的合理利用等，也已经开始浮现出来。这些复杂问题的解决，无疑最终都会归结到法律制度的完善上来。建立一套完善、合理的法律制度，构建理想的和谐社会，乃一项持久而庞大的社会工程，需要全民族的智慧和努力。其中的基础性工作，如理论的论证、框架的设计、具体规范的拟订、法律实施中的纠偏等等，则有赖于法学研究的不断深入，以及高素质人才特别是法律人才的养成，而培养法律人才的任务，则是法学教育的直接责任。

其次，21世纪是一个多元化的世纪。20世纪中叶发生的信息技术革命，正在极大地改变着我们的世界。现代科学技术，特别是计算机网络信息技术的发展，使传统的生活方式、思想观念发生了根本的改变，并由此引发许多人类从未面对过的问题。就法学教育而言，在21世纪所要面临的，不仅是教学内容、研究对象的多元化问题，而且还有培养对象、培养目标的多元化、教学方式的多元化等一系列问题，这些问题都需要法学界去思考、去探索。

中国人民大学法学院建立于1950年，是新中国诞生后创办的第一所正规高等法学教育机构。在半个多世纪的岁月中，中国人民大学法学院以其雄厚的学术力量、严谨求实的学风、高水平的教学质量以及丰硕的学术研究成果，在全国法学教育领域处于领先地位，并开始跻身于世界著名法学院之林。据初步统计，中国人民大学法学院已经为国家培养法学专业本科生、硕士生、博士生一万余人，培养各类成人法科学生三十余万人。经过多年的努力，中国人民大学法学院形成了较为明显的学术优势，在现职教师中，既有一批资深望重、在国内外享有盛誉的法学前辈，更有一大批在改革开放后成长起来的优秀中青年法学家。这些老中青法学专家多年来在勤奋研究法学理论的同时，也积极投身于国家的立法、司法实践，对国家法制建设贡献良多。

有鉴于此，中国人民大学法学院与中国人民大学出版社经过研究协商，决定结合中国人民大学法学院的学术优势和中国人民大学出版社的出版力量，出版一套“21世纪法学系列教材”。自1998年开始编写出版本科教材，包括按照教育部所确定的法学专业核心课程和其所颁布印发的《全国高等学校法学专业核心课程教学基本要求》而编写的14门核心课程教材，也包括法学各领域、各新兴学科教材及教学参考书和案例分析在内，到2000年12月3日在人民大会堂大礼堂召开举世瞩目的“21世纪世界百所著名大学法学院院长论坛暨中国人民大学法学院成立五十周年庆祝大会”之时，业已出版了50本作为50周年院庆献礼，到现在总共出版了80本。为了进一步适应高等法学教育发展的形势和教学改革的需要，最近中国人民大学法学院与中国人民大学出版社决定将这套教材扩大为四个系列，即：“本科生用书”、“法学研究生用书”、“法律硕士研究生用书”以及“司法考试用书”，总数将达二百多本。我们设想，本套教材的编写，将更加注意“高水准”与“适用性”的合理结合。首先，本套教材将由中国人民大学法学院具有全国影响的各学科的学术带头人领衔，约请全国高校优秀学者参加，形成学术实力强大的编写阵容。同时，在编写教材时，将注意吸收中国法学研究的最新的学术成果，注意国际学术发展的最新动向，力求使教材内容能够站在21世纪的学术前沿，反映各学科成熟的理论，体现中国法学的水平。其次，本套教材在编写时，将针对新时期学生特点，将思想性、学术性、新颖性、可读性有机结合起来，注意运用典型生动的案例、简明流畅的语言去阐释法律理论与法律制度。

我们期望并且相信，经过组织者、编写者、出版者的共同努力，这套法学教材将以其质量效应、规模效应，力求成为奉献给新世纪的精品教材，我们诚挚地祈望得到方家和广大读者的教正。

2006年7月1日

序言

法学教育是高等教育的重要组成部分，是建设社会主义法治国家、构建社会主义和谐社会的重要基础，并居于先导性的战略地位。在我国社会转型的新世纪、新阶段，法学教育不仅要为建设高素质的法律职业共同体服务，而且要面向全社会培养大批治理国家、管理社会、发展经济的高层次法律人才。近年来，法学教育取得了长足的进步，法科数量增长很快，教育质量稳步提高，培养层次日渐完善，目前已经形成了涵盖本科生、第二学士学位生、法学硕士研究生、法律硕士研究生、法学博士研究生的完整的法学人才培养体系，接受法科教育已经成为莘莘学子的优先选择之一。随着中国法治事业的迅速发展，我们有理由相信，中国法学教育的事业大有可为，中国法学教育的前途充满光明。

教育的基本功能在于育人，在于塑造德才兼备的高素质人才。法学教育的宗旨并非培养只会机械适用法律的“工匠”，而承载着培养追求正义、知法懂法、忠于法律、廉洁自律的法律人的任务。要完成法学教育的使命，首先必须认真抓好教材建设。我始终认为，教材是实现教育功能的重要工具和媒介，法学教材不仅仅是法学知识传承的载体，而且是规范教学内容、提高教学质量的关键，对法学教育的发展有着不可估量的作用。

第一，法学教材是传授法学基本知识的工具。初学法律，既要有好的老师，又要有好的教材。正如冯友兰先生所言：“学哲学的目的，是使人作为人能够成为人，而不是成为某种人。其他的学习（不是学哲学）是使人能够成为某种人，即有一定职业的人。”一套好的教材，能够高屋建瓴地展示法律的体系，能够准确简明地阐释法律的逻辑，能够深入浅出地叙述法律的精要，能够生动贴切地表达深奥的法理。所以，法学教材是学生学习法律的向导，是学生步入法律殿堂的阶梯。如果在入门之初教材就有偏颇之处，就可能误人子弟，学生日后还要花费大量时间与精力来修正已经形成的错误观念。

第二，法学教材是传播法律价值理念的载体。好的法学教材不仅要传授法学知识，更要传播法律的精神和法治的理念，例如对公平、正义的追求，尊重权利的观念。本科、研究生阶段的青年学子，正处在人生观、价值观形成的阶段，一套优秀的法学教材，对于他们价值观的塑造和健全人格的培养具有重要意义。

第三，法学教材是形成职业共同体的主要条件。建设社会主义法治国家，有赖于法律职业共同体的生成。一套好的法学教材，向法律研习者传授共同的知识，这对于培养一个接受共同的价值理念、共同的法律思维、共同的话语体系的法律共同体，具有重要的作用。

第四，法学教材是所有法律研习者的良师益友。没有好的教材，一个好的教师或可弥补教材的欠缺和不足，但对那些没有老师指导的自学者而言，教材就是老师，其重要作用是显而易见的。

长期以来，在我们的评价体系中，教材并没有获得应有的注重，对学术成果的形式优先考虑的往往是专著而非教材。在不少人的观念中，教材与创新、与学术精品甚至与学术无缘。其实，要真正写出一部好的教材，其难度之大、工作之艰辛、影响之深远，绝不低于一部优秀的专著，它甚至可以成为在几百年甚至更长的时间内发挥作用的传世之作。以查士丁尼的《法学阶梯》为例，所谓法学阶梯，即法学入门之义，就是一部教材。但它概括了罗马法的精髓，千百年来，一直是人们研习罗马法最基本的著述。日本著名学者我妻荣说过，大学教授有两大任务：一是写出自己熟悉的专业及学术领域的讲义乃至教科书；二是选择自己最有兴趣、最看重的题目，集中精力进行终生的研究。实际上，这两者是相辅相成的。写出一部好教材，必须要对相关领域形成一个完整的知识体系，还要能以深入浅出的语言将问题讲清楚、讲明白。没有编写教材的基本功，实际上也很难写出优秀的专著。当然，也只有对每一个专题都有一定研究，才能形成对这个学术领域的完整把握。

虽然近几年我国法学教育发展迅速，成绩显著，但是法学教育也面临许多挑战。各个学校的师资队伍和教学质量参差不齐，这就更需要推出更多的结构严谨、内容全面、角度各有侧重、能够适应不同需求的法学教材，为提高法学教学和人才培养质量、保障法学教育健康发展提供前提条件。

长期以来，中国人民大学法学院始终高度重视教材建设。作为新中国成立后建立的第一所正规的法学教育机构，中国人民大学法律系最早开设了社会主义法学教学课堂，编写了第一套社会主义法学讲义，培养了新中国第一批法学本科生和各学科的硕士生、博士生，产生了新中国最早的一批法学家和法律工作者。中国人民大学法律系因此被誉为“新中国法学教育的工作母机”。半个多世纪以来，中国人民大学法学院为社会主义法制建设培养了大批优秀的法律人才，并为法学事业的振兴和繁荣作出了卓越贡献，也因此成为引领中国法学教育的重镇、凝聚国内法律人才的平台和沟通中外法学交流的窗口，并在世界知名法学院行列中崭露头角。为了对中国法学教育事业作出更大的贡献，我们有义务也有责任出版一套体现我们最新研究成果的法学教材。

承蒙中国人民大学出版社的大力支持，我们组织编写了本套教材，其中包括本科生用书、法律硕士研究生用书、法学研究生用书和司法考试用书四大系列，分别面向不同层次法科教育需求。编写人员以中国人民大学法学院教师为主，反映了中国人民大学法学院整体的研究实力和学术视野。相信本套教材的出版，一定能够为新时期法学教育的繁荣发展发挥应有的作用。

是为序。

2006 年 7 月 10 日

第八版修订说明

本教材自1999年第一版出版以来，一直深受读者的厚爱和学界同人的好评，迄今已多次重印和修订。鉴于本教材获得的良好社会评价，2017年5月，中国人民大学将其列为“中国人民大学‘十三五’规划本科教材”。为适应新时代外国法制史本科教学的发展需要，本次修订以习近平法治思想为指导，在保持原有的基本内容和结构体例的基础上，对局部内容进行了更新。

本次修订有如下变化：

第一，结合21世纪以来相关国家的法制发展状况，对有关内容进行了修改和补充。

第二，吸收学界最新研究成果，更新了对某些法律制度的内容、特点及历史地位的阐述。

分工情况如下（以姓氏笔画为序）：

王云霞：第三章、第十一章；

叶秋华：第二章、第六章、第十五章；

张彩凤：第九章、第十三章；

林榕年：绪论；

姜栋：第四章、第十二章；

高仰光：第五章、第七章、第十四章；

崔林林：第一章、第十六章；

曾尔恕：第八章、第十章。

编著者

2024年11月

编写说明

本书为“21世纪法学系列教材”之一。外国法制史是一门重要的法学基础课，学习和掌握外国法制史的有关知识，对我国社会主义法治建设无疑具有推动作用。

本教材是在借鉴以往教材建设的主要成果、总结编写者长期教学经验的基础上形成的。与以往的教材相比，本教材具有两个主要特点：第一，它的结构体例更为简洁、紧凑。它不再按照古代、中世纪、近代和现代这种传统的“四大块”来编排，以免人为地割断内容；也不按照“综述”“分论”的体例来编写，以免造成内容的重复，而是以法系为主干、以典型国家的法制发展为脉络进行论述。第二，它更注重对近现代发达国家法制经验的总结。从字数看，古代、中世纪法律的内容还不到总篇幅的1/3，而近现代法律的内容占到总篇幅的2/3强，许多章节都涉及20世纪90年代后期以来法律的最新发展状况。

本教材主要适用对象为各高等学校法律专业本科生、研究生、双学士，夜大、函授以及自学考试本科生。教材的编写者除中国人民大学的教师外，还包括中国政法大学、中国人民公安大学的几位具有丰富教学经验的教师。

各章撰稿人如下（以姓氏笔画为序）：

王云霞：第三章、第十一章；

叶秋华：第二章、第五章、第六章、第十四章、第十五章；

张彩凤：第九章、第十三章；

林榕年：绪论；

崔林林：第一章、第四章、第十六章、第十七章；

曾尔恕：第七章、第八章、第十章、第十二章。

编著者

1999年7月

目录

绪　论

一、外国法制史的研究对象体系及其在法律学科中的地位

外国法制史是一门研究世界上各种不同类型的、有影响的、有代表性的法律制度的内容、形式、本质、特点和相互联系及发展规律的科学。究竟哪些法律制度属于具有“代表性”或者“有影响的”呢？一般来说，主要是指那些在世界法律发展史上占有重要地位的法律制度，比如，各种法系的母法，对后世法律或者当时的社会进步产生了重大影响的法律制度，对认识法律的本质及法律与宗教、道德、伦理等社会现象的联系有直接帮助的法律制度，在立法技术、法律意识及司法活动等方面有独特表现的法律制度，对当代中国的法制建设具有重要借鉴意义的法律制度，等等。法律制度的内涵非常丰富，其外延也是多侧面的。外国法制史学不仅要说明这些法律制度“是什么”，还要揭示“是什么”背后的“为什么”；它不仅要说明一种法律制度的内容、形式、特征和本质，还要解释这种法律制度和他种法律制度之间的联系和区别，以及这种法律制度与其他社会现象之间的相互关系；它不仅要说明一个特定时期某种类型的法律制度，更要阐明这种法律制度的来龙去脉以及造成其变化的原因，并且以具体事例为依据，总结法律制度发展、更替的规律。

法律制度和其他社会现象一样，都有自己产生、发展的过程和规律。因此，对于任何一种法律制度的研究，都应当把它放在一定的历史条件下，进行历史分析。这就是说：考察问题最可靠、最必需、最重要的就是不要忘记基本的历史联系，考察每个问题都要看某种现象在历史上怎样产生，在发展中经过了哪些主要阶段，并根据它的这种发展去考察这一事物现在是怎样的。

外国法制史的研究对象决定了这门课程不仅要从总体上分别揭示历史上各种类型的法律制度发生、发展、变化的一般规律，而且必须按照不同国家法律制度演变过程中合乎逻辑的年代顺序来安排自己的体系。因此，外国法制史的体系既要考虑同一社会经济形态中不同国家的法律制度在基本的、主要的方面属于同一类型，也要考虑它们的不同特征，在比较中阐明它们之间的具体联系和差别。时间界限大体上应以世界通史的历史分期为标准，分古代、中世纪、近代、现代四个时期。历史上出现过不少因传承关系或某种联系而形成的相同又有差异的法律传统，即通常所说的“法系”，如楔形文字法系、希伯来法系、印度法系、罗马—日耳曼法系、普通法法系、天主教教会法系、伊斯兰法系等。这对于比较研究各国法律制度的特点和相互借鉴关系具有参考价值。

研究外国法制史还需要弄清该学科与其他相关学科的关系，以便更清晰地认识该学科的独特研究对象和意义。

外国法制史在我国法律学科体系中属于基础学科，它同各个部门法学如宪法学、民法学、刑法学、诉讼法学、国际法学等的关系，是历史和现实、一般与特殊的关系。今天的法律既是昨天法律的发展和延续，也是明天法律的瞻示。因此，每一法律部门都有自己的专史，其任务在于阐明各自领域的基本内容、原则和制度发生、发展、变化的具体规律。然而，外国法制史不同于这些专史，它不是各个法律部门史的简单拼凑，而是从总体上对各个法律领域的基本内容、原则和制度进行研究，揭示它们在不同历史阶段上所表现出来的不同特点及相互之间的影响和联系，从而为各个法律部门专史的研究，理出一条基本线索。毫无疑问，部门法的专史也会不断以自己的研究成果，充实外国法制史。

外国法制史与法学基础理论也有着直接而紧密的关系。法学基础理论根据法制史和部门法学提供的历史和现实材料，抽象、概括出普遍适用于法学的概念、原理和规律。研究外国法制史必须以马克思主义关于法学的基础理论为指导；研究法学基础理论也必须以丰富、具体的史实为依据。恩格斯曾说过：原则不是研究的出发点，而是它的最终结果。这些原则不是被应用于自然界和人类历史，而是从它们中抽象出来的；不是自然界和人类去适应原则，而是原则只有在适合于自然界和历史的情况下才是正确的。这一精辟的论述，科学地阐明了历史和理论的关系。外国法制史与法学基础理论的关系也是如此。

外国法制史与西方法律思想史的联系，是制度与思想之间的联系。法律制度的创建、发展经常体现出某些法律思想家的理论和思想，而一定时期的法律思想的产生和发展，也离不开法律制度实践的检验。这方面的例子，在历史上是屡见不鲜的。

总之，外国法制史是一门研究外国法律制度基本内容、基本特点和发展规律的学科，在吸收和借鉴人类社会创造的文明成果和当今世界各国法制建设经验方面，有极其重要的作用。

第一，它揭示了历史上各种类型的法律制度的产生、发展和变化的规律，展示出一幅贯穿古今的外国法制史发展的绚丽多彩、生动活泼的历史蓝图；从而开阔人们的视野，给人们以启迪，增强人们对法的理论的理解，使人们正确认识法律这种社会现象，牢固树立马克思主义的法律观。

第二，它可以帮助人们从法律制度的沿革和变迁的起因及结局中，系统地总结历代统治阶级运用法律实施统治的经验，从中比较、鉴别，批判地利用和吸收，“古为今用，洋为中用”，以利于把我国建设成为具有中国特色的社会主义法治国家。

第三，它从宏观和微观方面介绍世界上一些有影响、有代表性的法律制度和原则，提供外国法学研究和法制建设的最新信息，使我们能够知己知彼，在对外交往中更有力地维护我国人民的权益，加快我国法律科学和法律制度改革和建设的步伐。

二、外国法律制度的回顾与瞻示

（一）古代时期

古代时期一般是指奴隶制社会时期。就世界范围而言，其时间起讫，约从公元前

4000年人类社会产生私有制、阶级以及国家与法的时候起，到5世纪西罗马帝国灭亡时止。由于各个地区经济发展水平和自然环境以及其他条件存在差异，原始公社制度的解体和奴隶制法律制度的产生和发展，呈现出极不平衡和错综复杂的情况。

非洲尼罗河流域的埃及和西亚两河流域的苏美尔地区是迄今为止被认为最早出现奴隶制法律制度的地区。考古资料证实，约公元前3500年至公元前3100年，埃及的许多地区便先后形成了一些奴隶制小国。其中，以涅伽达和希波里两个国家为最大。根据古希腊历史学家希罗多德的说法，埃及第一王朝的第一位立法者是美尼斯，第二位立法者是萨吉西司，他们接受“神”的旨意相继制定了成文法。古埃及王国最有影响的立法者当推第二十四王朝（约公元前8世纪）的法老博克贺利斯（Bocchoris），他所编纂的《博克贺利斯法典》共8部、40册，标志着古埃及法已经发展到比较系统和完善的地步。

几乎与古埃及同时（约公元前3000年代中期），西亚两河流域南部的苏美尔地区，也逐渐出现一些城邦国家，如乌尔、乌鲁克、拉格什等，开始适用不发达的习惯法，后来用楔形文字书写为成文法。

继古埃及、两河流域之后，亚洲南部的印度和西部地区先后产生了古代印度法和希伯来法。印度最早出现的国家约在公元前2350年。考古资料证明，当时在印度河中、下游存在着两个彼此独立的国家（城市），即哈拉巴和摩亨佐·达罗。另外还发现有几十处城镇和村落，这无疑是些奴隶制国家的雏形，它们都程度不同地采用不成文的习惯法。约公元前15世纪至公元前14世纪，雅利安人从中亚入侵印度，加剧了该地区财产和阶级分化，从而出现了许多奴隶制国家。与此相适应，产生了婆罗门教，随之又出现了“法经”和“法典”，其中最有代表性、影响最广的，则是约公元前2世纪编纂的《摩奴法典》（Manusmrti）。

公元前11世纪左右，西亚的巴勒斯坦产生了希伯来人国家和法，希伯来人信奉犹太教，其教义集中于《旧约》（犹太教的《圣经》）的前五卷，即“摩西五经”（又称“律法书”）。希伯来人称法律为“托拉”，实际上它是法律、叙文、诗歌的统称。“托拉”的文字和精神是不能违背的，否则就会引起“神的怨怒”而遭“灭绝”。诸如此类以及其他戒律，都被记载于“摩西十诫”之中。

古代亚非一些主要国家的法律制度，有许多共同特点：长期保留着土地公有形式；保留着原始公社的许多残余；家庭奴隶制没有绝迹；君主专制制度和宗法制的家庭生活方式占统治地位；习惯和专制君主的命令是法律的主要渊源。这说明，古代亚非国家的法律制度还很不完备，发展十分缓慢。

但是，这些国家的法律制度还有许多不同特点。古代埃及法产生最早，对后来的希腊化国家的法律和罗马法都产生过巨大影响，可惜它几乎没有一部完整的成文法典流传到后世。闻名于世的楔形文字法——《汉穆拉比法典》是世界上最早的一部比较完整的成文法典，它以清晰的文字记载着古代美索不达米亚平原所特有的奴隶占有制关系，对以后的希伯来法和西亚其他地区法律制度的形成和发展有巨大影响。古印度和希伯来的法律制度是另一种典型，它们都是具有浓厚宗教性质的宗教法，立法指导思想主要根据宗教教义；法律规范、宗教规范、伦理道德规范不分，相互作用、相互补充。古印度著名的《摩奴法典》，其内容多半是古远年代的惯例，给人以强烈的宗教感，最初受婆罗门教影响，后又直接受佛教和印度教影响。这部法典在东南亚地区法律制度的发展中，占有十分重要的地位。希伯来法尽管在历史上存在的时间短暂，但对欧洲的教会法和阿拉伯国家的伊斯兰法有着直接影响。

古代东方国家的法律制度是奴隶制早期阶段社会经济结构和政治制度特点的反映。古代西方希腊和罗马的法律制度则反映了奴隶制发达时期经济关系和阶级结构的特点。当然，希腊和罗马也经历过奴隶制的早期阶段。那里的法律制度有一段漫长的产生、发展和逐渐臻于完备的过程。

希腊是欧洲最先进入阶级社会和产生奴隶制国家和法的地区。早在公元前 12 世纪到公元前 6 世纪，希腊本土就已形成了几十个城邦国家，相应地产生了各个城邦的习惯法和成文法。由于各国经济发展不平衡以及自然环境和历史条件的影响，古希腊各国一直没有形成统一的整体，因而也没有形成统一的法律体系。所谓希腊法，实际上是各个城邦多种法律的组合。其中影响最大的，一是奴隶制贵族政体的典型——斯巴达，二是奴隶制民主制的典型——雅典。

雅典的工商业和航海业发展迅速，因而较早地进入奴隶制发达时期，正是在这样的基础上建立起奴隶制民主共和国。其法律制度保证着雅典公民的民主权利，调整着自由人内部的私有财产关系；债法比较发达；刑法十分残酷；开始有了私诉和公诉的区分；相应地建立起一套比较完整的诉讼制度。斯巴达法律制度的特点，与其贵族政体密切联系：普遍实行严格的军事训练，全国布满军营，土地被分为不可转让的“份地”。公民与自由人（庇里爱克）以及奴隶（希洛人）的地位极不平等。

希腊各城邦很早便与埃及、迦太基和西亚各国有着经济和文化交往，吸收了那里的不少法律文化，从而形成了自己独特的法律体系，并影响了罗马法的发展进程。希腊法之所以对罗马法有直接影响，不仅因为罗马在历史上一直与希腊有着十分密切的经济、政治和文化交往，而且因为罗马最早的成文法《十二表法》是在考察了希腊、西西里，翻阅了那里的法律文件之后制定的；罗马法的理论基础来源于希腊的自然法思想。

自公元前 4 世纪希腊被马其顿征服后，两河流域各国、埃及、波斯、巴勒斯坦、叙利亚等地都相继成为马其顿帝国的组成部分，它们的法律进入了希腊化时期（公元前 4 世纪至公元前 1 世纪）。

罗马法形成较晚，却后来居上。公元前 3 世纪以贵族为主体的罗马共和国一跃成为地中海沿岸的统治者。罗马奴隶制经济发展迅速，阶级关系和民族关系复杂。正因如此，罗马法超越希腊法，进而发展成为奴隶制社会最发达、最完备的法律，对奴隶制占有关系，特别是对简单商品生产的各种关系（如买主和卖主、债权人和债务人、契约、家庭等），都作了详尽而明确的规定，以至于后来调整商品经济的法律，都不能对它作实质性的修改。恩格斯说：罗马法是“商品生产者社会的第一个世界性法律”①。

（二）中世纪时期

中世纪时期是指封建社会的建立和发展时期。由于各民族历史发展极不平衡，它们

---

① 马克思，恩格斯．马克思恩格斯全集：第 21 卷．2 版．北京：人民出版社，2003：346.

进入封建社会的时间以及封建法在不同国家的表现形式是极不相同的，更不用说有些民族根本就不曾有过农民的农奴制依附地位，有些民族在氏族部落制度解体以后，未经过奴隶制，直接进入了封建社会。这就使封建社会的法律制度呈现出一片光怪陆离的景象。

西欧封建社会的法律制度在世界史上占有重要地位。它是在西罗马帝国崩溃的基础上和封建国家同时产生的，是罗马帝国奴隶占有制的危机、封建制生产关系的形成和侵入西罗马帝国的日耳曼人氏族部落制度解体两种过程结合发展的结果。公元5世纪，侵入西罗马帝国的日耳曼人建立起许多“蛮族”（意指日耳曼人）国家。公元8世纪，在欧洲大陆形成了一个强大的统一的法兰克王国。与此同时，日耳曼人的另一支——盎格鲁-撒克逊人从北海沿岸侵入不列颠岛，建立了几个较大的封建王国。至于西欧其他国家像法兰西、意大利、德意志等，是在公元9世纪法兰克王国分裂之后逐渐形成的。

西欧封建法律制度史分为早期、中期和晚期三个时期。

在早期，各国盛行日耳曼习惯法。有一些习惯法写成文字，如《撒利法典》《西哥特法典》《盎格鲁-撒克逊法典》等。这些法典被统称为“蛮族法典”，并在它们的基础上形成对西欧各国法律发展具有深远影响的日耳曼法。

在中期，各国法律制度出现很大差异。在原高卢和西班牙地区即欧洲大陆，商品货币经济的发展引起“罗马法的复兴”并被广泛采用，日耳曼法与罗马法逐渐融合。而在不列颠，罗马的征服几乎没有留下痕迹，法律的发展在很大程度上受11世纪诺曼征服的影响，创建了适用全国的“普通法”，从而奠定了英吉利法系的基础，与直接采用罗马法的大陆法系，形成鲜明的对照。

在晚期，伴随“罗马法的复兴”，商法、海商法和城市法应运而生。这与11世纪以来地中海沿岸商业和海上贸易的恢复和发展以及自治城市的出现有直接、密切的关系。商法既渊源于各地的商业习惯，也深受罗马法的影响，并逐渐通过各自治城市订立条约和司法实践，使其规则趋于一致，从而出现了不少“商法典”和“海事判例集”。这些“法典”和“判例集”便成为后来欧洲大陆各国商法典和英国普通法中商法规范的主要渊源。商法、海商法、城市法和罗马法的复兴汇合在一起，为近代资本主义法律的诞生准备了条件。

由于中世纪西欧特殊的历史条件，天主教会居于至尊地位，因而教会法规在西欧法律的发展中具有重要意义，尤其在婚姻、家庭和继承方面，至今仍有巨大的影响。

东欧5世纪以后，出现了两种情况：一方面，东罗马帝国开始从奴隶制向封建制过渡；另一方面，居住在拉巴河沿岸与波罗的海沿岸的斯拉夫人的一些强大部落开始从前封建社会向早期封建社会过渡。

俄国自9世纪末罗斯封建王国建立开始，到19世纪60年代废除农奴制，封建主义统治历经约九百年时间。从俄国封建法律的发展中，可以看到罗马法和拜占庭教会法对它的影响。

同欧洲有着悠久交往历史的阿拉伯地区，封建化过程绵延了很长时间。6世纪，麦加的商人穆罕默德（Muhammad，约570—632）在促进阿拉伯人统一的运动中创立了伊斯兰教（回教），由穆罕默德的格言和“圣谕”构成的《古兰经》被公认为伊斯兰法的基本渊源。《古兰经》肯定了阿拉伯封建社会的阶级关系和等级关系，保留了许多氏族部落制度的残余，反映了游牧经济生活的特点。伊斯兰法的宗教性质，使居住在任何国家的穆斯林和任何信奉伊斯兰教的国家都必须遵循或采用《古兰经》。这样，就在世界法制史苑形成一支独特的阿拉伯法系。

（三）近代时期

近代时期是指资产阶级革命取得胜利后欧美各国开始建立资本主义法律制度的时期。从世界范围考察，通常把17世纪英国资产阶级革命作为中世纪结束和近代史的开端；它的下限则止于1917年俄国十月社会主义革命胜利和第一次世界大战结束。

发生于1640年的英国资产阶级革命，经过复辟与反复辟的长期斗争，终于在1688年以所谓“光荣革命”的方式，确立了君主立宪政体，以资产阶级和贵族的妥协而告终。尽管取得政权的资产阶级和新贵族为适应资本主义经济发展的需要，进行了经济的、政治的和法律的改革，但其仍然继承了封建时期的原则、制度和法律传统，保留了封建时代的司法机构。

美国原属英国的殖民地。爆发于1775年的独立战争本质上是资产阶级革命。1776年，在启蒙思想家的影响下，美国发表了著名的《独立宣言》，随后制定了《邦联条例》和美国联邦宪法（以下简称联邦宪法）。独立后的美国的法律制度，一方面继受了英国法的传统和特点；另一方面却始终注意清除英国法中不适合美国国情的封建的、烦琐的形式和内容，建立适应美国资本主义经济发展需要的政治法律体系。

法国原本是一个封建君主专制的农业国。1789年的资产阶级革命，一直沿着上升路线发展，迅速走上了创建资本主义国家与法律制度的道路。拿破仑·波拿巴执政后，法国资产阶级政权获得进一步巩固和加强。从1804年到1810年的短短几年间，法国连续制定出《法国民法典》、《法国民事诉讼法典》、《法国商法典》、《法国刑事诉讼法典》和《法国刑法典》。这些法典，吸取了法国民族的法律文化传统和革命以来的立法成就，首创了系统完善的资本主义法律体系，成为举世效法的楷模，奠定了大陆法系的基础。

德意志原是封建诸侯割据的国家，资本主义发展较晚，至19世纪50年代至60年代，才开始由农业国转变为工业国。资本主义的进一步发展使德意志的统一成为当务之急。统一是于1815年至1898年通过普鲁士首相俾斯麦推行“铁血政策”自上而下完成的，实质上是一场资产阶级革命。1871年1月18日，德意志帝国正式宣告成立，标志着统一任务的完成。

统一前，德国各邦都接受了罗马法传统，兼受日耳曼法和教会法的影响。统一后，德意志帝国立即于1871年制定了《德意志帝国宪法》，并于1897年以前陆续公布了《德国刑法典》《法院组织法》《民事诉讼法》《刑事诉讼法》《破产法》《德国民法典》《德国商法典》。这些立法对大陆法系的最终形成有很大影响。

东欧的俄国和东方的日本，资本主义发展也都比较晚。1861年2月19日，俄国沙皇政府颁布了废除农奴制法令，标志着俄国从封建制度开始向资本主义制度过渡。接下来俄国又进行了一系列自上而下的政治、司法改革，其主要法律成果是于1835年生效的《俄罗斯帝国法律全书》。日本在1867年以前由封建幕府统治；1868年9月通过倒幕运动，建立起中央集权的天皇制国家，改年号为“明治”，实行一系列资产阶级改革，史称

“明治维新”。日本的一系列立法深受德国法的影响，但保留了浓厚的封建残余，在大陆法系中，成为兼有东方法律文化传统的代表者之一。

资产阶级法律不像奴隶制和封建制法律那样公开主张阶级、等级的特权。它宣布“公民在法律面前人人平等”，“自由”是不可割让的权利，等等。这无疑是一巨大进步。

近代时期，资本主义法律制度的一个突出特点是形成了大陆法系和英美法系。

大陆法系亦称“民法法系”或“罗马—日耳曼法系”。它以法国和德国为代表，从中世纪后期开始，在罗马法的基础上，融合了日耳曼法、天主教教会法以及其他法律成分，逐渐形成为世界性的法律体系。其分布范围极为广泛，以欧洲大陆为中心，遍及全世界广大地区，包括近东、亚洲、非洲，特别是中南美洲，如巴西、阿根廷、秘鲁、智利、哥伦比亚、一些阿拉伯国家（叙利亚、伊拉克、约旦等）、日本、泰国、菲律宾、印尼、阿尔及利亚、埃及、突尼斯、摩洛哥、土耳其、刚果、卢旺达、布隆迪、南非、英国的苏格兰、美国的路易斯安那州、加拿大的魁北克省等。此外，北欧各国即斯堪的纳维亚法律也接近大陆法系。

英美法系亦称“英吉利法系”或“普通法法系”，是以英国普通法为基础，兼以衡平法和制定法为主要渊源，融合教会法和商人法，吸收罗马法的一些原则和制度，逐渐形成的世界性法律体系。因美国具有自己的突出特点并在其中占有重要地位，故称“英美法系”。除英国、美国外，其成员也分布于世界各地，主要有爱尔兰、加拿大（魁北克除外）、澳大利亚、新西兰、印度、马来西亚、新加坡、冈比亚、尼日利亚、加纳、肯尼亚、乌干达、赞比亚等。

两大法系的主要区别在于：（1）大陆法系沿袭罗马法关于法律分类的学说，将整个法律体系分成各个法律部门并分别制定成法典，辅之以单行法规；英美法系则没有大陆法系那种分类，也不制定大陆法系那种具有系统性、确定性和逻辑性很强的法典，而将判例法奉为主要渊源，以“遵循先例”为原则。（2）大陆法系主要是在继承罗马法的基础上发展起来的；英美法系则没有全面继承罗马法，而只是吸收了罗马法的若干原则和制度。（3）大陆法系将全部法律划分为公法和私法两大类，强调制定法的权威，法官只能严格执行法律规定；英美法系则延续了中世纪英国的法律制度，体系庞杂，缺乏系统分类，强调法官的裁量作用，法官可以通过解释法律创制先例，对后来同类案件的审理有约束力。（4）大陆法系重视理论在法律发展中的指导和推动作用，英美法系则强调经验和法律的实际应用。（5）大陆法系在制作司法判决的技术风格上注重概念明确、语言精练、富于逻辑性，采用演绎推理形式，以法律条文为大前提，以案件事实为小前提，然后推导出必要的结论；英美法系则讲求实际，恪守先例，采用归纳推理形式，从大量的判例中归纳出普遍适用的原则，然后得出处理本案的结论。（6）大陆法系重视实体法和程序法的区分，程序法被视为从属于实体法，是适用实体法的工具，实行纠问式诉讼以及普通法院和行政法院双轨平行的体制；英美法系则奉行“程序中心主义”，强调程序法的重要性，实行对抗制诉讼，行政诉讼由普通法院管辖。

尽管两大法系之间有上述种种差异，但它们形成的历史背景、思想理论基础大体相同，不少制度和原则极其相似。随着世界经济、政治、文化的发展，两大法系逐渐出现相互借鉴与融合的趋势。

（四）现代时期

现代时期是指以十月社会主义革命胜利和第一次世界大战结束为开端一直发展至今的时期。在现代时期，随着社会经济、政治、文化和科技的进步，法律制度发生了巨大变化。

1. 社会主义法律体系的出现

这是现代法律制度最突出的特征。1917 年俄国十月社会主义革命的胜利，在世界 1/6 的土地上建立起一种社会主义法律制度。

第二次世界大战结束以前，社会主义法律制度只在苏联一国存在和发展。它通过先后制定的宪法、行政法、民法、刑法、民事诉讼法、刑事诉讼法、土地法和森林法等，建立起比较系统的法律体系。第二次世界大战以后，随着东欧一些国家以及中国、朝鲜、越南等亚洲国家走上社会主义道路，曾一度形成了社会主义法系与大陆法系、英美法系并存的格局。然而从 20 世纪 80 年代末开始，苏联解体，东欧各社会主义国家发生了剧变，其影响已逐渐消失。

2. 各主要资本主义国家法律制度发生了巨大变化

这是与资本主义发展，生产力飞速发展，阶级力量对比明显变化相适应的。

在两次世界大战之间，德国、意大利、日本建立了法西斯专横残暴的法律制度，给人类带来了巨大灾难。然而许多资本主义国家相继进行了不同程度的法律改革：减少了一些对选举权的限制，社会立法有所增加，改善了妇女和非婚生子女的地位，等等。与此同时，英国和美国出现了成文法排挤判例法的趋势；在欧洲大陆国家，司法实践发挥了更大的作用，授权法官以自己作出的判决弥补成文法典出现的漏洞；私有财产权无限制的原则和国家不得干预财产案件的原则逐渐被“严格限制财产权”“在国家监督下将财产权用于社会目的”的原则所代替；契约自由原则经受了重大的变化，垄断组织使按照单方面意志签订的契约合法化，从而也动摇了契约对双方具有约束力的原则；等等。这些改革在 19 世纪末即已初露端倪，在 20 世纪初则继续加强。

第二次世界大战后，由于第三次产业革命带来了世界性的繁荣进步，以及人民民主、民族独立运动的蓬勃开展，资本主义国家法律制度发生了深刻的变化：

（1）主要资本主义国家普遍开展法律革新运动。日本、法国、德国等国家制定了新宪法，宣布人民享有多种政治、经济、文化、教育、社会福利权利，还特别规定了放弃战争，争取和平条款；许多国家加强了社会保障立法，实行所谓“从摇篮到坟墓”的“福利国家”政策。与此同时，大陆法系国家朝着革新方向，全面修订了民法典、刑法典、民事和刑事诉讼法典。英美法系国家通过立法和司法，使种族和性别歧视现象进一步减少。

（2）形成许多新的法律部门。在国家加强对经济干预的背景下，“经济法”作为新兴的法律部门异军突起，并分支为多种单行法规；随着现代科技的进步，出现了科技法、能源法、环境保护法、航空法、宇航法、知识产权法等新的分支部门；国际经济、贸易交往空前繁盛，国际组织、跨国公司增多，使世界经济、贸易交往中产生了十分复杂、多样的法律关系，于是国际经济法也随之发展为独立的法律部门，它又被分为国际贸易法、国际金融法、国际投资法、国际税法、国际知识产权法等许多相对独立的分支；行政法的地位日益重要；法律的社会化倾向更加突出，不仅传统的民法、商法、刑法等越发明显地强调社会公共利益，而且介于传统的公、私法划分之间的公私混合型的社会法如劳动法、社会保障法、青少年犯罪防治法等也迅速兴起，从而表明了法律在加强维护个人和法人主体权利的同时，也对社会利益十分关注。

（3）大陆法系和英美法系相互渗透和融合的趋势日益显著。大陆法系各国开始注重判例的作用，并引进英美诉讼法中的一些原则；英美法系国家的成文法不断增多；欧洲共同体法（后又发展成为欧洲联盟法）的出现，促进了两大法系这种相互融合的趋势。

3. 新兴民族独立国家法律的振兴

第二次世界大战后，伴随民族、民主运动的高涨，旧的殖民世界迅速崩溃，产生了许多民族独立国家。这些国家原是宗主国的殖民地，分别受大陆法系或英美法系的影响。独立后各自依据自己的国情，进行了丰富多彩的法律改革。尽管这些改革仍未摆脱原属法系的影响，但已形成了发展中民族国家法律的特色。例如：信奉伊斯兰教的国家，形成了西方法律与伊斯兰法混合的法律制度；印度 1950 年宪法宣布“英国以前在印度施行的法律继续有效”（第 372 条）的同时，仍在亲属法、继承法中保留了印度教法的传统；其他英语国家如埃塞俄比亚、加纳、尼日利亚等则参照大陆法系的经验，重新制定了自己的民法、商法、刑法、民事诉讼法和刑事诉讼法；非洲各法语国家独立以后制定和公布了一百多部法典，同时也吸收了英美法系因素；等等。

进入 21 世纪，尽管国际形势复杂多变，人类社会面临种种挑战，但由于经济全球化趋势深入发展，科技进步日新月异，各类全球性和区域性合作体制生机勃勃，呈现新的发展态势。

总之，世界各国、各地区的法律制度都是在其特定历史环境中孕育成长的。我们应以客观的态度对待外国法制经验，既要看到其中的精华和智慧之处，也要看到其中的糟粕和落后之处。我们应该充分借鉴、吸收其合理因素，避开其中不符合我国国情的成分，减小试错成本，以完善中国特色社会主义法治体系。

深度阅读

1. 林榕年．外国法制史研究中的几个问题．汕头大学学报（人文社会科学版），1985（1）．

2. 达维德．当代主要法律体系．漆竹生，译．上海：上海译文出版社，1984.

3. 叶秋华．外国法制史论．北京：中国法制出版社，2000.

问题与思考

1. 如何理解外国法制史的研究对象？

2. 如何理解“法系”这一概念？它对研究外国法制史有何意义？

3. 为什么说外国法制史是法学基础学科？

第一章
古埃及法

常考知识点

- 古埃及法的概念和性质
- 《博克贺利斯法典》

第一节　古埃及法的形成和演变

古埃及法是指适用于古代埃及奴隶制国家的整个历史时期（约公元前 3000 年至公元前 6 世纪）的法律规范的总称。

地处非洲东北部的古代埃及是人类文明的发源地之一，流贯南北的尼罗河每年定期泛滥，不仅灌溉了万顷农田，而且在洪水退后，留下一层肥沃的淤泥，有利于农作物的生长。尼罗河滋润着两岸的土地，哺育着这里的居民。古希腊学者希罗多德称埃及是尼罗河的赠礼。大约在公元前 5000 年左右，古埃及人已经进入定居的农业生活，成为世界上最早的农业地区之一。

在公元前 4000 年代后半期，由于农业、手工业、畜牧业和渔业都有了很大的发展，古埃及的原始公社开始解体，公元前 3500 年左右，古埃及逐渐出现了几十个奴隶制国家。经过长期的征战和兼并，形成了上、下埃及两个王国。公元前 3100 年左右，上埃及王美尼斯（Menes）统一全国，定都提尼斯，后又迁都至孟斐斯，统一的古埃及步入奴隶制文明时代，从这时起到公元前 332 年古埃及被马其顿王亚历山大征服止，经历了早王国、古王国、中王国、新王国和后期埃及几个时期，共计 31 个王朝。自公元前 11 世纪起，动荡的埃及先后被埃塞俄比亚人、亚述人、波斯人和马其顿的亚历山大所征服，公元前 6 世纪以后，古埃及基本上沦为波斯、希腊和罗马的行省，逐步失去其独立地位。

古埃及法最古老的渊源是奴隶制国家形成初期的不成文的习惯法，它是由氏族习惯演变而来的。随着古代埃及统一国家的形成，习惯法逐渐转变为成文法，根据古典作家狄奥多拉斯的记载，古埃及的第一位立法者就是第一王朝的第一位法老（Pharaoh）美尼斯，以后还有萨吉西斯、塞索西斯和博克贺利斯等法老。据说，萨吉西斯曾颁布一道法令：规定借债时可以将自己亡父的木乃伊（Mummy）作为抵押，或以自身未来的木乃伊作为偿还债务的担保，债务清偿以前，本人的木乃伊不得埋葬。公元前 13 世纪，拉美西斯二世（Ramesses Ⅱ）为了以法律形式确认奴隶制统治秩序，颁布了关于整顿军队的成分和以出身、职业及特权作为区别依据的“种姓制法律”。公元前 8 世纪，则有《博克贺利斯法典》的公布，全书共 8 部（40 册）。依据该法典，债务奴役制被废除，限制借贷利息，准许农民典卖自己的份地，订立契约不必通过宗教仪式，而且司法权也不再为祭司所垄断，该法典被认为是古代埃及最重要的法律典籍。除法老颁布的法律之外，宰相和其他高级行政官员发布的政令起着补充法律之不足的作用，因而也具有法律的效力。史料表明，古埃及法的发展经历了由习惯法向成文法转化，并不断完善的过程，但成文法的出现并不意味着习惯法完全消失，习惯法在不断被成文化的同时，仍在广泛的领域发挥重要作用。

第二节　古埃及法的基本制度

一、专制制度

古埃及是典型的东方专制国家。法老作为中央集权制下的专制君主，不仅被看成神或神之子，而且又是权威、智慧和真理的化身，具有“创造性的言辞”“超人的智力”“坚持真理”“主持正义”的神的属性，考古发现的石刻或壁画总把法老描绘成一个巨神，或者表现为神鹰、神蛇的形状；他的名字不许读出声音，在正式朝见时必须用第三人称称呼他；在法老面前，即使是显贵人士也处于绝对屈从的地位，若触犯法老，随时都可能丢掉性命；任何人面见法老，须腹胸贴地，匍匐前进，亲吻法老脚前的尘土，只有少数人才能获得一种崇高的荣誉即亲吻法老的鞋子，与法老谈话更是无上光荣。法老是神而不是人，这是古代埃及王权的基本内涵。相对于王权神授，法老的神化和神的属性更有助于确立统治者的权威和巩固其统治秩序。法老拥有立法、司法、行政、财政、公共工程、军事、宗教等方面的一切权力，雄伟庄严的金字塔表现了法老的无限权威与力量以及臣民对专制君主的绝对崇拜。

法老之下设有各种官吏。宰相是整个官僚机构的全权首长，辅佐法老每天处理全国政务，并且主管王室农庄、司法、国家档案、税收，监督公共工程的兴建，是法老敕令的解释人，职权广泛，所以非法老近亲不能担任。宰相之下设有一批大臣，分别管理财政、水利建设和各州的事务。上自宰相，下至书吏、监工，各有专职，共同维系着法老的统治。

祭司在国家机构系统中占有显要位置，是法老的宗教事务的代理人，主持祭祀活动犹如政府的其他官员履行其职责一样，神庙的祭祀活动为法老的专制统治提供了思想意识上的保证。祭司也是由法老任免的，与官吏之间并无严格差别，往往祭司可以做国家的官吏，而官吏也可以获得祭司的名位。特别是在新王国时代，祭司的权威更高，他们与政府的官僚大臣相结合，在国内的政治生活中占有重要地位。

军队是专制王权的重要支柱，法老直接掌管控制军队，宰相不得兼理军务。此外，埃及还有警察负责维持社会治安。

二、土地制度

法老作为全国土地的最高所有者，常常以分封或俸禄的方式把土地分配给寺庙、贵族和官吏。古埃及土地占有和使用的形式有以下几种：(1) 王室土地，归王室直接支配，构成王室领地（Jafalik），由王室派官经营，驱使奴隶和失去土地的自由民从事劳动，其产品供王室挥霍。(2) 神庙的土地，主要来自法老的赠与，如《上古埃及年代记》中就多次提到这种赠与，其中最多一次赠地达 1 700 斯塔特（1 斯塔特合 2 735 平方米），这种赠与不仅规模较大，而且不附带任何条件。另外，法老和大臣还在生前把土地赠给祭司，作为死后守陵祭祀之用，这类土地只能世袭使用，不能转让。(3) 贵族和大臣占有的土地，一般分为两个部分，即由继承得来的家族财产和法老赏赐的禄田，家产可以继承、转让和出卖，禄田在罢官之后仍须交给国家。(4) 农民占有的土地，全国土地的大部分分配给广大农民使用，以保证国家的基本税收来源。在农村公社里，每家领取一小块份地耕种，国家通过村社向农民摊派租税，抽调力役。法老每隔几年要对全国的土地和其他财产进行一次清查，根据清查结果确定税额。如不能按期交足定额，即从土地上逐走。公元前 14 世纪，法老赫拉姆霍斯的法律规定，对不按期纳税者，一律处以杖刑。农民负担的赋税非常沉重，许多人因此而破产沦为债务奴隶，或者流落到王室、大臣、贵族和神庙的农庄里，成为处于依附地位的农民，受其支配和压榨。

三、契约制度

随着古埃及奴隶制经济的繁荣，出现了多种形式的契约，广泛适用于土地买卖、借贷、租赁和合伙等经济活动。契约的成立以当事人合意为基础，并辅以必要的形式。在古代埃及一个很长的历史时期内，债务契约的签订必须采取一种庄严宣誓的形式，在祭司和官吏的面前签订契约，这一形式要求直到博克贺利斯王时代才被免除。订立土地买卖的契约则必须遵循严格的程序，应依次经过三道手续：钱款付清协议，卖方保证不得有第三者对该土地主张任何权利，买主开始占有土地。这三道手续须在法院办理，并在土地登记簿上完成过户手续，土地所有权的转移自买方实行占有土地时开始。

古埃及最为流行的契约形式是借贷契约，借贷契约的标的物主要是金钱和谷物。债务人可以以本人或亲属的人身甚至木乃伊作为偿还债务的抵押和担保，从博克贺利斯王起，废除了债务奴役制，同时禁止债权人擅自夺取债务人的财产，特别是耕畜和农具等农业生产用具，但法老和寺庙不在此列。博克贺利斯王还限定了利率，金钱借贷每年的最高利率为 30%，谷物借贷每年的最高利率为 33%，但主要的高利贷者即法老、官吏和寺庙放贷时不受此限制，此外还有租赁契约以及合伙契约等。

四、婚姻家庭与继承制度

古埃及保留有显著的母权制的残余，子女一般从母姓，在亲属中以外祖父和舅父的地位为最尊，妇女在家庭中居于相当高的地位，是“家庭的统治者”，同男子一样在法律上享有完全的权利，可以拥有和继承财产、签订契约、订立遗嘱、充当证人、提起诉讼，甚至可以继承王位，但自第五王朝起，夫权得到了加强和扩张。

婚姻主要实行一夫一妻制，随着夫权制的确立，纳妾也并不违法；契约是婚姻成立的基本要件，妇女作为契约当事人一方，以自己的名义与对方订立契约。按照婚姻契约，妻保留自己的财产，而夫则有义务提供妻的生活所需，为保证妻的财产得到承认，开具详细的财产清单，并以夫的全部财产作为抵押；离婚完全自由，妻通常都会得到一笔高额补偿金。

成年子女享有充分的独立权利，可以自由支配个人财产；不论男女，不论长幼，所有子女一律享有平等的财产继承权，不过子女中最年长的一个拥有某些特权，即因承担办理分产的事务而多获得一份财产作为酬劳；子女不仅可以继承父亲的财产，而且可以继承母亲的财产以及母系亲属的财产；无子嗣者的财产由死者的兄弟姊妹继承。古埃及法中规定，在保障法定继承的前提下，可以将部分财产适用于遗嘱继承。无论依照哪一种继承方式，继承人及其继承事实均得依法进行，并通过官署登记备案。

五、犯罪与刑罚制度

古埃及的刑事法律制度具有犯罪与侵权不分、刑罚种类繁多、广泛适用死刑和残害肢体刑等奴隶制刑法的典型特征。

最严重的犯罪行为是国事罪，即背叛、暴动和阴谋反对法老，对这种犯罪，不仅处死本人，而且株连其家属乃至母亲和姊妹，将尸体抛入河中，不得埋葬；泄露国家机密、违反宗教祭祀规则、捕杀祭天禽兽、违反圣书中所制定的医疗规则等，都是重大犯罪，犯者均被处死刑；甚至违反誓言、诬告等行为也难免一死。可见死刑的适用范围相当广泛。另外，刑罚手段也十分残忍，如对杀父的罪犯处凌迟刑，使犯人受尽剐肉和滚钉板之苦，最后再将其烧死。残害肢体刑主要包括割手、割耳、割鼻、割舌、割生殖器等，如对盗窃、伪造印章和货币、使用伪度量衡者就处以残害肢体刑。此外还有劳役、监禁以及凌辱刑，如把罪犯绑在刑架上示众。血亲复仇已被禁止，尚无赎罪金的形式，但《博克贺利斯法典》开始准许以降为奴隶代替死刑。

六、司法制度

法老拥有最高司法权，从中央到地方均实行司法与行政合一制，行政官员一般都兼任法官职务，直接履行司法职能。执掌司法权和行政权的“十人委员会”，以及后来设置的统辖全国司法机构并拥有最高司法权的“六人院”，均由宰相担当主席。提奥多拉斯曾提到在新王国时代，最高法院共有 30 人，由各地的显要人士担任职务；地方设有州法院，由州长主持审判。

司法诉讼程序比较完备，一般由原告向法院提出起诉理由，如果法庭认为原告的论点是可以接受的，就传讯被告到庭受审。案件审理一般要经过审理、答辩、辩论、举证等程序，原告可以在诉状中就犯罪人应科处何种刑罚以及赔偿数额等问题表明自己的意见，法官宣判时不必说明理由，只要将挂在自己颈上的真理牌向某一当事人的额头上一贴，即表示此人胜诉。

第三节　古埃及法的历史地位

古埃及法作为世界上最为古老的法律体系之一，其存续时间有近四千年之久。虽然古埃及的成文法未能完整地保存下来，但是根据考古发现的文献资料以及古典作家的片段转述，其概貌依稀可辨。从已被发现的铭文和纸草中可以清晰地辨认出诸如法老的敕令、判决记录、契约、遗嘱、继承、账目和证明等法律文献，内容涉及公法和私法、实体法和程序法，表明古埃及的奴隶制法律文明已达到相当完备的程度。

从古希腊斯多葛学派的学说以及柏拉图、亚里士多德的著作中，也可以明显地看出古埃及的法律对希腊和罗马的法律制度及立法思想所产生的深远影响。此外，公元前6世纪，雅典的政治家梭伦曾考察过古埃及的法律制度，著名的梭伦立法与古埃及的博克贺利斯立法有许多相似的内容。

深度阅读

1. 希罗多德．历史．王以铸，译．北京：商务印书馆，1997.
2. 刘文鹏．古代埃及史．北京：商务印书馆，2000.

问题与思考

1. 为什么说古埃及法是典型的东方专制主义法律制度？
2. 古埃及法的契约制度有哪些特点？

第二章

楔形文字法

常考知识点

- 楔形文字法的基本特征
- 《汉穆拉比法典》的内容与特点
- 楔形文字法的历史地位

第一节　楔形文字法的产生、发展演变和基本特征

一、楔形文字法的产生与发展演变

楔形文字法（Cuneiform Law），是指形成于公元前3000年代左右的西亚幼发拉底与底格里斯两河流域以楔形文字镌刻而成的奴隶制法的总称。因这种法律后来扩展至与其相毗邻的周围地区和国家，故也有楔形文字法系之称，大体包括苏美尔人、阿卡德人、阿摩利人、亚述人、依兰人、赫梯人等建立的国家所适用的法律。

两河流域是人类历史上最早形成国家与法的地区之一，也是楔形文字法的发源地。公元前3000年代初期，居住在两河流域南部地区的苏美尔人和北部地区的阿卡德人相继建立起十几个以城市为中心与周围若干农村结合而成的城市国家，如乌尔、拉格什和乌鲁克等，并创造了字形上粗下细，形如木楔的古代楔形文字。这些城市国家最初采用习惯法，约公元前3000年代中期，开始出现一些零星的以楔形文字记载的成文法，其内容主要是有关婚姻家庭方面的法规。此后，成文法逐渐盛行，涉及的内容也渐趋广泛，包括契约、债务、侵权行为、损害与赔偿等方面的法律规范，并逐渐向自成一体的“法典”化方向发展。约在公元前22世纪至公元前21世纪之交，两河流域南部地区的乌尔第三王朝（公元前2113年至公元前2006年）的国王乌尔纳姆（公元前2113年至公元前2096年在位）创制了《乌尔纳姆法典》（Ur-Nammu Code）。这是迄今所知人类历史上最早的一部成文法典。根据现代考古发现的乌尔和尼普尔几块泥版的记载，这部法典除序言外，共有29个条文，可以辨认的有23条。其序言声称乌尔纳姆的统治权力来自神授，赞颂他按照神意在人世间确立了“正义”和社会秩序等。其正文的基本内容包括：禁止非法侵犯他人田产，凡以武力强行耕种或故意用水淹没他人田地的，均需支付一定的实物进

行赔偿；将居民划分为自由民和奴隶两个阶层，自由民内部的等级划分尚不明显，法律严格保护奴隶主对奴隶的私有权，奴隶可作为财产任意买卖，也可作为实物赔偿给受害者，对奴隶的反抗规定了严厉的刑罚；对侵犯人身权利的犯罪规定，不仅包括伤害他人肢体器官，也包括诬告等行为；诉讼须由私人提起，要经法庭审理，神明裁判盛行；注重对婚姻家庭关系的调整，奉行男尊女卑原则。《乌尔纳姆法典》的出现为两河流域楔形文字法的发展开创了法典化的新时代。在这以后，两河流域地区其他城市国家也都相继制定成文法典。其中比较重要的有：拉尔萨王国的《苏美尔法典》和《苏美尔亲属法》（约公元前 20 世纪）、埃什嫩那王国的《俾拉拉马法典》（Belalama Code，约公元前 20 世纪中期）、伊新王国的《李必特-伊丝达法典》（Lipit-Ishtar Code，约公元前 20 世纪中期）等。这些法典继承了《乌尔纳姆法典》的风格，但在结构体系和立法技术上已有所提高，在内容上已较为丰富，涉及财产所有权、债权、婚姻家庭、继承及各种刑事规范和诉讼规范，反映了楔形文字法在两河流域获得进一步发展。

图 2－1　《汉穆拉比法典》全文的石柱

图片来源：http：//picasaweb. google. com/kingworshiper/DrpxPD ＃5231051192639087858。

公元前 19 世纪，阿摩利人建立的古巴比伦王国兴起，统一了两河流域。公元前 18 世纪，其第六代国王汉穆拉比统治时期（公元前 1792 年至公元前 1750 年）是两河流域经济最为繁荣、国势最为强盛时期。汉穆拉比王适应本国经济的发展与政治统治的需要，同时吸取两河流域原有楔形文字法的精华，制定了闻名于世的《汉穆拉比法典》（Hammurabi Code）。这部法典的原文被镌刻在一个约有 2. 25 米高的黑色玄武岩石柱上（参见图 2－1），故该法又称"石柱法"。石柱的上端刻有精致的浮雕，下端刻满了楔形文字的法律条文。这部法典曾长期失传，1902 年被法国考古队于伊朗古城苏萨发现，虽有少数条文被磨损，但已由后来发现的以及亚述图书馆保存的泥版抄本所补充，因而成为流传至今的楔形文字法中最完整的一部成文法典。这部法典现存于法国巴黎卢浮宫。

公元前 1595 年，巴比伦第一王朝被北方后起的奴隶制国家赫梯所消灭。楔形文字法从此走向衰落。不久，赫梯人退出，巴比伦又先后建立了第二、第三、第四王朝，至公元前 729 年被居于底格里斯河上游的亚述国家所吞并。赫梯和亚述仍然保持着楔形文字法的传统，并制定有自己的法典——《赫梯法典》（Hittite Code）和《中亚述法典》（Middle Assyrian Code），但其影响已远不如《汉穆拉比法典》。公元前 7 世纪至公元前 6 世纪初的新巴比伦王国曾力图振兴古巴比伦王国的法律制度，但最终也未能扭转楔形文字法的衰落之势。楔形文字法一直适用到波斯帝国统治时期（公元前 550 年至公元前 330 年）。到公元前 1 世纪，整个西亚地区成为罗马帝国的版图，楔形文字法的影响已基本消失。

二、楔形文字法的基本特征

适用楔形文字法的国家虽然因各国的历史条件、政治、经济状况不同，在各自的立法中对一些具体问题的规定有所不同，但由于都是建立在东方奴隶制经济基础之上，法律文化传统相同，彼此间有着直接或间接的继承关系，因而其法律存在着一些共同的基本特征。

第一，法律的结构体系比较完整。楔形文字法一般均采用序言、正文和结语三段论式的表述方法。序言和结语多以神的名义强调立法的目的，标榜立法者的功绩，贯彻“君权神授”思想，强调法典的“公平”“正义”和神圣不可侵犯性，要求人们必须遵守，目的在于加强法典正文的神圣性和权威性。正文是法典条文本身，无法律部门的划分，而是诸法合体、民刑不分，但法规条文并非毫无次序地罗列，而是每一部分都有其所注重解决的问题，具有自己独特的体系。

第二，法典的内容涉及面较广。其包括民法、刑法、诉讼法、婚姻家庭法等各方面，反映了君权与神权相结合的君主专制制度；肯定土地国有和公社所有制形式；肯定奴隶制度和自由民内部各等级间的不平等；肯定买卖婚姻和家长制家庭关系；保留了某些原始公社氏族制度的残余等。但即使是《汉穆拉比法典》这样最完整的楔形文字法典，也缺少对许多重大问题的规定，显然在这些问题上仍然依照习惯法进行调整。

第三，楔形文字法大多是司法判例的汇编，并没有规定一般的抽象概念和立法原则。法律条文均是针对某种违法事例或纠纷所确定的处理和解决的具体办法，缺乏深入的分析、综合与概括。但从《汉穆拉比法典》的内容里不难看出，法典对调整民事法律关系的规范比较重视，占了条款总数的一半以上。这与其他古代法律相比是极其罕见的。

第四，法律被描绘为是遵从神意制定的，违反法律就会受到神的惩罚。但在楔形文字法典的条文中，并没有宗教、道德规范，完全是实在的有关世俗法律关系的规定，而且法律调整方法也基本上是世俗化的。因此，与古印度及希伯来法律相比较，楔形文字法不是“神定法”，而是“人定法”。

第二节 《汉穆拉比法典》

一、法典的制定和结构

（一）法典的制定

《汉穆拉比法典》的制定虽与当时统治阶级的立法思想有关，但从根本上说，是古巴比伦社会政治、经济发展的客观要求。

汉穆拉比王是古巴比伦王国的第六代君主（公元前 1792 年至公元前 1750 年在位），也是奴隶主阶级中一位杰出的代表人物。他即位以后，经过多年的征战和通过外交手段，不仅完全统一了两河流域，建立起强大的中央集权制的奴隶制帝国，而且通过积极兴修水利，开凿运河，建设灌溉网络，大力发展农业、手工业和商业，使古巴比伦社会政治、经济获得空前发展。此外，汉穆拉比王还是一位以重视立法著称的君主，面对国家统一后出现的种种矛盾，主张以法治国，将他即位后的第二年确定为“他在国中确立公道”之年，并着手准备制定全国统一的法典。汉穆拉比王也同东方其他君主一样，具有神权思想，不仅在政治上积极推行“君权神授”论，而且在立法上大力宣扬神权法观念，他在其制定的《汉穆拉比法典》里就明确指出，是“安努”与苏美尔最高之神“恩利尔”命令他为“发扬正义于世，灭除不法邪恶之人”① 而制定国法。镌刻在《汉穆拉比法典》石柱上端的太阳与审判之神“沙马什”向汉穆拉比王赠授“王杖”的两个人形浮雕，正是汉穆拉比王这种神权法思想的生动体现。

制定《汉穆拉比法典》的政治、经济背景体现在以下几个方面。

第一，古巴比伦统一两河流域以前，各城邦国家的习惯法和成文法存在很大差异。古巴比伦统一两河流域后，为巩固国家统一，强化中央集权的君主专制统治，消除地方上各自为政和法律不统一造成的混乱局面，要求制定一部通行于全国的统一法典。

第二，汉穆拉比统治时期，古巴比伦社会的农业、牧业、手工业和商业以及奴隶制私有关系都得到迅速发展，动产已经变为私有，私人占有奴隶增多，分配给公社成员的份地可以在本公社内部出卖和转让。社会经济生活以及人们之间的财产关系日益复杂化，客观上要求有相应的法律予以调整，以巩固和发展奴隶制经济。

第三，由于私有制和商品货币关系的发展，社会上高利贷活动猖獗，大批农民和手工业者在奴隶主和高利贷者的重利盘剥下，因负债、破产而沦为奴隶，从而严重影响了生产的发展和军队的兵源，削弱了国防力量，使社会矛盾、阶级矛盾日趋尖锐化。这就要求从法律上限制高利贷者的专横，限制债务奴隶制，以缓和自由民内部的矛盾，稳定社会秩序，维护奴隶主阶级的统治。

（二）法典的结构和体系

《汉穆拉比法典》分为序言、正文和结语三部分。

序言部分主要以神的名义阐明了法典的立法思想和立法目的是“发扬正义于世，灭除不法邪恶之人，使强不凌弱”，使“公道与正义流传国境，并为人民造福”等；并用大量文字称颂汉穆拉比王的功绩，宣扬他是根据神的旨意来管理国家、统治人民的，集中表达了“君权神授”思想。

法典正文共 282 条：第 1 条至第 5 条，是关于保证法院公正审判的规定，包括对诬告、伪证及法官擅改判决的处罚等；第 6 条至第 126 条，是保护各种财产所有权及维护田主和高利贷者利益的规定，包括对盗窃各类财产、逃奴的惩罚，保护国家常备军士兵

---

① 《外国法制史》编写组编．外国法制史资料选编：上册．北京：北京大学出版社，1982：18.

的财产，土地、果园的租佃，债权、债务和各种契约；第 127 条至第 193 条，是有关婚姻、家庭和继承方面的规定；第 194 条至第 214 条，是关于人身伤害及处罚的规定；第 215 条至第 241 条，是关于医生、理发师、建筑师和造船工劳动报酬及责任事故处罚的规定；第 242 条至第 277 条，是关于各种动产租赁和雇工报酬的规定；第 278 条至第 282 条，是关于奴隶买卖的规定。

结语部分主要是告诫后人要严守这部法典，不得曲解、变更或废除它，并诅咒不遵守法典的人必将受到神意的惩罚。

二、法典的基本内容和特点

（一）君主专制制度

古巴比伦王国实行的是君权与神权相结合的君主专制制度。国王是国家最高统治者，集行政、立法、司法、军事和祭祀大权于一身；国王还握有神权，被视为天神在人世间的代表。

国王依靠以他为核心的官僚机构，自上而下实行集中统治。但官僚机构尚不复杂，官吏间的分工也不明确。主要官吏为奴班达（宫廷总管），负责管理和监督国家的一切重要事务，又是国王私人事务的管理人。此外还设有林务官、谷仓管理人、收税吏、商务代理人等大小官吏。地方管理也体现了中央集权的特点，大城市和地区由国王任命沙根那库（总督）管辖，基层行政单位由拉比阿奴姆（村社首脑）管辖。

军队是官僚机构的重要组成部分，也是专制政权的主要支柱。汉穆拉比王对军事制度进行了重大改革，建立了一支自由军人组成的雇佣常备军取代了过去临时征集的民军。法典有许多条款专门规定了军人的权利义务，其中规定："里都"和"巴衣鲁"（重装兵和轻装兵）在服役条件下可以领得份地（包括田园、房屋、牲畜），但不准出卖、抵债或遗赠给妻、女（第 36 条至第 38 条）；军人死后，其子在担负军役的情况下可以继续使用份地（第 28 条）；国家对忠于职守的军人给予种种保护；"德苦"或"卢布图"（指挥官）不得对士兵滥用权力和侵占他们的财产，否则处以重刑（第 34 条）；一般人收买士兵份地财产，不仅要归还原物，还要没收买时所付价金；军人出征时，国家提供人工代为耕种；被俘时设法将其赎回（第 27 条、第 32 条）。法典通过上述保障军人及其家属生活等的措施，使军人完全依赖国家，从而形成了一支效忠于专制政权的军事力量。

（二）社会各阶层的法律地位

《汉穆拉比法典》作为古代东方较早的一部成文法典，与其尚不发达的奴隶制经济形态相适应，不仅反映了古巴比伦社会奴隶主与奴隶之间的阶级对立，同时也公开确认了自由民内部权利地位的不平等。

法典将巴比伦居民分为自由民和奴隶两大类。

奴隶主要来源于战争俘虏、破产的自由民及从外地买来的奴隶。奴隶被称为瓦尔杜姆，直译为"卑贱者"，在法律上不仅无任何权利可言，而且被视为奴隶主的财产。奴隶主有权任意将奴隶出卖、转让、抵押，甚至杀死。法典规定，杀害奴隶或损伤奴隶的身体，仅意味着对奴隶主财产造成损失，只承担财产上的责任。如法典第 199 条规定，损毁奴隶眼睛或折断奴隶之骨，应赔偿其买价的一半。第 116 条、第 214 条、第 252 条规定，奴隶被殴打、虐待或基于其他原因致死，只需向其主人赔偿 1/3 明那银子，约等于一头牛的价格。这说明，奴隶和牛的地位是相等的。由于古巴比伦的奴隶制尚处于早期阶段，因而奴隶数量较少，大部分用于家庭生产，并且可以有自己的家庭，有的还可以占有一小块土地和某些财产。

自由民按其社会法律地位的不同，分为享有充分权利的自由民与不享有充分权利的自由民。前者称阿维鲁（Awelum），直译为“丈夫”，是具有公社社员资格的人，其中既有僧侣贵族、高级官吏，也包括自耕农和独立手工业者。法典有许多条文专门保护他们的财产和人身安全。后者称穆什凯努（Muskenum），直译为“小人”或“顺从者”，一般是失掉公社社员资格或外来的、依附王室经济的人，其中有租种王室土地的佃耕者，有接受田宅、效力于王室的常备军人，也有直接依附于宫廷的服役者等。阿维鲁与穆什凯努的权利、地位很不平等，法典对伤害两者身体的同等罪行所判处的刑罚存在很大差异：伤害阿维鲁的肢体，以损伤犯罪者的相应肢体作为惩罚；但如果受害者是穆什凯努，犯罪者仅需交纳一定数量的罚金就可了事。此外，对侵害两者子女的行为，所判处的罚金数目也很不相等。当然，这只是法律上的规定，实际上两者之中均有占有较多生产资料和奴隶的奴隶主阶级和以自身劳动为基础的小生产者，包括农民、手工业者和小商人。因此，法律上的划分，掩盖了自由民内部的阶级划分。

（三）财产法

古巴比伦长期实行土地公有制，在法律上国王对全部土地享有最高所有权，在实际经济生活中，则存在王室土地和公社占有土地两种形式。王室土地主要集中在苏美尔地区，土地数量约占耕地总数的 15%。其中一部分由佃耕者和奴隶耕种，到期缴纳地租和剩余生产物，另一部分赐予寺院、贵族、官吏和军人作为任职或服役的报酬。寺院、贵族和官吏使用土地往往享有不纳税、不服役的特权，而军人却必须以服兵役为条件。法典规定，军人拒绝出征或雇用他人代替，将被处死，其房屋给予被雇者（第 26 条）。属于公社占有的土地数量很大，约占耕地总数的 85%。其中森林、牧场、池塘、晒场等由公社成员集体占有，其余大部分土地则作为份地给公社成员各家庭使用。使用者必须向国家缴纳赋税，并负担劳役，超过三年不服劳役、不纳税者，要被剥夺土地使用权。份地允许各家庭世袭，也可以在本公社内部出卖给他人，但买主必须承担卖主对公社和国家所应尽的一切义务。

法典对其他动产，如牲畜、谷物、农具以及奴隶等，都规定为私有，并予以严格保护，尤其是神庙和王室财产、奴隶主阶级的财产以及国家常备军士兵的财产受到法律的特别保护。“自由民窃取神或宫廷之财产者应处死；而收受其赃物者亦处死刑”（第 6 条）。自由民窃取神庙或宫廷家畜或船舶的应“科以 30 倍之罚金”，无力偿还者应处死（第 8 条）。法典还规定“犯强盗罪而被捕者”应处死；财产所有者无论在任何人那里发现他的物品都有权自行取回，法院在此方面要给予大力协助。

奴隶被视为奴隶主的私有财产，法典有一系列关于买卖、租赁和盗窃奴隶的规定，如：租借的奴隶逃跑，租借者须承担物质上的责任；缔结买卖奴隶契约要履行一定手续，即在规定时间内调查被出卖的奴隶是否为逃奴或患有癫痫病，出现此类问题，要将奴隶退还原主，并取回身价费。此外，法典对盗窃、藏匿他人奴隶以及帮助奴隶逃跑等都规定了极严厉的刑罚：如果藏匿他人的逃奴，则此人应处死刑（第19条）；如果擅自改变他人奴隶身上、脸上的烙印或发式，便被认为是霸占人家的奴隶，应以盗窃罪论处。

法典对手工业、商业等方面的法律关系作了详细规定，这表明汉穆拉比统治时期古巴比伦社会商品经济已相当发达。法典提到的手工业工匠有十几种，如制砖工、纺麻工、建筑师、造船师、木工、皮革匠、刻石工、珠宝工、冶金工等，法典对各类工匠应得酬金与应负的责任均有规定。有关商业方面的条款约占法典条文的10%。从中可见，古巴比伦社会既有为王室服务的官商，也有民间的商人。官商由国王授予各种商业特权，他们在从事国内外贸易中经常委托自己的代理人沙马鲁进行商业活动。

（四）债权法

在汉穆拉比统治时期，债权法已有一定发展。债的主要形式是契约，重要契约的签订必须遵循一定的规则和采用书面形式，一般契约的缔结只用口头和作出某些象征性动作即可。

契约种类有买卖、财产租赁、借贷、保管、合伙、人身雇佣等，其中尤以买卖、借贷和财产租赁最为流行。

买卖契约的标的物是土地、房屋、牲畜及其他非禁止流转的财产，其中也包括奴隶。从流传至今的买卖文件看，买卖契约具有注重形式的特点，如转移某项物品所有权时，须以交付一根小棒为标志，有时还要求说出特定的套语或作出象征性的动作，一些重要买卖契约还须按照一定规则采用书面形式，方可成立。

借贷契约的标的物主要是钱款和谷物。签约后，贷与人把钱款或谷物交给借用人，至一定期限后，借用人将钱款或谷物连同利息一并还给贷与人。为保证契约的履行，借用人须以自己或家属的人身作为清偿债务的担保。在《汉穆拉比法典》实施以前，高利贷者被允许对无力偿债的债务人实行终身奴役，从而导致大量农民和手工业者因无力偿债而沦为债奴。汉穆拉比王为缓和社会矛盾，在法典中废除了终身债务奴役制度，将债务奴役的期限定为3年，“至第四年应恢复其自由”（第117条）。债务人的家属作为人质在债权人家中做工，也不能被随意殴打、虐待或杀死（第116条）。法典对高利贷的借贷利率也进行了一定限制，规定法定最高利率：谷物为33.3%，银子为20%（第89条）。债权人如违反这一规定，便丧失所贷出的一切。这些规定在一定程度上限制了有产者的权利，具有一定进步意义。

租赁契约的标的物包括房屋、土地、园圃、车辆、船只、牛、驴等。土地租赁大多是短期的，租期一般为1年，园圃的期限可延长至5年。法典对出租者，尤其是土地出租者的利益严加保护。法典规定，“自由民佃田以耕，而田不生谷，则彼应以未尽力耕耘论，应依邻人之例，以谷物交付田主”（第42条）；“自由民以其田租与农人佃耕，并将收取其田的租金，而后阿达得[①]淹其田或洪水毁去其收获物，则损失仅应归之农人”（第45条）。租金是相当高的，谷地租金为收获物的1/3到1/2，而果园的租金则高达收成的2/3（第46条、第64条）。

（五）婚姻、家庭与继承法

在《汉穆拉比法典》中，家庭法具有重要地位，法典以大量条文规定了家长制的家庭关系，确认了奴隶制条件下男女地位的不平等和家长在家庭中的特权地位。

婚姻关系实行的是具有买卖性质的契约婚姻。法典规定了“无契约，即无婚姻”的原则，没有缔约的婚姻被认为是无效的（第128条）。婚姻的签订是在未婚夫与女方家长之间以买卖的形式进行的，未婚夫须向女方家长缴纳一笔购买妻子的买身费和一定数目的聘礼，作为婚姻的预约金，女方家长则给新娘一份嫁妆。嗣后，如果男方违约，拒绝娶新娘，就要丧失其所交给女方家长的一切财物（第159条）；如果女方家长违约，不准女儿出嫁，则应加倍返还其所收到的一切财物（第160条）。这说明，未婚女子实际上只是婚姻契约中的一个买卖标的物，完全处于父权控制之下。

夫妻关系是不平等的。夫享有特权，妻处于从属地位。夫负债无力偿还时，可将妻抵债；夫在妻不能生育或有病时，可以纳妾；夫还可以随意离弃其妻，而妻只有在事实上被夫虐待、遗弃时，才可以带上嫁妆回娘家。妻应忠贞于夫，夫如怀疑妻不贞，妻就应被投入水中接受“神明裁判”的“考验”（第143条、第132条）。

子女在家庭中没有独立地位。父亲有权决定子女的婚姻，有权剥夺儿子的财产继承权（第168条），并可以将子女送去抵债或出卖（第117条），而子女必须绝对服从，不得违抗。法典规定，儿子殴打父亲要断其手指（第195条），养子不承认养父母要割其舌（第192条）。

财产只在家庭范围内继承，并且只有男子才享有充分的继承权。法典规定：父亲去世后，遗产由诸子平均分配，女儿只能取得一份嫁妆；而妻只可取得自己原来的嫁妆和一份孀居赡养费；如果妻改嫁，赡养费便不得享有（第171条、第172条）。法典对遗嘱继承未作明确规定，但第171条提到夫死后，其配偶可取得自己嫁妆及其夫所赠与且立有遗嘱的赡养费；第165条有“倘自由民以田园房屋赠与其所喜爱之继承人，且给他以盖章之文书，则父死之后，兄弟分产之时，此子应取其父之赠物，此外，诸兄弟仍应均分父家之财产”的规定。显然，遗嘱继承，不能超出“家内继承”的范围。

（六）刑法

《汉穆拉比法典》中关于犯罪与刑罚的条文没有作为单独部分集中加以规定，大多分散地附在其他各类条文之后，用以加强各种法律规范的作用，保证其被严格遵守。刑罚十分残酷，保留了某些原始氏族制度的残余。

法典规定的犯罪种类主要有：危害法院公正裁判罪、侵犯人身罪、侵犯财产罪和侵犯家庭罪。至于国事罪、宗教罪，法典几乎没有涉及，只提到“神妻或神姐不住于修道

① 阿达得指雷、电、雨和洪水之神。

院中者，倘开设酒馆或进入酒馆饮西克拉①，则此自由女应被焚死”（第110条）；卖酒妇明知罪犯在自己店中共谋不轨，而不申报，则此卖酒妇应被处死（第109条）。

危害法院公正裁判罪主要包括诬告、伪证和法官擅改判决的行为。法典第1条规定，“倘自由民宣誓揭发自由民之罪，控其杀人，而不能证实，揭人之罪者应处死”。第3条、第4条规定，“自由民在诉讼案件中提供罪证，而所述无从证实，倘案关生命问题，则应处死”；“倘所提之证据属于谷或银的案件，则应处以本案应处罚之刑”。此外，法典第11条、第13条有关说谎者的处罚，也体现了诬告反坐的原则。法典第5条是对法官擅改判决的处罚，规定“倘法官审理讼案，作出判决，提出正式判决书，而后来又变更其判决，则应揭发其擅改判决之罪行，科之以相当于原案中之起诉金额的12倍罚金，该法官之席位应从审判会议中撤销，不得再置身于法官之列，出席审判”。上述这些规定，在当时私诉为提起诉讼的主要形式和举证责任在告诉一方以及法官握有司法审判实权的情况下，无疑对保证法院公正裁判，防止法官贪赃枉法具有重要意义。同时，法典将此类条文置于法典本文之首，也说明立法者对诉讼法的重视。

法典对侵犯财产罪规定得最多，处刑也最为严厉，其中第6条至第25条集中规定了对各种侵犯财产的犯罪行为的处罚。法典允许在一定场合对所抓获的窃贼依法就地处死，而不必通过法院处理。②

侵犯人身罪主要指殴打或因其他原因造成他人伤亡。法典对这类犯罪行为的处罚实行血亲复仇和同态复仇原则。血亲复仇原则，以犯罪集体负责的形式局部地保留在一些条款中，如：父母犯罪子女承担责任，打死自由民之女的应杀其女（第210条）；房屋建筑不坚固，房主之子因而致死，应杀建筑师之子（第230条）；罪犯未被捕获，则盗窃发生地点或其周围的公社及长老应赔偿所失之物等。同态复仇原则具体地体现在对毁坏身体某些器官的刑事制裁上。例如，“倘自由民损毁任何自由民之子之眼，则应毁其眼”（第196条）；“倘自由民击落与之同等自由民之齿，则应击落其齿”（第200条）。同态复仇原则还扩大适用于对身体的哪一部位“犯罪”，就处罚哪一部位，如医生为自由民治病造成不良后果，应断其手指；乳母喂死婴儿，应割其乳房。同态复仇原则只适用于社会地位同等人之间，对奴隶不适用这一原则。

侵犯家庭罪主要包括强奸、奸淫、通奸及养子不认养父母等行为。③

刑罚种类很多，主要有死刑、肢体刑、烙印、罚金、驱逐等。其中死刑适用范围广泛，直接处死的达三十多种，而且处罚手段残酷，有溺死、烧死、刺死、绞死等。刑罚的轻重除与罪行轻重有关外，还与当事人的身份和社会地位有关，如受害者是阿维鲁，刑罚较重；如受害者是穆什凯努，则刑罚较轻。

（七）法院组织与诉讼

古巴比伦国家的司法权与行政权之间并无严格的划分。国王拥有国家最高司法审判

① 一种烈酒。

② 《汉穆拉比法典》第21条、第25条。

③ 《汉穆拉比法典》第129条、第130条、第153条至第193条。

权，一切不服法院判决的当事人均可上诉至国王，国王有权特赦或亲自审理法院久拖不决和兄弟间遗产纠纷案件，也可委托“王室法官”审理其他案件。地方司法权分别由国王下属的大小官吏来行使。沙根那库既是大城市和地区的行政官员，又是负责审理有关破坏社会秩序、债务纠纷和婚姻、财产、继承案件的审判官，审理案件时，通常由六至十人共同参与。基层行政单位的拉比阿奴姆也经常以法官的身份带领部分成员共同审理有关案件。此外，还有“王室法官”，经常被国王派往各大城市，按照国王的旨意进行司法监督和审判活动，他们的判决是终审判决，不得上诉。

诉讼完全由私人提起。诉讼制度中带有某些原始习惯残余，案件的判决，往往由双方当事人自己来执行。其证据制度，除证人的证言、证物外，发誓和神明裁判占重要地位。神明裁判主要适用“水审”，即将被控有罪者投入河中，沉入水底，则说明有罪，否则无罪。古巴比伦人认为“水”是神圣的，可检验真伪和辨别善恶。

第三节　楔形文字法的历史地位

楔形文字法在世界法律史上具有重要地位。它是人类历史上最早形成的法律体系之一，也是最早将习惯法成文化的先驱，对推动人类法制文明的进步与发展具有特殊的贡献。楔形文字法最集中、最典型的代表——《汉穆拉比法典》，无论从内容到形式均发展到了奴隶制早期成文法典的高峰。对楔形文字法进行研究，可以了解奴隶制早期法律产生、发展的基本过程。

楔形文字法系作为奴隶制早期具有代表性的法系之一，有它独特的结构、体系和共同特征，它所表现出来的较为发达的立法技术，也是许多古代早期国家所无法比拟的。楔形文字法以独立于宗教之外的法律规范，公开确认奴隶主阶级的统治地位，将奴隶视为奴隶主的财产，严格保护奴隶主阶级的利益，并对各种法律关系作了比较全面的规定，特别是有关债权、契约、侵权行为、家庭法等方面的规定相当详细。楔形文字法中所创立的一些法律原则，如《汉穆拉比法典》中对维护私有财产权所规定的关于盗窃他人财产须受惩罚，损毁他人财产要进行赔偿的法律原则，关于财产所有权取得和转移的方法和原则以及关于法律关系中当事人的权利和义务等，都为后世有关立法开了先河。在刑法方面，法典创立的一些罪名（如抢劫、强盗、盗窃、奸淫、通奸等）和刑种（如死刑、肢体刑、罚金等），以及诬告和伪证反坐的刑罚原则，法官枉法重处的原则等，尽管缺乏明确区分和严谨的解释，但均对后世的立法具有重大影响。

楔形文字法是古代西南亚法的先驱。《乌尔纳姆法典》是其第一部成文法典，反映了楔形文字法早期的法律成就，《汉穆拉比法典》则继承了两河流域原有法律的精华，使其发展到完善地步。《汉穆拉比法典》不仅被后起的古代西南亚国家诸如赫梯、亚述、新巴比伦等国家继续适用，而且通过希伯来法对西方法律文化产生了一定的影响，中世纪天主教教会法中的某些立法思想和原则便渊源于该法典。

深度阅读

1. 叶秋华. 古巴比伦土地公有制与阶级结构的特点. 法制与社会发展，2000（3）.
2. 王云霞，何戍中. 东方法概述. 北京：法律出版社，1993：第一章.
3. 魏琼. 民法的起源：对古代西亚地区民事规范的解读. 北京：商务印书馆，2008.

问题与思考

1. 简述楔形文字法的概念与基本特征。
2. 分析《汉穆拉比法典》的主要特点与形成原因。
3. 评价楔形文字法在人类法制文明发展中的历史地位。

第三章

古代印度法

常考知识点

- 古代印度法的渊源
- 宗教与古代印度法的关系
- 种姓制度与古代印度法的关系
- 古代印度法的历史地位

第一节　古代印度法的产生、发展和演变

古代印度法是印度奴隶制时期法律制度的总称，内容包括婆罗门教法（Brahmanic Law）、早期佛教法（Buddhistic Law）及国王颁布的敕令。古代印度比现代印度的范围广阔，大致包括现在的印度、巴基斯坦、孟加拉等国，几乎相当于整个南亚次大陆。因此，古代印度法的盛行区域相当广泛。

一、古代印度法的产生

有关古代印度法的断代问题，学术界尚有很大争议，但一般认为，其上限是后期吠陀时期（约公元前 1000 年至公元前 600 年），下限则是公元 4 世纪至 7 世纪。

公元前 1500 年前后，属印欧语系的雅利安人侵入印度河流域，土著居民达罗毗荼人沦为奴隶。雅利安人侵入印度以后，印度有了最早的传世文献“吠陀”（Veda，梵文原意为“知识”）。吠陀是印度最古老而神圣的法律渊源，约形成于公元前 1500 年至公元前 600 年，用诗歌体裁写成。吠陀本集共四部：《梨俱吠陀》（Rigveda，赞颂明论）、《娑摩吠陀》（Samaveda，歌咏明论）、《耶柔吠陀》（Yajurveda，祭祀明论）和《阿闼婆吠陀》（Atharvaveda，禳灾明论）。它们反映了当时印度社会的政治经济状况，充满神话和幻想，其中许多内容涉及人们的行为规范和社会习惯。大约在后期吠陀时期，即后三部吠陀成书时期，印度的氏族制解体，逐渐形成了奴隶制国家。

约公元前 7 世纪，以崇拜自然为特征的原始宗教吠陀教逐渐演变为婆罗门教。该教属多神教，因崇拜造物主婆罗贺摩（Brahma，亦称“梵天”）而得名。它主张“吠陀天

启”、“祭祀万能”和“婆罗门至上”三大纲领。其基本教义是“梵我一如”和“业力轮回”。前者意为整个宇宙间唯一真实的是“梵”（Brahman，本义为清净、离欲），个人或自我的灵魂源于梵，而客观世界不过是个幻觉，人应该超脱尘世的污染，走向真实永恒的梵的世界。亲证“梵我一如”是每个婆罗门教徒毕生追求的最高境界。后者指的是善恶有因果，人生有轮回。人由于有欲望，必然会在思想和言行中表现出来，即所谓“造业”。“业”有轮回，人死后会转生：如果造了善业，就会转生为高贵的人；反之，如果造了恶业，则会转生为低贱的人，甚至牲畜。

婆罗门教产生以后，很快发展为国教，成为国家的统治支柱，对印度社会产生了深刻的影响。无论政治、法律、经济和社会文化，无不打上婆罗门教的烙印。婆罗门教的经典成为法律的重要渊源，婆罗门教的基本教义成为法律的重要内容，婆罗门教祭司成为法律的制定者和执行者。受婆罗门教推崇并维护的种姓制度成为印度社会的基本制度，各种姓的不同权利和义务在法律上被固定了下来。

婆罗门教法的渊源除吠陀外，主要有“法经”（Dharmasutra）和“法典”（Dharmasmrti，又译“法论”）两大类。法经是用以解释并补充吠陀的经典，附属于吠陀，约形成于公元前 8 世纪至公元前 3 世纪，以散文体裁写成，主要规定祭祀规则，日常礼节和教徒的生活准则、权利义务以及对触犯教规者的惩罚等。法经并无统一文本，各教派皆有自以为正统的法经，不同时期亦有不同的法经流行。较重要的法经有《乔达摩法经》《阿帕斯檀跋法经》《磐达耶那法经》《伐悉私陀法经》等。各法经都确认了吠陀经典至高无上的地位，并将雅利安人的习俗系统化，使种姓制度在法律上固定下来。法典是婆罗门祭司根据吠陀经典、累世传承和古来习惯编成的教法典籍，约形成于公元前 3 世纪至公元 6 世纪，以诗歌体裁写成。法典中所含的纯法律规范要比法经多。其中最为著名的法典即《摩奴法典》①，其约成于公元前 2 世纪至公元 2 世纪，是印度法律史上第一部较为系统的法律典籍，具有相当大的权威性。它较为全面地论述了吠陀的精义，规定了以种姓制为核心的基本内容。该法典对印度法律史产生了深远的影响，并传播至东南亚及远东地区。其他重要法典包括《述祀氏法典》《那罗陀法典》《布里哈斯帕提法典》等。需要注意的是，无论法经还是法典，它们都并非现代意义上的法典，而是伦理、宗教、法律规范的混合体。

二、古代印度法的发展和演变

公元前 6 世纪前后，印度北部的 16 国之间经常为了争夺土地和财富而爆发战争。此时正值奴隶制发展时期，阶级矛盾相当尖锐，各种姓对婆罗门（Brahman）的至高地位都非常不满，在战争中日益强大的刹帝利（Kshatriyas）和在经济活动中逐渐占主导地位的吠舍（Vaishyas）都要求改变原有的地位。于是，佛教应运而生。它反对婆罗门教的

---

① 国内目前有两个中译本：一为《摩奴法典》（马香雪转译自迭朗善法译本，商务印书馆，1982），另一为《摩奴法论》（蒋忠新直接译自梵文注本，中国社会科学出版社，1986）。需要说明的是，在行文中，为了便于读者阅读和理解，我们沿用旧译《摩奴法典》的名称；但在引文中，我们选择更准确的直接译自梵文的《摩奴法论》。

烦琐仪式和流血祭祀，反对吠陀的权威，反对婆罗门种姓的特权地位，但却继承了婆罗门教的因果轮回说。它认为人要避免生老病死和轮回之苦，就必须通过修行；任何人，即便是被唾弃的贱民，也可以通过修行达到不生不灭的“涅槃”境界，而无须婆罗门祭司的引导。由于佛教不排斥低等种姓、仪式简单、语言通俗，很快为许多下层人民接受，并得到迅速发展。

公元前324年，16国中的摩揭陀王国统一了北印度，建立了孔雀王朝。这是印度历史上第一个幅员辽阔的奴隶制帝国，在其第三代君主阿育王（Asoka，约公元前273年至公元前232年在位）统治时期，印度的政治、法律、经济和社会文化都得到相当大的发展。阿育王不仅将帝国的疆域扩展到印度半岛的南端，而且定佛教为国教，广为宣扬佛法（Dharma）。为了使臣民都了解佛法，他下令在帝国境内开岩凿壁，树立石碑，在上面刻下诏令，弘扬佛法。他在诏令中要求人们遵循佛法，服从官府，规定官吏不得贪污渎职，并设立了“正法官”（Dhamma-mahāmatta）以监督法律的实施。这些刻在岩碑上的诏令被后世称为“岩石法”或“石柱法”，它们不仅促进了佛教的发展，而且促进了古代印度法律的发展。

当佛教被定为国教后，佛教的经典便成为古代印度法的重要渊源之一。佛教经典总称“三藏”（Tri-pitaka），基本定型于阿育王在华氏城主持的第三次结集（约公元前253年）。它由三部分组成：（1）经藏，佛教创始人释迦牟尼及其门徒宣扬的佛教教义；（2）论藏，佛教各教派学者对教义的论说；（3）律藏，佛教寺院规条。其中尤以律藏的法律意义最为明显。佛教法的中心内容是“五戒”，即不杀生、不偷盗、不淫邪、不妄语、不饮酒，这是每个佛教徒终生必须信守的戒条。

公元4世纪至7世纪，印度社会逐渐由奴隶制转向封建制，奴隶制法本应为封建制法所取代。但由于印度宗教的发展具有连续性，与宗教有密切联系的法律的发展也有极强的延续性。公元6世纪以后，佛教在其发源地印度逐渐衰落，应运而生的是经过改革的婆罗门教，即新婆罗门教或印度教。由于该教只是吸收了佛教和其他民间信仰的精华对婆罗门教进行的改造，婆罗门教法和佛教法在很大程度上得到延续，但其性质已发生了根本变化，其中的许多内容已具有封建制色彩。

第二节　古代印度法的基本制度

一、种姓制度

种姓制度（system of caste）是古代印度的社会等级制度，也是古代印度法的核心内容。种姓是与种族、姓氏有密切关系的社会集团，各集团严格实行内婚制，职业世袭。

早期种姓制在梵文中称为“瓦尔那”（Varna），意为“颜色”。早在雅利安人征服印度的过程中，瓦尔那制即开始萌芽。最初只有两种瓦尔那，即雅利安（白色人种）和“达萨”（被征服的达罗毗荼人，黑色人种）。可见，种姓制的产生是两个不同肤色的种族对立的结果。大约在公元前11世纪，雅利安瓦尔那分裂为婆罗门、刹帝利和吠舍三个瓦

图 3-1　印度种姓制度

图片来源：http：//india. krishna. org/Articles/2000/07/00057. html。

尔那，而达萨瓦尔那则演变为首陀罗（Shudras）。种姓制初步形成。

根据婆罗门教法的规定，各种姓的法律地位和权利义务是截然不同的（参见图 3-1）。最高种姓为婆罗门，即祭司种姓，掌握宗教祭祀大权；第二种姓为刹帝利，即武士种姓，掌握军政大权；第三种姓为吠舍，从事商业或农业生产，属平民种姓；第四是首陀罗，从事低贱职业，多数为奴隶。前三个种姓被认为是“再生人”，除自然生命外，还可因入教而获得宗教上的再生；首陀罗是“非再生人”，只有一次生命。各种姓间戒备森严，不得同桌而食、同井而饮、同席而坐、同街而居。低等种姓对高等种姓必须俯首帖耳，一心一意伺候高等种姓；路遇高等种姓时必须侧身而立，不得与之同行。在这四大原始种姓之外，还存在许多杂种种姓（迦提），他们的地位和职业亦由法律明确规定。

二、所有权

古代印度的土地所有制形式以国有制或王有制为基础，国王被誉为“大地的主人”，原则上是全国土地的最高所有者，凡占有土地者皆得向国王缴纳赋税。土地占有的主要形式是村社制。村社中的耕地一般分配给各家使用，而牧场、森林、水渠等则由村社社员共同占有和使用。社员间的土地占有发生纠纷时，一般由村社长老出面解决。社员的土地使用权受法律的严格保护，受到侵害时可以要求赔偿。

私人财产所有权受法律保护。偷盗小到井绳，大到珍宝和牲畜等各类物品，偷盗者都会受到数额不等的罚款或断肢等体罚。但高等种姓和低等种姓所享有的财产权是有分别的。婆罗门被认为是“万物之主”，“世界上的任何东西全都是婆罗门的财产；由于地位优越和出身高贵，婆罗门的确有资格享有一切”[1]。但是，首陀罗除维持生计的生活资料外，无权拥有其他财产，即使他们有能力积蓄财产，也得不到法律保护，“婆罗门可以

① 摩奴法论：第 1 卷，第 100 颂．

毫不犹豫地拿去首陀罗的东西；因为他不存在任何财产；因为他的钱财本来就是应该被主人拿的”①。

三、债 法

古代印度债法的主要特点是对高等种姓的债权给予特别保护。比如，同是借贷者，但对高等种姓和低等种姓收取的法定利息是不同的，对婆罗门收取的月息是2%，刹帝利的为3%，吠舍的4%，而首陀罗的为5%。② 对不同种姓的债务人不按期履行债务的处罚也不相同：如果债务人与债权人属同一种姓或比债权人种姓低，债权人可以将债务人收为债务奴隶；但如果债务人的种姓高于债权人，则不能以劳动偿债，只能逐年偿还，以免沦为低等种姓的债务奴隶。

四、婚姻家庭法

古代印度的婚姻家庭法具有如下基本特征。

（一）婚姻被认为是神意的结合

这首先表现在其婚姻方式上。《摩奴法典》列举了八种婚姻方式，即梵式、天神式、仙人式、生主式、阿修罗式、乾达婆式、罗刹式和毕舍遮式。前四种方式最合于神意，不附加条件也不要彩礼，只适用于婆罗门；阿修罗式类似于买卖婚，适合于吠舍和首陀罗；乾达婆式相当于合意婚，罗刹式相当于抢婚，皆适用于刹帝利；毕舍遮式相当于强奸，为神所禁止。③ 婚姻既被认为是神意的结合，当然是不可离异的。但实际上这只是对妻子而言的，妻子即使被丈夫出卖或遗弃也不得脱离丈夫，而丈夫却可借口妻子有病、不孕、性情不好等抛弃妻子。④

（二）严格维护种姓内婚制

为了维护种姓的纯洁，法律规定不同种姓间不得通婚，如若通婚即丧失原有种姓，其后代则为杂种种姓。但种姓间的通婚并非绝对不可能，高等种姓男子与低等种姓女子间的婚姻被视为“顺婚”（anuloma），因而是允许的；但低等种姓男子与高等种姓女子的婚姻则被视为“逆婚”（pratiloma），因而是禁止的。最为法律所不容的是首陀罗男子与婆罗门女子之间的婚姻，其后代被称为“旃陀罗”，属于不可接触的“贱民”。他们被排除在种姓之外，地位比首陀罗还低，不许与种姓人来往，必须住在村外，穿死人的衣服，用被遗弃的破容器吃饭，从事屠宰、抬死尸等低贱职业。

---

① 摩奴法论：第8卷，第417颂.
② 摩奴法论：第8卷，第142颂.
③ 摩奴法论：第3卷，第27颂至第34颂.
④ 摩奴法论：第9卷，第46颂，第80颂，第81颂.

（三）高等种姓一夫多妻，而低等种姓则一夫一妻

婆罗门男子可以依种姓顺序娶四个妻子，刹帝利可在同种姓和吠舍、首陀罗中娶三个妻子，吠舍可娶同种姓和首陀罗两个妻子，而首陀罗男子只能以一个首陀罗女子为妻。

五、刑 法

古代印度的刑法有两个显著特点。

（一）受宗教观念影响强烈

古代印度许多罪名的设置及惩罚方式与宗教有直接关系，如杀害母牛被列为仅次于杀害婆罗门等大罪的二等罪，犯罪者必须剃去头发，身披母牛皮，住在牛棚悉心伺候母牛三个月，并且清心寡欲，牛遇困境则舍身相救。唯其如此，才能偿赎杀害母牛的罪过。① 另外，由于教义的影响，再生人所犯的罪行几乎都可通过苦行来赎罪。比如杀害婆罗门者“必须在森林中居住 12 年，盖一间草棚，用骷髅作旗帜，以乞食为生”②，或者将全部财产布施给一位精通吠陀的婆罗门，或者断食诵三遍吠陀本集，等等。

（二）不同种姓同罪异罚

高等种姓侵犯低等种姓时，可以减轻处罚；而低等种姓侵犯高等种姓时，则必须加重处罚。以伤害罪为例，凡低等种姓伤害高等种姓，必须断其肢；若同种姓相伤，则以罚款或驱逐出境了结；但高等种姓伤害低等种姓，尤其是婆罗门伤害首陀罗，常常就不需要惩罚。实际上，婆罗门在刑罚方面享有很多特权，即使犯再重的罪，也不得被处以死刑，而“应该让他带着全部财产、不受伤害地离开本国”③。

六、诉讼制度

古代印度的诉讼制度不太发达，许多规定显得简单而原始。

（一）缺乏统一而固定的法院组织

最高司法权由国王直接控制，遇有重大讼事，国王将亲自或委任一位博学的婆罗门审理，并有三位精通吠陀的婆罗门作助手。绝大多数纠纷都在村社内部由长老（有时组成种姓大会）解决。

（二）借助神的力量进行裁判

由于证人的证言对案件的判决至关重大，裁判官主要以两种方法来获得所谓真实的

---

① 摩奴法论：第 11 卷，第 108 颂至第 115 颂．

② 摩奴法论：第 11 卷，第 72 颂．

③ 摩奴法论：第 8 卷，第 380 颂．

证言：一是令证人宣誓，若作伪誓，则无论现世或死后都将受神的惩罚；二是以神明裁判来判断证言的真伪，主要的神明裁判方式有水审、火审、秤审、毒审、圣水审、圣谷审、热油审和抽签审。

第三节 古代印度法的特点和历史地位

一、古代印度法的基本特点

作为一种东方奴隶制法，古代印度法具有东方法和奴隶制法的共性，比如维护君权、夫权、父权，维护奴隶主的特权，诸法合体，缺乏抽象概念和规则等。但它又独树一帜，有其自身的特点。

（一）与宗教密不可分

古代印度是一个宗教社会，宗教的强烈光芒覆盖了一切。法律在很大程度上只是宗教的附属物，它缺乏独立的规范体系，没有独立的作用范围，没有独立的立法者和执法者，宗教的任何变化都会引起法律的渊源及内容的相应变化。

首先，宗教众多，使古代印度的法律渊源异常复杂。婆罗门教的产生使四吠陀、法经、法典等各类经典成为古代印度法的重要渊源，它们以婆罗门教义为哲学基础，对教徒的言行乃至思想都作了严格规定；它们不仅对教徒的宗教生活进行约束，而且对教徒的世俗生活进行限制和调整。佛教的产生使古代印度法的渊源发生了巨大的变化，三藏以其完全不同于婆罗门教法的形式和内容规定了教徒的行为准则，它们紧紧围绕“五戒”等佛门戒律来展开。印度教的产生则使婆罗门教法得到极大的更新，融入了佛教法的某些精华，使法律渊源进一步复杂化。

其次，法律的内容和编排体例都深受教义的影响。有关法律的内容如何受宗教影响的问题，在上一节中已有详细介绍，法律的体例受宗教影响的典型即《摩奴法典》。该法典以婆罗门教的“四行期”① 来安排其体例。如《摩奴法典》共 12 卷，始于“创造”，终于“行为的果报——转世与解脱”，中间插入的几部分内容中，再生族的法律占 5 卷，分别为“梵行期的法”（第 2 卷）、“家居期的法”（第 3 卷至第 5 卷）、“林居期的法”和“遁世期的法”（第 6 卷），依次规定了再生人在人生各阶段应遵循的行为准则。

（二）严格维护种姓制度

除佛教法外，古代印度法的基本内容都贯穿着种姓制度，几乎所有条文都是对各个种姓权利和义务的直接规定。为了强调种姓制的神圣性，婆罗门教及其法律将种姓制的

---

① 婆罗门教规定的教徒生活与修行的历程，共分四个阶段：梵行期，即学生期，指儿童成长到一定年龄，辞别父母，从师学习吠陀和祭祀礼仪；家居期，指成年后开始世俗生活，结婚生子并从事社会职业这个阶段；林居期，指老年时弃家隐居于密林，从事各种苦行，以锻炼身心，为灵魂解脱做好准备；遁世期，即舍弃一切财富，乞食为生，云游四方，置生死于度外，以期获得解脱。

产生说成是造物神梵天的安排："为了诸界的繁荣，他从口、臂、腿和脚生出婆罗门、刹帝利、吠舍和首陀罗。"① 正因为婆罗门是从梵天口中生出的，所以他们最高贵最洁净，应该把最崇高的职责赋予他们，这就是学习和宣传经典；刹帝利从梵天的双臂生出，所以最有力量，应该掌握军权；吠舍是从梵天腿中生出的，所以最为勤奋，其职责就是不断增长财富；首陀罗生于梵天脚下，所以最低下、最肮脏，生来就是为了伺候和服从前三个种姓的。法律就是这样根据各种姓的不同地位来规定他们的权利和义务的。正因为古代印度法以种姓制贯穿始终，所以有人将它称为"种姓法"。

（三）是法律、宗教、伦理等各种规范的混合体

古代印度法的主要渊源并非国家机关依照立法程序制定的法律，其是宗教僧侣根据社会习俗和自古流传的圣人言行，从其自身利益出发编纂的，因此不可避免地将现在人们看来不是法律规范的那些内容包括进去。以婆罗门教法而言，从四吠陀、法经到诸法典，没有一部是纯粹意义上的法典，往往在法律规范中夹杂着宗教戒律、道德说教甚至神话传说、宗教玄谈和哲学论述。就连公认的法律性质最明显的《摩奴法典》也是如此，在其所有的条文中，纯粹法律性质的条文仅占 1/4 以上。即使这些内容也不是都能得到切实执行的，它们包含了编纂者婆罗门的美好愿望和理想，不少规定都是一厢情愿。② 阿育王的"岩石法"虽为国王敕令，但其内容与现代意义上的法律规范相去甚远。从字面上看，它很少带有强制性，而是劝导人们如何安排道德生活，如何行善，完全是佛教教义和戒规的混合体。阿育王在一段敕令中这样概括他的佛法："少行不义，多作善事，慈悲，布施，真诚，清净。"③

二、古代印度法的历史地位

（一）在印度法制史中占有重要地位

古代印度法是政治、经济、宗教、社会文化诸种因素共同发展的产物，它凭借宗教的强大凝聚力和延续性对印度法制史产生了深远的影响。中世纪中后期，随着穆斯林的入侵，伊斯兰法成为印度占主导地位的法律，但是，这并不影响印度教法在印度教徒中间的适用。古代印度法的许多内容不仅借印度教法的适用而得以幸存，甚至得到一定程度的发展，出现了一批古代法典解说集，使古代法典中的基本原则能与当时的社会发展状况相协调。英国人统治印度时期，印度教法作为一种主要的属人法对印度社会产生了重大影响，《摩奴法典》仍是解决印度教徒之间某些纠纷的重要法律依据。印度独立后编纂的《印度教法典》也是以《摩奴法典》等古代权威法典为基础的。

---

① 摩奴法论：第 1 卷，第 31 颂．

② 参见季羡林为《摩奴法论》中译本所作序。

③ 埃利奥特．印度教与佛教史纲：第 1 卷．李荣熙，译．北京：商务印书馆，1982：14.

（二）对周边国家的法律发展产生了一定的影响

东南亚国家历史上曾有过一段印度化时期（约公元1世纪至15世纪）。由于印度侨民的移居，或者婆罗门教、佛教和印度教的传播，以及当时东南亚各国的统治者渴望模仿印度的社会政治制度以强化王权，印度的宗教文化便在这一带地区广泛流传，出现了许多印度化王国。模仿古代印度法建立自己的法律制度则是印度化的主要内容之一，由此形成了世界五大法系之一的印度法系。据有关史料记载，缅甸、暹罗（泰国）、锡兰（斯里兰卡）、扶南（柬埔寨）、老挝、占婆（越南）以及印度尼西亚的爪哇、巴厘、婆罗洲、苏门答腊等地的印度化王国大多曾以《摩奴法典》为蓝本颁布过法律，或实施过该法的某些规定，并出现过类似种姓制的严格的社会等级制度。随着15世纪最后一个印度化王国的灭亡，印度法系也成为历史遗迹，被认定为“死法系”，但它对上述国家和地区的影响仍不可忽视。

深度阅读

1. 摩奴法论．蒋忠新，译．北京：中国社会科学出版社，1986.

2. 王云霞，何戌中．东方法概述．北京：法律出版社，1993：第三章．

3. 陈峰君主编．印度社会述论．北京：中国社会科学出版社，1991：第二编第三，四章．

4. 尚会鹏．种姓制度与印度教社会．北京：北京大学出版社，2016.

问题与思考

1. 为什么说古代印度法是种姓法？
2. 简析古代印度法与宗教的关系。
3. 何谓印度法系？

第四章
希伯来法

常考知识点

- 希伯来法的形成
- “摩西五经”与“摩西十诫”
- 希伯来法的历史地位

第一节　希伯来法的形成和发展

希伯来法（Hebrew Law）是指公元前 11 世纪至公元 1 世纪生活在巴勒斯坦地区的古代希伯来人所信奉和实践的全部律法和法律的总称，与一直存续至今的犹太教法（Jewish Law）并不是同一个概念。

希伯来人（Hebrew），也被称为犹太人或以色列人，原本是生活在两河流域的闪米特人（Semite）游牧部落。大约在公元前 20 世纪中叶，希伯来人在族长亚伯兰的带领下离开乌尔（Ur）城，向西跨越幼发拉底河，进入巴勒斯坦地区、黎巴嫩和叙利亚的西南部。当地的原住民迦南人（Canaan）把这批移民称为“希伯来”（Ivrim），意为“渡河而来的人”。不久，希伯来人为逃避饥荒进入埃及，沦为法老的奴隶。约公元前 14 世纪，摩西带领希伯来人逃出埃及。途经西奈山时，摩西组建了以耶和华信仰为核心的部落联盟，并宣布了“十诫”（Ten Commandments）的律法体系，为希伯来法奠定了基础。这一时期，希伯来法的主要渊源是部落习惯以及原始的宗教规范。

希伯来人重归迦南故地之后，部落氏族制度开始解体。至公元前 13 世纪末，部落中的“士师”逐渐成为集军事、行政、司法、祭祀大权于一身的独裁者，希伯来人的国家开始形成。公元前 11 世纪，由部落民众大会选出的扫罗成为希伯来人的第一位国王。不久，大卫在与扫罗的儿子伊施波设争夺王位的斗争中获得胜利，定都耶路撒冷，并将作为最高宗教象征的约柜迁到此处，建立起政教合一的以色列—犹太王国。大卫的儿子所罗门在位的 40 年，是以色列—犹太王国的鼎盛时期，国家领土迅速扩大，为有效征收赋税，行政区划和官僚体制也变得成熟。在建立国家的过程中，部落习惯以及宗教规范被赋予国家强制力而上升为法律，国王是最高的立法者和司法裁判者。这一时期，尽管没有成文的法律或敕令保存下来，但《圣经》中有许多关于国王颁布法律的记载；此外，祭司在希伯来法的形成和发展过程中也发挥了重要作用，他们有权解释和适用法律。据希伯来史书记载，在扫罗和大卫时代，人们每逢节日就聚在一起，听祭司宣讲自古流传下来的律法。随着社会经济和文化不断繁荣，希伯来法也日趋丰富。

公元前 922 年，统一的希伯来王国分裂为南北对峙的以色列和犹太两个国家，其中北部的以色列王国在公元前 721 年被亚述人征服，居民流散各地。南部的犹太王国在公元前 586 年被新巴比伦国王尼布甲尼撒二世的军队占领。犹太人整族 5 万多人被掳到巴比伦，史称“巴比伦之囚”。沦为囚徒的犹太人为了摆脱异族压迫，重返故乡，把希望寄托于“救世主”的降临。犹太教祭司宣扬耶和华是宇宙间唯一的真神，称他将保证犹太人重建统一的犹太王国，王国的中心就在耶路撒冷。这些宗教思想在犹太人中间广泛传播，《圣经》开始编撰，犹太教最终形成。《圣经》的第一部分“律法书”分为五卷，也称“摩西五经”，内容包括希伯来习惯、宗教戒律以及国王的敕令等，是犹太人最重要的思想指南和行为规范。至此，犹太教法成为希伯来法的基础和核心。

公元前 538 年，波斯国王居鲁士征服了新巴比伦，犹太人获准返回家园，重建耶路撒冷。重返故地的犹太人在波斯帝国的控制之下成立了神权政治机构——“犹太公会”，由祭司行使宗教和管理职能。此后的近二百年之中，犹太相继成为波斯、希腊和罗马的隶属国，但一直保持着相对独立的自治权。犹太人严格遵守“摩西五经”，各级“犹太公会”兼有宗教法庭的职能，其判例也成为重要的法律渊源，希伯来法继续发展。

公元 70 年，犹太人的起义遭到罗马军队镇压，被俘的起义者全部被钉死在十字架上，耶路撒冷被洗劫一空，犹太人或被卖为奴隶，或逃往异国，犹太人的国家宣告灭亡，希伯来法的历史也告终结。然而，犹太人的宗教和文化并未绝迹，流散到世界各地的犹太人在犹太社团内部仍然按犹太教的习俗生活，适用传统的律法；犹太教法庭在个别地区还被承认，并获准根据犹太教的“惯例”进行审判。不依附于政治实体的犹太教法取代了希伯来法，并表现出特有的生命力，一直顽强存续，对西亚、欧洲各国以及中世纪基督教会的法律都产生过不可磨灭的影响。

第二节　“摩西五经”

希伯来法最重要的渊源是《旧约》，所有犹太人都要绝对忠诚地信奉并遵守其中的教义与教规。《旧约》的前五卷分别是《创世记》、《出埃及记》、《利未记》、《民数记》和《申命记》。这五卷的内容被认为是由摩西接受上帝的启示而撰写的，拥有至高无上的法律效力，因而又称为“摩西五经”。“五经”之说来自希腊文 Pentateuch，即“五册书卷”之意。希伯来文则称之为“妥拉”（Torah），即教导。“摩西五经”因此被称为“律法书”或“摩西律法”。“摩西五经”中记载了神向以色列人所颁布的六百多条律例、诫命，是希伯来法的精华，也是公元前 6 世纪以前唯一的希伯来法律汇编。“摩西五经”不仅是世俗的犹太国家的法律规范，更是所有犹太人信仰的犹太教的最主要的经典；它不仅是掌握司法权的祭司和各类司法机构审理案件时的最高法律依据，而且普通的犹太教民也必须牢记在心，不可有丝毫亵渎之意。即使在犹太国家灭亡以后，它仍以习惯法的形式自动调节着犹太人的生活。

《创世记》(Genesis) 是《旧约》的首篇。该篇依次记述了上帝创造世界、人类的起源、希伯来人早期部族生活的故事，其中最后一个故事终于雅各的孩子迫于饥荒逃到埃及避难。《创世记》旨在说明世界的历史、人类的历史、希伯来民族的历史都是在上帝的旨意下展开的。

《出埃及记》(Exodus) 是《旧约》的第二卷，讲述了摩西带领希伯来人逃出埃及，并在西奈山上与上帝立约的故事。这一卷共有40章，其中第二十章的“摩西十诫”(参见图4-1)，是希伯来法的“总纲”与“核心”，内容包括：(1) 除耶和华以外，不可信仰他神；(2) 不可雕刻和崇拜偶像；(3) 不可妄称耶和华上帝之名；(4) 第七日为圣安息日；(5) 当孝敬父母；(6) 不可杀人；(7) 不可奸淫；(8) 不可偷盗；(9) 不可作假证陷害他人；(10) 不可贪恋他人的妻子和财物。

图4-1 “摩西十诫”

图片来源：http：//10commandments. biz/biz/stoneTenCpicture. phtml。

《利未记》(Leviticus) 是《旧约》第三卷，又称为“先知法典”或“祭司法典”，因祭司按规定均应出自利未部落而得名。全卷共27章，内容多涉及祭司的职责和权利，还记述了敬奉上帝所应持守的节期和应当举行的祭祀礼仪，百姓应严守的洁净律法，以及取洁赎罪、婚姻制度等。

《民数记》(Numbers) 是《旧约》第四卷，亦称《户籍记》，因卷中数次提及户口调查和士兵登记而得名。这一卷共包括36章，叙述了以色列人在摩西带领下，由西奈启程，历时38年，最后来到约旦河东岸的历程，以及一些有关祭祀的律法。《民数记》在结构上不如前几卷严谨，后代学者认为它是根据多种资料拼凑而成的，其法律性质不如前几卷明显。

《申命记》(Deuteronomy) 是《旧约》第五卷，共34章。申命的意思就是“重申法律”，本卷记述了摩西在进入应许之地之前向希伯来人再次宣示法律的故事。摩西重申，应信奉唯一的神——上帝，并遵守他的诫命。

综观“摩西五经”，可以发现，随着犹太人社会经济文化的发展，希伯来法律制度愈加完备和精密，所反映出来的社会关系也愈加复杂。编撰时间较早的《创世记》和《出埃及记》记载的习惯法规范较多，内容比较简单，且有极大的原始性；编撰时间较晚的

《利未记》《民数记》《申命记》记载的法律就较为规范，特别是《申命记》，内容已十分精密，相当于一部小型的法规汇编。与前几卷相比，原始的习惯法规范已有明显的减少，法律也转向宽容，但宗教教规和仪式更加繁复，礼仪、祭祀、伦理、道德等规范明显增加。

第三节　希伯来法的基本制度

一、有关身份的宗教戒律

希伯来法规定，要保持犹太教徒的身份，必须严守基本的宗教戒律。

"割礼"（Circumcision），就是在男婴出生后的第八天用石刀割破其阴茎包皮，以此来作为犹太人和上帝立约的标记。割礼虽然在多个民族文化中都存在，但在希伯来文化与法律中具有极为重要的意义。割礼是男性成为"上帝子民"的犹太人的标志。外族人若想融入希伯来人的族裔，必须首先进行割礼。而奴隶经受割礼后，也与犹太人发生拟制的血缘关系。割礼在犹太人传递生命和四处流亡的过程中强化着他们的民族意识。

"可食"（Kosher），是指按照犹太教的饮食规定可以食用的食品。犹太人有自己特殊的饮食习俗，他们只吃犹太教律法允许吃的食物。按照律法书的规定，他们可以吃禽类和植物。在所有水生物之中，不可以吃无鳍无鳞者。而在一切畜类当中，则只准吃羊肉、牛肉和鹿肉。与信奉伊斯兰教的阿拉伯人一样，犹太人也忌食猪肉。

在犹太民族看来，"割礼"和"可食"在很大程度上保持了他们的纯洁性和民族凝聚力。

二、财产法

《旧约》中记载的希伯来法，反映了犹太民族从游牧社会向农耕社会过渡阶段的状况。此时的希伯来法中仍然保留着土地公有制，但希伯来法中公有的土地以"神有土地"的形式存在，体现了鲜明的宗教色彩。

希伯来法确认上帝对土地的所有，土地名义上都是属于上帝的。最高统治者摩西曾向他的臣民转达上帝的旨意："土地永不可卖，因为地是我（耶和华）的，你们在我面前是旅客，是寄居的。"① 可见，一般意义上的土地所有权概念并不存在。上帝耶和华将土地赐予各族，并分配给各个家庭为谋生之用。② 由于不存在土地私有，因而土地一般不允许买卖，人们拥有的只是土地的使用权。

希伯来人把每 7 年定为一个"安息年"，这一年希伯来人所有田地休耕一年③，土地

---

① 《利未记》25：23.
② 《民数记》26：52－54.
③ 《出埃及记》23：11.

上的自然物任人拾遗。过 7 个安息年，即 49 年后，第 50 年即为“禧年”。在这一年，人们要归还自己的地业。① 因此，土地的使用权也不是永久的。

另外，土地的使用权仅限于家族内部继承，不得转让给外族。② 但是，随着商品经济的产生和发展，土地私有的现象开始出现，据《创世记》记载，亚伯拉罕为亡妻购地埋葬，用银币当着证人的面取得土地的所有权；又如，在法律中尚存交换关系中的某种象征性动作，如卖主将鞋子脱下来给予买主，以表示土地所有权的转移。

希伯来法规定，必须向上帝献祭。《出埃及记》中记载：你要从庄稼中的谷，和酒榨中滴出来的酒拿来献上，不可迟延，你要将头生的儿子归给我，你牛羊头生的也要这样。③ 后来，以头生子献祭逐渐为牛羊献祭所取代。向上帝献祭逐渐形成了制度化的捐税，用以维持宗教礼节，具体做法是百姓将收入的 1/10 奉献耶和华以及耶和华的受命者——祭司。1/10 的捐税出自“摩西五经”中的教义。摩西在《利未记》向以色列人宣布说：“地上所有的，无论是地上的种子，是树上的果子，十分之一是耶和华的，是归给耶和华为圣的。”④ “凡牛群羊群中……每第十只要归给耶和华为圣。”⑤ 向上帝献祭是内心虔诚的表示，也是每一个希伯来人应尽的义务，但每逢安息年和禧年，捐税一概豁免。

三、债　法

希伯来法中对于买卖、借贷、雇佣、租赁、寄托等债权和债务法律关系均有规定，但由于希伯来人在观念上反对重利，商品经济尚不发达，这些法律规范尚不完备。订立契约的主要形式是口头盟誓，盟誓是向上帝表示忠诚，因而必须遵守誓约，不得食言，直到公元前 6 世纪才出现书面契约形式。有关田地、城邑、房屋和葡萄园等不动产的买卖，必须采取书面契约的形式。《耶利米书》记载：“人必用银子买卖田地，在地契上签名，把契封好，又请证人作证。”⑥

希伯来法在对债权人的所有权予以确认的同时，又加以适当的限制。在有偿使用借贷关系中，如果借用物因自然原因受损或灭失，借用人不负赔偿责任。签订雇佣契约，要求雇主“当日给他（雇工）工资，不可等到日落”⑦。委托管理合同存续中，如果委托管理的银钱在管理人员家中被窃，抓住盗窃者后，有盗窃行为者应加倍赔偿，否则由法官判断管理人员是否有盗窃行为，败诉一方须加倍赔偿；如果委托管理的牲畜死亡，原因无法确定，则该管理人员向神发誓即可免除责任，如果被窃，管理人员须照价赔偿。关于损害赔偿，如牲畜进入他人的田地糟蹋粮食，畜主须照价赔偿；如烧荒放火，损害了他人田产，亦照价赔偿。

---

① 《利未记》25：11.

② 《民数记》27：11.

③ 《出埃及记》22：29.

④ 《利未记》27：30.

⑤ 《利未记》27：32.

⑥ 《耶利米书》32：44.

⑦ 《申命记》24：15.

为了保障债权人的利益，希伯来法中也出现了关于担保的规定。一般物品均可以用以设定抵押，包括田地、葡萄园、房屋以及人身。但《圣经》对借贷时的抵押担保又进行了严格的限制，日常生活的必需品不能用作抵押品，比如《申命记》记载，“不可拿人的全盘磨石，或是上磨石作当头，因为这是拿人的命作当头”①。债权人也不能直接占有担保物，这一点与现在的质押有所区别。而且债权人只能等待债务人自行交出担保物，《申命记》里记载说：“你借给邻舍，不拘是什么，不可进他家拿他的当头（质押物）。”②又说：“要站在外面，等那向你借贷的人把当头拿出来交给你。”③ 每逢安息年和禧年，借贷及抵押一概不得追索（外邦人除外），债务奴隶也可获得自由。

四、婚姻、家庭与继承制度

关于婚姻制度，婚姻的成立以男方交付聘礼以及女方父亲的同意为必要条件。④ 为保持犹太血统的纯洁，严禁与外族人通婚，同时近亲结婚属于“逆伦”，必须“用火焚烧”至死。结婚采用宗教仪式，由家长主婚，在神面前宣誓，并由教会颁发结婚证书，同时还有抢夺婚的遗风。《申命记》记载，“有男子遇见没有许配人的处女，抓住她与他行淫，被人看见，这男子就要拿 50 舍克勒银子给女子的父亲……就要娶她为妻”⑤。夫妻关系不平等，妻应服从丈夫。⑥ 妻若与人“行淫”而妻父又拿不出“贞节凭证”，就要将妻“带到她父家门口，本族人要用石头将她打死”⑦。离婚权掌握在丈夫手中，丈夫只要稍有不满，就可以离婚，不孝敬公婆、淫乱或无生育能力均可以成为离婚的理由。但如果丈夫在婚后诬蔑妻子婚前不贞，或对处女先奸后娶，则该男方终身不得离弃其妻。妻子离婚后，可以再嫁，但前夫不可再娶其为妻，离婚两次以上者不得再婚。

希伯来法实行以父权为中心的家长制家庭制度，允许丈夫纳妾和蓄婢。⑧ 父在家庭内拥有最高权力，妻、子女、奴婢是家庭的主要成员，应服从丈夫、父亲、主人的支配。夫有出卖妻为奴的权力，父亦有卖子女为奴或以子女“献祭”的权力。父母有权将不服管教的逆子绑赴法庭受审。子若违逆父训，本城民众“就要用石头将他打死”⑨。

希伯来法实行长子继承制⑩，长子继承的财产份额比其他子女的高一倍。无子嗣者，财产由其女继承，但该女不得嫁与异族人。兄死无后，弟应娶寡嫂为妻，为兄续后⑪，并继承兄之遗产，如果弟不履行此项义务，寡嫂可以投诉于本族长老，脱去弟的鞋子，

---

① 《申命记》24：6.
② 《申命记》24：10.
③ 《申命记》24：11.
④ 《出埃及记》22：16.
⑤ 《申命记》22：28.
⑥ 《申命记》22：25－26.
⑦ 《申命记》22：21.
⑧ 《利未记》18：18.
⑨ 《申命记》21：18－21.
⑩ 《申命记》21：15－16.
⑪ 《申命记》25：5－6.

以示剥夺弟的继承权，使之遭到本族人的蔑视和唾弃①，然后由夫家的其他近亲属履行该项义务并继承死者的财产。显然，此种做法的目的，就是要避免家族财产外流和使家族延续，显示了希伯来法保护父族家族宗族利益的特点。

五、犯罪与刑罚

希伯来法中的罪名繁多，许多罪行与宗教戒律紧密相关。“摩西五经”规定了大量关于亵渎上帝、背叛神意、违反宗教教规的规范，刑法对这类不法行为的惩治非常严厉，往往处以死刑，甚至屠城②或灭族。此外，希伯来法规定了不敬罪、伪誓罪、诽谤罪、酗酒罪、窃盗罪、强盗罪、杀人罪、强奸罪、乱伦罪、妨害风化罪、拐骗罪等罪名。

刑罚极为原始和野蛮，充满同态复仇的遗迹。“摩西五经”规定：若彼此相斗而造成伤害或死亡，则必须“以命还命，以眼还眼，以牙还牙，以手还手，以脚还脚，以烙还烙，以伤还伤，以打还打”③。但此规定有许多例外，如果是奴隶主加害奴隶，则不适用此项原则，仅酌情处以罚金或将奴隶解放成自由人；争斗中伤人又不致残废者，或致孕妇堕胎而无其他伤害者，仅负赔偿责任。法律已将故意和过失加以区分，对过失杀人者不适用同态复仇。同态复仇原则也适用于动物伤人，如牛触死人，必须将牛打死；牛主放任素来触人的牛将人触死，牛主也要被治死，但牛主可以以金钱赎命；如果牛触死奴隶，也要将牛打死，牛主自不必被处死，只需赔偿奴隶主 30 舍客勒银子即可。

死刑被广泛适用，主要有石毙、坠岩、焚刑、缢刑等。但是，杀人者可以逃往固定的“逃城”以寻求避难。④ 除死刑外，希伯来法还规定有体刑、革籍、没收财产、罚金、赎命金、降灾警告、剥夺部分教权、监禁等。

六、司法制度

宗教领袖及国王拥有最高的司法权，地方行政官员和祭司也往往身兼二职，掌握司法审判权。此外，在不同的历史时期，设有专门司法机关，如氏族解体时期的“士师”既是部落首领，也是专职法官；希伯来王国时期的中央最高上诉法庭和地方法庭，巴比伦之囚后重建耶路撒冷时期的各“犹太公会”等，均有权审理各类案件。

希伯来诉讼法规定，原告须到就近的司法官那里起诉，原告立于被告之右，以口头进行申诉，司法官询问证人，调查事实，最后判决，不服判决者，可逐级申诉，直至国王法庭。关于证人证言，规定刑事案件的证人要有两至三人，即“人无论犯什么罪，作什么恶，不可凭一个人的口作证，总要凭两三个人的作证，才可定案”⑤。希伯来诉讼法

① 《申命记》25：7－10.
② 《申命记》13：13－19.
③ 《利未记》24：19－20.
④ 《出埃及记》21：23.
⑤ 《申命记》19：15.

特别强调证据的真实性，将“不可作假证陷害他人”① 作为“十诫”之一，并以同态复仇的方式惩治作伪证的证人②；当事人的宣誓和神明裁判也是重要证据，宣誓和神明裁判经常结合进行，《民数记》第五章规定：夫疑妻与人通奸而无见证人，妻应被带到祭司面前，饮用尘土和祭司书写的咒语搅拌成的“圣水”并向上帝起誓，如果水到腹中“变苦”，“肚腹发胀”了，“大腿消瘦”了，就证明妻不贞而将被治死；司法官和祭司应公平断讼，不可受财枉法，屈枉正直。③

第四节 希伯来法的历史地位和影响

自公元1世纪开始，希伯来法从整体上来说已经失效，然而无论是犹太民族本身，还是西方各国学者，对希伯来法的研究从未间断过。公元1世纪到5世纪，犹太法律学者对前辈律法家的口传法律资料进行了汇编。约公元200年由犹太教领袖犹太亲王主持和倡导，完成了此类汇编《密西拿》。④《密西拿》在《圣经》戒律的基础之上，借助大量相关判例，阐释了成文律法。西亚各法律学院大多以此作为研究和讨论法律问题的理论根据，并有许多学者对《密西拿》进行释义和补编，称为《革马拉》。⑤《密西拿》和《革马拉》合编在一起称《塔木德》。⑥《塔木德》在中世纪的犹太人中广为流传，是对犹太人日常生活的权威注释，其地位和影响仅次于《圣经》。从中世纪后期起，散居欧洲的犹太学者将《塔木德》译成各种文本，使当今世界各国得以更全面地了解希伯来法的概貌。

希伯来法在世界法制史上占有极高的地位，它以独特的方式影响了整个世界法律发展的进程。希伯来法在发展的前期，继承了异族的先进法律文化的精髓。如果对希伯来法和楔形文字法进行比较研究，就会发现它们在内容、结构乃至行文的语气上有许多相似之处。古代东方两河流域的楔形文字法以及埃及法的许多精华被希伯来法吸收，并保留下来，使希伯来法成为近东古老法律文化的集大成者。不仅如此，希伯来法也为以后东西方许多国家法律制度的建立提供了现成的依据，使古老的东方法律文化传播到世界各地。从这个意义上说，希伯来法确实起到了承上启下的作用。

公元1世纪，基督教开始在小亚细亚和巴勒斯坦传播，基督教继承了犹太教的许多教义，并接受了犹太教的《圣经》，将犹太教的《圣经》称为《旧约》，称自己的经典为《新约》，两者合称为《新旧约全书》，即基督教《圣经》。随着基督教地位的确立，基督教教会法得到迅速的发展，其调整范围遍及欧洲人生活的各个领域，逐渐成为在中世纪

---

① 《出埃及记》23：1.

② 《申命记》19：16－20.

③ 《民数记》5：11－21.

④ 希伯来文 Mishnah 的音译，原意为“教导”，共6卷63编，包括犹太教的教规、戒条和婚姻、家庭、宗教生活等守则，用希伯来文写成，是《塔木德》的前半部分。

⑤ 亚兰文 Gemara 的音译，原意为“补全”，是《塔木德》的后半部分。

⑥ 希伯来文 Talmudh 的音译，原意为“教学”，是犹太教口传律法集。

欧洲占统治地位的法律，是欧洲封建法律的重要组成部分，对资产阶级的法律制度也有一定影响。教会法将《旧约》也作为自己的基本渊源，以“摩西十诫”为指导思想；希伯来法中的许多原则和制度，如什一税制度、禁止收取利息、严禁巫术和邪术、镇压异教、神判与誓证等，都成为教会法的主要内容，可以说教会法是直接继承了希伯来法的。希伯来法通过《圣经》和基督教间接地影响了西方的法律制度与法律文化。

希伯来法对伊斯兰法也有直接影响。在伊斯兰教产生之前，有许多犹太人移居阿拉伯半岛。当时阿拉伯人尚处于原始社会末期，还没有产生统一的法律，适用于犹太人内部的希伯来法对阿拉伯人的部落习惯产生了巨大影响。公元7世纪，伊斯兰教创始人穆罕默德在阿拉伯地区传教时，吸收了犹太教和基督教的许多思想，把摩西和耶稣也奉为“先知”。阿拉伯国家形成以后，伊斯兰教的经典《古兰经》成为阿拉伯国家的最高法律渊源，其中包含着希伯来法的某些准则，如独尊一神、净身、禁止收取利息、禁食不洁食物、土地为真主所有、教徒应进行法定施舍等。随着伊斯兰教的广泛传播和阿拉伯帝国的最终形成，阿拉伯伊斯兰法中的希伯来法成分愈加有机地与伊斯兰法融合在一起，促进了伊斯兰法的发展。

希伯来国家灭亡以后，犹太人流落世界各地，逐渐在西亚、北非和欧美各地形成了犹太人聚居地。希伯来法作为犹太民族的属人法，一直以习惯法的方式自动地约束着犹太人，甚至影响了其聚居当地的法律。如自公元13世纪以后的百余年间，通行于犹太人中间的一些希伯来法律原则，比如扣押形式的担保、律师代理等①，为英国法所吸收。

1948年5月以色列国建立后，希伯来法的一些基本原则和制度构成了以色列的重要法律渊源之一，犹太教的《圣经》重新被奉为至高无上的圣典。有关个人身份的认定、结婚和离婚的法律管辖、宗教教规和礼仪、法律概念的使用以及对法律的解释等方面，仍然受到希伯来法的强烈影响。

深度阅读

1.《旧约全书》前五卷“摩西五经”. 中国基督教三自爱国运动委员会印发.
2. 柯恩. 大众塔木德. 盖逊，译. 济南：山东大学出版社，2004.

问题与思考

1. 什么是希伯来法？希伯来法是怎样形成的？
2. 希伯来法的宗教性质体现在哪些方面？
3. 如何评价希伯来法在世界法律发展史上的历史地位？

① Jacob J Rabinowitz. *Jewish law: its influence on the development of legal institutions*. New York: Bloch Publishing Company, 1956: 250－272.

第五章

古希腊法

常考知识点

- 古希腊法的成文化
- 雅典城邦的宪制
- 雅典私法的特征
- 古希腊法的特点

第一节　古希腊文明和法律的源头

古希腊世界位于多山峦、多隘角、多海岛的巴尔干半岛南部，也包括爱琴海中的克里特岛和其他岛屿，以及小亚细亚半岛西部沿海的狭长地区。与古埃及以及美索不达米亚的地貌不同，这里没有大河平原，生存条件颇为严峻，土地贫瘠，寒冷多风，并不适合小麦的生长，却是种植葡萄和橄榄的宝地。

古希腊的历史可以追溯到 3 000 多年前。印欧内陆的游牧民族从巴尔干半岛的西北方向一批又一批地向南迁徙，后来的入侵者不断征服先行抵达此地的居民，新旧文化逐渐融合，希腊语成为通用语言。约在公元前 2000 年，古希腊世界的克里特岛涌现出令人叹为观止的城市文明，即米诺斯文明，规模宏大的克诺索斯王宫是这一文明的中心。考古学家从档案室找到记载于菱形泥版上的财政文书，可以断定，米诺斯是一个拥有精密行政管理体系的海运帝国。米诺斯文明属于非希腊性质的“爱琴文明”，是古希腊文明的源头。

大约在公元前 1600 年至 1100 年，希腊本土兴起了明显受到克里特影响的迈锡尼文明，主要遗址位于伯罗奔尼撒半岛东北部的梯林斯和迈锡尼。考古证据表明，迈锡尼文明已进入青铜器时代，冶金业和制陶业比较发达。从公元前 12 世纪开始，内陆型的多利安人自北向南入侵伯罗奔尼撒，他们使用铁制武器，依靠步兵作战，摧毁了迈锡尼文明。生活在公元前 9 世纪至公元前 8 世纪的盲人诗人荷马对于数百年来全希腊各地吟咏的特洛伊战争诸英雄进行了创作性的整理，形成了被后人誉为《荷马史诗》的长篇叙事诗歌。由于《荷马史诗》长期被后人视作古希腊自公元前 12 世纪至 8 世纪硕果仅存的文化成就，而且具有编年的意义，因而这一时期也被称为古希腊的“英雄时代”或“荷马时代”。事实上，荷马时代并没有后人想象的那般黑暗。大约公元前 9 世纪前后，古希腊人从地中海东岸的腓尼基人那里学到了字母，结合本地的发音，创造出希腊独特的书写系统。起初，希腊文只被用于记载官方档案，但是随着希腊文进入日常生活以及文学领域，分散于各地的族群对于民族历史的自我认同感与日俱增，古希腊渐渐结成一个文化共同体。通过追根溯源，各族群认为他们拥有共同的祖先，即英雄希仑（Hellenes)。这便是“希腊”一词的来源。《荷马史诗》也自然而然地成为承载希腊民族情感的最早的文学作品。

值得一提的是，《荷马史诗》中清晰地记录了古希腊早期的政治制度：家族是最重要的社会组织，土地属于家族而非个人；出自一个共同祖先的若干家族通过血缘联系在一起形成氏族，而若干氏族则隶属更大的共同体，即部落；巴昔列斯（Basileus）即国王，在部落中处于政治权力的中心，同时是部落的最高祭司、最高法官和军队统帅；但国王的权力必须受到由氏族族长组成的长老议事会的制约，双方共同的决定还须交付由部落全员组成的民众大会进行投票，才有可能获得效力。

在荷马时代末期，古希腊世界经历着巨大的变化：氏族制度迅速瓦解，以城邦为中心的奴隶制国家在各地建立起来。由于新兴城邦的繁荣程度堪比古时的米诺斯和迈锡尼，因而接续着荷马时代的二百余年也被称为古风时代（公元前 8 世纪至公元前 6 世纪）。在这一时期，城邦的政治领袖拥有远高于氏族首领的权威，他们往往以一己之力制定并推行带有军事性质的成文法，其中较为著名的立法活动有斯巴达的来库古立法，雅典的德拉古立法、梭伦立法，底比斯的菲洛劳斯立法，等等。数百年后，亚里士多德在《政治学》一书中还提到了一连串的立法者，以及他们所订立的法典的特色。19 世纪中叶，意大利考古学家在克里特岛南部的戈尔琴城发现了内容较为完整的法典，据推测，大约制定于公元前 600 年至公元前 400 年。该法典分散地刻在神庙和市场的廊柱、墙壁上，内容涉及养子、家庭婚姻、奴隶、担保、财产、赠与、抵押、诉讼程序等多个方面。“戈尔琴法典”是古希腊保存最为完整的法律文献，是后人了解城邦早期立法的重要史料。

第二节 城邦的宪制：斯巴达和雅典

自古风时代至随后的古典时代（公元前 5 至公元前 4 世纪），斯巴达和雅典是古希腊世界的焦点。这不仅因为二者的经济和军事实力较其他城邦远为强盛，而且因为二者选择了截然相反的政治体制，以至于斯巴达和雅典之间的抗衡与冲突，不能完全被视为经济与军事上的较量，而具有更深层次的意义，也就是政治模式和法律制度上的竞争。

一、斯巴达

斯巴达位于伯罗奔尼撒半岛最南端的拉哥尼亚平原，是多利安人在希腊本土建立的最大城邦。早在公元前 9 世纪，斯巴达南下征服拉哥尼亚，将这里的原住民全部贬为“希洛士”，充当奴隶阶层。公元前 8 世纪后半叶，斯巴达又通过两次美塞尼亚战争占领了西部肥沃的平原，希洛士的人数大增，城邦的经济实力迅速增长。为了镇压被征服族群，斯巴达竭力维持内部团结，遏制共同体的分化，建立了一种确保人人平等的军事化生活方式。斯巴达人宣称，这种生活方式起源于立法者来库古（公元前9世纪）根据神谕制定的名为“瑞特拉”（Great Rhetra）的成文法。

斯巴达的平等制度建立在严格平均地权的基础之上。平原上的土地被划分为若干等份，由城邦分给每一个斯巴达的成年男子。份地不得买卖，也不能继承，而是在公民死后由城邦收回，以便分给他人。这意味着，土地并不是属于个人或家族的财产。斯巴达人不事稼穑，而是把土地交由希洛士打理；他们也不从事工商业活动，因为斯巴达拒绝使用金、银等贵金属作为货币，而仅仅使用廉价的铁币满足城邦内部极为有限的交易需求。因而，对于斯巴达人来说，正当职业只有一种，那就是当兵。军事指挥制度已经与斯巴达人的日常生活融为一体：刚出生的男婴须经过城邦筛选，孱弱者被淘汰，健壮者交由父亲抚养；男孩从7岁开始脱离家庭，进入城邦教育体系，除宣扬种族优越论之外，并无过多文教内容，而是以高强度的体育和军事锻炼为主；男子自20岁成年之后被编入15人制的“共餐团”，也是最基层的训练和战斗单位，此后便一直在军旅之中过集体生活。斯巴达男子在30岁之后可以结婚，但每天都要出操，与“共餐团”共进退，直到60岁退伍为止。

《荷马史诗》中记载的王制在斯巴达持久地残存了下来，最高政权由两位世袭的巴昔列斯共同享有，二者享有同等权力，同时是最高祭司和军队统帅，但一般不再享有司法权。历史学家认为，双王共治的产生很可能反映出斯巴达城邦是由两个部落联合的结果。长老议事会由30人组成，除其中的两位国王以外，其余28人的年龄须在60岁以上，并须为贵族出身，一旦当选便终身任职。长老议事会承担一定的司法职能，特别是负责处理刑事案件。民众大会由30岁以上的斯巴达公民组成，每年召开一次，但是其职能并非议决任何政治问题，而仅仅是听取国王或监察官的提案，大会主持人往往以民众欢呼声音的大小来判断提案是否得到了支持。斯巴达最具特色的政治制度是“五监察官制”。早期的监察官仅仅是国王临时委派审理刑事案件的特殊官员，因而就任监察官并无身份上的特殊要求，身份低贱的平民也可当选。而后，5名监察官成为常设的官职，是城邦中负责处理民事案件的最主要的司法官员。公元前7世纪之后，5名监察官成为平民利益的代言人，他们监督国王行使权力，甚至可以传唤国王接受聆讯；监察官每个月都要与代表贵族的国王交换誓言，以维持两大社会阶层之间的和平状态。总的来说，斯巴达的政体难以用君主制、寡头制或民主制的概念加以归类，而是兼具上述政体特征的一种混合政体。

二、雅　典

爱奥尼亚人是阿提卡半岛的原住民。早在公元前10世纪阿提卡半岛统一之前，爱奥尼亚人就是希腊本土最强悍的居民，他们在此成功抵御了来自多利安人的进攻，没有沦为希洛士，并且展开了对爱琴海东岸小亚细亚地区的殖民。相传，《荷马史诗》提及的英雄忒修斯统一了阿提卡半岛上分散的村镇，将全部居民划分为四大部落、十二大胞族，以及贵族、农民和手工业者这三大社会等级，并发起对共同父系祖先神的崇拜，因而被视为雅典城邦的缔造者。

在公元前 8 世纪，雅典以相对平缓的方式从君主政体演变为贵族政体，巴昔列斯逐渐远离城邦权力中心，取而代之的是由贵族掌控的执政官和战神山议事会。公元前 7 世纪下半叶，雅典内部出现了僭主制的倾向。为了对抗僭主制，扩大贵族集团的执政基础，司法执政官德拉古在公元前 621 年首次制定了成文法，使更多的有产者能够参与城邦的政治生活。德拉古提倡酷刑。立法中的大部分刑罚都是死刑，哪怕是针对轻微的犯罪行为，也绝不宽恕。此外德拉古立法允许破产的平民卖身为奴，这一规定导致雅典社会的贫富分化走向极端。

在公元前 594 年，梭伦当选为执政官，并立即着手推行改革。梭伦改革的内容主要包括：第一，颁布解负令（seisachtheia），取消德拉古立法中规定的债务奴役制。第二，按财产多寡将公民划分为四个等级。前两个等级的公民可以参选执政官和担任高级官吏，第三等级只能担任低级官吏，第四等级则不能担任官吏，但可以参加民众大会和陪审大会。第三，官吏选任先由部落选举，再通过抽签在候选人中产生。第四，赋予民众大会最高的司法权威，使其成为任何公民都可以参与的陪审法庭。第五，以四个部落为基础创设 400 人议事会，作为民众大会的常设机构和执行机构。梭伦改革的本意在于调和阶级之间的尖锐矛盾，但在客观上加强了平民阶层的力量，为雅典民主政治的形成奠定了基础。

然而，梭伦改革并未真正平息雅典内部的政治冲突，代表不同阶层利益的平原派（贵族）、海岸派（工商业主）和山地派（平民）之间的斗争愈演愈烈，最终不得不兵戎相见。在公元前 546 年，激进的山地派领袖庇西特拉图大权独揽，在雅典建立起施行将近 20 年的僭主统治。不过，庇西特拉图却并未废弃梭伦改革所确立的政治体制，而是继续奉行梭伦提倡的节制、中庸、公平的治国理念，打击地主豪强，采取一系列有利于工商业者和小农的措施。在公元前 509 年，出身海岸派的克里斯提尼当选为执政官，他上台后进行了比较彻底的民主改革，内容主要包括：第一，取消四个部落的划分，将雅典划分为 10 个选区，每一个选区都由分别来自平原、海岸和山地的、在地理上相隔离的三个居民单元组成。这既切断了贵族之间的血缘纽带，也切断了党派之间的地缘纽带。第二，每个选区以抽签方式各选出 50 人组成 500 人议事会，用以取代梭伦时期的 400 人议事会。第三，每个选区以投票的方式选举一位将军，因而全雅典共有十位将军，可在战争时期轮流统帅全城邦的军队。第四，创设陶片放逐法（ostrakismos），通过十选区定期投票，将有可能威胁民主政治和城邦安全的人士放逐海外，期限为 10 年。克里斯提尼的改革真正实现了梭伦曾经设立的目标，雅典内部的派系斗争逐渐平息，国力日渐强盛。

在公元前 492 年、490 年和 480 年，波斯帝国三次借机出兵，大举进攻希腊，希波战争全面爆发，希腊各城邦纷纷应战。雅典城邦在抗击波斯军队入侵的过程中发挥了领导各邦协同御敌的作用，为全希腊赢得自由立下了汗马功劳。雅典在战争后期建立的“提洛同盟”广泛吸收希腊各城邦入盟，盟员最多时达到 200 多个，雅典因而成为爱琴海地区的霸主。越来越多的希腊城邦把希波战争胜利的原因归结为雅典民主制度的优越性，并竞相模仿。

在公元前462年，阿菲埃尔特出任执政官，代表贵族利益的战神山议事会被迫将残余的政治权力移交给民众大会和500人议事会，只保留刑事审判和宗教审判的权力。伯里克利在阿菲埃尔特遇刺之后继续推行民主改革，使“双牛”和“佣工”级的公民也获得了担任执政官的资格。从公元前443年到公元前429年，伯里克利连选连任雅典首席将军的职位，成为雅典的实际统治者。500人议事会作为民众大会的常设机构，主要职权为召集民众大会、预先审查提交民众大会讨论的议案、监督民众大会所通过的各项法律的实施和国家管理部门的日常事务。陪审法院每年以抽签方式从10个选区选出6 000人组成，内分10个陪审庭，具体处理重大案件。年满30岁的雅典男性公民都有资格参与陪审法院的司法审判活动。除司法职能外，陪审法院还拥有对民众大会决议的最后批准权。此外，伯里克利推行公职津贴制度，使所有的雅典公民不仅有机会，而且有可能担任公职。伯里克利甚至还向贫穷的公民发放观剧津贴，以强化全体公民的爱国精神。至此，雅典城邦以民主为基础的政治制度达到了顶峰。

第三节　古希腊人日常生活中的法律

古希腊法律史研究中最常见的一手史料是碑刻铭文，其中除记载城邦立法之外，还包括其他种类的法律文件，如契约、条约、遗嘱和法院判决等等。同样重要的另一类史料是出自古希腊作家笔下的传世文献，包括诗歌、戏剧、政论、演说稿、哲学和史学著作等等。雅典曾是古希腊文明的中心，因而拥有数量最多、分量最重的作家，其他城邦的作家也以来到雅典发表言论为荣耀。因此，后人得以较为详细地了解到雅典城邦的法律理念与法律制度。本节将以雅典为中心，阐述古希腊人日常生活中的法律。

一、什么是法

古希腊人最初对法的理解就是《荷马史诗》中提到的女神“忒弥斯”（Themis），她赋予主权者以明辨曲直的权威，这与古埃及人对司法女神“玛特”的信奉如出一辙。因此，早在抽象的法概念出现之前，古希腊人头脑中的“忒弥斯”既是一套仪式化的裁判程序，又是裁判之后的结果，同时也意味着裁判所依据的标准。19世纪英国的法律史学家梅因（Sir Henry Maine，1822—1888）认为，法概念的下一个发展阶段是“达克”（dike），也就是私人之间的诉讼，它的意义明显地介于“判决”与“习惯”或“惯例”之间，是连接“忒弥斯”观念与习惯法之间的一座桥梁。

在公元前7世纪之后，古希腊的城邦普遍进入成文法时代，雅典曾使用从“忒弥斯”衍生而来的thesmos一词来指代城邦的立法，如梭伦立法就曾被冠以thesmos的名义。从公元前5世纪开始，雅典人开始使用更为抽象的nomos一词来描述法的概念。这个词最初指的是土地分配和划界的活动，与人类对于资源和生存空间的排他性占有相关。后来，nomos开始与意味着自然规律的physis一词相对，意指由政治国家所创制的秩序，通常被近代学者翻译为法或法律。因此，nomos的出现是雅典城邦政治成熟的结果，它标志着实证法已经从自然法中分离出来，成为生活在城邦中的公民必须遵循的行为准则。这一时期著名的雅典诗人品达曾说，法是万物之王。这可能是人类法律文明史中最早的具有法治意涵的箴言。至公元前 4 世纪，nomos 开始成为雅典城邦最为正式的法律渊源，必须由立法者（nomothetai）经过被称为 nomothsia 的专门立法程序才能生效，生效后的法律一般被镌刻于执政官官署的石壁之上。

二、财产法

雅典财产法的发达与其公法有关，原因有二：第一，雅典的民主政治赋予公民以言论和行动的自由，这需要相当的物质基础作为保障，因此，涉及商品生产和交换的法律制度必须健全；第二，与斯巴达建立的平等制不同，雅典的民主政治允许每一位公民获得参与政事的机会上的平等，却不保障他们在财产水平上的实质平等。为了促使公民之间的合作与竞争有序进行，涉及财产、契约和保护私权的法律制度必须健全。

雅典的公民无论男女都享有获得财产的权利能力，但完整的行为能力只能由年满 18 周岁的男性享有。妇女在结婚产子之后可以从事简单的交易活动，但标的物的价值不能超过一麦斗。雅典的奴隶没有独立的人格，而是一种财产。主人可以惩罚奴隶，但却无权处死奴隶，否则将受到城邦刑罚的制裁。对于雅典人来说，最初的财产仅指牛羊牲畜，而不包括土地。因此，雅典的土地制度长期属于公法的范畴。至公元前 5 世纪，土地和房屋已经可以自由买卖，但是其交易过程仍然部分保留着公社所有制的痕迹。雅典人并未形成抽象的所有权的概念，而是用富于哲学意涵的“实体”（ousia）一词来描述拥有财产整体的事实。

在公元前 6 世纪梭伦改革颁布的解负令第一次宣布人身不再成为偿付债务的标的，这使得雅典人较早地形成了私法意义上的债的观念。亚里士多德曾在他的《尼各马可伦理学》中把因契约而产生的债称为自由之债，把因损害而产生的责任称为不自由之债。这是人类法律文明史之中最早以债因为标准对债的分类。不过，债无论是基于契约还是基于侵犯的行为，都首先被理解为一种义务，而非权利。

在公元前 4 世纪，雅典的十大演说家曾在他们的演讲中多次提到 homologia 一词，意指双方或多方在合意基础上对未来行动的规划，此种规划对于各方均具有法律上的约束力。这既可以是私人之间的合同，也可以是城邦之间的条约。演说家还提到另一个词，即 suggraphe，它原指各种法律文书，后来专指承载当事人合意的书面形式，也就是契约。此外，还有一些用以描述契约其他特征的专用词汇。这反映出雅典人对契约非常熟悉，但是并未将与契约有关的知识体系化地搭建起来。雅典契约的种类很多，有买卖、借贷、租赁、合伙、物品保管及人身雇佣等等，其中每一种契约都有专门的名称。为保证契约的履行，债务人可设立订金、抵押，或由第三人提供债务担保，这进一步丰富了契约的种类。因损害产生的债一般以加害人根据受害人的求偿向他交付一定数量的财物而告终，加害人不会因此再受到城邦刑罚的追究。不过，如果加害人无力赔偿，根据受害人的起诉，损害仍然可以构成刑罚的根据。这意味着因侵犯他人而产生的债并未被严格地限于私法的范畴。

三、刑　法

古希腊各城邦的刑法无一例外地经历了从私刑到公共刑法的转变，只是在时间先后上有所不同。私刑的时代非常漫长，甚至超过了语言发展的历史。私刑所惩戒的行为无外乎两种，要么是破坏部族内部秩序的行为，要么是破坏部族对外封闭性的行为。刑罚的方式主要是由被害人亲族发动的血亲复仇，以及后来为了遏制复仇泛滥而衍生出来的赔偿和解制度。公元前 7 世纪的德拉古立法具有强烈的公法意义，它第一次明确表达出城邦的秩序高于一切，但是德拉古立法从本质上来说是一部公共刑法。德拉古立法以严苛著称，这极大地压缩了原有私刑的空间。

梭伦执政之后立刻废除了德拉古立法，仅仅保留了谋杀和故意杀人的罪名，其他犯罪行为的惩罚则还给私刑。在梭伦看来，犯罪从本质上来说是违背城邦宪章的行为，因而刑罚只能是向城邦缴纳罚金，或是剥夺公权和放逐，而不应是死刑。因为人的生命并不是城邦赋予的，也不能由城邦夺走。公元前 4 世纪之后，雅典的刑法转向严苛，死刑的适用变得非常常见，犯罪的名目也越来越多。亵渎神灵成为明确具有公共性质的严重犯罪，并且可以囊括许多不同的具体行为。公元前 399 年，提倡言论自由的苏格拉底被控告犯有“腐蚀青年”和“否定传统诸神”的罪行，最终被判处死刑。这一著名案例反映出古典时期雅典刑法的政治属性。

四、诉讼法

自建城以来，雅典便拥有规模巨大的法庭。梭伦改革之后，400 人议事会既担负着民众大会常设机构的职责，又充当最高的陪审法庭。这一建制在克里斯提尼时代被扩充到 500 人，并在阿菲艾尔特执政期间获得完全独立的裁判权。最高陪审法庭的主要职责是政治审判，目的在于保障城邦的民主制度，而非依据法律解决刑事和民事纠纷。需指出，雅典的刑事诉讼通常需要 500 名陪审法官，民事诉讼则需要 200 至 400 名陪审法官，这在古代社会是极为庞大的阵容。据说，雅典的广场上每天早上都会聚集 6 000 名公民，然后由执政官将他们分派到不同的法庭中来从事审判工作。

雅典的刑事诉讼向所有公民开放，每一位公民都享有控诉权，但同时，权利的行使也受到严格的限制。如果控诉不能获得 1/5 以上的陪审法官的认可，控诉人须承担一笔不菲的罚金。民事诉讼要根据标的额大小进行分类处理；而民事诉讼中的原告则被称为 dike，即当事人。案件审判的过程中，当事人必须亲自提出自己的意见，并与对方辩论，因而他们常常聘请演说家事先写好答辩意见，以便当庭宣读。证据则需当庭出示。进入表决阶段后，所有的陪审法官须使用专用的投票机，输入自己的判断，最后由法官助理进行票数统计，得票多者胜诉。刑罚的执行由城邦专设的 11 人委员会负责，该委员会不仅负责监督犯人的羁押情况，而且要对死刑执行官的工作进行监督。民事判决的执行则由城邦提供强制力的保障，如果债务人拒不执行法庭判决，将面临犯罪的指控或被直接放逐。

第四节 古希腊的法律遗产

一、希腊化时代

伯罗奔尼撒战争之后的雅典失去了霸主地位，取而代之的斯巴达在文教方面极度落后，其武力一旦难以维持各城邦的稳定，民主派就卷土重来。公元前 371 年，民主制城邦底比斯战胜了斯巴达，一度成为希腊各城邦的领导力量。然而，底比斯的实力衰落得很快，巴尔干半岛北部的马其顿趁机崛起，腓力二世于公元前 359 年即位后大举南侵，并于公元前 338 年成为希腊诸城邦公认的新霸主。腓力二世的儿子亚历山大继位之后，率领军团远征东方，相继征服小亚细亚、埃及、波斯、中亚诸国，最远竟然来到印度河流域。公元前 323 年，亚历山大英年早逝，其属下将他所建立的亚欧帝国一分为三，分别建立了马其顿（希腊）、塞琉西（自叙利亚至阿富汗）和托勒密（埃及）三大王国。古希腊的历史由此进入了希腊化的时代。

需指出，所谓“希腊化”是 19 世纪 30 年代西方史学界对于亚历山大之后将近 300 年的希腊史的概括。人们通常认为，希腊化时代最伟大的成就是把希腊的精神传播到古老的东方，实际上，希腊文化在这一时期也受到了来自东方文明的重大影响。公元前 3 世纪，由腓尼基人芝诺创立的斯多葛学派极为明显地体现出东西文化融合的趋势。斯多葛学派将柏拉图关于理念世界的思想同东方的神秘主义宗教熔冶一炉，提出神性乃是整体化的“世界理性”，或称“逻各斯”，是支配万物的普遍法则，而人性乃是神的整体性的一分子，个人的幸福全然在于内心的宁静和顺乎自然。自然法理念与个人主义相碰撞，进而萌发出世界大同的思想。新兴的罗马世界全盘因袭希腊化时代的精神，诸如著名的雄辩家西塞罗、诗人塞涅卡以及罗马皇帝马可·奥勒留等人都是忠实的斯多葛主义者。这使得古希腊和古罗马的历史可以被视为同一个整体。此外，希腊化时代的商业交往更加频繁，因而促成了更为复杂的法律制度，其中最值得一提的是于公元前 3 世纪出现的《罗得海法》（Lex Rhodia），它第一次将海运中频繁发生的共同海损等习惯纳入法典。

二、古希腊法的特点和历史地位

古希腊并没有统一的法律，所谓希腊法，仅仅是众多城邦法律的汇总。人们甚至很难把这一法律的汇总视为一个整体，因为各城邦的法律制度不仅千差万别，而且彼此之间并不协调。因此，学术界一直对“古希腊法”的术语是否成立保持着争议的态度。必须承认，古希腊并不是一个以法律为纽带形成的共同体；联结各个城邦，使其成为共同体的要素乃是他们共享的宗教与文化。因此，只有把法律视为这一精神共同体的组成部分，“古希腊法”的术语才能被理解。

古希腊法有如下鲜明的特点。

第一，古希腊是一个多中心的世界，政治和法律制度在各个中心分散演进，每一个城邦都有各自的法律制度。这不仅是地理隔绝造成的结果，而且是初步形成的民族自我意识的强烈体现。各城邦在制度设计上具有高度的自主性和原创性，因而法律发展的成熟度相差甚远。例如，大多数城邦制定了规则细密的成文法，但相对闭塞的斯巴达一直停留在习惯法的阶段。

第二，古希腊各城邦颁布的成文法大多是具体规范的堆积，缺乏抽象的概括与分析，也未能形成体系化的法典。以雅典为代表，立法者将社会秩序寄托于公布成文法，并将法律适用的过程转化为民主投票的统计，这导致参与审判的陪审法官带有明显的非职业主义特征。同时，由于成文法在适用过程中无须更多地解释，因而雅典难以产生专门的法学家群体，也就难以产生像罗马法那般精深的学理，这间接导致了城邦立法水平不高。

第三，古希腊的公法对后世影响更大，尤其是雅典所开创的宪政体制，基本上蕴含了近代民族国家搭建公法体系的全部要素。相比之下，古希腊的私法并不发达，各种私法概念大多局限于对事实的描述，在抽象程度上远低于共和国中后期的罗马法。

第四，古希腊为西方法律传统提供了重要的精神理念。苏格拉底、柏拉图和亚里士多德关于正义的哲学讨论是人类法律文明史上不可磨灭的里程碑，法律因而脱离政治成为有着独立目的的主体性价值判断；斯多葛学派关于自然法理念的阐发则极端地抬高了法律的地位。当然，从另一个方面来说，古希腊法哲学的片面发达遏制了从文本出发的法学的发展。

古希腊法的总体发展水平不高，远不及其在哲学、艺术等方面取得的成就，但是它上承古埃及和两河流域的法律，下启罗马法，在东、西方的法律之间架起了一座桥梁，其历史作用不容忽视。古希腊法中的一些具体法律制度、法律原则、法学思想，特别是雅典的民主政治，对后世产生了巨大的影响，是西方法律传统的重要源头之一。

深度阅读

1. 顾准．希腊城邦制度．北京：中国社会科学出版社，1982.

2. 伯里．希腊史．陈思伟，译．长春：吉林出版集团有限责任公司，2016.

3. 博德曼，格里芬．牛津古希腊史．郭小凌，等译．北京：北京师范大学出版集团，2015.

4. 维瑟尔．欧洲法律史．刘国良，译．北京：中央编译出版社，2016.

问题与思考

1. 古希腊法的含义应如何理解？
2. 雅典的民主制度是如何一步一步地形成的？
3. 雅典的诉讼法有哪些主要特点？

第六章

罗 马 法

常考知识点

- 罗马法产成和发展的基本特点
- 罗马法的渊源和分类
- 罗马私法的基本内容
- 罗马法的复兴及对后世的影响

第一节　罗马法的产生和发展

一、罗马法的产生

罗马法（Roman Law）是古代罗马奴隶制国家法律的总称，包括自公元前 6 世纪罗马国家产生至公元 476 年西罗马帝国灭亡时期的法律，也包括公元 7 世纪以前东罗马帝国过渡为封建制国家前的法律。

古代罗马国家产生于意大利半岛。在公元前 8 世纪以前，罗马处于氏族公社时期。传说罗慕路斯于公元前 753 年创建罗马城，开始了罗马历史上的王政时代。公元前 7 世纪以后，随着生产力的发展，私有制的出现，加之战争掠夺和债务奴役，罗马社会产生了奴隶主和奴隶两个基本对立的阶级，氏族制度趋于解体。与此同时，罗马社会生活中也逐渐形成了“平民”这一特殊阶层。罗马的工商业多由平民经营，税收的大部分也来自平民。平民还自备武装担负军事义务，是一支重要的军事力量。但平民因不是氏族公社成员，不能享有政治权利，不能与贵族通婚，也不能占有公地。因此平民为争取权利同贵族进行了长期的斗争，并迫使贵族不断让步。这一斗争客观上加速了罗马氏族制度的瓦解，促进了罗马奴隶制国家与法律的形成。

在公元前 6 世纪，随着阶级矛盾的尖锐，罗马第六代王塞尔维乌斯·图利乌斯（Servius Tullius，约公元前 578—公元前 534）进行了改革，废除了原来以血缘关系为基础的三个氏族部落，按地域原则把罗马城划分为四个区域，并按财产的多寡将罗马居民划分为五个等级，确定了相应的权利义务。这次改革标志着罗马奴隶制国家的最终形成，罗马法也随之产生。

二、罗马法的历史发展

罗马法产生后，适应社会政治、经济与统治阶级的需要不断发展，特别是自公元前3世纪以后，随着罗马世界帝国政治统治地位的确立，罗马法的成长与发展显著加快，最终发展至完善阶段。

罗马法的历史发展及特点，主要体现在以下四个方面。

（一）《十二表法》的制定

公元前510年，罗马王政时代结束，进入共和国前期（公元前6世纪至公元前3世纪）。在这一时期，罗马奴隶制尚处于早期阶段，土地占有制度未完全摆脱公有形式，奴隶数目较少，带有家长奴隶制的特点。

与此相适应，罗马法经历了由习惯法向成文法发展的过程。于公元前450年颁布的《十二表法》（Leges Duodecim Tabularum）是这一发展过程中的重要里程碑。在此之前，由于习惯法没有文字规定，缺乏准确性，掌握司法权的贵族可以任意解释，以之欺压平民。平民为限制贵族对司法的垄断和专横，要求制定成文法律，公布于众，作为定罪量刑和民事裁决的依据。公元前462年，由平民选出的保民官特兰梯留士（Tribunus Plebis）提议制定成文法，因遭到贵族反对，未能成功。后来，平民继续斗争，迫使元老院于公元前454年成立了十人立法委员会，负责起草法律。传说委员曾前往希腊考察法制，特别是考察了梭伦立法，回国后于公元前451年制定法律十表公布于罗马广场。次年，又制定法律两表，作为对前者的补充。公元前391年因高卢人入侵，《十二表法》毁于战火之中。今天我们见到的《十二表法》是史学家从拉丁文的典籍中搜集整理而成的，内容并不完整。

《十二表法》的篇目依次为传唤、审理、索债、家长权、继承和监护、所有权和占有、土地和房屋、私犯、公法、宗教法、前五表的追补及后五表的追补。从中可见其诸法合体、私法为主、程序法先于实体法的特点。

《十二表法》严格维护奴隶主阶级的利益及统治秩序，保护奴隶主贵族的私有财产权和人身安全不受侵犯。对侵犯人身和财产的各种行为，规定了惩罚和损害赔偿条款；对杀人、纵火、夜间行窃、践踏别人田地以及叛国者处死刑；并规定了债务奴役制。虽然某些规定多少反映了平民的要求，如固定年息最高为8.33%，以限制高利贷盘剥，给予债务人还债30日的“宽限时间”，监禁债务人不得使其挨饿等，但仍然允许债权人对逾期无力偿债的债务人扣押60天，并用铁链将债务人捆绑押赴集市三次，如有人为之赎身，债务就算清偿，如无人赎取，则可将债务人出卖为奴或杀死，甚至准许数个债权人将一个债务人肢解和分尸。《十二表法》在诉讼程序上对贵族的司法专横也作了一些限制，规定对被告人传讯、拘押和庭审，须按法定程序进行，只有民众大会才有权作出死刑判决。但这些规定并未得到实施。

《十二表法》是罗马国家第一部成文法，它总结了前一阶段的习惯法，并为以后罗马法的发展奠定了基础。在这以后，平民又通过斗争取得一系列胜利。根据公元前445年公布的卡努列斯法，平民获得与贵族通婚的权利；根据公元前 367 年的李锡尼—绥克图斯法及以后的立法，平民获得了担任执政官和其他高级官职的权利；根据公元前 326 年的波提利阿法，平民又获得废除债务奴役制的胜利。一般认为，平民的最后一次胜利是在公元前 287 年。这一年，由平民任命的独裁官霍腾西阿（Hortensia）公布一项法律，宣布平民会议的决议对全体公民具有约束力，从而使平民最后赢得了参与国家立法的权利。这一胜利，标志着贵族与平民斗争的结束。从此，平民无论在政治、经济上还是在法律上，都已取得与贵族平等的地位，开始享有了完全的公民权。原来意义上的平民已不复存在。平民上层和旧贵族重新组合成为新贵族，掌握着罗马政权。罗马社会和罗马法随之进入了新的历史发展阶段。

（二）最高裁判官的司法实践与市民法和万民法两个体系的形成

公元前 3 世纪至公元前 1 世纪罗马国家进入共和国时代中后期，罗马奴隶制经济获得迅速发展。对外征服战争的胜利，使罗马国家的领土不断扩大，成为横跨欧亚非的奴隶制大帝国，也使阶级矛盾、社会矛盾日益尖锐。公元前 1 世纪，经过大规模奴隶起义和平民反抗斗争，罗马共和国出现危机。统治者为加强统治，保障本阶级利益，逐步废弃共和国，建立起军事独裁政权，罗马国家进入帝国时期。

从公元前 3 世纪始，罗马法的主要特点仍然是市民法占统治地位，但罗马法的另一新体系——万民法已逐渐兴起。

市民法（ius civile）亦称公民法，仅适用于罗马公民内部，是罗马国家固有的法律，它以《十二表法》为基础，包括民众大会和元老院所通过的决议以及习惯法等。市民法的内容主要是国家行政管理、诉讼程序、婚姻家庭关系和继承等方面的规范。其中涉及所有权、债权等方面财产关系的规范并不完善，而且具有保守性和形式主义色彩，实施法律行为必须遵循严格的仪式，念诵规定的套语，履行特定的动作。

在共和国中期，由于经济发展迅速，自由人内部财产分化剧烈，统治阶级于公元前 367 年设置了最高裁判官一职，企图通过最高裁判官的审判实践保护他们的利益。最高裁判官通过发布“告示”（edictum），制定了许多新的、过去不曾有过的法律规范，汇集而成为“最高裁判官法”（ius praetorium）。相较于市民法，它灵活而不拘形式，弥补了市民法的一些缺陷。与此同时，随着罗马疆域的扩大和商业的不断发展，公民与外来人间关于适用法律的矛盾日益突出，古老市民法的属人主义原则对新出现的法律关系越发显得不相适应。为了调整罗马公民与外来人以及外来人与外来人之间的权利、义务关系，罗马国家又于公元前 242 年设立了外事裁判官。外事裁判官处理案件不是根据市民法的固有规范，而是根据所谓“公平”“正义”的原则，实际上是适应新的形势，依据奴隶主阶级的法律意识断案。这样在最高裁判官的司法实践中，就创立出了一套与市民法不同、专门适用于罗马公民与外来人以及外来人与外来人之间财产关系的规范，被称为万民法。

万民法（ius gentium）原意为“各民族共有的法律”，然而它并非罗马国家以外的法律，而是由罗马国家机关制定并保证其实施的罗马法。万民法的内容着重于债权债务，不涉及家庭、婚姻、继承关系，这些关系仍由市民法调整，或按属人主义原则由外来人原来适用的法律来调整。万民法主要源于罗马法固有规范，同时也吸收了其他民族的规范。与市民法比较，它具有简易、灵活、不拘形式等特点，因此，更加符合统治阶级的要求。

万民法的产生，使罗马“私法”出现两个不同体系。但两者不是截然对立的，而是互为补充的。最高裁判官经常把万民法的原则移植到市民法中去，而市民法的某些规范也经常被外事裁判官所引用。公元212年卡拉卡拉皇帝颁布《安东尼敕令》，授予罗马帝国境内的全部外来人以公民权，由此，市民法与万民法失去独立存在的意义，两个体系的差别逐渐消失。到公元6世纪，优士丁尼皇帝编纂法典时最终将两者统一起来。

（三）繁荣法学研究，重视发挥法学家的作用

公元1世纪到2世纪，是罗马帝国兴盛时期，也是罗马法发展的“古典时代”。这一时期，促进罗马法发展的一个重要因素是法学研究的活跃和法学家作用的不断加强。

从共和国后半期开始，经济生活日益复杂化，这要求在财产关系方面确切地规定权利和义务，可是当时在这方面并没有完备的立法，这就使法学家活动具有了特殊意义。开始，法学家的活动普遍带有实际应用性质。他们的任务可大致归纳为四项：（1）解答，对法律的疑难问题给以解释和答复；（2）编撰，为订立契约的人编撰合法证书；（3）诉讼，指导诉讼当事人起诉；（4）著述，通过著述解释法律。

起初，法学家对法律问题发表的见解并没有法律效力。奥古斯都（Octavianus Augustus）统治时期（公元前31年至公元前14年），赋予若干法学家公开解释法律的特权。其意见一致时，即产生法律效力；如有分歧，裁判官只可参酌判案，从而提高了法学家的地位。

在帝国初期，对罗马法的研究蔚然成风。法学家纷纷著书立说，发表不同见解，学者中间观点相同或接近的逐渐形成学派。在公元1世纪上半叶，形成了两个相互对立的学派。一派以拉比沃为创始人，另一派以卡皮托为创始人。拉比沃的得意门生是普罗库尔，故该学派得名为普罗库尔学派（scuola proculiana）；卡皮托的得意门生是萨比努斯，该学派则得名为萨比努斯学派（scuola sabiniana）。两大学派各存门户之见，争辩激烈。两派的争论，客观上推动了罗马法的发展。

公元2世纪至3世纪，学者辈出，著名的有盖尤斯（Gaius）、伯比尼安（Papinianus）、保罗士（Paulus）、乌尔比安（Ulpianus）、莫迪斯蒂努斯（Modestinus）。至公元4世纪，上述五人荣获五大法学家的盛誉，备受统治者的推崇，享有极大的权威。公元426年，东罗马的狄奥多西二世（公元408年至450年在位）和西罗马的瓦伦提尼安三世（公元423年至455年在位），共同颁布了《引证法》（Lex Citationis），规定上述五大法学家对法律问题的解答和著述具有法律效力，遇有成文法未规定的问题，均按五位法学家的著述解决。当五位法学家对同一问题意见不一致时，采其多数主张；意见均衡时，则以伯比尼安的著述为准；若伯比尼安的著述没有涉及争论的问题，可选择五位法学家中较为公正的意见。《引证法》的颁布，固然肯定了五大法学家的地位，正式确认他们的法律解答和著述成为罗马法的渊源之一，但同时也限制了罗马法学的开放性发展。在这以后，对罗马法学的创新性研究，实际上是停止了。

（四）《国法大全》的编纂

公元3世纪以后，罗马帝国开始走向衰落，奴隶制出现危机，建立了公开的君主专制政体。罗马法和罗马法学进入一个新的历史时期，即全面整理和系统编纂时期。

起初，由法学家个人编纂皇帝敕令，比较著名的有于公元291年编成的《格利哥里安法典》(Codex Gregorianus）和于公元324年编成的《赫摩根尼安法典》(Codex Hermogenianus)。这两部敕令汇编连续汇集了自公元2世纪上半叶哈德良皇帝至公元324年间历代皇帝的敕令。在这以后，西罗马帝国皇帝狄奥多西二世又于公元438年，颁布了第一部官方的皇帝敕令汇编，称为《狄奥多西法典》(Codex Theodosianus）。它确认了上述两部敕令汇编的法律效力，汇集了从公元4世纪初以来的敕令3 000多种。但大规模、系统的法典编纂工作，是在西罗马帝国灭亡之后，东罗马皇帝优士丁尼统治期间和他死后一段时间进行的。

优士丁尼（公元527年至565年在位）为重建和振兴罗马帝国，从他即位的第二年起，便成立了以大臣特里波尼安为首和著名法学家参加的法典编纂委员会（参见图6－1)，进行法典编纂工作。从公元528年到534年，先后完成了三部法律汇编。

图6－1 罗马帝国优士丁尼皇帝与大臣

图片来源：http：//www.historyforkids.org/learn/medieval/history/byzantine/justinian.htm。

(1)《优士丁尼法典》(Codex Iustinianus)。

这是一部罗马历代皇帝的敕令大全。从公元528年开始，法典编纂委员会对历代皇帝敕令和元老院决议进行整理、审订和汇编，删除业已失效或同当时法规相抵触的内容，于次年颁布施行，后因发现一些新敕令尚未列入，又重新进行增补修正，于公元534年再度颁行。法典共12卷，每卷分章节，所载敕令一律按年月日顺序编排，并标出颁布各项敕令的皇帝名字。第1卷是教会法和国家公职人员的权利和义务，第2卷至第8卷为私法，第9卷为刑法，第10卷至第12卷是行政法。

（2）《优士丁尼法学总论》（Institutiones Iustiniani，又译为《法学阶梯》）。

以盖尤斯同名著作为蓝本，参照其他法学家的著作改编而成，于公元533年年底完成。它是阐述罗马法原理的法律简明教本，也是官方指定的“私法”教科书，具有法律效力。此书共分4卷，各卷的主要内容有：第1卷为人法（自然人和家庭法），第2卷为物和物权以及遗嘱，第3卷为继承、债及契约，第4卷为因侵权行为所生之债和诉讼。

（3）《优士丁尼学说汇纂》（Digesta Iustiniani，简称《学说汇纂》）。

从公元530年开始，将历代罗马著名法学家的学说著作和法律解答分门别类地汇集、整理，进行摘录，凡收入的内容，均具有法律效力。全书共有50卷，于公元533年颁布实施。其内容大体可分三部分：有关市民法的著作摘录，以萨比努斯学派的学说为主；有关裁判官法的著作摘录，以乌尔比安的学说为主；有关各种实用性的法律问题及案件的著作摘录，以伯比尼安的学说为主。

三部法律汇编完成之后，优士丁尼颁布敕令，宣布今后适用法律均以它们为准，凡未被汇编收入的以往的一切法律，一律作废；凡未被《学说汇纂》收入的以往的法学家著作，一律不准引用。有关三部汇编的疑问，均由皇帝自行解释。

在上述三部法律汇编之后，优士丁尼又先后颁布敕令168条。他死后，法学家将这些敕令汇编成册，称《优士丁尼新律》（Iustiniani Novellae，简称《新律》）。其内容主要涉及公法和教会法范围，有些是对现行法的解释，也有一些是婚姻家庭和遗产继承方面的规范。

以上四部法律汇编，至公元16世纪统称为《国法大全》（Corpus Iuris Civilis，又译为《民法大全》），以之与当时通行的《教会法大全》相对应。《国法大全》的问世，标志着罗马法已发展到最发达、最完备的阶段。

第二节　罗马法的基本特征

一、私法极为发达完善

罗马法学家将罗马法区分为公法和私法[①]，但相比而言，罗马私法极为发达，对简单商品经济的重要关系均作了详尽而明确的规定，而公法却未能发展到私法那样的发达程度。这一方面是由于罗马高度发展的奴隶制商品经济为私法的发达提供了根本的条件，另一方面也是因为罗马作为横跨欧亚非三大洲的世界性帝国，东西南北的经济贸易往来等，使当时的立法者和法学家面临的主要问题是解决商品经济关系中的法律问题，这是罗马社会独具的历史条件，也是其法制建设以私法为核心的主要原因。

---

① 详见本章第三节。

二、立法形式灵活简便，独具特色

罗马国家的立法不完全依照立法程序由特定的立法机关来进行，而大多是通过审判机关的司法实践与法学家的活动来进行的。最高裁判官审理案件时颁布的“告示”，被国家授予特权的法学家撰写的法律著作和对法律作出的解答，均是罗马法的重要表现形式，其内容构成罗马法的重要组成部分。这种立法形式能对社会生活中出现的各种新的法律关系进行迅速及时的调整，使之适应经济发展的需要。这种灵活简便的立法机制，也促进了罗马法内容和体系上的不断革新与完善，使罗马法得以发展成为奠基在私有制基础之上的“最完备的法律”。

三、法制建设与法学研究紧密结合

在罗马帝国时期，法学教育与法学研究呈现出一片繁荣景象，法学著作琳琅满目，法学学说异彩纷呈，法学家的作用显著增强，对罗马法的发展起了积极推动作用。罗马法取得的辉煌成就与罗马法学家的研究成果密不可分，他们继承和发展了古希腊法学思想，进一步将法的正义学说、法治理论与自然法思想的研究引向深入，使法学学科得以建立，特别是他们还将法学研究与国家的法制建设紧密结合在一起，使罗马法的发展与完善具有比较成熟的理论基础。例如，他们不仅积极从事法学研究，开展学术争鸣，普及法律教育，写出大量不同类型的法律著作，包括教材、学术论争、法律解答、法律汇编、法学专著等，而且还积极参与国家的立法与司法实践活动，或担任立法和司法机关的要职或充当立法者与裁判官的顾问，一些被国家授予特权的法学家的著述与法律解答还成为罗马法的重要渊源，具有法律效力。罗马法学家独特的地位与作用，客观上使罗马法在理论性、系统性、完整性、准确性等方面不断升华，成为古代社会最为发达完备的法律制度，也使后世国家难以对它进行任何实质性的修改。

四、深湛的原则与制度，科学的概念和术语

罗马法对后世法律与法学的贡献，还表现在其提出了许多深湛的原则与制度，确立了诸多科学的概念和术语，例如：私人权利平等、私有权无限制、契约自由、遗嘱自由等原则；所有与占有、他物权、时效、债权、私犯等制度；关于法和法学的定义、公法与私法的区分；人法、物法、诉讼法的分类；关于先占、添附、善意、过失、违约金、定金、特留份等一系列法律概念和术语。上述这些，均对后世法律与法学产生了深远的影响。

五、卷帙浩繁、规模宏大的法律编纂

在帝国时期，为适应经济发展和政治统治需要，罗马统治阶级对法制建设给予了极

大的关注，出现了大量的法律编纂活动，将零散的皇帝敕令加以汇集，这些汇编被称为“法典”（codices）。

最初几部“法典”是私人的作品，以其编纂者的名字而命名，其中第一部为《格利哥里安法典》，约公布于公元 291 年，主要内容包括从哈德良皇帝到戴克列先皇帝的敕令。第二部为《赫摩根尼安法典》，约公布于公元 314 年至 324 年间，其主要内容是从公元 294 年到 324 年包括君士坦丁和李奇安皇帝共同执政时期的敕令，实际上是《格利哥里安法典》的续编。

第一部官方法律汇编是《狄奥多西法典》。公元 429 年，狄奥多西二世任命了一个由七名官员和一名法学家组成的八人委员会，以上述两部“法典”为样板，不仅对君士坦丁皇帝以来的敕令进行汇编，而且把法学家的著作也包括在内，后来没有成功。到公元 435 年，又成立了一个新的委员会，仅对敕令进行汇编，结果于公元 438 年编成，内容包括自君士坦丁皇帝以来的敕令 3 000 多种。

在公元 4 世纪末和 5 世纪初，还出现了一些皇帝敕令和法学家著作合集，如公元 1321 年在梵蒂冈图书馆发现的“梵蒂冈残篇”（全书共 232 页，但只发现 28 页，因而得名为“残篇”）。“摩西律法和罗马法对照”，也是 4 世纪末、5 世纪初编成的，其中包括一些皇帝的敕令和五大法学家的著作选段。此外，还有《叙利亚—罗马法汇编》《保罗士格言》等，都是皇帝敕令和法学家著作合集。

正是在上述这些法典和合集的基础上，后来的优士丁尼皇帝才编成了集罗马法之大成的《国法大全》。

第三节　罗马法的渊源和分类

一、罗马法的渊源

罗马法的渊源主要有以下几种。

（一）习惯法

公元前 450 年以前，罗马国家法律的基本渊源为习惯法。《十二表法》的颁布，标志着罗马法由习惯法进入成文法阶段。

（二）民众大会与平民会议制定的法律

罗马共和国时期的主要立法机关是民众大会与平民会议，它们通过的决议即为法律。如《十二表法》、《卡努列亚法》（Lex Canuleia）、《霍腾西阿法》等，是分别由民众大会或平民会议制定和通过的法律。

（三）元老院决议

元老院是罗马贵族的代表机关，由氏族长老会议演变而来。在共和国时期，其成为罗马最高国家政权机关，并享有一定立法职能，民众大会或平民会议通过的法律须经它批准方能生效。在帝国时期，元老院被皇帝所控制，其本身所通过的决议具有法律效力。

（四）长官的告示

罗马高级行政长官和最高裁判官发布的告示具有法律效力，其中最高裁判官的告示最多，包括其上任时发布的特殊公告、宣布的施政方针及办案原则，也包括其在任期一年内的司法实践中确立的一些审理案件的准则。在帝国时期，因诉讼活动增多，最高裁判官已增至十余名，前任裁判官发布的告示，经常为后任裁判官所沿袭和借鉴，从而形成最高裁判官法，成为罗马法的重要渊源之一。

（五）皇帝敕令

在帝国时期，皇帝敕令成为最重要的法律渊源，主要包括：（1）敕谕，即对全国发布的有关公法和私法方面的各种命令；（2）敕裁，即对重大案件和上述案件所作的裁决；（3）敕示，即对官吏所作的训示，多属行政性质；（4）敕答，即对官吏或民间个人所询问的法律事项所作的批示答复。

（六）法学家的解答与著述

奥古斯都执政时期赋予若干法学家解答法律的特权，使其具有法律效力。公元 426 年，罗马皇帝颁布的《引证法》，规定五大法学家的法学著作和法律解释具有法律效力，从而使法学家的著述成为法律渊源之一。

二、罗马法的分类

罗马法学家依据不同标准，从不同角度将法律划分为以下几类。

（一）公法与私法

这是根据法律所调整的不同对象而作的划分，是由罗马五大法学家之一乌尔比安首先提出的。公法（ius publicum）包括宗教祭祀活动和国家机关组织与活动的规范，私法（ius privatum）包括所有权、债权、婚姻家庭与继承等方面的规范。优士丁尼《法学阶梯》指出："公法涉及罗马帝国的政体，私法则涉及个人的利益。"① 罗马法还明确规定了公、私法适用的不同原则和效力，《学说汇纂》指出，"公法的规范不得由个人之间的协议而变更"，而私法规范则是任意性的，可以由当事人的意志而更改，它的原则是"对当事人来说'协议就是法律'"②。罗马法学家有关公、私法的划分，不仅被当时的罗马立法所采用，也为后世大陆法系学者所接受。

---

① 优士丁尼．法学阶梯．北京：商务印书馆，1989：5－6.

② 周枏．罗马法原论：上册．北京：商务印书馆，1994：84.

（二）成文法与不成文法

这是依照法律的表现形式所作的划分。成文法是指所有以书面形式发表并具有法律效力的规范，包括民众大会通过的法律、元老院的决议、皇帝的敕令、裁判官的告示等。不成文法是指被统治阶级所认可的习惯法。

（三）自然法、市民法和万民法

这是根据罗马法的适用范围所作的分类，也是乌尔比安坚持的划分方法。乌尔比安认为："自然法是大自然传授给一切动物的法则"，源于自然理性，是生物间的规则，因此罗马法应由自然法、市民法和万民法三部分组成。① 对这种分类，罗马法学家的看法并不一致。盖尤斯认为，自然法不是独立的体系，其观念规则已融合在万民法之中，罗马法应由市民法与万民法两部分构成。② 市民法是指仅适用于罗马市民的法律，包括罗马的习惯法、《十二表法》等民众大会通过的法律和元老院的决议等，是罗马国家固有的调整公民内部法律关系的一种特权法。万民法是调整外来人之间以及外来人与罗马公民之间财产关系的法律，故也被称为"各民族共有的法律"。

（四）市民法与长官法

这是根据立法方式不同所作的分类。长官法专指由罗马国家高级官吏发布的告示、命令等所构成的法律，其中最高裁判官颁布的告示数量最多，构成长官法的主体法律，故长官法又常常被称为裁判官法，内容多为私法。与市民法的立法方式不同，长官法不是罗马的立法机关依照立法程序制定的，而主要是靠裁判官的司法实践活动形成的。

（五）人法、物法、诉讼法

这是按照权利主体、客体和私权保护为内容所作的分类。人法是规定人格与身份的法律，包括权利能力、行为能力、婚姻与亲属关系等。物法是涉及财产关系的法律，包括物、物权、继承和债等。诉讼法是规定私权保护的方法的法律，主要包括诉讼程序与法官职权等。此种分类被优士丁尼的《法学阶梯》沿用。

第四节　罗马私法的基本内容

一、人　法

人法是对在法律上作为权利和义务主体的人的规定，包括自然人、法人的权利能力和行为能力，以及婚姻与家庭关系等内容。

---

① 优士丁尼．学说汇纂．北京：中国政法大学出版社，1992：第一编第一章．

② 优士丁尼．法学阶梯．北京：商务印书馆，1989：第一卷第二编．

（一）自然人

罗马法上的自然人有两种含义：一是生物学意义上的人，包括奴隶在内，称霍谟（Homo）；二是法律学意义上的人，是指享有权利并承担义务的主体，称波尔梭那（Persona）。

罗马法规定，作为权利和义务主体的自然人必须具有人格，即享有权利和承担义务的资格。奴隶虽是生物学概念的人，但因其不具有法律人格，不能成为权利、义务主体，而被视为权利客体。

罗马法上的人格由自由权、市民权、家族权三种身份权构成。

自由权是自由实现自己意志的权利，是享有市民权和家族权的前提条件和基础，没有自由权，即为奴隶，也就无其他权利可言。自由权的取得来自两个方面：一是生来自由人，父母是自由人，其子女也为自由人；二是解放自由人，奴隶由于获得解放而取得自由人的身份，可以成为权利主体。但解放自由人仍受一定限制，如无选举权和被选举权，不能立遗嘱等。奴隶解放的方式有主人解放和法定解放。主人解放指奴隶的主人通过一定形式自愿解放奴隶，法定解放指按法律规定而获得解放。

市民权是罗马公民所享有的特权，包括公权和私权两部分。公权指选举权、参政权、担任国家公职权等。私权指结婚权、财产权、遗嘱权、诉讼权等。市民身份的取得，有出生、法律宣布和罗马皇帝赐予等方式。公元212年，长列卡拉皇帝颁布敕令，授予罗马境内所有自由人以市民权。至此，除奴隶外，市民与非市民之间的界限完全消失。

家族权是指家族团体内的成员在家族关系中所享有的权利。按照罗马法，父有父的身份，子女有子女的身份。家父可代表全家独立行使各种权利，称“自权人”（sui iuris）；其他处于家父权力之下的人（妻、子、女等）称“他权人”（alieni iuris）。

罗马法规定，只有同时具备上述三种身份权的人，才能在法律上享有完全的权利能力，也才属具备完整人格的人。上述三种身份权全部或部分丧失，人格即发生变化，罗马法称之为“人格减等”（capitis deminutio）。丧失自由权称人格大减等，丧失市民权称人格中减等，丧失家族权称人格小减等。

罗马法依据自由权的有无，将居民区分为自由民和奴隶。奴隶占罗马社会居民中的绝大多数，是社会生产的主要担当者，然而他们在法律上被视为主人的财产、“常用的物件”，任凭主人役使、买卖和惩处。罗马法依据市民权的有无，将自由民区分为市民、拉丁人和外来人。市民享有市民法规定的一切权利。拉丁人是介于罗马市民和外来人之间的中间等级，享有财产权和部分公权，但不享有荣誉权。外来人初指罗马城市以外的自由人，后指意大利以外的居民，帝国时期泛指市民和拉丁人以外的自由人，包括同罗马订有条约的友邦国家的人民。外来人不享有市民法所规定的权利，他们的法律关系属同一国籍的，适用本国法；一方是外来人，另一方是罗马人的，则适用万民法。罗马法还依据家族权享有的程度大小，将家族成员区分为自权人和他权人。

罗马法对自然人的行为能力，即能否以自己的行为独立实现其权利能力作了详细规定。只有年满25岁的成年男子才享有完全的行为能力。不满7岁的幼童和精神病患者完全无行为能力，其行为能力由家长或监护人、保佐人代其行使。以下四种人的行为能力受限制：(1) 男 7 岁以上、14 岁以下，女 7 岁以上、12 岁以下，为未适婚人，他们可以为取得行为，其他行为非得监护人的同意不发生法律效力。(2) 男 14 岁以上、女 12 岁以上，均未满 25 岁者，为适婚而未成年人，他们原则上有行为能力，但由于年少，缺乏经验，可为他们安排保佐人。在欺诈之诉中法律对这些人的利益加以特别保护。(3) 浪费人，指滥用财产、挥霍无度、损害本人及家属利益的人，法院根据利害关系人的请求，对浪费人宣告禁治产。在宣告禁治产期间，浪费人所为的法律行为如未得保佐人或财产管理人的同意，不具法律效力。(4) 妇女。罗马妇女长期处于家父权和夫权的监护之下，行为能力受限制，后来妇女地位虽有改善，但有关重大的法律行为仍须得到监护人的同意。直到优士丁尼时期，妇女仍然没有公权。此外，妇女不得为遗嘱证人，不得自收养子。

（二）法人

罗马法上并无完整的法人制度，也无明确的法人概念和术语。最初，市民法只承认自然人为权利主体。尽管社会上已出现某些团体，但在法律上它们并不享有独立的人格。

在共和国后期，随着商品经济的发展以及人们为某种共同利益所进行的共同活动的增加，社会团体大量涌现，各种团体在社会生活中发生的作用以及由此产生的诸多关系需要相应的法律确认和调整。于是，罗马法学家开始注意到团体与参加团体的各个成员是不同的，到帝国初期，提出了许多有价值的论断，如“团体具有独立人格”“团体成员的变动不影响团体组织的继续存在”“个人财产与团体财产要完全分开，团体债务并非个别人的债务”等等。[①] 这些论断已初步涉及法人概念的本质和主要特征。至帝国时期，罗马法开始承认某些特殊团体，如商业团体、宗教团体、慈善团体、地方政府乃至国库等，在法律上享有独立人格，享受权利，承担义务。

罗马法的团体已经被分为社团和财团两种。前者以一定数量人的集合为成立的基础，如地方行政机关、宗教团体、手工业行会、士兵会等；后者以财产为其成立的基础，如慈善基金、商业基金、国库以及“未继承的遗产”等。

根据奥古斯都时期优利亚法（公元 4 年）的规定，法人的成立必须具备三个条件：(1) 必须以帮助国家或社会公共利益为目的；(2) 必须具有物质基础，社团要达到最低法定人数（三人以上），财团须拥有一定数额的财产，数额多少没有严格规定；(3) 必须经过政府的批准或皇帝的特许。当社团的成员减少到不足三人，财团的财产缺乏到不能维持，或政府撤销承认及法人章程所定目的完成时，团体即行消灭。

（三）婚姻与家庭法

实行一夫一妻的家长制家庭制度。家长（称家父）由辈分最高的男性担任，在家庭中享有至高无上的权威，对家庭财产和所属成员有管辖权和支配权。在共和国后期，家长制家庭关系才逐渐发生变化。家父作为家庭中的主宰，权利日益受到限制，家庭成员的地位不断得到提高。在帝国时期，法律明确规定，家父在家庭中不仅享有权利，而且

---

① 优士丁尼．学说汇纂．北京：中国政法大学出版社，1992：第三编第四章．

负有扶养直系尊亲属和卑亲属、婚嫁子女以及立遗嘱时给法定继承人保留特留份等义务。

婚姻制度经历了由“有夫权婚姻”（matrimonium cum manu）向“无夫权婚姻”（matrimonium sine manu）的演变过程。罗马早期实行的是“有夫权婚姻”，也称“要式婚姻”，其基本特征是：丈夫享有特权，妻无任何权利。婚姻以家庭利益为基础，被视为男女的终身结合，目的在于生男育女，继血统、承祭祀。结婚方式有共食婚、买卖婚和时效婚。结婚以后，妻便脱离父家而加入夫的家族，受夫权支配，其地位似“夫之女”，身份、姓氏均依其夫。妻不忠时，夫有权将其杀死。妻的财产不论婚前或婚后所得，一律归夫所有。未经夫的允许，妻不得独立为法律行为。

在共和国后半期，产生了“无夫权婚姻”，并在帝国时期广泛流行。无夫权婚姻不再以家族利益为基础，而以男女双方本人利益为依据，生子、继嗣降为次要地位。优士丁尼《法学阶梯》规定，“婚姻是一男一女以永久共同生活为目的的结合”。这种婚姻不需要履行法定仪式，只要男女双方同意，达到适婚年龄，即可成立。夫对妻无所谓“夫权”，妻没有绝对服从丈夫的义务，夫妻财产各自独立，妻的财产不论婚前婚后所得，一律属自己所有。夫妻财产彼此没有继承权。后来裁判官法规定，无法定继承人时，配偶有继承权。

二、物　法

物法在私法体系中占有极其重要的地位，是罗马私法的主体和核心，对后世大陆法系民法的影响最大。

物法由物权、继承权和债权三部分构成。

（一）物权

1. 物的概念和分类

罗马法上所说的物，范围较广，泛指除自由人以外存在于自然界的一切东西，凡对人有用并能满足人所需要的东西，都称为物，不仅包括有形物体和具有金钱价值的东西，而且包括无形体的法律关系和权利，如役权、质权等。

物的分类主要有要式转移物和略式转移物、可有物和不可有物、有体物和无体物、可移动物和不可移动物、消费物和非消费物、主物和从物、特定物和非特定物、有主物和无主物、原物和孳息、单一物和集合物等。

2. 物权的概念和种类

物权是指权利人可以直接行使于物上的权利。物权的范围和种类皆由法律规定，而不能由当事人自由创设。只有法律所规定的物权才受法律的保护。

罗马法并没有将债权从物权中区分出来。但在物权内很早就有对物权和对人权的区分，两者又同对于物权的两种保护方法即对物诉讼和对人诉讼联系在一起。罗马法上的对物权主要有所有权、役权、地上权、永佃权、质权等。按照物权标的物的归属，可分为自物权和他物权。物权标的物属于权利人本人的，称自物权；属于他人的，称他物权。

上述物权中，只有所有权属于自物权，其余的属他物权。

所有权是物权的核心，是权利人可直接行使于物上的最完全的权利。其内容包括占有、使用、收益和处分的权利及禁止他人对其所有物为任何行为的一切权利。优士丁尼《学说汇纂》称所有权为，“所有权人对物的最完全的支配权”。盖尤斯曾总结出所有权具有绝对性、排他性和永续性。绝对性是指所有人在法律允许的范围内可以任意处分其所有物而不受任何限制；排他性是指“一物不能同时有两个所有权”，所有人有权禁止或排除他人在其所有物上进行的任何干预；永续性是指“所有权与其标的物的命运共始终”，只要所有权人无消灭其所有物的意思，亦无毁灭其所有物的意外事故发生，则其对该物的所有权将永远存在。

所有权的形式，随着历史阶段的演进而有所不同。最早出现的形式是市民法所有权。这种所有权的特点表现在以下几个方面。

第一，所有权的主体只能是罗马公民。不具备市民权的人不能享有它，其财产得不到市民法保护。

第二，所有权的客体十分狭窄，能作为所有权客体的只有意大利半岛的土地和法律所限定的动产如牲畜、奴隶等。

第三，所有权的转移必须严格遵照法定的曼兮帕蓄式、拟诉弃权式等方式。

由于市民法所有权过于保守，不能适应奴隶制经济和商业发展的需要，从共和国后半期开始，逐渐出现了一些新的所有权形式。

其一，最高裁判官所有权。它突破了市民法所有权关于要式转移物转移方式的严格要求，确认以当事人协议或其他简便方式（略式转移方式）转移所有权的法律效力，是共和国后期广为流行的所有权形式。

其二，外省土地所有权。它突破了市民法所有权关于所有权客体的限制。最初，被征服的各省土地被视为“公地”，属于国有，私人不得买卖、交换和赠与，国家只赋予当地的贵族、官吏和商人以占有和使用权。至公元1世纪，各省土地买卖现象已相当普遍，土地逐渐集中到少数奴隶主手中，但没有被市民法确认。于是国家不得不通过最高裁判官的审判活动和颁布告示的方式来保障他们的利益，从而形成了外省土地所有权。

其三，外来人所有权。它突破了市民法所有权关于所有权主体的限制。最初，外来人的财产得不到市民法保护。在帝国初期，罗马统治者通过万民法承认外来人的所有权主体地位，赋予他们与罗马公民一样的对财产的使用、占有和支配的权利，从而出现了外来人所有权。

在帝国后期，由于中央集权的发展、城邦国家结构形式失去意义、外来人全部获得公民权以及所有权转移方式普遍简化等原因，上述所有权的差别逐渐消失。《优士丁尼法典》正式取消了这种差别，最终形成了统一的、无限制的所有权形式。无限制所有权的概念后又被资产阶级发展成为私有财产权无限制原则。

他物权不同于所有权，是对他人所有物直接享有的权利。他物权不能离开所有权而单独存在，是基于他人的所有权所产生的物权。罗马法上的他物权分为用益物权和担保物权两种。用益物权包括役权、地上权和永佃权；担保物权包括质权和抵押权。役权又分为地役权和人役权。地役权是为自己土地的方便和利益而使用他人土地的权利；人役权是为本人的方便和利益对他人之物使用和收益的权利，包括使用权、用益权和居住权等。地上权是以支付租金为代价利用他人土地建筑房屋的权利。永佃权是以支付租金为代价长期或永久使用并收益他人不动产的权利。质权和抵押权是债务人或第三人以物权保证债务的履行，从而使债权人对担保物取得一定的权利。

（二）继承权

罗马法上的继承概念与现代的继承概念不同。其继承是指死者人格的延续，财产继承是附属的。这是由罗马长期实行家长制家庭制度所决定的。家父死后，其权利必须延续下去，他的人格就得由其继承人继承，既包括他的人身权利和义务，也包括财产权利和义务，即所谓“概括继承”。在优士丁尼时期，继承已限定为死者的财产，但仍然是概括继承的原则。《法学阶梯》给继承所下的定义是：“以被继承人的遗产概括地转移于继承人，但专指被继承人的权利和义务不在此限。”因此，罗马法上的继承权是指死者所有权的延伸，而非指继承人的权利。公元543年，优士丁尼颁布敕令对继承制度进行彻底改革，规定继承人对被继承人遗产的继承的权利和义务，仅以已经登记在财产目录范围以内的遗产为限，从而废除了以往的继承人无限责任原则，而代之以有限责任原则。但仍以继承人在得知其为继承人的60天内提出遗产目录者为限，否则继承人仍应负无限责任。

罗马法上的遗产继承有两种方式，即法定继承和遗嘱继承。早期只有法定继承，从《十二表法》起有了遗嘱继承的规定。

《十二表法》称法定继承为无遗嘱继承，指死者生前未立遗嘱，而按照法律来确定继承人顺序。法定继承只有在下面几种情况下才能采用：被继承人生前未立遗嘱；虽立有遗嘱，但由于某种原因而归于无效；遗嘱中指定的继承人全部拒绝继承。法定继承人的顺序在罗马法发展的不同时期有着不同的规定，总的原则是变宗亲继承为血亲继承。至优士丁尼进行法律编纂时，法定继承人的顺序是：（1）直系卑亲属；（2）直系尊亲属及同胞兄弟姐妹；（3）同父异母或同母异父的兄弟姐妹；（4）其他旁系血亲；（5）配偶，这里指无夫权婚姻中的配偶，有夫权婚姻的配偶地位与子女同。前三个顺序允许代位继承（successio in locum）。

遗嘱继承是依照行为人生前立下的遗嘱进行的遗产转移和分配。这种行为的效力从被继承人死亡时开始发生，效力涉及全部遗产。不允许同时按遗嘱又按法定来处理。由于罗马奴隶制商品经济发达，遗嘱继承极为盛行。罗马法对遗嘱继承制度作了全面、系统的规定，包括遗嘱方式、遗嘱能力、继承人的指定、遗嘱的效用和遗嘱的限制等。

（三）债权

在罗马法中，债权是物法的一个重要内容。《优士丁尼法典》给债下的定义是：“债是依国法得使他人为一定给付的法锁。”“法锁”是指特定的双方当事人之间用法律联结和约束。《学说汇纂》规定：“债的本质，非以某物或某种役权归我所有，而是使他人给予某物、为某事或为某物的给付。”

从上述规定可以看出债的基本特征是：第一，债是债权人和债务人之间的权利和义务关系；第二，债的标的是给付，债权人对标的物不能直接行使权利，只能通过向债务人请求给付间接行使权利；第三，债一经成立，便具有法律效力，受法律保护，如果债务人不履行义务，债权人有权诉请强制执行或诉请赔偿损失。

罗马法将债发生的原因分为两类：一类是合法原因，即由双方当事人因订立契约而引起的债；另一类是违法原因，即由侵权行为而引起的债，罗马法称之为私犯。后来，又规定了准契约和准私犯为债发生的原因。

（1）契约（contractus）。契约是发生债的主要原因。契约必须具备如下要件：当事人必须具备订立契约的能力；当事人必须意思一致；必须具备法定的订立方式和法律认可的原因。

在罗马早期，由于商品交换不发达，只有买卖、借贷等少数几种契约，订立契约应符合形式主义要求，如买卖要式转移物的曼兮帕蓄式、进行借贷的涅克疏姆式、口头契约的斯帕蓄式等。在共和国后期，随着商品经济的发展，出现了各式各样的契约，罗马法学家把这些契约分为四类，即要物契约、口头契约、文书契约和合意契约。

要物契约是指要求转移标的物才能成立的契约。属于合意契约的有借贷和寄托。口头契约是由当事人以一定语言订立的契约，由债权人提问、债务人回答而订立。文书契约是登载于账簿而发生效力的契约，相当于后世的契据。合意契约既不要求文书，也不需要当事人在场，双方当事人只要意思一致即可。属于合意契约的主要有买卖、租赁、合伙、委托等。合意契约是流行最广，在经济生活中起重要作用的契约。

（2）准契约（quasi contractus）。准契约指双方当事人间虽未订立契约，但因其行为而产生与契约相同效果的法律关系，并具有同等的法律效力，主要包括无因管理、不当得利、监护和保佐、海损、共有、遗赠等。

（3）私犯（delictum）。私犯也是债发生的根据。罗马法将违法行为分为“公犯”与“私犯”两类。公犯指危害国家的行为，违犯者须受刑事惩罚；私犯指侵犯他人人身或财产的行为，违犯者应负赔偿责任。优士丁尼《法学阶梯》所列私犯有四种，即窃盗、强盗、对物私犯和对人私犯。窃盗指窃取他人财物为己有，或窃用、窃占他人财物。强盗指以暴力非法攫取他人财物的行为。对物私犯指非法损害或破坏他人的财物，如焚毁他人房屋、杀害他人家畜等。对人私犯指加害他人的身体和损伤他人的名誉、侮辱他人人格的行为。

（4）准私犯（quasi delictum）。准私犯指类似私犯而未列入私犯的侵权行为，如法官渎职造成审判错误而使诉讼人利益受到损害的行为，自屋内向屋外抛掷物件而致人伤害的行为，奴隶、家畜造成对他人的侵害等行为。对此，行为人都要负赔偿责任。

罗马法根据债的标的和标的物的不同，对债进行了详细的分类，主要有特定债和种类债、可分债和不可分债、单一债和选择债、法定债和自然债。罗马法还对债的履行、债的担保、债的转移、债的消灭作了详细规定。

三、诉讼法

与公法和私法的划分相适应，罗马法中的诉讼也分为公诉和私诉两种。

公诉是对直接损害国家利益案件的审理；私诉是根据个人的申诉，对有关私人利益案件的审理。私诉是保护私权的法律手段，相当于后世的民事诉讼。在罗马私法中，有关私诉方面的法律涉及的内容广泛，规定得比较详尽，确立的一些诉讼原则也独具特色。

根据不同时期的需要，罗马国家先后制定了三种私诉程序。

（一）法定诉讼

法定诉讼亦称旧式诉讼，是罗马国家最古老的诉讼程序，盛行于共和国前期，只适用于罗马市民。诉讼时，双方当事人必须亲自到场，原则上不得委托他人代理，双方当事人须讲固定的语言，配合固定的动作，并应携带争讼物到庭。整个程序分为法律审查与事实审查两个阶段。前一阶段主要审查当事人诉权是否为法律所承认，请求权属于何种性质，如何适用法律等，然后决定是否准予起诉。后一阶段主要对起诉案件作实质审理，审查事实和证据，依照裁判官的意见要点，由民选的承审法官作出判决。

（二）程式诉讼

程式诉讼（processo per formulas）是裁判官在审判实践中创立的诉讼程序。在共和国后期，随着经济发展，外来人增多，经济生活日益复杂化，旧式诉讼已不能适应客观需要，于是裁判官采用了新的诉讼即程式诉讼以弥补其缺陷。

程式诉讼由裁判官作成一定程式的书状，内容主要包括诉讼人请求的原因和目的、抗辩的记载及判决的提示等。诉讼程序仍分法律审查与事实审查两个阶段。先由原告向裁判官陈述要求和理由，裁判官拟成一定程式的书状，然后移交民选的承审法官，命他们按书状载明的案情要点和判决的提示进行审理和裁判。程式诉讼废除了法定诉讼烦琐而又严格的形式，双方当事人均可自由陈述意见，并允许被告委托他人代为出庭辩护，也可以缺席裁判。程式诉讼扩大了适用范围，不仅适用于审理罗马公民的违法案件，也适用于审理外国人的违法案件。

（三）特别诉讼

特别诉讼亦称非常诉讼，开始于罗马帝国初期，在帝国后期成为唯一通行的诉讼制度。其特征是：诉讼过程自始至终由一个官吏来主持，诉讼不再拘泥于形式，审判更加侧重于查明当事人的真实意思。对当事人提出的证据，裁判官可以自由心证决定取舍。审判一般不再公开进行，只许少数有关人员参加。特别诉讼允许代理和辩护，为此规定了上诉制度，但上诉人败诉则科以罚金。

第五节　罗马法的复兴及对后世的影响

罗马帝国灭亡后，罗马法失去其作为国家法律的统治地位，但其影响从未中断。

在中世纪初期，罗马法在东罗马帝国境内一直适用。在公元 7 世纪至 9 世纪，它是拜占庭帝国的重要法律渊源，并影响至斯拉夫人国家和俄罗斯的法律。在西欧，西罗马帝国灭亡后，各“蛮族国家”在推行日耳曼法和天主教教会法的同时，按照属人主义原则对原罗马帝国的居民仍适用罗马法。

自11世纪末至12世纪初期，随着城市的兴起与商品经济的发展，罗马法作为“以私有制为基础的法律的最完备形式”①，其作用与价值日益受到重视。以意大利为发源地，西欧各国先后出现了研究罗马法的热潮，史称罗马法复兴（Reformation）。而后，罗马法的适用范围不断扩大，“因为在罗马法中，凡是中世纪后期的市民阶级还在不自觉地追求的东西，都已经有了现成的了”②。

1135年在意大利北部的亚马菲城发现了优士丁尼《学说汇纂》的原稿抄本，引起了意大利法学家研究罗马法的兴趣。意大利波伦亚大学最先开始了对罗马法的研究，欧洲各国的学生到这里研习罗马法的达上万人。学者采用注释方法研究罗马法，因而得名为“注释法学派”，其创始人是伊尔纳留斯（Irnerius，约1055—1130），主要代表人物还有阿佐（Azo Portius，1150—1230）、亚库修斯（Accursius，约1182—1260）等。该学派为罗马法的复兴奠定了基础。14世纪，以意大利法学家巴尔多鲁（Bartolus，1314—1357）等为代表，又形成了研究罗马法中的“评论法学派”。该学派的宗旨是致力于罗马法与中世纪西欧社会实践的结合，根据时代需要将罗马法原则和制度适用于改造落后的封建地方习惯法，使罗马法的研究与适用有了新的突破。经他们加工整理的罗马法，适应当时社会发展的需要，被西欧许多国家所采用（参见图6-2）。

图6-2　中世纪的法学教育

图片来源：http：//library. thinkquest. org/C005358/galilei _ media. htm。

---

① 马克思，恩格斯．马克思恩格斯全集：第20卷．北京：人民出版社，1971：113.

② 马克思，恩格斯．马克思恩格斯全集：第21卷．2版．北京：人民出版社，2003：454.

法国也是接受罗马法最早的国家之一，它在12世纪至16世纪前深受意大利注释法学派的影响，但在16世纪人文主义法学派在法国崛起后，法国转而成为复兴罗马法的中心，对罗马法的研究超过了意大利，并且在实践上推动了法国南、北两大法律区域对罗马法的接受，使罗马法的影响进一步深入扩展。

德国早在13世纪就已广泛采用罗马法。至15世纪末叶，各大学已将罗马法列为必修课程，以《学说汇纂》为主要内容而形成的“普通法”也已适用于帝国全境。17世纪末，从帝国法院到地方普通法院，对罗马法的适用已不限于个别条文而是基本内容。18世纪是德国研究和继承罗马法的极盛时期，“潘德克顿”（《学说汇纂》德文“Pandekten”的音译）学派兴起，使罗马法以更广泛的方式适用于德国。

在西班牙，对罗马法的研究与适用同样受到重视。卡士提利亚王国的斐迪南三世（1219年至1252年在位）及继承人阿方索十世（1252年至1284年在位）都聘任罗马法学家在国王参事府和王室法院任职。罗马法学家吸收了优士丁尼《国法大全》的原则和精神，为王室编纂了《国王法典》，并制定了一系列王室法令、诏书和议会法规。阿方索十世在1265年颁布的《七编法典》（Code of Seven Parts）包含了罗马法的大部分内容，作为普通法在全国实施，后来这部法典还成为大学指定的教科书。

位于不列颠岛上的英国，虽然因其特殊的政治、历史条件，自11世纪后期便走上了一条不同于欧洲大陆国家的独特的法制发展道路，没有经历罗马法复兴运动的洗礼，但其法律与法学也受到罗马法的影响，吸收了罗马法的精神，借鉴了罗马法诸多原则和制度。如在14世纪形成的英国“衡平法”便是借鉴了罗马裁判官以所谓“公平”“正义”原则判案的经验，其信托制度也是吸收了罗马法的用益权和信托遗嘱的经验。此外，英国的商法、海商法、遗赠、合伙、诈欺、抵押以及未成年人和神智丧失者的法律行为能力等，也大多渊源于罗马法。英国在这个时期的很多法律著作，如格兰威尔在12世纪末面世的《法律论》、布拉克顿约于1259年发表的《英国法律与习惯》等，均程度不同地吸收了罗马法的原理。当然，与欧洲大陆国家相比，罗马法对英国法的影响毕竟要小得多。如果说欧洲大陆国家是从形式到内容全面接受了罗马法，那么英国则只是吸收了罗马法的基本原理和思想。英国接受罗马法重在实质而不追求形式。

罗马法作为世界古代最为发达和完备的法律，不仅积极地影响了中世纪许多国家，推进了西欧国家法制的发展进程，而且对近代以来的法律与法学产生了重大影响，尤其对近代以来私法的建设与统一具有卓越的贡献。

罗马法有关私法体系的划分，被欧洲大陆资产阶级民事立法成功地借鉴与发展，如：1804年的《法国民法典》，继承了《法学阶梯》的人法、物法、诉讼法的体系；1896年制定的《德国民法典》则以《学说汇纂》为蓝本并加以发展，形成了总则、债法、物法、亲属法和继承法的编纂体系。法国、德国的民法体系，又为瑞士、意大利、丹麦、日本等众多国家直接或间接地加以仿效。

罗马法中许多原则和制度，也被近代以来的法制所采用，如：公民在私法范围内权利平等原则、契约自由原则、财产权不受限制原则、遗嘱自由原则、侵权行为的归责原则、诉讼中的不告不理原则等；权利主体中的法人制度、物权中有关所有权的取得与转让制度以及他物权中的用益物权和担保物权制度、契约制度、陪审制度等。

罗马法的立法技术已具有相当的水平，它所确定的概念、术语，措辞确切、结构严谨、立论清晰、言简意赅、学理精深。如人格及其取得和丧失、所有权的定义以及关于占有、使用、收益、处分各种权能的界定，无因管理、不当得利等术语，多为后世立法继承和发展。

法学成为一门独立的学科是诞生在古罗马时代，罗马法学家的思想学说对后世资产阶级法学也产生了深远影响。罗马法学家的著作，特别是优士丁尼《学说汇纂》，是后世广为流传、极其珍贵的法学遗产。

深度阅读

1. 周枏．罗马法原论：上，下册．北京：商务印书馆，1994.
2. 格罗索．罗马法史．黄风，译．北京：中国政法大学出版社，1994.
3. 优士丁尼．法学总论．张企泰，译．北京：商务印书馆，1989.
4. 徐国栋．优士丁尼《法学阶梯》评注．北京：北京大学出版社，2011.

问题与思考

1. 罗马法是怎样形成发展起来的？各个时期有何基本特点？
2. 为什么说罗马法是古代社会最发达、最完备的法律制度？这具体表现在哪些方面？
3. 罗马私法包括哪些内容？体现了哪些法律原则？
4. 如何理解罗马法复兴的意义及对后世法律与法学的影响？

第七章
日耳曼法

常考知识点

- 日耳曼法的发展阶段
- 日耳曼财产法的核心概念
- 日耳曼诉讼法的特点
- 日耳曼法对后世的影响

日耳曼法是日耳曼人的法律，起源于日耳曼各部族的原始习惯。公元 5 世纪至 6 世纪，日耳曼各部族建立国家，日耳曼法进入成文法阶段。公元 8 世纪至 9 世纪，封建化的历史潮流使日耳曼法进入封建法阶段，一度成为在西欧地区占统治地位的世俗法。公元 10 世纪至 15 世纪，日耳曼法从属人法演变为封建地方习惯法。日耳曼法中涉及人身、财产和诉讼等方面的制度具有鲜明的特色，其中部分制度在后世多有流传，对近代欧洲国家的法律产生了塑成性的影响。

第一节　日耳曼法的形成与发展

一、原始日耳曼人与马尔克制度

日耳曼人属于雅利安民族（Aryans）的支系，其祖先居住在斯堪的纳维亚。在公元前 5 世纪左右，由于气候和人口的原因，日耳曼人开始大规模向南迁徙，先是来到欧陆北部沿海，进而扩展到多瑙河以北的广大区域。这场大迁徙延续了四百年之久，迁居各地的日耳曼支系之间形成了文化、语言和习俗上的重大差别。日耳曼（Germanus）一词直到公元前 1 世纪才作为一个概括性的词汇出现在拉丁语之中。希腊学者波塞多尼欧斯最早在《世界史》一书中使用该词来描述一些生活在莱茵河流域的原始部族。在半个世纪之后，罗马将军恺撒在《高卢战记》之中第一次将日耳曼人与凯尔特人区分开来，他的继任者奥古斯都将日耳曼人居住的地区置为行省，派遣总督看管。在公元 1 世纪，日耳曼人在条顿森林堡战役中击败罗马军团，成为罗马帝国的最大威胁。在不久之后，罗马史学家塔西陀撰写了《日耳曼尼亚志》，第一次专门描述了日耳曼人的习俗。

19 世纪的美国人类学家摩尔根是研究日耳曼社会制度较多的学者之一。他发现，日耳曼人早在塔西佗时期便已经普遍适用名为“马尔克”的社会组织制度。马尔克公社中的绝大部分耕地属于马尔克土地，公社以集体名义将马尔克土地平均分配给每一位公社成员，使之对分得的土地加以利用并获得收益。马尔克土地不得转让，也不得作为遗产被继承。恩格斯于1882年发表的论文《马尔克》更为系统地阐述了该制度，指出：马尔克是日耳曼氏族制度解体时期以地域关系为基础形成的农村公社组织，其核心价值是社员之间的“利益共享”以及对资源的“平等利用”。恩格斯对比考察了中世纪西欧的行会制度，以及19世纪德国部分地区的农户公社，并得出结论：作为一种土地占有制度的马尔克因为土地封建化的运动而解体，但是作为一种社会组织原则的马尔克一直伴随日耳曼人的族群存在于欧洲。马克思更为客观地看待马尔克制度。他认为：马尔克是基本脱离了血缘关系的自由人的社会联合，它使私人生活与公共生产结合起来，但私与公的冲突使马尔克时刻处于不稳定的状态。因此，马尔克可能是日耳曼社会在转型状态之下自发产生的一种制度，不仅十分脆弱多变，而且其形态在某种程度上只能依靠后世学者的猜测来还原，不可避免地具有人为穿凿的特点。也就是说，马尔克在日耳曼法中的地位很有可能被人为地夸大了。无论如何，在早期日耳曼习惯法的各种制度之中，唯有马尔克制度是对经济基础和阶级结构的双重体现，因而以马尔克为中心的理论构成了日耳曼法的狭义内涵。①

二、部族法时代的蛮族法典

在公元3世纪后半叶，北半球的气候开始变得寒冷，特别在公元280至289年这十年间达到了顶点。在这一时期，无论欧洲还是亚洲，都发生了游牧民族自北向南大规模迁徙的事件，日耳曼人开始向东、西、北三个方向迁徙。在公元4世纪，同样受寒冷气候支配的匈奴人从中亚迁徙至欧陆，迫使东哥特人南渡多瑙河，进入罗马帝国内部。罗马帝国的社会秩序因此遭到了严重的破坏。在公元5世纪，西哥特人、汪达尔人和东哥特人先后三次攻陷罗马城。西罗马帝国于公元476年灭亡，此后，日耳曼各部族纷纷建立国家，皈依基督教，并编纂法典。日耳曼法进入成文法阶段。由于日耳曼各部族建立的国家被贬称为“蛮族国家”，因而这一时期的成文法典也被贬称为“蛮族法典”（leges barbarorum）。

最早的蛮族法典是西哥特国王尤列克颁布的《尤列克法典》，它的形成时间很可能早于西罗马的灭亡。西哥特的第二位国王——阿拉里克二世，组织了一个法学家委员会，专门梳理罗马帝国的法律渊源，形成了《西哥特罗马法典》。该法典仅适用于居住在西哥特境内的罗马臣民，成为这一时期“粗俗罗马法”（Vulgar Roman Law）的代表。在公元7世纪中期，国王伊尔维格倡导法律统一的运动，他废除了罗马法典，而将几经修正的《尤列克法典》编入新法典之中，形成了《西哥特法典》。东哥特最早的法典诞生于公元6世纪初，名为《狄奥多利克敕令》，该法典相当宽容地允许日耳曼人和罗马人分别就本法未尽事宜适用本民族的法律与习惯。6世纪初的蛮族法典还有勃艮第国王冈多巴德

① 马克思，恩格斯．马克思恩格斯全集：第19卷．2版．北京：人民出版社，2006.

颁布的《勃艮第法典》和《勃艮第罗马法典》。在 6 世纪中叶，伦巴第人接替东哥特人占据了意大利，国王洛泰尔在立法过程中借助拉丁文字和法典系统化逻辑，制定了《洛泰尔敕令》，并尝试为法律规范提供说明理由和界定概念。

部族法时代最重要的日耳曼法典是《撒利克法典》（Lex Salica）。该法典形成于撒利安-法兰克人的第一位国王克洛维（481—511 年在位）的统治末期，相传由四位文化素养颇高的贵族对撒利安-法兰克人口耳相传的习惯进行了整理，后经民众大会批准，最终形成包括 65 个条文的《撒利克法典》。此后不久，法兰克民族的另一支系里普利安-法兰克人仿效《撒利克法典》制定了本国的《里普利安法典》，其中绝大多数条文与《撒利克法典》保持一致。在公元 9 世纪初，查理曼大帝对《撒利克法典》进行了较大规模的编修，增加了 35 个条文，将与基督教会有关的规范添加进去，形成了新的《撒利克法典》。然而，《撒利克法典》于法兰克王国分裂之后开始为世人遗忘，直到公元 14 世纪中期才重新得到了人们的重视。在公元 8 世纪，法兰克以东的地区还出现了两部编纂时间较晚的日耳曼法汇编，即《阿勒曼尼法典》和《巴伐利亚法典》，它们在形式和内容上与《西哥特法典》以及伦巴第的一些法令保持着同样的特征。公元 802 年，查理曼大帝召集立法会议，认可了帝国新征服地区的部族习惯法，并将其汇编为《萨克森法典》、《图林根法典》、《卡马维法典》和《弗里森法典》等四部法典。这是欧陆出现的最后一批蛮族法典。

除此之外，在公元 7 世纪至 11 世纪，盎格鲁-撒克逊人在英格兰制定了若干法典，其中最著名的有于公元 600 年左右出现在肯特王国的《埃塞尔伯特法典》、于公元 694 年出现在威塞克斯王国的《伊尼法典》、于公元 9 世纪出现的《阿尔弗烈德法典》等等。由于自然地理原因，这些法典受到罗马法的影响远小于欧陆地区的蛮族法典，因此保存了更为单纯的日耳曼法特征。同时，这些法典与欧陆地区产生的日耳曼法典之间也没有什么亲缘关系。与此类似，北欧国家也保存了比较纯粹的日耳曼法，但是其发展速度更为缓慢。在公元 11 世纪，丹麦人占领不列颠时曾经编纂了效力及于英格兰、丹麦和挪威三国的《卡纽特法典》；在公元 12 世纪下半叶，冰岛出现了《格拉哥斯王国法典》。这些日耳曼法典的出现时间较晚，但是其立法水平与公元 5 世纪至公元 7 世纪欧陆地区的蛮族法典基本相当，均属于早期日耳曼部族法。

三、日耳曼法的封建化

西罗马帝国的灭亡使得古代地中海世界的贸易网络破坏殆尽，从公元 6 世纪开始，商品经济迅速萎缩，西欧转向以土地为基础的小农经济。在日耳曼蛮族国家建立初期，财产私有的观念不断冲击着马尔克土地制度，公社分配土地的期限逐渐延长，公社成员甚至开始私自买卖由公社分配的土地，或者擅自将分得土地遗留给后裔。马尔克土地制度开始瓦解。同时，土地兼并现象日趋严重。国王将从战争中获得的土地封赏给他的亲信以换取政治上的拥护，形成了大土地所有制。受到分封的教、俗贵族对土地享有完整的所有权，他们不但可以使用土地，获得土地上的收益，也可以直接对土地加以处分。大土地所有制导致大部分马尔克公社的成员不能定期获得土地，以平均分配和共同劳动为特征的马尔克土地制度就此崩溃。

在公元8世纪，为了削弱无偿占有大地产的地方贵族势力，扭转王权的颓势，法兰克宫相查理·马特推行附条件的土地分封制，即采邑制度。法兰克的王权在查理曼时代达到顶峰，但是查理曼维持欧洲统一的时间非常短暂。公元843年，法兰克分裂为三个国家，王权迅速衰落。至公元9世纪中后期，除了教皇国之外，西欧大多数国家并不具有组织严密的政治机构，国王仅仅是一个象征性的存在。

随着西欧进入封建时代，日耳曼法开始发生封建化转型。《撒利克法典》虽然仍然被沿用，但是为了适应封建经济的需要，各国均以王室法令或地方习惯法汇编的形式对传统的日耳曼法进行封建化改造。据统计，这一时期以“地方法典”形式出现的习惯法汇编总共有千余部，其中最著名的法典有德国的《萨克森明镜》和法国的《诺曼底大习惯法典》等。这些习惯法汇编在功能上完全取代了传统的日耳曼法典，以马尔克土地所有制为基础的狭义日耳曼法基本消失。尽管如此，各封建王国仍然需要依靠源于传统日耳曼法的知识以建构法律的理念和制度，重程序和轻誓言的裁判风格得到保留，以忠诚、捍卫尊严以及通过暴力解决纠纷的方式为特征的决斗之风兴盛不衰。在公元12世纪，新兴的商业城市在西欧涌现出来，罗马法开始复兴，日耳曼法走向衰落。在公元15世纪之后，随着封建制度的衰退，西欧各国世俗法中的日耳曼法因素愈来愈少，罗马法重新取得了支配性的地位。

第二节　日耳曼法的基本制度

一、婚姻、家庭与继承

家庭，而非个人，是组成日耳曼社会的基本单位。一般情况下，日耳曼家庭实行一夫一妻制。在公元6世纪之后，日耳曼以抢夺婚和买卖婚为主的原始婚俗逐渐消失，男女之间的婚姻被赋予基督教的意义，因此缔结婚姻更多地需要遵循教会法的规定。与罗马家庭的结构相类似，每一个日耳曼家庭都以男性家长作为首领，他可以行使类似于罗马法中的家父权，这项权利也包括夫妻关系中丈夫对妻子的支配权。但是，尽管丈夫充当妻子的监护人，并且承担管理家庭财产的责任，但是妻子可以独自支配出嫁时从娘家带来的嫁妆，也可以独自支配丈夫在婚后第一个清晨给予她的赠礼。日耳曼家庭中的家父可以决定子女的婚配和择业，也可以对子女进行惩罚和驱逐，不过家父一旦死亡，未成年的子女、尚未婚配的女子以及寡妇就都要受到死者所属氏族的共同监护。这一制度后来演变为由与死者血缘最近的男性亲属对死者的家庭成员行使监护权。

日耳曼法不注重个人的意思表示，而把团体利益作为首要保护的对象。基于团体本位，早期日耳曼法中没有遗嘱继承，只有法定继承。由于日耳曼家庭中男子的地位较高，因而早期日耳曼法只保障儿子享有完整的继承权。克洛维时代的《撒利克法典》曾经规定，土地只能由儿子继承而不能由女儿继承。这种情况在公元6世纪之后有所变化。公元575年，法兰克的希尔佩里克国王就曾发布法令，如果没有子嗣，份地可由死者的女儿或兄弟姊妹继承。这表明，法定继承的范围已经扩大到女儿及兄弟姐妹，但是在同一顺序的继承人中，男子的继承权依然优于女子的继承权，财产法定继承的顺序为“子女—父母—兄弟姐妹—祖父母”。此外，如果法定继承顺序中的亲属全都不存在，那么国王将得到该财产。

二、人格与身份

日耳曼法只承认正常出生的婴儿是人，畸形婴儿和早产婴儿无法取得完整的权利能力，父亲可以在婴儿出生后决定保留还是抛弃。早期日耳曼法大多规定了男子成年的年龄。例如，撒利安—法兰克人和伦巴第人的法律规定男子 12 岁为成年人，勃艮第人和里普利安-法兰克人的法律则规定男子 15 岁为成年人。成年男子有相应的行为能力。女子则终身处于父亲、丈夫、儿子或者丈夫的兄弟的监护之下，因此日耳曼法对于女子何时成年没有规定。此外，患有精神疾病或是身体残疾的人不能享有完整的权利能力和行为能力。

在公元 6 世纪之后，受军功土地制度的影响，日耳曼法开始重视人的身份，因为身份是用以确定每一个人社会地位的重要标准。人的身份大致可以分为自由人、半自由人和非自由人三个等级。自由人的地位最高，他们在人身上无须依附于其他人，可以按照自己的意愿采取行为以实现对自己有利的目的。在自由人内部，垄断大地产并将土地出租给他人的贵族的地位最高，把持着部分土地并可以为贵族提供武装的骑士的地位次之，占有少量土地自己使用并获得收益的农民地位较低，不占有任何土地而必须向贵族支付地租才能获得土地使用权的农奴地位最低。大多数情况下，农奴虽然在经济上依附于他所租用的土地，但是他们在法律上是自由人，并享有完整的权利能力。半自由人是指那些被解放的奴隶，这些人的权利能力受到限制，而在某种程度上依附于解放他们的主人，比如半自由人不能以自己的名义参与法庭活动。非自由人专指奴隶，他们不享有人身自由，在法律上被视为动产。日耳曼人虽然也豢养家奴为其工作，但不像罗马人那样在社会范围内大量使用奴隶，因此非自由人的数量比罗马时代大为减少。

三、财产法的核心概念

日耳曼人早在公元 1 世纪就有明确的财产观念。然而，与罗马法不同，日耳曼法中并未产生“物”（res）的概念，而是保存着“产”（gut）的概念。产不具有抽象的意涵，而仅仅是对拥有和支配财产这一事实状态的描述。相比之下，罗马法中的物是纯粹的法律客体，而日耳曼法中的产则是一个将主、客体混淆起来的概念：产不仅指代一切有形的财产和无形的财产权利，而且指代这些财产/财产权利所代表的荣誉和地位。因此，产的持有者既是某一份特定财产/财产权利的所有者，亦是与该财产/财产权利相关联的社会声望的所有者。简言之，产具有较为明确的人身属性。

相应地，日耳曼法中也没有“物权”的概念，而存在以产为核心的人身与财产相复合的权利，如“自有产”的权利，或“封产”的权利等。日耳曼财产法中的核心概念是

Gewere，它在法语和英语中则分别被称为 saisin 或 seisin，是以不动产为核心发展起来的一项制度，而后亦可用于动产。就 Gewere 的含义而言，它首先意味着对产的占有，其次意味着对产的支配。由于这两种权能的性质在罗马法上截然不同——占有是一种可能产生一定法律效果的事实，而支配则是一种在法律上受到保障的权利，因而人们很难在罗马法中寻找到某一个恰当的术语作为 Gewere 的对译。事实上，Gewere 既不是简单的事实，也不是纯粹的权利，而是介于事实与权利之间的一种中间状态。

需看到，Gewere 概念是日耳曼法封建化的典型产物。封建土地经济允许来自不同社会阶层的多个人同时与一片土地建立依附关系，使他们以不同的形式占据着土地，并共享来自这片土地的收益。罗马法中"一物一权"的原则无法适用于这一新的经济关系。由于多个 Gewere 可能出现在同一个产之上，因而 Gewere 显然更适于描述"一产多用"的封建财产关系。由此可见，Gewere 在日耳曼法中被发展成为财产法的核心概念是历史的必然。

四、财产法的相关制度

（一）不动产制度

日耳曼人起初并没有不动产的观念，财产仅指牛、羊等牲畜，而不包括土地。与罗马人接触之后，土地的重要性突显出来，日耳曼法逐步发展出不动产的制度。最早的不动产制度是与氏族共同体相依存的马尔克土地制度。日耳曼人建国之后，财产私有的观念不断冲击着马尔克土地制度，公社分配土地的期限逐渐延长，公社成员甚至开始私自买卖由公社分配的土地，或者擅自将分得土地遗留给后裔。马尔克土地制度开始瓦解。在公元 8 世纪至 9 世纪，大部分公社成员不能定期从公社获得土地，少数公社成员则占有大量土地。以平均分配和共同劳动为特征的马尔克土地制度就此崩溃。

在日耳曼国家形成初期，国王将战争中获得的土地封赏给他的亲信以换取政治上的拥护，形成了大土地所有制。受到分封的教、俗贵族对土地享有完整的所有权，他们不但可以使用土地，获得土地上的收益，也可以直接对土地加以处分。公元 8 世纪，为了削弱无偿占有大地产的地方势力，扭转王权的颓势，法兰克宫相查理·马特推行附条件的土地分封制，即采邑制度。受封者获得封地之后必须要对封赏者效忠并承担一定军事役务，如果不能亲自承担该役务，则必须缴纳一定的军费作为补偿。除军役外，受封者还应当为封赏者承担出席法庭并举证的义务。相应地，失去土地的农民只能以支付地租为代价从封建领主那里领取小份土地。采邑制和农奴份地的普及使封建庄园的土地利用模式逐渐成形。

（二）动产制度

日耳曼人很早就有动产的观念，凡是有价值又能够移动的物品都是动产。最为重要的动产就是家畜。日耳曼人同时也认为，凡可为火焰烧毁者皆为动产，也就是以标的物是否易于灭失作为判断标准。因此，木结构的房屋在日耳曼人看来也属于动产。日耳曼法当中的动产制度相对完善，它以实际占有作为所有权的外在形式。也就是说，物主一旦丧失了对物品的实际占有，也就丧失了对该动产使用、收益和处分的权利。不过，如果抢劫、偷窃等违法行为导致物主丧失对物品的实际占有，物主可以行使追及权并要求侵权人返还原物；但是如果物主丧失对物品的实际占有是出于自己的意思，如借贷、租赁等，那么物主只能要求相对人赔偿损失，而不能要求第三人返还原物。这就是日耳曼法中著名的“以手护手”原则。

（三）债的制度

早期日耳曼人的生活以自然经济为主，贸易活动很少，因此，日耳曼法中关于债的制度规定得极为简陋。这表现在以下四个方面：第一，日耳曼法中没有“债”这个抽象的概念。第二，日耳曼法中没有关于合法之债与违法之债的明确分类。日耳曼人把侵权行为和犯罪混为一谈，凡是造成损害结果的行为都导致类似的处断，违法行为并不被认为是导致债发生的理由。第三，合法之债包含的种类很少，经常使用的契约只有买卖和借贷等几种。第四，日耳曼法上的契约一般都是要式契约，签订特定契约必须履行特定的仪式，否则将导致契约不能成立或生效。

五、对违法行为的救济

日耳曼法将侵权和犯罪的行为统称为违法行为，二者的区别仅在于轻重的程度不同，只有少数严重的违法行为被称为“重罪”。日耳曼法在判断一个行为是否构成违法行为的时候，一般只关注违背法律的行为是否确实发生，以及侵害结果是否客观存在，而不关注行为人的主观心理状态及行为的动机。在日耳曼法中，针对侵害私人利益的违法行为，受害人或受害人的亲属可以要求加害人赔偿损失，也可以对加害人进行报复；而针对没有特定侵害对象或者侵害对象是国家秩序的违法行为，则只能由国家机关对加害人加以惩戒。

具体来说，日耳曼法针对违法行为的第一种处理方式是血亲复仇和同态复仇，即由受害人及其亲属在公开的场合以同样的方式给加害人造成同样大的损害，以平衡自己所遭受的损害。第二种处理方式是支付“赔偿金”（Buβe）或“赔命价”（Wergeld）。在早期日耳曼法典中，诸如强占土地、偷窃、抢劫、强奸、伤害甚至杀人行为都可以用支付金钱的方式加以解决。针对杀人这种极为严重的违法行为，行为人可以根据被害人社会地位的高下向受害人亲属支付一定数额赔命价作为补偿；而在其余的违法行为当中，行为人可以通过向受害人支付赔偿金的方式赎免自己的罪过。

此外，诸如纵火、投敌、叛逃、抢劫国王保护的人或公开杀人等违法行为，属于没有特定侵害对象或者侵害对象是国家秩序的违法行为，通常需要国家司法力量的介入。对此，比较常用的刑罚有两种：一种刑罚是放逐法外之刑，即由法官公开宣布剥夺行为人的法律权利，使他脱离法律的保护。人们可以无条件杀死被放逐法外的人。放逐法外之刑又分为可以解除和不可以解除的两种。另一种刑罚则是死刑，通常适用于社会地位较为低下的违法行为人。例如，《撒利克法典》规定，奴隶或半自由人如果掠夺自由的妇女，就应当被处以死刑。

六、司法制度

（一）审判组织

日耳曼人建国之后并没有接受罗马式的体系化审判组织，而是因袭着原始的氏族习惯，主要依靠民众的公议来解决各种社会纠纷，因此，在诸日耳曼王国承担审判职能的组织就是不同层级的民众大会，具体有百户区民众大会和郡民众大会两种，它们都是由氏族时期的部落民众大会演变而来的。两级民众大会集行政与司法的功能于一身，由熟悉法律的“智者”主持，所有男子都可以参加审判活动，多数人的意见就是最后的判决。

至公元 8 世纪查理曼执政期间，王权得到强化，查理曼取消了民众大会的审判职能，而把百户区民众大会和郡民众大会改造成为百户区法庭和郡法庭，由国王委派的少数贵族担任专职法官。郡法庭的判决需要由 12 名陪审官通过合议的方式作出，还配备专门的执行官以敦促判决的履行。然而，随着以采邑制为基础的封建关系大规模发展起来，封建贵族开始在封地内设立专门的封建法庭。封建法庭的出现导致由国王设立的普通法庭在各地受理案件的数量锐减。

为了遏制地方封建势力的恶性发展，查理曼在百户区和郡两级普通法庭之上又设置了标志着国家最高司法权威的王室法庭，并亲自主持案件审判。但是，由于法兰克王国地域广大，国王无法受理地方上报的大量案件，于是查理曼把王室法庭的审判权下放给一些通晓法律的王室成员或者重要官员，让他们担任专职法官，并允许他们以国王特使的名义在王国领域内不断巡回以监督地方司法，进而形成了王室巡回法庭。

（二）诉讼规则

日耳曼法中并无侵权和犯罪的区分，因此程序上也没有民事诉讼和刑事诉讼的区分，无论原告提出什么样的诉讼请求，受理诉讼的法院都以相同的程序应对。日耳曼法的诉讼规则主要呈现出以下几个特点。

第一，自诉是基本的诉讼原则。向法院提起诉讼的原告甚至需要自行传唤被告到庭，如果他没有履行传唤义务，将被认定为撤诉，他应当为此向法院缴纳一定数量的罚金。如果原告已经传唤被告到庭，而被告没有在开庭日来到法庭，那么法院可以将审判推迟到下一个开庭日，并以法院的名义对被告进行二次传唤，被告应当向原告和法院缴纳同等数量的罚金，甚至必须为此遭受肉体上的惩罚。

第二，当事人宣誓是日耳曼法认可的基本证据形式。原、被告双方在提出各自主张的时候应当以宣誓的方式证明其主张的真实性，从而赢得在诉讼上的有利地位。宣誓是一个宗教与法律相混合的仪式，当事人一般需要在宗教圣迹前说出固定的套语，并配合固定的手势才能完成宣誓，而唯有经过这些步骤作出的宣誓才具有法律上的证明力。在一些重要的诉讼当中，当事人除自己宣誓之外还必须提供一定数量的宣誓帮助人，通过他们的辅助宣誓增强自己宣誓的证明力，以此对抗对方的宣誓。法官则根据双方当事人的地位高下以及双方提出的宣誓帮助人的多寡来判断哪一方提供的证明更有力，更应当赢得诉讼。

第三，如果诉讼涉及的案情重大，法官认为不能仅仅依据双方的宣誓作出裁断，那么还可以采用神明裁判对被告宣誓的真伪进行甄别，包括水审、火审、抽签审和决斗等等。在公元9世纪之后，受到教会法院庭审制度的影响，王室法庭和王室巡回法庭在审判涉及王室利益的案件中逐渐摒弃了誓证和神明裁判的证明方式，而由法官主动搜集和调取各种客观证据，包括当事人陈述、证人证言以及各种物证等等，并在这些客观证据的基础上作出判决。这种审判方式有效地避免了冤假错案的产生，是法制文明的进步，但是它在客观上也扩大了法官的权力，削弱了法官的中立性，使日耳曼法的诉讼制度向纠问式诉讼的方向发展。

第三节 日耳曼法的主要特征与对后世的影响

一、日耳曼法的主要特征

日耳曼法作为中世纪西欧最重要的法律渊源，具有以下几个鲜明的特征。

第一，日耳曼法是一种世俗法。公元313年，基督教被罗马人奉为国教。西罗马帝国灭亡之后，基督教迅速征服了文化落后的日耳曼蛮族国家。日耳曼法在成文化的过程中得到了基督教的大力支持，因此，日耳曼法典承认基督教的合法地位，并赋予教士阶层以特权。不过，日耳曼法自身并不涉及宗教事务的规定，保持着比较纯粹的世俗性。

第二，日耳曼法具有较强的形式主义特征。日耳曼法注重行为的外在形式和事件的客观结果，缺乏对行为人真实意思以及主观心理状态的关注，行为人作出任何行为都必须遵循特定的程序，说出特定的套语，作出特定的象征性动作，否则不发生特定的法律效果。例如，土地转让时，让与人须把土地上的土块或者象征权力的矛、箭、手套等公开地交给受让人，否则土地转让的契约不能成立。这可能与日耳曼人崇尚典礼仪式的社会生活习惯有关。

第三，日耳曼法是属人主义的法律。早期日耳曼国家把罗马人作为特殊族群，允许他们适用既存的罗马法，甚至专门制定适用于罗马人的本国罗马法；而本国之内所有非罗马人，无论他们来自哪一个日耳曼部族，都必须适用本国的日耳曼法典。后期日耳曼国家除继续承认罗马人的特殊地位之外，还允许来自不同部族的日耳曼人适用他们各自的法典。日耳曼法的属人主义传统不利于中央集权国家的形成，它导致西欧长期处于封建割据和司法适用不统一的状态。在公元9世纪之后，随着封建化的完成，各国君主加强中央集权，各地封建主开始在其领地内行使独立的行政管理权和司法管辖权，日耳曼法的属人主义特征逐渐消失。

第四，日耳曼法缺乏抽象性。与罗马法相比，日耳曼法中几乎没有抽象概念，缺少对各种概念和事实的分类，法条之间缺乏逻辑关联，更没有成体系的理论。日耳曼法典通常以列举具体事实并附以相应罚则作为法律条文的主要内容，因而只是针对各种案件的具体解决办法的罗列与汇总。日耳曼法内容具体、逻辑混乱，与日耳曼人较为落后的经济和文化发展水平有关。

第五，日耳曼法是团体本位的法律。从马尔克制度中可以发现，日耳曼社会的基本构成要素并非具有独立人格的个人，而是以血缘为纽带形成的氏族。氏族既是法律利益的享有者，又是相应法律义务的承担者。此外，血亲复仇和赔命制度也反映出日耳曼法的团体本位特征：属于同一氏族的所有成员都必须为本氏族的受害人复仇，同时他们也应当为本氏族的加害者共同承担赔偿责任。这意味着，个人引发的法律责任可以由团体负责，这与罗马法中个人本位的制度设计有着明显的差别。

二、日耳曼法对后世的影响

日耳曼法是西欧中世纪占主导地位的世俗法。尽管日耳曼法的产生时间晚于罗马法，并且反映出明显低于罗马法的发展水平，但是它非常成功地适应了封建经济的内在要求，并进一步促成了封建制度的发展与成熟。长期通行于中世纪西欧各国的日耳曼法不仅为垄断知识的教士阶层及封建贵族所通晓，也为社会下层民众所熟知。至近代早期，它已经成为西方法律文化中具有普遍意义的知识背景，并对近代西欧各国的法律理念和法律制度产生了直接的影响。

具体来说，法兰克王国的《撒利克法典》一直被法国人视为民族法律的源头。法国学者热衷于研究《撒利克法典》的风气始于14世纪，其目的在于为法国的王位继承提供理论依据。至15世纪中期，法国社会各阶层已形成统一的观念，即《撒利克法典》是由君主一人行使立法权而创制出来的具有普遍而永恒效力的法典。这使《撒利克法典》成为近代早期法国国王获得至高无上的君主权力的依据，并为18世纪法国的启蒙思想和以反抗君主专制为主旨的法国大革命埋下了伏笔。《撒利克法典》对法国私法的影响也很显著。1804年的《法国民法典》仍然延续了《撒利克法典》的某些具体规定，不仅在关于已婚妇女无行为能力、夫妻财产共有以及关于继承的某些规则上直接保留了日耳曼习惯法，而且在其他法律领域大量吸收了源于日耳曼法的原则和制度。

日耳曼法对近代德国法的影响更为深刻。德国法学家胡果很早就认识到，一个民族的法律只有通过民族生活本身才能被理解，从而开创了历史法学的流派。在1830年以后，日耳曼学派作为历史法学派内部的一个分支，开始与罗马学派决裂。在19世纪中叶成立的“日耳曼法学家大会”开始表现出对民族国家和公共事务的关心。在19世纪末，法学家基尔克在《德意志团体法论》当中鲜明地阐发了德国法的团体本位特征，首次提出在以罗马私法为中心的个人法领域之外还存在着以日耳曼法为中心的“团体法”领域。这是日耳曼法在近代德意志法律理念中的复活，而这一理念在20世纪初魏玛共和国的立法实践中发挥了重大的作用。此外，德国的民法典虽然主要以罗马法为蓝本，但是在不动产、婚姻、亲属和继承等领域亦较多地采纳了日耳曼法的内容。

日耳曼法对于英国法也有不小的影响。从某种意义上来说，形成于公元12世纪的英国普通法本身就是日耳曼法的一支，而且是较少受到罗马法影响的一支。经过数百年的调整和改变，普通法已经适应了资本主义经济发展的需要，但是由于特定的历史环境，近代英国法的发展呈现出渐进性、连续性的特征，日耳曼的某些法律传统，尤其在不动产法和诉讼制度方面，相对完整地保留了。恩格斯甚至把英国法说成是传播于世界各大洲的唯一的日耳曼法。

深度阅读

1. 由嵘．日耳曼法简介．北京：法律出版社，1987.
2. 李宜琛．日耳曼法概说．北京：中国政法大学出版社，2003.
3. 李秀清．日耳曼法研究．北京：商务印书馆，2005.
4. 斯密．欧陆法律发达史．姚梅镇，译．北京：中国政法大学出版社，1999.

问题与思考

1. 什么是日耳曼法？
2. 日耳曼法与罗马法相比有哪些特点？
3. 日耳曼法中的诉讼制度有何特点？

第八章
教 会 法

常考知识点

- 教会法的基本渊源
- 教会法的婚姻、家庭与继承制度
- 教会法院与诉讼制度
- 教会法的历史地位

第一节 教会法的产生和演变

一、教会法的产生

教会法是西方法律传统的渊源之一，是由基督教教会制定的关于基督教教会组织、制度及教徒生活准则的法律，在基督教教会与世俗政权的关系，土地，婚姻、家庭与继承，刑法，诉讼等方面也都有规定。教会法的产生是基督教发展的结果，于中世纪中期形成独立的法律体系。

基督教于公元1世纪产生在罗马帝国统治下的巴勒斯坦，它汲取了犹太律法的内容，其教义宣扬在上帝面前人人平等及对于罗马统治的反叛。因此早期的基督教受到罗马统治者的残酷镇压。公元2世纪后，随着许多有产者加入教会组织，并取得领导权，教会的成分变得复杂，其教义转而要求信徒对罗马的统治保持隐忍和服从。公元313年，罗马皇帝君士坦丁颁布《米兰敕令》(Edict of Milan)，正式承认基督教的合法地位，是基督教历史上的转折点。

教会有严密的组织和纪律，对教徒的信仰和道德行为有管辖权，教徒之间的纠纷由主教裁判，逐渐形成惯例。公元333年，主教裁判权获得帝国政府确认。公元380年，基督教正式成为罗马帝国的国教。

二、教会法的演变

教会法的演变经历了形成、鼎盛、衰落三个时期。

（一）形成时期（公元4世纪至9世纪）

最初，教会法的内容只限于规定神职人员的宗教纪律，约束他们的行为。《圣经》（Bible）是教会法的主要渊源。第一部正式的教会法是在公元325年由东罗马帝国皇帝君士坦丁一世主持召开的尼西亚会议（Councils of Nicaea）上颁布的，称《尼西亚信经》（The Nicene Creed）。《尼西亚信经》为基督教教徒规定了具有强制性的统一信条。尼西亚会议表明基督教的地位得到了罗马世俗政权的认同，基督教教会则完全屈从于罗马世俗政权。公元333年，君士坦丁一世承认了主教的管辖权，使主教在其主管的辖区内可以像世俗地方执政官那样行使司法权力。公元476年西罗马帝国灭亡，早期基督教教会的势力受到严重打击，但却仍然残存下来。其后，随着西欧封建化的加深，教会势力重新抬头。公元496年，法兰克国王皈依了基督教，受到高卢贵族和教会的欢迎与支持。随后，各日耳曼王国的统治者也陆续皈依基督教。在教会的帮助与影响下，早期西欧的社会秩序与经济得到恢复与发展，基督教教会在西欧重新成为重要的政治力量。约在5世纪至6世纪间，教会从罗马法和其他古代文献中汲取资料，汇编成《使徒法规》，这是早期重要的教会法规。公元756年，法兰克国王丕平（714—768）为酬答罗马教皇为其加冕，赠与教皇土地，使之成立教皇国。此后，教会地位不断提高，教会法的内容除补充历届宗教会议决议和教廷文件外，还吸收了法兰克王国的某些法律规范，教会的司法权进一步扩大，教会法不仅适用于教徒，对世俗居民也具有强制性。

（二）鼎盛时期（公元10世纪至14世纪）

公元9世纪，法兰克王国解体，西欧进入封建割据时期，基督教会趁机扩张势力，摆脱世俗皇帝的控制。1054年，基督教正式分裂为东西两大教派，西派教会以罗马为中心，称天主教，成为西欧各国封建社会中占统治地位的宗教。教皇格利高里七世（Gregory Ⅶ，约1020—1085，公元1073年至1085年在位）对教会进行改革：颁布了包含27个条文的《教皇敕令》，宣布任免主教的权力属于教皇；规定教会法规须由教皇颁布，地方教士应服从教皇特使；禁止圣职买卖；坚持教士独身。到13世纪初教皇英诺森三世（Innocent Ⅲ，1160—1216，1198年至1216年在位）时，教会权力达到顶峰，教皇几乎成为各国宗教事务和国际问题的最高主宰。随着教会势力的增长，教会法的内容也通过教皇的教令、宗教会议的决议不断完善，教会法院发展成独立于世俗法院的司法系统，其管辖权扩大到许多世俗事务方面。这一时期出现了综合汇编的教会法规集，称教皇"教令集"，它是教皇的敕令、通谕和教谕等的汇编，是教会法的重要渊源之一。在11—12世纪意大利兴办的大学里，教会法成为与罗马法并立的必修课程，教会法的研究呈现繁荣景象，出现了不少有关教会法的专著和法律汇编。教会法的内容更加系统，逐渐发展成为内涵丰富的独立的法律体系。

（三）衰落时期（公元15世纪至18、19世纪）

15世纪后，随着文艺复兴和西欧各国中央集权制的形成，教会地位开始下降。宗教改革使西欧各国的世俗君主摆脱了罗马教皇的控制，新兴的资产阶级否认教皇和教会法的权威性。16 世纪发端于德国的宗教改革运动瓦解了以基督教会为主导的政教体系，出现了许多独立于罗马天主教廷的新教派，如德国的路德派、法国的加尔文派、英国的圣公会派等。这使罗马教廷的权力受到严重削弱，教会法的适用范围日益缩小。资产阶级革命后，西欧各国奉行政教分离的原则，国家法律实现了世俗化，教会法的管辖范围缩小到信仰、道德等领域。但是教会法对西欧各国法律发展的影响仍不容低估，特别是在婚姻、家庭和继承方面，教会法的某些原则和规定是西欧各国立法的重要渊源。

第二节　教会法的基本渊源

一、《圣经》

《圣经》是基督教的经典，是基督教各派信仰的基础，是教会法最重要的渊源。《圣经》不仅是教皇立法的主要依据，而且本身具有最高的法律效力，成为教会法庭司法活动的主要准则，对世俗法院也有一定约束力。

《圣经》包括《旧约》和《新约》两部分，合称为《新旧约全书》。《旧约》是犹太教的经典，形成于公元前 3 世纪至公元 1 世纪，被基督教全盘继承。《旧约》共 39 卷，由“律法书”（又称“摩西五经”）、“先知书”和“圣录”三部分组成。“律法书”是《旧约》的精髓，其中的《出埃及记》以摩西制定的“摩西十诫”为中心，是最古老的希伯来法律。《新约》是基督教自身的经典，形成于公元 1 世纪下半叶至公元 2 世纪下半叶。它由《启示录》《使徒行传》《福音书》《使徒书信》组成。《新约》的原始抄本已经佚失，现今流行各国的《新旧约全书》版本的内容和目次，是由公元 397 年第三次迦太基宗教会议确定的。

二、教皇教令集

教皇教令集是罗马教皇和教廷颁布的敕令、通谕和教谕的汇编，是教会法的另一个重要渊源。12 世纪中叶，波伦亚的僧侣格拉蒂安私人编集的历代教皇教令是最早出现的教令集，后称《格拉蒂安教令集》（Decretum Gratiani）。它不仅收集了 12 世纪前大约 4 000 种教会法文献，而且进行了系统的研究和分析，其内容涉及法律的渊源、神职人员的职权、诉讼、财产和婚姻等。这部教令集在当时不仅成为大学的教材，而且被宗教法庭广泛适用。

公元 13 世纪，教皇格利哥里九世正式进行官方法典编纂工作，编纂有《格利哥里九世教令集》（Liber Decretalium Gregorius Ⅸ），也称《官刊教令集》。其内容分别为教会法院组织、诉讼程序、教士的义务及特权、婚姻、刑法等五编。这种编制方法为以后公布的教令集采纳。以后，罗马教廷又编纂过《卜尼法八世教令集》和《克雷门五世教令集》，使教会法的内容更加完备。至 16 世纪末教皇格利哥里十三世将《格拉蒂安教令集》和以后的教令集汇编在一起，定名为《教会法大全》（Corpus Juris Canonici），成为中世纪后期教会法的重要渊源，一直沿用至 1917 年才被新编的《天主教会法典》（Codex Juris Cononici）所取代。

三、宗教会议决议

宗教会议决议是由教皇或地方召开的各种宗教会议所制定的决议和法规。这些决议的内容包括：有关教会组织和神职人员的行为准则；对宗教反对派的处置；有关教会法庭的职权及条例等。宗教会议的决议是各地教会和宗教法院必须遵照执行的文件。由于宗教会议的特殊地位和影响，封建君主往往直接参与会议决议的制定，借以巩固自己的统治地位。随着宗教会议决议、法规的增多，又相应地出现了这类文件的汇编。在 11 世纪教会改革之前，最重要的一部汇编是在 5 世纪末由罗马修道士狄奥尼修所编，在 9 世纪初被法兰克教会接受为官方法律的汇编。

四、世俗法的某些原则和规范

基督教会成为罗马帝国国教后，教会法自然成为罗马帝国的统治工具之一，教会法也自然受到罗马法的影响。罗马帝国灭亡后，新建的日耳曼诸王国先后皈依了基督教。基督教教士是唯一的知识阶层，他们不仅在教会任职，而且被西欧各国聘为国王和贵族的幕僚，并参与国家的立法与司法活动。基督教教士在为世俗统治者提供支持时，采纳了罗马法中许多原则和制度规定，如教会法规定：基督教徒应受罗马法管辖；基督教徒的赎罪金额按罗马法的规定；对奴隶的释放按罗马法的规定，凭《圣经》及特许状在教堂举行；等等。

第三节　教会法的基本制度

一、教阶制度

教阶制度是规定基督教神职人员的等级和教务管理的制度。教阶制度起源于公元 2 世纪至 3 世纪，在 4 世纪时于基督教成为罗马帝国的国教后逐步完备。在 11 世纪东西教会分裂后，罗马天主教会的教阶制度得到进一步发展，至 13 世纪达到鼎盛。

教会以“整个世界就是以上帝为主宰的等级结构”观念为理论根据，在教会内部划分出享有不同权利的等级，形成森严的教阶制度。教阶制度反映出教会的封建性质。教阶制度大致包括教皇、大教职、小教职三个品级。

教会法规定：教皇是基督教会的最高统治者，他对教会及教徒的道德和纪律以及政治、经济有最高和最完全的管辖权；有召集宗教会议、批准会议决定、任免主教及划分教区的权力；教皇是教会法院的最高审级，各地教会的重大案件一律呈送教皇审核，而教皇本人可不受任何审判。教皇自 11 世纪以后经由枢机主教选举产生，任期终身，除因异端罪外不得罢免。

教皇之下是大教职，包括枢机主教、主教、神父三个级别。枢机主教，因穿红色僧服亦称红衣主教。枢机主教由教皇任命，分掌教廷各部和重要教区的领导权。枢机主教会议是教皇的最高谘议机关。主教在一般教区内行使管理权，由教皇选任，对教皇宣誓效忠。主教管辖区又分若干教区，每区设神父 1 人，主持宗教仪式，进行传教活动。神父主持工作满一定期限后可升任主教。

小教职包括修士、修女。他们是终身服务于教会的低级教职人员，其职责是辅助主教和神父处理日常事务，从事祈祷和传教等工作。

教会法规定神职人员享有各种特权，包括：享有与其品位及等级相应的礼节，获得神品和恩俸之权；按等级规定的对辖区的管辖权；司法特权；兵役豁免权。

神职人员也负担一定的义务，包括：自省、忏悔的义务；宣传教义和忠诚履行教职的义务；坚守独身，保持贞操的义务；不得长期离开教堂，居住于本教堂的义务。

二、财产制度

教会拥有大量的地产和动产，是欧洲最大的封建主。封建土地所有制是教会赖以生存和享有特权的经济基础，所以教会法十分重视对土地所有制度和教会财产的维护。

教会法规定，教会对其土地和动产有独立取得、存留和管辖的权利，这种权利不受世俗政府的约束。教会法还把什一税、初生税、坐堂税和修道院税等税收，以及诉讼费、赠与和继承等，定为教会取得合法财产的方法。为确保教会的所有权不受侵犯，教会法规定：凡强占教会财产，包括动产和不动产，均应受“弃绝罚”① 惩处 。若教士犯此罪，应罢免一切圣职及所任其他职务。世俗劳动者侵犯教会财产则处罚更重，往往以惩罚异端的名义，被施以残酷的报复。

三、债权制度

为调整教会社团之间经常发生的经济交往，在 12 世纪以后教会法发展出自己的契约法体系，并且在与世俗权力争夺的过程中，教会法院取得了对俗人之间经济契约的广泛的管辖权，确立了契约当事人要遵守教会契约法主张的“信义保证”原则。

教会法主张契约的标的应该平等、合理，即一方当事人提供的价值必须与另一方提供的相等。为此教会法学家为契约中的不同的标的物作了价格上的规定。教会法禁止牟利，禁止附利息贷款，不准经营商业获取暴利。依照天主教教义，牟利和放债是一种罪恶行为，但实际上教会本身就是最大的高利贷者。教会法还发展了契约终结制度，即一方当事人不遵守诺言，另一方也就不受契约约束。但经立约人宣誓履行债务的契约，为使立约人“灵魂得救”必须履行，不得以任何借口撕毁。教会法承认“死抵押”权，即债权人有权获得抵押的土地或财物中的孳息收入，但又不准以此种收入抵债。另外，教

---

① 一种严厉的惩罚制度，根据这一制度，凡强占教会财产的人不得参加圣礼领取圣物，不得接受尊位、恩俸和神品，不得接受教会职位，不得行使选举权，不得与亲友往来。

会法规定，凡以信用作为“抵押”而发生的债务关系，均须履行，否则债务人的灵魂不能得救。

四、婚姻、家庭与继承制度

教会法的婚姻、家庭和继承制度是罗马因素和日耳曼因素在基督教精神基础上的产物，这些制度在中世纪欧洲长期通行，对近代西方国家的婚姻、家庭和继承法发生了深远影响。

教会法从“结婚属宣誓圣礼之一”的教义出发，确认了“一夫一妻”和“永不离异”的原则。教会法认为，一夫一妻是上帝的安排，违反这一原则的婚姻无效。由此引申出不准离婚的原则，认为离婚是在改变上帝的决定，是对上帝不忠的行为。

教会法规定：“双方合意为建立婚姻关系的必备条件”，双方必须依法定方式明确表示“自愿交付或接收对于身体的永久专权”。结婚时要举行宗教仪式。在16世纪后，这种仪式已成为婚姻关系成立的必要条件，直到现在一些国家仍保留在教堂举行婚礼的习俗。

教会法规定婚姻不能解除，但若属于应禁止的婚姻和撤销婚姻则可宣布无效。应禁止的婚姻包括：许“守童身愿”、“贞节愿”以及“领受高级神品愿”者，禁止结婚；天主教徒和非穆斯林及叛教者不准结婚；“法亲”（因收养而发生的法律关系）、“近亲”（1215年以前七亲等以内的旁系血亲和姻亲，1215年以后四亲等以内的旁系血亲和姻亲）和“神亲”（因共同领受圣洗礼而形成的承属关系）禁止结婚。撤销婚姻关系的条件是：未成年人的婚姻（男未满14岁，女未满12岁）；男女一方无性行为能力者的婚姻；重婚；与非穆斯林的婚姻；一切违反禁止结婚条件的婚姻。

在家庭方面，教会法肯定了古代世俗法中夫妻不平等的原则，确认丈夫是一家之主，妻属于从属地位且没有单独支配财产和签订契约的权利。在亲子关系方面，教会法确认父亲对子女有完全的支配权。

教会法采用遗嘱继承和无遗嘱继承两种制度，但只对动产继承作出规定，而不动产继承仍由世俗法律调整。教会法院有权验证遗产的遗嘱和监督遗嘱的执行，并有权处理无遗嘱的遗产分配。

五、刑法制度

教会法规定了名目繁多的宗教犯罪，凡违反教义或宗教信仰的行为均被宣布为宗教犯罪，其中背叛、信奉异教、别立教派、亵渎圣物等行为被定为特别宗教犯罪，可被处以死刑并没收财产。教会法视进步的科学与思想为异端，对科学家和进步的思想家进行残酷迫害。著名的科学家布鲁诺、伽利略都曾被教会法庭判为“异端”罪犯而加以惩处（参见图8－1）。教会法对婚姻、家庭方面的犯罪规定了许多罪名，如亲属相奸罪、通奸罪、重婚罪、背叛贞操罪等。对侵犯财产和封建特权的行为，教会法视为破坏上帝安宁的犯罪并处以重刑。

教会和教会法学家从“上帝面前人人平等”的观念出发，主张在刑罚的适用上不分身份，人人平等。由于存在教俗两种司法体系，教会法院对神职人员和世俗人员适用刑事惩罚的方式有所不同。教会法中刑罚的种类主要有惩治罚、报复罚和补赎。惩治罚包括：弃绝罚；禁止圣事罚（受此罚者，不得为圣职行为，不得授予圣物，不得实行教会的葬礼）；罢免圣职罚（只适用于教士，指免除其圣职、圣禄）。报复罚包括罚金、禁止进入教堂、除职等处罚。补赎则采取诵读特定经文、施舍、朝拜圣地等方法。为维护封建社会秩序，教会法仍然兼施世俗的各种刑罚，如教士犯有杀人罪时，除处弃绝罚外，还要交法院惩处。

六、诉讼制度

教会法的诉讼制度大多源自罗马法，同时又有创新。教会法院在早期的诉讼中采用神明裁判和誓证法，在 13 世纪以后逐渐废弃这种原始的证据制度，改用书面证据和证人证言。在刑事诉讼程序上，教会法院废除了由被害人及其家属提起诉讼的做法，而采用了纠问式诉讼。纠问式诉讼是指法院根据控方的指控，即可对案件事实进行调查，最终作出判决并执行刑罚。在审判中，被告人必须到庭，法院向他告知起诉人并出示证据，允许被告人进行辩解和提出对自己有利的证据。

教会法的民事诉讼制度的特点是无论起诉、上诉、证据、判决，均须采取书面形式，程序烦琐。

图 8-1　教会法庭审判伽利略

图片来源：http：//www.correctionhistory.org/html/chronicl/newgate2dannemora/heritage2.html。

为了加强神权统治，维护正统信仰，罗马教皇在 13 世纪时在法国、意大利、西班牙等国普遍设立了异端裁判所（Inquisition），又称宗教裁判所或宗教法庭，专理有关宗教的案件。异端裁判所把纠问式诉讼发展为极端野蛮残忍的审判制度，其基本特点是：无须控告，法院主动进行侦查；实行秘密审判，以有罪推定为指导思想；刑讯逼供，一切有利于被控告人的证词都不能成立；刑罚是苦修赎罪、没收财产和死刑（火刑）。

异端裁判所在中世纪的欧洲横行了500年之久，随着封建制度的消亡日趋衰落，到19世纪末、20世纪初不复存在。

第四节　教会法的历史地位

一、教会法的作用

教会法与罗马法、日耳曼法共同构成欧洲中世纪三大法律支柱。教会法是与神学密切联系的神权法，作为封建法，与世俗法相互配合共同维护封建制度。在其发展初期，教会法并无广泛的强制力，只是对教徒和神职人员在信仰、道德和教会纪律方面有约束。在中世纪中期，基督教发展成为欧洲社会中占统治地位的宗教，教会法发展成为凌驾于世俗法之上的“权威法”，其适用范围超出了国界。在15世纪后，由于君主专制制度的确立以及宗教改革运动的冲击，教权逐渐衰落，教会法的适用范围大大缩小，只保留了与世俗法相适应的部分法规。

作为古代法律文化经典的罗马法，正是通过教会法的桥梁作用在中世纪继续发展。5世纪至11世纪是“罗马法上的黑暗时代”，正是教会法和教会僧侣的活动，传播了罗马法，培养了罗马法学家，使罗马法在欧洲能够被局部保留。在12世纪至15世纪罗马法的复兴，也有赖于教会法和教会法学家的作用。

二、教会法的影响

教会法作为基督教发展的产物，其适用范围超出了寺院的限制，渗透到了世俗法的各个领域。它的法律观念、伦理道德观念、权利和义务观念、价值观念等，给后世的法学理论打上了深深的烙印，并直接影响了西方各国的立法和司法。

教会法关于婚姻、家庭与继承关系方面的法律原则和制度，长期制约着西方国家婚姻、家庭与继承立法的发展。教会法关于一夫一妻制的原则，主张婚姻自由，反对重婚和童婚，反对近亲结婚的规定，以及在财产继承上男女平等的原则，均被近现代许多国家的法律所接受。

在刑法方面，教会法注重对犯人进行灵魂感化和道德矫正，主张通过监禁给犯人自省的机会。这对于近代刑法理论和教育刑思想有很大影响。

在诉讼法方面，教会法要求在审判中遵循的“良心原则”后来发展成西方的“自由心证”原则。教会法中的纠问式诉讼对大陆法系各国刑事诉讼法的影响更为明显。教会法以书面证据和证人证言取代了落后的诉讼证据制度，对诉讼法的发展也有重要影响。

在国际法方面，教会法在解决国家之间的关系和战争问题上所确立的某些原则，对后世有一定影响，如国际关系准则、民族关系是平等、和平关系，争端通过协商解决等，都为后世国际法所接受。

深度阅读

1. 彭小瑜. 教会法研究. 北京：商务印书馆，2003.

2. 杨昌栋. 基督教在中古欧洲的贡献. 北京：社会科学文献出版社，2000.

3. 陈曦文. 基督教与中世纪西欧社会. 北京：中国青年出版社，1999.

4. 丛日云. 在上帝与恺撒之间：基督教二元政治观与近代自由主义. 北京：生活·读书·新知三联书店，2003.

问题与思考

1. 教会法是怎样形成和发展的?
2. 教会法的基本渊源是什么?
3. 教会法的婚姻家庭制度有哪些特点?
4. 教会法对西方近代法律有何影响?

第九章
城市法和商法

常考知识点

- 城市法和商法的概念和特征
- 城市法和商法的调整对象及适用范围
- 城市法和商法的历史地位及影响

第一节 城市法

一、城市法的发展概况

城市法（City Law），是指10世纪至15世纪即中世纪西欧获得自治权的城市所适用的法律制度。这种法律制度的内容范围一般与城市商业、贸易、税收、城市自治以及城市市民的法律地位有关，只适用于自治城市、半自治城市和城市共和国。可以说，城市法是一种地域性很强的特别法，是一种带有普遍性、自治性和独立性的法律体系。

（一）城市法的形成和发展

城市法的形成和发展与该城市的人口、经济结构和政治状况密切相关，它与该城市的手工业和简单商品交易的发展、城市组织机构的完善、市民的生活方式和政治经济要求相适应，是城市简单商品经济和民主政治发展的产物。

城市法是伴随西欧人口的增长、城市的复苏和城市贸易的繁荣而逐渐产生的。在公元10世纪时，随着生产力的进步、手工业和商业的活跃，曾因日耳曼人入侵受到重大冲击而极度衰落的西欧各王国的一些城市，由于人口的增多和集市的日渐繁荣而开始起死回生，重新复苏。在中世纪初期自给自足的庄园经济，到9世纪后因大领主作坊剩余产品投入市场而发生了变化。集市贸易、零售商和批发商活跃于意大利、荷兰、法国等大大小小的城市。当时的城市都属教俗领主管辖，有着各种封建义务。当时的城市几乎都是用围墙圈起来的，住在城墙内的人就是该城市民，市民大多数是工匠和小商人。由于人口密集，交易频繁，相近的生活方式产生了共同的思想感情和共同的利益，易于形成集体观念和组织力量，大家因共同利益走在一起，承担共同的义务；也因国家政治组织的涣散和王权的软弱，市民自己组织起来管理本城公共事务。古典文化中的古希腊罗马人的公民观念、法治精神和日耳曼民主、平等精神，极大地激发了他们的自主意识，加之工商业本身焕发的天然自由精神，促使他们力图摆脱不平等的封建关系和封建领地法律的束缚，为城市的独立和工商业自由而不懈斗争。因此，处于西欧工商业中心的一些城市，如威尼斯、巴黎、佛罗伦萨、阿姆斯特丹等，都通过各种方式（包括赎买、起义等）摆脱领主的封建统治，获得不同程度的独立地位和自治权利。还有些领主认为资本经济有利可图，将一些不发达的市镇或乡村组织成为自治或半自治的城市，发展商品经济。随着城市的自治或半自治，新的城市组织、自治机构也产生了，由此引发了一系列需要以新的规则予以调整的新的社会关系、新的利益、新的权利（职权）和义务（责任），城市法便应运而生。

城市法的发展大致经历了三个阶段。

（1）城市习惯法的汇编时期。最早的城市法产生于意大利，如9世纪的《伦巴城市法汇编》、9世纪至10世纪的《阿玛斐城海上法》（Amalphtan Code）、10世纪的《基罗亚城市法》等。最初的这些城市法主要的内容是有关各城市管理工商贸易的行会章程和城市特许状的，其规则基本上是城市原有的习惯法和由罗马法演变过来的商事习惯法。

（2）城市成文法典的编纂时期。随着城市法的发展，到11世纪，大规模的城市法典编纂活动在各个城市展开了。城市法典的编纂也始于意大利，如10世纪的《热那亚城市法典》，11世纪的《毕士托瓦城市法典》，13世纪的《比萨城市法典》、《米兰城市法典》和《波伦亚城市法典》及15世纪的《罗马城市法典》。法国城市法影响最大的是《巴黎城市法典》。其后西班牙的《多托沙城市法典》（1279年）和德国的《萨克森城市管辖法》（13世纪）都比较有名。这些城市法典的编纂是由各城市的自治权力机构组织进行的，最初大多是由特许独立宪章、各城市法院的诸多判决汇集而成，后来，也有一些市议会的立法和其他的一些习惯法。其涉及的内容非常广泛，公法和私法、经济法及程序法都有。

（3）城市同盟法时期。在中世纪后期，随着贸易、交往和资本流通的扩大，欧洲各商业城市为维护其城市的独立性、协调彼此间的关系以及保证其共同的经济利益，开始结成城市同盟，有的称为“商人公会”，如在德意志北部形成的“汉萨同盟”（Hanseatic League），并制定城市同盟法。在14世纪，加入这一同盟的多达160个城市。还有如“莱茵城市同盟”“施瓦本城市同盟”等。各城市同盟均制定过本同盟的城市同盟法来保护其共同利益，如《汉萨海上规则》就是关于汉萨同盟的海商法规，在北欧具有很大的权威性。而且，各城市同盟为了维持各城市的治安秩序，保护其经济交易的安全，还建立了“秘密刑事审判厅”管辖危害各城市的刑事犯罪。

到15世纪，由于王权的强化和民族国家的初步形成，各国的中央政府开始对自治城市的立法权与司法权予以干涉，城市的自治特权被取消，王室敕令通行全国，城市法中断了发展，并逐渐融入其他法律中，成为近代各国法律的来源之一。

（二）城市法的主要渊源

（1）城市宪章或特许状。城市宪章是一种具有根本法性质的法律文献，它是由国王、封建领主或大主教颁发的，用以确认自己所辖区域内某一城市的自治特权或独立地位或经商特权，有时称为特许状。城市宪章或特许状是自治城市的根本法和主要渊源，它以法律形式规定该城市的自治权和市民的权利与义务，允许城市有立法权、行政权和司法权，可以设立自己的行政机构和商业行会，可以自由经商、加入行会组织、管理市场、使用城市土地等。著名的城市宪章有：1111 年德国皇帝亨利五世颁发的《斯拜尔特权宪章》、1135 年马因斯大主教颁发的《马因斯宪章》及 1215 年英国的《自由大宪章》(Magna Carta，以下简称《大宪章》)。特许状如 12 世纪英王亨利二世赐给林肯城的特许状，英国南部的诺桑普顿城从 12 世纪至 17 世纪共取得 31 份特许状。这是英王赐予某些城市以特权惯用的法律形式，它往往对封建主的权力加以限制，给城市居民以人身自由，对市民应缴纳的租税及各项权利义务作出了明确规定。

(2) 行会章程。行会章程（Guild Law）是自治城市的手工业行会和商人行会制定的，用以规范行会组织、调整行会成员间的关系、管理行会活动、确定行会成员的权利和义务以及维护本行会权益的法律规范。有时被称作基尔特习惯或惯例。工商业是自治城市的基础，对城市工商业的管理主要依据各行各业的行会章程，各行会联合发布的公告也具有法律效力。行会章程和联合公告都是城市法的主要渊源。

(3) 城市立法。城市立法即城市制定法（Statute of City），是自治城市的市议会发布的法令和条例等。城市立法在封建社会的后期逐渐增多，成为城市法的重要渊源。其内容主要涉及市政建设、城市经济发展、社会教育、福利、商业及治安等城市管理方面，也有私法和诉讼方面的规则。

(4) 城市同盟法令。城市同盟法令是加入同盟的各城市共同制定和遵守的一种准国际法性质的共同法，其中也包括各城市间的协议及和约，如《汉萨同盟法令》、《莱茵同盟法令》和《施特拉尔松德条约》等。

(5) 城市习惯和判例。在城市社会生活和商业交往中形成的、调整各种社会关系的习惯和法院判例都是城市法的渊源，是许多城市法汇编的资料来源。

二、城市法的基本内容及特点

（一）城市法的基本内容

(1) 城市自治权。所有的城市宪章或特许状都以根本法的法律效力确认了城市自治权，尽管自治程度不一，有城市共和国、城市公社、自治城市、半自治城市等。如英国 1215 年《大宪章》第 13 条规定：“伦敦城，无论水上或陆上，俱应享有其旧有之自由与自由习惯。其他城市、州、市镇、港口，余等亦承认或赐予彼等以保有自由与自由习惯之权。”西班牙国王批准的《人民宪章》正式承认各城市居民有自由、平等、自治权。可见，城市法最重要的内容是以根本宪章的形式从法律上确认了城市的自治权。这里的自治权，就意味着凡获得自治权的城市享有某种程度的立法权、行政权和司法权。

(2) 城市市民权。对城市市民权的确认，也是城市法的重要内容之一。凡获得自治权的城市，同时也解放了市民。市民权是指作为城市一个等级所享有的法律上的权利，即可以自由、平等的身份参与城市的政治、经济活动，可以制定自己的法律，建立自己的法庭，成立自己的城市管理机关，参与城市官员的选举，并享有许多经济和法律权利，也得承担城市市民应尽的一些义务如服兵役、维护城市治安等。作为一个新的等级，其社会地位、生活方式、精神气质都发生了根本性的变化。许多城市法规定，只要在城市里住满 1 年零 1 天，不管是什么人都被视为自由人，受城市法的保护。

（3）城市机关。由城市法所认可的城市机关有市议会、城市法院和市长等。市议会是自治城市最高的权力机关和行政机关，由市民选举产生，代表任期 2 年，每年改选其中半数，市议会的职权有：选举城市行政长官如市长、税务官和监督员等；议决城市的财政、税收，并向全体市民报告其工作情况；依法制裁违反城市公共利益的犯罪行为。市长任期 1 年，期满后 2 年内不准当选市议会议员。市长的职责是管理城市公共事务如治安、教育等。城市法院由市议会组成，法官由议会任命，法院适用的法律主要是城市法。

（4）城市的行会和工商管理。其中主要包括行会组织制度和工商活动规则。商业行会法规主要的内容是：规定商人入会的条件、会员的权利和义务、会员的商业道德、专营权和专断权、统一度量衡制度以及调解商务纠纷的司法权限等。手工业行会法规的内容是：规定开设手工业作坊的条件、作坊的规模和地点、作坊统一工作时间、行会产品、学徒的招收和管理、工资以及行会惯例的法律效力等。在中世纪，只有加入行会组织才能有资格经营手工业和商业，入会有一定条件，如手工业行会要求只有正式工匠才能入会，凡入会的会员须缴纳一定的会费，会长由会员选举产生。大多工商活动规则对生产过程、产品规格、质量、价格都有规定，其目的在于保证产品质量，限制行会内部的竞争；还规定，严格禁止会员在工商业活动中的欺诈行为。

（5）城市刑事法律制度。中世纪城市刑法规定得较严密，在内容上体现了某种进步性和封建性，如：在法律适用过程中，废除封建等级特权，实行法律面前人人平等的原则和罪刑相适应的原则，对犯同一罪者处相同的刑罚；废除了原始的证据手段如神明裁判、决斗等，以罚金代替赎罪金。同时，城市法因其是封建社会的法而不可避免地具有严酷性，如大量适用肉刑，实行同态复仇和株连原则，实行的刑种有绞刑、斩刑、宫刑、肢解刑等，刑罚具有威吓主义的特色。诉讼程序一般采用纠问式，审判有时公开进行，有时秘密进行。

（二）城市法的基本特点

（1）基于契约精神而产生、形成的城市法是伴随着城市的复苏和商品经济的发展而发展的，同时也是在中世纪时政治上近乎无政府状态和法律上缺乏统一性的明显表现。随着统一的民族国家的形成，国家立法权、行政权和司法权的高度集中，城市法的衰落是必然的。由于城市法是一种以契约为根据创设的自治共同体法，所以全体市民依据宪章和特许状，通过集体庄严宣誓为捍卫法律而结合在一起。

（2）城市法是由成文法与不成文法相结合的法律体系。从法律渊源及其表现形式上讲，城市宪章、特许状、行会章程、议会立法、习惯和惯例以及城市同盟法令等都是其主要渊源，以法典、习惯汇编和判例等形式存在，这种多样性的法律渊源说明城市法的法律渊源是多元化的，即创制法律的机关不是单一的，而是多元的。就整个封建法律而言，城市法是中世纪中后期西欧的一种主要法律渊源。

（3）城市法是一种只适用于城市及其市民的法。从效力范围上来讲，城市法既不是统一的国内法，也不是统一的国际法，也许它属于特区法，它产生于城市，适用于城市，是属地主义的法。同时，它也是一种准国际法或城市的共同法，因为它包括和约与协议，对城市同盟的所有成员都有约束力。

（4）城市法是一种公私混合法、实体与程序一体的法，有关城市发生的几乎所有社会关系都由它来调整。

（5）在性质和作用上，城市法是封建社会的法，但同时它又是一种带有早期资本主义因素的法。在封建社会的中后期，城市法在政治上维护了自治城市的独立性和合法性以及市民权，在经济上保护和发展了工商业，促进了前资本主义商品经济的发展和重商主义的产生。

总之，城市法是中世纪文明的重要组成部分，对资产阶级法具有重要的影响。它反对封建土地所有权和封建特权及封建身份，体现了平等、自由精神和法治的理念，如规定土地可自由出租、交换、买卖和抵押，确认民事主体在政治、经济和法律上享有的平等自由权利，如妇女可独立立遗嘱，市民参政议政、参与立法和司法。这些元素影响了近代资产阶级的人民主权和法律是公意的思想，它的一些原则和制度也直接或间接地被近代资产阶级国家法律所接受或吸收。

第二节　商　法

一、商法的发展概况

中世纪欧洲商法（Merchant Law of Mediaeval Europe），又称商人法（Law of Merchant），是指调整商人之间因商事活动所产生的各种关系的一系列习惯和法律的总称。由于商事活动包括内陆商业活动和海上商业活动，因而，广义上的商法是由规范内陆一般商业活动的商法和规范海上运输和航海贸易等商业活动的海商法两部分组成的。①

（一）商法的形成与发展

商法是商业活动和城市复兴的产物。早在公元前 18 世纪古巴比伦王国时，就出现了调整商事活动的法规。在公元前 7 世纪，新巴比伦王国对一些特殊的经济实体予以法律规定。地中海东岸曾在区域贸易中占垄断地位的奴隶制国家腓尼基（Phoenicia）被公认为是海商法的发源地，曾制定商人法。在曾作为古代地中海海上贸易中心的古希腊，产生了不少海商法规和商事诉讼规则，如雅典的进出口贸易法和对外国商人行使司法权的特设部门及程序，对共同海损作出创造性规定的《罗得海法》相当著名。被称为囊括

① 林榕年主编．外国法制史新编．北京：群众出版社，1994：239.

“世界性商业”的古罗马用以规范商品经济的罗马法原则和制度，特别是其中的出自外事裁判官之手的万民法内容所包含的商法规则是公认的国际商法准则，为后世的商法奠定了基础。但是，首先从普通私法体系中分离出来并作为一个独立的法律部门的商法产生于中世纪的西欧。

（1）中世纪欧洲商法于10世纪至12世纪首先形成于意大利。意大利地处地中海，商品经济活跃，海内外商业贸易得天独厚，其一些城市于10世纪、11世纪就获得了自治特权，成为欧洲的商业中心，意大利又是罗马法复兴的发源地，故商法最先在意大利形成。法国、德国和西班牙各城市深受意大利商法的影响。意大利商法是在罗马法中有关古代地中海的商业和海上贸易习惯规则的基础上发展起来的。可以说，罗马法中的商业习惯法是中世纪欧洲商法的基础，而意大利是最早恢复和发展古代商业习惯法并将之改造成为地方商业习惯法的，这就使意大利商法具有综合性和统一性的特点，处于领先地位。因此，意大利商法被称为中世纪各国商法的“母法”。

（2）12世纪至16世纪国内、国际集市使商法在全欧洲普遍发展起来。从12世纪始，随着工商业的繁荣，定期集市遍及意大利、法国、德国、西班牙和不列颠岛的诸城市。如规模浩大的法国香槟集市曾有多达五十多个市场，吸引了无数外国和外地商人，是一个巨大的国际性集市。与此相应的满足这种商业交易的基于罗马法商业习惯和法规的中世纪商事法规便成长起来。在一些起着国际性集市功能的著名的国际商业城市里，外国商业贸易公司取得了依本国法律管理自己商业事务的特权，它们所依之法一般是来自意大利自由城市的有关国际投资的法律规定。在当时，凡是开放性的自由贸易城市都订立了特别法规规定互惠办法及条件和范围，允许外国人来投资建场或设行，依所在地法独立经营。由此而形成了商务领事制度和“治外法权”“领事裁判权”等制度以及统一遵守的商法规则。与此同时，特别商业法庭（Pied de poudre）和商事混合法庭（Consulatus maris）也发展起来，主要解决有关商事方面的国内纠纷和国际冲突。如意大利各城市率先设立了这种法庭，由市长召集外国商人和本地商人组成法庭会同审理，其判决适用于国际性的自由港口和自由开放性城市，日积月累的大量判例形成了一种全欧洲普遍适用的国际性商业法律规范和贸易惯例，即共同商法。

（3）17、18世纪出现了国家商法。在中世纪末期，随着欧洲各国君主专制体制的确立，商法发生了新的变化，即由共同商法转变为国家商法，各国相继开始制定商法典。其中，法国1673年的《商事法令》和1681年的《海商法典》较为著名。至此，商法的性质由一种共同普遍适用的国际性的区域特别法开始变为主权国家管辖下的国内法。

（4）海上贸易的逐渐兴起促使海商法迅速形成和不断发展。海商法是归海事法庭管辖并由其实施的有关船舶和航运方面的法律。欧洲的海上贸易是以地中海、北海、波罗的海为中心展开的，并且一般都受制于具有国际法效力的港口习惯。意大利的威尼斯、热那亚、比萨等最先发展海上贸易，并且也最先发展了以适用《罗得海法》为主的海商习惯法。在公元8世纪，东罗马帝国重新编纂了具有海商法性质的《罗得海事法典》，在10世纪又产生了《巴西尔法典》和《阿玛斐法典》，在11世纪编纂了特兰尼海员公会的领事判例集。基督教“十字军东征”设立裁判法庭以解决所经地区商人之间的争议，制定了包括海商法在内的《耶路撒冷法律和法律论文集》，由商事法庭和海事法庭实施。到

12 世纪，海上贸易向北推进，扩展至法国和西班牙沿海诸港口城市，如马赛港、巴塞罗那等著名商业城市。海商法也随之产生于这些地方。在北欧，北海和波罗的海沿岸海陆商业活动频繁，是这一带的海陆贸易中心，如以吕贝克城为首形成的汉萨同盟，有力地促进了海陆商业交易及规范这一活动的行为规则。在 13 世纪时，在欧洲，从南到北、从西到东已形成了较为畅通的海陆商业贸易运输线路，海陆商业活动极为繁盛。与此同时，为了协调海上贸易关系，保障彼此的权益，在商业活动中发展起来一种大家共同遵守的习惯或惯例，后来这些习惯或惯例被汇编成册，中世纪的海商法由此形成。同时，这些海商法在由海事法庭用于审理有关的海事纠纷的过程中得到发展和普遍化，成为一种国际性的，普遍适用于海上商业贸易、船舶和航运等方面的法律规范。在 15 世纪后，大量的海商法规汇编或海事法典出现，海商法规汇编如巴塞罗那的《海事法汇编》、英国的《海事法黑皮书》、苏格兰的《苏格兰海法》和《伊普士威奇海法汇编》等，海事法典如 1667 年的《瑞典克里斯提安十一世海商法典》、1681 年的法国《海商法典》、1683 年的《丹麦克里斯提安五世法典》等。

（二）商法的主要渊源

（1）海商法典。较为著名的有：1）《阿玛斐法典》（Amalphitan Code），约制定于 10 世纪的意大利阿玛斐港口城。据说这部法典刻于铜板上，被置于公共场所。它主要由判例汇编而成，内容丰富，对有关海上争议和诉讼作了规定，普遍适用于地中海地区达 500 年之久。2）《康梭拉多海商法典》（Consolate del mare），是以《巴塞罗那海上习惯法》为基础并集众多海事习惯法编纂而成的海事习惯法和海事法院判决汇编，于 13 世纪始流行于地中海一带，曾被译成多种文字广为流传。其内容包括公法、私法两部分，有战时法和平时法，主要是有关船运中的权利和义务、共同海损以及战争中的私人财产的处理等规则，是后世国际公法与国际私法的雏形。① 3）《奥列隆法典》（Roles d'Oleron），约编纂于 1150 年的位于西班牙与法国之间的比斯开湾的奥列隆小岛，主要汇集了海事法院的判例，规定的是船舶法，适用于全欧洲各海岸国家，曾被英国作为海事法庭的权威依据。4）《威斯比海商法典》（Laws of Wisby），约编纂于 13 世纪的波罗的海地区的、曾是汉萨同盟早期所在地的哥特兰岛的威斯比城。它是过去一些海商法典的摘录和汇编，流行于北海和波罗的海一带，在 17、19 世纪被多次印行，广泛流传。此外，还有《特拉尼法典》、《威尼斯航海条例》、法国 1673 年的《商事法令》和 1681 年的《海商法典》等。这些海商法典大多是对由海商法院适用商事习惯和海事习惯而逐渐形成的判例的汇编，是全欧洲公认的海商法的重要渊源，为近代各国国内商法奠定了基础。

（2）商事和海事习惯法。这些主要是希腊雅典海商法、罗马海商法和教会法及地方习惯法。在中世纪欧洲商法中，有许多是在共同的交往中一代代所恪守的、历史遗留下来的早期社会实行的商事、海事习惯和惯例，例如：对腓尼基、罗德岛时期有关海商习惯规则的采用；在罗马法复兴运动的影响下，对罗马法的原则及有关债法的消费借贷、海运借贷、合伙、委托以及损害赔偿等规则的运用；还有，采用同时期的教会法的公平

---

① 林榕年主编．外国法制史新编．北京：群众出版社，1994：233.

交易、恪守协议和自由代理制度；吸收了日耳曼法的保护动产善意买受人原则；接受了城市法中的商业行会章程、商业协议与和约以及城市同盟条例如保护公开市场买受人原则；等等。所有这些早期的或同期的习惯法或规则，都是中世纪欧洲商法的重要渊源。

二、商法的内容及特点

（一）商法的内容

（1）商人。商法确认了本土商人和外国商人平等地从事商业活动的法律地位及有关权利，如经商权、商号权、起诉权及获得损害赔偿权等；同时规定了商人应承担的有关义务，如须制作并保存账簿，不得欺诈，服从本行会章程及交纳各种税费等。为了促进商业的发展，法律还规定了吸引商人的政策和对商人的保护措施。

（2）合伙。商业贸易特别是国际间的货物运输交易，大都是合伙经营，对于这种经营方式，从13世纪始，就由有关的法律加以规范，以健全合伙经营管理制度。如运货管理法规规定，商人须将运货事宜委托于转运者承办，自己直达市场等候货物的到达，转运者应当宣誓保证依法履行契约。对于与转运者无关的意外事故或暴力行为使货物所遭受的损失，转运者无法律责任。

（3）票据。中世纪欧洲商法对商业活动中广泛采用的票据制度作了规定。以信用为基础、以清楚和便利为特点的票据，早在古希腊和古罗马时就被采用，在12世纪后，在中世纪的商业活动中得到广泛运用。此时，票据因其不同的功能而分为汇票、本票和支票。在16世纪时产生了票据的背书制度。17世纪的法国《商法典》对票据作了规定。

（4）集市。中世纪欧洲商法对集市的时间、治安、征税、度量衡及管理费等有关方面加以详细规定，而且有一套相当完善的集市管理制度和法规，如设立集市监督官、管理员、监印官和代书人以及有关清理货物、结清账目和合同盖章等的程序。

此外，还有一些对商事争议的管辖及审理的程序等。

中世纪海商法的主要内容有：对各国船只大小、装载货位和所载人数作出规定的船舶法；有关船上管理法；船上货物装载法；港口章程；船舶遇难保护法和弃货法以及共同海损制度等。

（二）商法的特点

（1）中世纪欧洲商法最大的特点是只适用于商人或商行为。在此意义上，商法是一种属人主义的特别法，与商人的身份及商业活动密切相关。中世纪商法与海商法关系相当密切，其原则和制度是相伴产生、共同发展且是基本通用的，即共同的。从调整的对象而言，二者都在调整与商业有关的社会关系，只是因发生的地域不同而被区分开来。仅从这种分立的现象看，当时欧洲大规模的海上运输与商业贸易是相当繁盛的，所产生的关系也是较复杂的。

（2）中世纪欧洲商法的渊源实质上是一种习惯法，它是与商业交易和商品经济的发展同时产生和发展的，是历史上长期发展的结果。长久而广泛的商业交往形成了商业交往的习惯准则。所以，中世纪的商法是源于古代人类从事陆上和海上商业经济活动过程中所日积月累的习惯和惯例，并经过商人的自觉恪守和商业法院、海上法院的司法判例以及法学家的研究而形成的。后来，上述司法判例被商人团体和各商业城市汇编成集，广为流传，成为具有普遍约束力的规范。因此，它不是由国家立法机关制定的，而是由源于商业活动的习惯法和法院的判例构成的。几乎所有的商法典和海商法典都是相关习惯法或判例的汇编或记载。

（3）中世纪欧洲商法在其发展的过程中经历了共同商法时期和国家商法时期。前者是一种地域性的国际法，普遍适用于特定地域所有的城市及地区；后者是一种国内法，由主权国家认可，只适用于主权所及范围内。17 世纪以前，所有的商业活动是没有国界的，是地域性的，因此，中世纪欧洲商法是一种西欧所涉国家普遍通行的法律体系，是一种国际私法。17 世纪以后，因各主权国家的出现，商法演变为一种国内法，但其原有的原则和制度仍得到保留，还包括一些国际性的条约，实际上并未在本质上发生根本性的变化。而且，海商法的性质更特殊一些，它的发展必然要超越一个国家、地区和城市。

（4）中世纪欧洲商法的内容极为丰富，虽说属于私法范畴，但又不同于一般私法，其内容除私法外，还包括公法的内容和有关的司法制度，可以说是公法与私法、实体与程序的混合法，同时兼具国内法与国际法内容。

（5）中世纪欧洲商法是具有前资本主义因素的法。这些法尽管产生并存在于封建社会，是中世纪欧洲法律重要的组成部分，但由于它们调整的是一般商业关系和海上运输、航海贸易关系，涉及前资本主义经济制度如票据、保险、银行等多方面的内容，体现了市民和商人进行国际贸易和商品交换、发展资本经济的要求，有着自由、平等的色彩，有助于促进前资本主义经济的发展和资产阶级作为一个阶级的形成，为资产阶级国家商法的形成奠定了一定的基础。

深度阅读

1. 叶秋华．资本主义民商法的摇篮：西欧中世纪城市法、商法与海商法．中国人民大学学报，2000（1）．

2. 张镭，黄浴宇．中世纪欧洲城市制度与近代西方法律变革．河北法学，2001（1）．

3. 朱慈蕴，毛健铭．商法探源：论中世纪的商人法．法制与社会发展，2003（4）．

问题与思考

1. 中世纪西欧的城市法是如何产生的？其渊源有哪些？
2. 中世纪欧洲城市法和商法的内容及特点是什么？
3. 中世纪欧洲商法是怎样形成、发展的？其特点是什么？
4. 阐述中世纪欧洲商法与现代商法的关系。

第十章

伊斯兰法

常考知识点

- 伊斯兰法的产生、发展和伊斯兰法系的形成
- 伊斯兰法的基本渊源
- 伊斯兰法的基本制度

第一节　伊斯兰法的产生和演变

一、伊斯兰法的概念

伊斯兰法指伊斯兰教法，音译“沙里阿”（shari'a），原意为“通向水源之路”，在宗教教义里被引申为“通往先知的大道”，它是在中世纪政教合一的阿拉伯国家中形成和发展起来的，适用于全体穆斯林即伊斯兰教教徒的宗教法律规范。

伊斯兰法实质上是伊斯兰教的宗教教规，在内容和形式上与伊斯兰国家（地区）的法律是两个不同的概念。前者仅指适用于伊斯兰教教徒的宗教法，后者除宗教法外还包括伊斯兰国家（地区）的世俗性法律，如阿拉伯帝国政府的行政法令和地方习惯法。

二、伊斯兰法的产生

伊斯兰法与伊斯兰教密切相关，是在公元 7 世纪初伊斯兰教和阿拉伯统一国家的形成过程中产生的。

公元 6 世纪至 7 世纪，居住在阿拉伯半岛上的贝都因人的氏族制度开始解体，部落之间为争夺绿洲和财富经常发生战争。外族的入侵和商业贵族的重利盘剥更加剧了阶级对立，社会秩序极度混乱。为改善处境，阿拉伯不同阶层的人都要求消除分散状态，尽快实现民族统一。伊斯兰教的产生和阿拉伯统一国家的形成顺应了这一历史潮流。

伊斯兰教的创始人穆罕默德出身于麦加古来西部落一个没落的贵族家庭，青少年时期生活贫苦，做过牧人和商队的保镖，其间接触了犹太教和基督教。公元 610 年，穆罕默德在批判地继承部落的原始宗教和借鉴犹太教与基督教的基础上，以反对多神的姿态

在麦加开始创立伊斯兰教。他把古来西部落的主神安拉（Allāh），奉为宇宙间唯一之神，要求人们放弃对各部落神的崇拜，而信仰唯一之神安拉。① 公元 630 年，穆罕默德及其拥护者取得对麦加贵族武装斗争的胜利，贵族和平民普遍接受了伊斯兰教，承认安拉是唯一之神，穆罕默德是“安拉的使者”和“先知”。这样，穆罕默德通过创立伊斯兰教把阿拉伯各部落联合成为一个整体，建立了政教合一的、统一的阿拉伯国家。穆罕默德本人既是伊斯兰教的创始人，也是统一的阿拉伯国家的第一位政治领袖。

伊斯兰教不仅建立在信仰的基础上，要求穆斯林相信安拉是世界唯一的主宰，而且还建立在行为的基础上，要求穆斯林遵守安拉通过使者规定的行为规则。在政教合一的阿拉伯国家里，作为政教首脑的穆罕默德代表安拉所创立的教规，就同时具有了法律的性质，既是穆斯林日常生活的行为准则，又是必须遵守的法律规范。在伊斯兰教和阿拉伯国家的形成过程中，伊斯兰法也随之产生。

三、伊斯兰法的发展

伊斯兰法产生后，随着阿拉伯国家的对外扩张，伊斯兰教不断扩大其适用范围，伊斯兰法自身的发展呈现复杂多样的特征。一般来说，在近代法律改革以前，古典伊斯兰法的发展经历了三个阶段。

（一）形成时期（公元 7 世纪～8 世纪中期）

公元 632 年穆罕默德去世，没有留下关于委任继位人的遗嘱，统治集团以推选方式产生“先知”即穆罕默德的继任者——政教首脑“哈里发”（Khalifa，原意为继承者，“安拉使者代理人”）。自公元 632 年至 661 年，历经四任哈里发（先后为伯克尔、欧麦尔、奥斯曼、阿里），被称为“四大哈里发时期”。倭马亚王朝（公元 661 年至 750 年）建立后，哈里发职位改为世袭制。从第二任哈里发欧麦尔（公元 634 年至 644 年在位）开始，历任哈里发不断向外扩张，到倭马亚王朝统治结束时，形成了地跨亚、非、欧的阿拉伯帝国。伊斯兰法在帝国范围内得到广泛传播。

这一时期，伊斯兰法的主要原则和基本制度已经初步确定，表现在以下几个方面：（1）伊斯兰法的根本渊源《古兰经》得到了整理和汇编；（2）“圣训”开始传述；（3）哈里发政府的行政法令在教法以外取得重要地位；（4）建立了早期的司法制度。

（二）全盛时期（公元 8 世纪中期～9 世纪中期）

继倭马亚王朝之后统治阿拉伯的是阿拔斯王朝（公元 751 年至 1258 年）。阿拔斯王朝统治的最初一百年是阿拉伯帝国最繁荣强盛的时期。在这一时期，伊斯兰法和伊斯兰法学获得迅速发展，具体表现为：（1）“圣训”在法律渊源中的地位愈加重要，圣训学家专门对“圣训”进行了编汇和整理；（2）早期教法学派经过一段时间的发展，最终形成

---

① 安拉为阿拉伯文 Allāh 的音译，汉语的穆斯林多称安拉为“真主”；也有称安拉为波斯通用语“胡达”（Khudai）的。

以哈乃斐（699—767）、马立克（715—795）、沙斐仪（767—820）、罕百里（780—855）为代表的四大教法学派；（3）“公议”和“类比”等教法学家创制法律的方法成为伊斯兰法的重要渊源；（4）政府的行政法令日益增多，成为“沙里阿”的重要补充；（5）司法机构不断完善。

（三）盲从时期（公元9世纪中期以后）

在9世纪至10世纪，阿拔斯王朝日渐衰落，伊斯兰法的发展处于停滞状态，进入“塔格利德”（Taklid）时期。“塔格利德”在阿拉伯文中原意为“因袭传统或对权威的无条件服从”。随着四大教法学派权威的确立，到10世纪中叶，大部分宗教学家和法律学家认为伊斯兰法已经发展到完备的地步，不需要继续发展了，于是宣布关闭“伊智提哈德之门”。“伊智提哈德”（阿拉伯文 Ijtihād）原意为“尽力而为”，宣布关闭此门，即宣布教法学家只限于阐述前人的主张，因袭传统，不得创新。伊斯兰学者把这个时期称作盲从时期。这种情况一直持续到近代西方殖民主义入侵及伊斯兰法律改革之前。

四、伊斯兰法系的形成

早在四大哈里发时期，阿拉伯帝国的版图就超出了阿拉伯半岛的范围，至公元8世纪中期成为一个地跨亚洲、非洲、欧洲的大帝国。随着阿拉伯帝国的对外扩张，伊斯兰教和伊斯兰法在帝国势力范围内得到迅速传播。阿拉伯帝国崩溃后，被征服地区形成的一些国家，如埃及、叙利亚、摩洛哥、突尼斯和伊朗等，仍然信奉伊斯兰教，适用伊斯兰法。在15世纪，土耳其人建立了军事封建的奥斯曼帝国，但土耳其人在10世纪前后就逐渐信奉了伊斯兰教，奥斯曼帝国遂成为中世纪后期伊斯兰教的支柱，伊斯兰法继续在这一广大地区适用。

由于原阿拉伯帝国势力范围内的国家和地区以及其他信奉伊斯兰教的东南亚和西非地区的法律，都是以《古兰经》、“圣训”和初期的伊斯兰法为基础发展起来的，具有共同的特征和历史联系，所以其被称作伊斯兰法系。这个法系至今仍影响着许多伊斯兰国家。

第二节　伊斯兰法的基本渊源

一、《古兰经》

《古兰经》是伊斯兰法最根本的渊源，是伊斯兰教的最高经典。它是穆罕默德在23年（公元610年至632年）传教过程中，以安拉的名义陆续发布的经文。

“古兰”一词是阿拉伯文“Kur'ān”的音译，意为“诵读”。《古兰经》确立了伊斯兰法的基本精神和原则，规定了伊斯兰法的基本制度。其内容广泛，包括教义、教法、伦理道德，涉及家庭、继承、债务关系、刑法、战争法等诸多法律部门，

《古兰经》共 30 卷、114 章、6 200 余节，全部经文分为“麦加篇章”和“麦地那篇章”两大部分。前者是公元 609 年至 622 年穆罕默德在麦加活动时期发布的，占全部经文的 2/3；后者是公元 622 年至 632 年穆罕默德在麦地那活动时期发布的，占经文的 1/3。涉及法律的经文大部分集中在“麦地那篇章”中，特别是其中的“黄牛章”和“妇女章”。发布《古兰经》主要是为了解决当时实际生活中发生的问题。降示经文时，由穆罕默德口授，由他的弟子记录或默记，穆罕默德在世时没有进行统一编排。第一任哈里发时期曾收集整理，出现过许多传本。第三任哈里发奥斯曼（公元 644 年至 656 年在位）下令将以往有关《古兰经》的资料整理核准，正式定本，这就是全世界通行的“奥斯曼定本”。

二、“圣训”

“圣训”是阿拉伯文“哈迪斯”（Hadith）和“逊奈”（Sunna）的意译。前者意为“传述”，后者意为“行为”。“圣训”为二者之和，指传述出的先知的言论、行为和生活习惯。“圣训”是仅次于《古兰经》的伊斯兰法的基本渊源，在伊斯兰法的发展中发挥了重要作用。

按伊斯兰教教义，只有安拉才有立法权，安拉通过使者穆罕默德降示古兰经文、宣示法律。穆罕默德去世后，降示经文的立法活动停止了。在阿拉伯社会的各种关系发生变化，出现大量在《古兰经》中找不到答案的新问题时，哈里发政府和圣门弟子便按照先知穆罕默德的言论、行为和对某事的默示或习惯来处理。此外，《古兰经》中许多法律方面的经文意义笼统，如不具体化很难执行，穆罕默德生前的非启示性言论遂成为对古兰经文的补充，要求穆斯林照样行事。所以，“圣训”实际是一种创制伊斯兰教法规的方式。“圣训”的权威主要来自穆罕默德的权威，其原因是《古兰经》宣布穆罕默德是安拉的使者，他不仅作为安拉的代言人宣布安拉的启示，还以自己的行为作示范。他的言行被认为是天启的产物，与安拉的意志相一致，因而具有必须遵从的神圣性。

“圣训”最初是由穆罕默德的直传弟子和再传弟子口耳相传，辗转传述的结果是其数量迅速膨胀。为了确保“圣训”的权威性，8 世纪中叶以后圣训学家开始对“圣训”进行收集整理和汇编，这些汇编起着法典的作用。然而，由于教派蜂起，被广泛传述和引用的“圣训”往往内容重复或彼此冲突。为了使“圣训”得到统一，一些著名的圣训学家整理、编辑了“圣训实录”。到 9 世纪和 10 世纪时，出现了著名的“六大圣训集”，其中的《布哈里圣训实录》（Sahih al-Bukhāri）被认为是仅次于《古兰经》的经典。

三、教法学

教法学音译为“菲格赫”（Fikh），是研究伊斯兰法的学科。它通过对《古兰经》和“圣训”的研究，发现其中的教法原则，解释其含义，从而推导出新的法律规则。伊斯兰法具有独特的发展道路，教法学家在其中起了重大作用。除注释《古兰经》和传述、编纂“圣训”外，经常被教法学家用来创制法律的主要方法是“类比”和“公议”。教法学是在《古兰经》和“圣训”的基础上发展起来的，但后来成为提供法律规范最多的法律渊源。

第一，“类比”。“类比”音译为“格亚斯”（Kiyas），含义是比照《古兰经》和“圣训”的规则处理类似的问题。“类比”的主要根据是《古兰经》中的有关规定。[①]“类比”在四大哈里发时期就被广泛运用，以后各教法学派也广泛使用这一方法来补充《古兰经》和“圣训”留下的空白。例如，《古兰经》只宣布饮酒是一种犯罪，却没有规定具体刑罚。在第二任哈里发欧麦尔时期便比照《古兰经》中对诬告通奸罪的刑罚规定，对犯饮酒罪的人打八十鞭。

第二，“公议”。“公议”音译为“伊制马仪”（Ijmā），是指穆罕默德的直传弟子或权威法学家对某些疑难法律问题所发表的一致意见。“公议”是阿拉伯部落社会时期原始民主制的遗风，四大哈里发就是按“公议”推举出来的。后来，“公议”被教法学家广泛运用。当新出现的法律问题在《古兰经》和“圣训”中没有现成的答案时，权威教法学家便根据《古兰经》和“圣训”的原则和精神，通过“公议”创制新的法律规则。然而，由于地域的限制和教法学派别的存在，在全帝国范围内很难取得一致的意见，所以，作为伊斯兰法渊源之一的“公议”，具有地域性和派别性，并且随着时间的推移，“公议”的内容也不断发生变化，后来的“公议”可能推翻先前的“公议”。

四、哈里发的行政法令、各地习惯和外来法律

（一）哈里发的行政法令

哈里发作为阿拉伯国家的政教首脑，享有最高的行政权、军事统帅权和审判权。历任哈里发在管理国家的过程中都颁布过相当数量的行政法令，以处理在《古兰经》和“圣训”中没有规定而实践中又需要解决的法律问题。这些行政法令虽属于伊斯兰国家的法律，并不在教法范围以内，但对教法学家创制法律有很大影响。

（二）各地习惯

伊斯兰法在其形成和发展的过程中，根据需要有区别地吸收了各地习惯，参照伊斯兰教的教义加以改造，使它们成为伊斯兰法律体系的组成部分。教法学家在整理“圣训”、进行“类比”和“公议”的活动中也吸收了所在地区的习惯法，丰富了伊斯兰法的内容。

（三）外来法律

伊斯兰法接受了犹太教法和基督教教会法以及罗马法中的许多概念、原则和制度，如《古兰经》中关于宗教仪式、禁食、禁止利息等的规定，受到犹太教和基督教的影响；哈里发政府颁布的行政命令和教法学家创制的法律受到罗马法的某些影响。对外来法律加以吸收的基本前提是将它们伊斯兰教化。

① “类比”的主要根据是《古兰经》第四章第105节。古兰经．马坚，译．北京：中国社会科学出版社，1981.

第三节 伊斯兰法的基本制度

一、穆斯林的五项义务

伊斯兰法主要是一个义务体系，伊斯兰法学把穆斯林的行为分为五种：(1) 必须履行的行为，不履行者受罚；(2) 可嘉奖的行为，行为者受奖，不为者不受罚；(3) 准许的行为，行为者既不受奖也不受罚；(4) 受谴责的行为，行为者受谴责但不受罚；(5) 禁止的行为，行为者受罚。

穆斯林的基本义务是独信真主，绝不崇拜其他神灵。穆斯林的义务属于以上分类的第一种行为，即必须履行的行为。《古兰经》对穆斯林的义务作了详细的规定。作为一个穆斯林，其必须履行五项基本义务即“五功”，以便从内心（信仰的内悟）和行动（信仰的表白）上证明自己对真主的信仰和对“先知”的服从是真诚的。“功”是阿拉伯文 Rukun 的意译，原意为“基础”“柱石”。“五功”包括以下内容。

第一，念功，即口诵。每个穆斯林在礼拜或参加重要的宗教活动中，都要口诵“除安拉外，别无主宰，穆罕默德是安拉的使者。”“念功”在阿拉伯文中的原意是“作证”，意思是通过念诵来证明自己对安拉的信仰。

第二，拜功，即礼拜。举行此种仪式时，穆斯林要向着麦加“克尔白”神庙的方向作诵经、鞠躬、跪拜。每天礼拜 5 次，破晓、中午、下午、日落、入夜（晨、晌、晡、昏、宵）各一次。星期五做公共礼拜。做礼拜时，礼拜者的身体、衣服和礼拜场所必须清洁。

第三，斋功，即“斋戒”。每年伊斯兰历 9 月自日出到日落实行斋戒禁食，并禁止性行为。全体穆斯林除年老体弱者和旅行者可以延缓行斋或以施舍代替外，都必须准时斋戒，否则将受处罚。

第四，朝功，即朝觐圣地。《古兰经》规定，凡有条件的穆斯林一生中至少要到麦加朝圣一次。公众集体朝觐在伊斯兰历 12 月进行，叫“大朝”；个人随时都可以去，叫“小朝”。朝觐有一定的仪式，是全世界穆斯林的盛大聚会。

第五，课功，即法定施舍。拥有财产的穆斯林必须按其财产的一定比例进行施舍。根据伊斯兰教教义，施舍可以使财产洁净，给财产所有权人带来吉祥和善果。后来，施舍演变为国家向穆斯林征收的一种税收。

除“五功”外，为真主进行“圣战”、严格遵守关于食物的戒律也是穆斯林的义务。

二、财产制度

伊斯兰法认为土地是安拉的财产，只有先知和他的继承人哈里发才有权支配，阿拉伯贵族和普通自由人只有占有权。

土地的占有形式有以下几种。

1. “希扎士” （圣地）

它是指阿拉伯半岛上穆罕默德居住过的地方，包括麦加及其邻近地区的土地。圣地内不得居住和埋葬非穆斯林，禁止损伤树木、杀死动物。

2. “伐果夫”

它是指进行“圣战”后，被征服地区的非穆斯林被迫签订契约放弃具有所有权的土地。这种土地属于国有，原占有人在缴纳捐税的条件下，可以使用。

3. “米尔克”

其范围较广，包括：被征服地区改奉伊斯兰教者的土地、分配给阿拉伯贵族的被征服土地、无人管理由穆斯林耕种的土地。这类土地可以买卖，但同样应向哈里发政府交税。

4. “伊克特”

其类似西欧的采邑，作为服务的报酬授予军人，占有者必须向哈里发提供一定数量的战士。

5. “瓦克夫”

它是指以奉献真主的名义捐献的土地或其他形式的财产。捐献者仅转移用益权，仍可保留占有权。

三、债权制度

伊斯兰法中关于债的发生，有契约所生之债和致人损害所生之债两种。

1. 契约所生之债

契约生效的条件是：（1）当事人必须具备支配自己财产的权利。订约的双方当事人必须在场。未成年人、神志不清者、奴隶没有订约权利；非穆斯林无权购买土地和穆斯林奴隶。（2）必须自愿同意缔结契约。若有欺骗、错误和强迫行为，契约无效。（3）契约标的必须合法。不洁之物，异教的书籍、神像、图片等不能成为契约的标的物。（4）禁止利息，《古兰经》明确宣布“禁止放贷取利”，认为收取利息违背安拉的意志。（5）信守诺言。《古兰经》宣布穆斯林必须信守诺言，契约一经缔结必须履行。

2. 致人损害所生之债

此处的损害，主要指对他人物品的损害，也包括不履行契约所造成的损害。对于由故意、疏忽造成的损害，应负赔偿责任；未成年人造成的损害由家长负责；奴隶、牲畜造成的损害由主人负责。

四、婚姻、家庭和继承制度

伊斯兰法有条件地允许一夫多妻。《古兰经》宣布，凡能供养得起并能公平对待诸妻的人，可娶 4 个妻子。夫妻关系的规定贯穿男尊女卑，如《古兰经》规定：男子的权利比妇女的高一级；丈夫可以劝诫妻子；可以打她们；贤淑的女子是服从的；妻子好比田地，可以随意耕种。伊斯兰法允许离婚。离婚完全是丈夫单方面的行为，称作“休妻”，丈夫可以无条件地宣布休妻。妻子被休后，应有3个月等待期，以便证实是否怀孕，在这期间丈夫可以撤销休妻决定。但撤销休妻决定只限两次，第三次休妻决定宣布后，妻子必须离去。休妻时若有婴儿，应哺乳至两岁。

在继承方面，伊斯兰法规定以男子继承为主，但给予女子一定的继承权。《古兰经》承认女子的继承权，但女子继承的数量仅为男子的一半。伊斯兰法将继承分为“遗嘱继承”和“经定继承”两种，订立遗嘱要有两个公正的穆斯林作证，所有人只能以遗嘱处分其遗产的1/3，其余2/3须按“经定继承”确定的原则分配。在“经定继承”中，遗产分配的比例按合法继承人人数的多少确定，例如：死亡人若无子女，遗产由父母继承，父得2/3，母得1/3；若有子女，其父母各得遗产1/6。

五、犯罪与刑法制度

伊斯兰法中关于刑法的规定很不发达，没有形成犯罪的一般概念，没有对侵权行为和犯罪作明确区分，刑罚残酷并具有浓厚的宗教色彩。伊斯兰法中一般把犯罪分为三类。

第一，《古兰经》“经定刑罚”的犯罪。对这类犯罪必须判处规定的刑罚。例如：对犯通奸罪者，若为未婚男女，罚100鞭，若为已婚男女，应用乱石砸死；对犯诬告妇女失贞罪者，罚80鞭；对犯偷窃罪者，砍去右手，再犯，砍去左手；对犯抢劫罪者，砍去双手；对犯背教罪者，处死刑。

第二，《古兰经》中未规定刑罚的犯罪。这类犯罪由法官酌情判处，包括临阵脱逃、作伪证、诬告某人犯有轻罪、毁约等。常用刑罚有训诫、鞭笞、罚款、放逐等。

第三，侵犯人身的强暴行为。对杀人罪的处罚一般是血亲复仇或交纳赎罪金，由被害人的亲属团决定采取哪种方式。在圣地杀人或在朝觐月中犯杀人罪的，要从重处罚；杀死穆斯林的处罚要比杀害非穆斯林或奴隶的处罚严重得多。

六、司法制度

伊斯兰法中最高审判权属于哈里发，各省总督也兼管审判。法院分为“沙里阿”法院和听诉法院两个系统，具有相对独立性。前者一般由一名“卡迪”（教法执行官）主持，主要管辖私法案件；后者由哈里发政府选派的官员组成，审理有关土地、税收等公法领域的案件。伊斯兰法的诉讼程序比较简单，不要求书面形式，民刑不分，均采用控诉式审判方式。受宗教因素影响，各类证据中宣誓的证明力最强。

第四节 伊斯兰法的历史地位

伊斯兰法产生后，随着政教合一的阿拉伯帝国的扩张和伊斯兰教的广泛传播，其适用范围不断扩大，自身也得到发展。由于伊斯兰法在中世纪阿拉伯国家法律体系中起支配作用与核心作用，在信奉伊斯兰教的广大地区被普遍采用，一般认为在9世纪形成伊斯兰法系。

近代以后，随着西方列强侵入对各伊斯兰国家的巨大冲击以及各伊斯兰国家的自身发展，传统的伊斯兰法逐渐衰落。从18世纪起，奥斯曼帝国开始进行法律改革，其特点是大量引进西方国家，尤其是法国的法典，同时对传统的伊斯兰法的某些内容进行整理汇编。在第一次世界大战后，奥斯曼帝国解体，许多阿拉伯国家先后沦为西方列强的殖民地或半殖民地。在第二次世界大战后，随着民族解放运动的兴起，涌现一大批独立的阿拉伯国家。这些新独立的国家受到西方法律的深刻影响，不同程度地进行了一系列法律改革。但是，由于伊斯兰法与伊斯兰教密切相关，是伊斯兰文化的重要组成部分，所以凡是继续以伊斯兰教为国教的国家，不可能完全放弃伊斯兰法。传统的伊斯兰教法与西方化的法律之间的冲突一直存在，甚至表现激烈。

深度阅读

1. 古兰经．马坚，译．北京：中国社会科学出版社，1981.
2. 高鸿钧．伊斯兰法：传统与现代化．北京：社会科学文献出版社，1996.
3. 库尔森．伊斯兰教法律史．吴云贵，译．北京：中国社会科学出版社，1986.

问题与思考

1. 什么是伊斯兰法？它有哪些基本渊源？
2. 根据伊斯兰法的规定，穆斯林应当履行哪些基本义务？
3. 评述教法学家在伊斯兰法发展中的作用。
4. 试评伊斯兰法的历史地位。

第十一章
英 国 法

常考知识点

- 普通法和衡平法的形成与发展
- 普通法的特点和原则
- 衡平法的特点及对英国法律发展的影响
- 英国宪法的基本原则和特点
- 受益制和信托制的关系
- 对价的概念和原则
- 侵权行为责任原则的演变
- 陪审制的运用及意义
- 英美法系的形成及特点

第一节　英国法的形成与演变

英国法的源头可以追溯到盎格鲁-撒克逊时代。自公元 5 世纪中叶起，盎格鲁-撒克逊等日耳曼部落逐渐从欧洲大陆侵入不列颠，建立了一系列盎格鲁-撒克逊王国，各部落的原有习惯也相应地演变为习惯法。盎格鲁-撒克逊习惯法的发展状况与欧洲大陆的日耳曼法大致相当，具有日耳曼法的一般特征，如属人主义、团体本位、注重形式及等级特权等。然而，直到诺曼征服（1066 年）以前，不列颠基本上处于割据状态，由于缺乏统一的司法机构，尚无通行于全国的“普通法”①，地方习惯法一直占据统治地位。诺曼征服以后，英国建立了强大的王权和完善的皇家司法机构，逐渐形成了普通法、衡平法和制定法三大法律渊源，并且在以后的漫长岁月里很少发生实质性的变化。因此，许多学者认为，英国法的真正历史开始于诺曼征服。②

① BAKER J H. *An introduction to English legal history*. 3rd ed.. London: Butterworths, 1990: 4.

② 英国法律史学家梅特兰（F. W. Maitland）将诺曼征服形容为“决定着整个英国法特征的大变故”。BAKER J H. *An introduction to English legal history*. 3rd ed.. London: Butterworths, 1990: 14. 茨威格特，克茨．比较法总论．潘汉典，等译．贵阳：贵州人民出版社，1992：335.

一、英国封建法律体系的形成（1066 年至 17 世纪中叶）

（一）普通法的形成

作为一种法律渊源，普通法（Common Law）指的是 12 世纪前后由普通法院创制并发展起来的，通行于全国的普遍适用的法律。它的形成可以说是中央集权制和统一的司法机构的建立直接后果。

1. 中央集权制的建立

诺曼征服以后，威廉一世（1066 年至 1087 年在位）为了不至于引起被征服者的反感，竭力以英国王位合法继承者的身份出现，宣布盎格鲁-撒克逊习惯法继续有效。但与此同时，他也把在诺曼统治时期行之有效的行政管理方式带到了英国。他首先大批没收盎格鲁-撒克逊贵族的土地，宣布自己是全国土地的最高所有者，并将其中的一部分用于酬劳亲属和随从。当然，这种分封是有条件的，受封者不仅必须服兵役，宣誓效忠于国王，还得缴纳赋税，尤其是采邑继承税。为了进一步了解臣属的财产状况，以便于向领地征税，1086 年，威廉在全国进行了广泛的土地调查，并编成土地调查清册。土地调查使每个封建主的财产分布及收入状况一览无余，无法逃避任何赋税，人们面对调查就如同面临末日审判，因此，调查清册又被称为“末日审判书”（Doomsday Book）。这些措施为强有力的中央集权制的建立打下了坚实的经济、政治、军事基础。

2. 统一的司法机构的建立

诺曼征服以前，英国尚无统一的皇家司法机构，各类诉讼皆由古老的郡法院和百户法院以及后来出现的领主法院和教会法院管辖。除教会法院外，这些法院的审判依据主要是各地的习惯法。司法权的分散对于中央集权制的建立无疑是极为不利的。威廉在宣布保留这些机构、尊重其审判权的同时，要求它们根据国王的令状并以国王的名义进行审判，从而巧妙地将它们纳入国王的审判机构中，有效地防止其扩大权力。与此同时，威廉引入了诺曼时代的管理机制，建立了由僧俗贵族及高级官吏组成的“御前会议”（Curia Regis，the King's Council）。它既是国王的咨询机构，又行使着部分立法、行政、司法职能。后来，它的司法职能受到重视，逐渐从中分离出一系列专门机构，分别行使皇家司法权。最初分离出来的是理财法院，又称“棋盘法院”（the Court of Exchequer），专门处理涉及皇家财政税收的案件。以后又从御前会议中分离出民事诉讼高等法院（the Court of Common Pleas）和王座法院（the Court of King's Bench）：前者专门处理有关契约、侵权行为等涉及私人利益的案件，后者专门审理刑事案件和涉及国王利益的民事案件。起初这些法院只在威斯敏斯特宫办公，但为了扩大皇家法院的管辖权，建立和维护统一的法律秩序，法官开始到各地巡回审判。

亨利二世（1154 年至 1189 年在位）统治时期又进行了重大的司法改革，其内容主要包括：第一，1179 年的温莎诏令（Assize of Winsor）将巡回审判变成一种定期的和永久性的制度；第二，1166 年的克拉灵顿诏令和 1176 年的诺桑普顿诏令（Assize of Northampton）建立了由陪审团参与审理和由皇家法官进行调查的刑事司法制度；第三，

1179 年的大巡回审判诏令（the Grand Assize）引入了一种新的审判方法来解决有关土地所有权的争端，由一个 12 名当地骑士组成的陪审团来确定哪一方对争讼土地更享有所有权，从而发出权利保护令状，使其拥有合法资格。[①] 亨利二世的司法改革极大地促进了普通法的产生。巡回法官在各地陪审员的帮助下既了解了案件，又熟悉了各地习惯法。回到威斯敏斯特后，他们在一起讨论案件的难点，交换法律意见，承认彼此的判决，并约定在以后的巡回审判中加以适用。久而久之，形成了通行于全国的普通法。

（二）衡平法的兴起

衡平法（Equity）是英国法的又一重要渊源，是 14 世纪左右由大法官的审判实践发展起来的一整套法律规则，因其号称以“公平”“正义”为基础，故而得名。

衡平法的产生可以说适时调整了经济关系的需要，是对普通法缺陷的一种弥补。

1. 经济社会关系快速发展

诺曼征服以后，建立了强有力的中央集权制，政局相对稳定，使经济的稳步发展成为可能。在 12、13 世纪，英国的封建经济发展到较高水平，尤其是羊毛业和商业贸易的兴旺，使英国经济走上了多元化发展的道路。随着商品经济的发展，新的财产关系和人身非财产关系不断涌现，要求法律作出相应的调整。

2. 普通法自身存在许多缺陷

首先，保护范围有限。普通法的保护范围是由令状确定的。令状（Writ）是由大法官以国王的名义颁发的，要求接受令状者履行某种行为的命令。普通法院的诉讼必须以诉讼令状为基础，原告只有申请到合适的令状才能在普通法院起诉。在普通法形成和发展的早期，令状是大法官根据实际需要颁发给申请人的，在种类上不受限制。但在 13 世纪后半期以后，大法官不再颁发任何不符合先例的新令状。从此，令状及其所记载的诉讼形式的种类都被严格固定下来。不同的令状意味着不同的诉讼形式，也意味着不同的诉讼程序，乃至不同的实体权利，而那些固有的诉讼形式都是旧的封建自然经济关系的反映。因此，对于在新的商品经济关系中形成的权益，人们很难在普通法院中找到合适的诉讼形式来加以保护。

其次，内容僵化。由于普通法是在封建自然经济环境中形成的，其内容十分陈旧、僵化，例如：按照夫妻一体原则，夫妻双方不得相互起诉；在抵押债务中，如果债务人到期不能偿债，债权人就有权永久取得抵押品的所有权；等等。这些规定显然已不符合当时经济发展的需要。

最后，救济方法有限。普通法的救济方法以损害赔偿为主，而且只能对现实的损害进行赔偿，对于无法以金钱衡量的损失以及受害人将来可能遭受的损失则不予考虑，这就会严重损害当事人的利益。此外，对于不要求赔偿，只要求制止侵权行为的受害人也无法提供有效的保护，因为普通法院不能对加害人颁发禁令。

经济的发展需要法律作出适时的调整，而普通法自身的缺陷又阻碍了它灵活地作出

---

① CRACKNELL D G. *English legal system textbook*. 17th ed.. London：HLT Publications，1995：2.

相应的反应，衡平法便应运而生了。

衡平法的形成有一个历史发展过程。在当时人们的观念中，国王是“公平”“正义”的源泉，行使着最高审判权，因此，凡依普通法得不到保护的当事人，就按照自古形成的习惯直接向国王请求裁决。而国王实际上不可能事必躬亲，于是将此重任转交给大法官（Lord Chancellor）。大法官是国王的首席大臣，又是“国王良心的看护者”，担此重任再合适不过。大法官在审理案件时，不受普通法诉讼形式的限制，不实行陪审，也不引用普通法判例，而是根据“公平”“正义”原则，对案件作出适时判决。到15世纪时，大法官及其助手正式组成了衡平法院，即大法官法院。越来越多的衡平补救措施和规则被大法官法院创制出来，并发展为一个独立于普通法的衡平法体系。

（三）制定法的发展

制定法（Statute Law）是英国法的第三大渊源。制定法即成文法，是享有立法权的国家机关或个人以明文制定并颁布实施的法律规范。作为英国封建法律体系的有机组成部分之一，制定法并非一开始就享有如同普通法和衡平法一般重要的地位，而是随着国会立法权的加强而逐渐提高的。

英国封建时代享有立法权的主要是国王，在13世纪以后作为等级代表机关的国会成立后也分享了部分立法权。在整个封建时代，国王和国会为了争夺立法权展开了激烈的斗争。在13世纪以后，随着诸侯对农民统治地位的巩固，摆脱王权的要求也日渐强烈。1215年，诸侯在反对国王的斗争中取得胜利，国王被迫签订了《大宪章》（参见图11－1）。《大宪章》在一定程度上限制了王权，确认了封建贵族和僧侣的特权，规定国王在征税时必须召开由大贵族参加的“大会议”，以征得贵族的同意。此外，它还规定，任何自由民非经合法程序不得被逮捕、监禁、放逐、没收财产。由于这些规定限制了王权，保障了臣民的自由和权利，《大宪章》后来被资产阶级用作反封建的武器，并被列为重要的宪法性文献之一。

1265年，以西蒙·德·孟福尔（Simon de Montford，约1208—1265）为首的大贵族战胜了国王，根据《大宪章》召开了由僧俗贵族参加的“大会议”，并首次允许骑士和市民代表出席会议，是为英国国会的雏形。1295年，英王爱德华一世（1272年至1307年在位）为筹措军费召开国会，其代表成分与1265年西蒙所召集的会议相同。以后统治者常以1295年国会为榜样召开国会。在14世纪时，国会获得了颁布法律的权力。由于各阶层利益不同，贵族和平民经常分别集会，从1343年起，国会正式分为上下两院：上议院由僧俗和贵族组成，称为“贵族院”（House of Lords）；下议院由地方骑士和市民代表组成，称为“平民院”（House of Commons）。从1414年起，法案必须由下议院向国王提出，征得上议院同意后方可制定为法律，国王对法案拥有否决权。

随着国会立法权的加强，制定法的数量逐渐增多，地位也逐渐上升。但从总体来看，在资产阶级革命前，国会并未取得至高无上的立法权，在很大程度上仍受制于国王，制定法不过是对普通法和衡平法的补充，其数量和地位都无法与资产阶级革命以后的状况相提并论。

图 11 - 1　《大宪章》的签署

图片来源：http：//www. britannica. com/blogs/2008/06/the _ magna _ carta _ and _ other _ moments _ in _ legal _ history。

二、资产阶级革命后英国法的变化（17 世纪中叶至 19 世纪 30 年代）

在 17 世纪 40 年代，英国爆发了声势浩大的资产阶级革命。由于这是一次不流血的"光荣革命"，加上英国法本身具有的过于注重程序的特点，它对法律发展的影响远不如法国等的革命对其法律制度的影响那么强烈。但它终究是一场资产阶级革命，阶级力量对比的变化和政体的改变不可能对古老的封建法制毫无触动。

首先，国会立法权得到强化，制定法地位提高。由于君主立宪政体的确立，王权受到极大的限制。虽然英王仍是"一切权力的源泉"，是"大英帝国的象征"，但其实际权力已完全丧失。根据 1689 年《权利法案》和 1701 年《王位继承法》的规定，国王未经国会同意不得颁布法律或废止法律，一切法律非经国会通过、国王批准均属无效，等等。与此同时，随着"议会主权"原则的确立，国会获得了至高无上的立法权，国王对国会上下两院通过的法案必须批准，不得行使否决权。由于国会成为国家最高立法机关，形式上不受任何限制，其结果必然是制定法数量大增，地位提高。

其次，内阁成为最高行政机关。为了防止国王为非，在 18 世纪前期逐渐形成了责任内阁制。内阁由下议院多数党议员组成，帮助国王掌理朝政，对国会负连带责任。由于国王行使任何权力都须由内阁首相副署，内阁便逐渐成为国家最高行政机关，首相则是王国的最高行政首脑。

最后，普通法和衡平法在内容上得到充实，并被赋予资产阶级的含义。在资产阶级革命后，大批法官和法学家对16世纪以前的普通法作了总结和解释，并将罗马法的某些原则注入普通法，出现了大量普通法著作和汇编，其中影响最大的当数布莱克斯通（Sir William Blackstone，1723—1780）（参见图11-2）于1765年至1769年写成的《英国法释义》(*Commentaries on the Laws of England*)，它为普通法的系统化立下了汗马功劳，并成为法院争相引用的法律依据。衡平法在资产阶级革命后也得到重大发展，在很大程度上成为片段的、不系统的罗马法和英国传统法的结合体，不断创造出适应资本主义需要的新的法律原则和补救办法。

图11-2　英国法学家布莱克斯通

图片来源：http：//www.correctionhistory.org/html/chronicl/newgate2dannemora/heritage2.html。

三、19世纪的法律改革（19世纪30年代至20世纪初）

在19世纪上半叶，经历了工业革命的英国经济得到了迅速发展。但由于选举制度的陈旧，国会上下两院仍由保守势力所把持，无视广大工人和新兴资产阶级的利益。普通法院和衡平法院在管辖权方面的纵横交错及复杂的程序规则给当事人带来的巨大不便，与快速解决纠纷的社会需求产生了激烈的矛盾。与此同时，以杰里米·边沁（Jeremy Bentham，1748—1832）为首的功利主义学派对英国法律的历史和现状进行了全面考察，大力提倡通过全面的法典化来实现对英国法律的彻底改革。在这种背景下，从19世纪30

年代起，英国进行了广泛的法律改革。

第一，对选举制进行改革。1832 年，国会通过了《选举改革法》，调整了受到激烈批评的选区划分和名额分配方法，增加了城市资产阶级代表的名额，并对选民的财产限制有所放松，从而使选民数量大增，并使工业资产阶级在下议院中占据了统治地位。以后，随着“宪章运动”的高涨，英国对选举制进一步实行改革，以秘密投票制取代了公开投票制，并对选举中的舞弊行为进行限制和处罚。但妇女的选举权仍未得到确认。

第二，制定法数量大增，地位提高。由于边沁等人的倡导，更由于工业资产阶级在国会中取得主导地位，英国统治者开始注重利用国会立法来调整社会秩序。到 20 世纪初，大批重要法规相继出笼，其中包括 1837 年《遗嘱法》、1855 年《有限责任法》、1856 年《地产授予法》(1877 年修正)、1882 年《汇票法》、1890 年《合伙法》、1893 年《货物买卖法》、1925 年《地产法》等。当然，这些法规离边沁等推崇的全面法典化要求还有很大的距离，因为它们不是以特定的哲学为基础创制出来的法典，而是对长期统治私法领域的判例法的认真总结，也是对判例法中许多不合时代潮流规定的大胆改革。因此，它们的颁布并不意味着取代了该领域的判例法，相反，只有借助判例法的背景才能真正理解它们。

第三，对法院组织和程序法进行改革。1873 年通过、1875 年生效的《司法法》对英国的法院组织和程序法进行了划时代的改革，结束了英国普通法院和衡平法院数百年分立对峙的局面，将所有法院统一在一个法院系统中，简化了法院组织和诉讼程序，纠正了法院管辖重叠的弊端；同时，废除了令状制及其所确定的诉讼形式，减轻了普通法的僵化程度。

四、现代英国法的发展（20 世纪初以来）

在第一次世界大战以后，英国的国际地位发生了很大变化，“日不落帝国”已成为历史，许多殖民地纷纷宣告独立。与此同时，生产和资本进一步集中和垄断，工人运动风起云涌，民主思潮广泛传播。国际、国内形势的变化促使英国法作出相应的调整。

（一）立法程序简化、委托立法大增

由于国会立法程序复杂、速度缓慢，无法应付快速变化的社会需求，在第一次世界大战前夕，英国国会便将部分立法权力下放给某些机构（主要是政府部门）以减轻重荷，国会则保留监督权。在第一次世界大战以后，国会在立法方面的作用受到来自内阁的强大挑战。伴随着内阁权力的扩大，许多重要措施都以委托立法的形式颁布，而且数量惊人，制定迅速，内容几乎涉及社会生活的各个方面。

（二）选举制进一步完善

为适应民主化的社会思潮，在 1918 年颁布的《人民代表法》进一步降低财产限制，有条件地确认了妇女的选举权。1928 年的《人民代表法》则明确规定，男女享有平等的选举权。在第二次世界大战以后又进一步改革，至 20 世纪 70 年代末基本上确立了普遍、

秘密、平等、公正的选举制度。

（三）社会立法和科技立法活动加强

在第一次世界大战以后，为了医治战争创伤，缓和社会矛盾，同时，也为了与整个社会越来越高的人道主义呼声相协调，英国政府加强了社会立法，对劳工的受教育权及其他福利问题作了积极的规定，在一定程度上保护了劳工利益。此外，随着科学技术的发展，资源、环境等问题逐渐为人们普遍关注，科技立法活动加强，环境保护法、自然资源保护法、航空法、太空法等相继成为重要的法律部门。

（四）“入欧”和“脱欧”对英国法的影响

1972 年，英国正式加入欧洲共同体，承认欧共体所有现行或未来的条约、立法和判例法在英国自动生效。根据欧共体的法律高于成员国法律的基本原则，英国国会必须对已有的法律规范进行协调，以确保与欧共体法律的一致性，并且不得通过与欧共体法相冲突的法律；同时，欧洲法院有权就涉及欧共体法的案件对英国公民进行判决，任何英国法院都必须承认其法律效力。1993 年，欧共体为欧洲联盟所取代，欧洲的一体化进程逐渐由经济扩大到政治、社会、文化、外交、安全及司法等各个领域。欧盟对各国主权的限制逐步加强，英国的法律体系也据此作出了相应的调整。

2016 年 6 月 23 日，英国就是否退出欧盟举行了全民公投，有超过 51%的公民赞成“脱欧”，就此开启了英国“脱欧”进程。2020 年 1 月 9 日，英国议会下院通过“脱欧”法案。同年 1 月 31 日，经欧盟批准，英国正式“脱欧”，进入为期 11 个月的过渡期，在此期间内英国仍需遵守欧盟法律。同年 12 月 31 日，过渡期结束，欧盟法律在英国不再具有直接适用的效力，但是，已经转化为英国国内法的欧盟法律规范继续有效。

第二节　英国法的渊源

一、普通法

（一）普通法的概念

普通法并非英国法独有的概念，最初教会法学家就以此来称呼一般的教会法，以区别于各种地方习惯。在法国和德国，普通法也曾用来泛指那些区别于地方习惯或特殊规范的适用于整个国家的法律，当然，它们的出现比英国普通法晚了好几个世纪。普通法本身是一个不确定的词汇，即使对于英国法而言也有多重含义。如果从法源的意义来看，普通法指的是由普通法院创立并发展起来的一套法律规则。它既区别于由立法机关创制的制定法，也区别于由衡平法院创立并发展起来的衡平法。

（二）普通法的基本原则——遵循先例

“遵循先例”（stare decisis，the Doctrine of Precedent）是普通法最基本的一项原则。

当然，它的最终确立经历了一个漫长的发展过程。其实，尊重其他法官的判决并在今后的审判中加以引用恰好是普通法形成的重要条件，但当时这种做法只是出于统一法律规则、扩大皇家法院管辖权的需要。13 世纪以后，随着人们对判例集的兴趣日增，遵循先例的做法越发普遍。但中世纪的人们只把先例看作是适用法律规则的样板，并不像现代人一样认为它本身就具有拘束力。直至 19 世纪，伴随着可信赖的官方判例集制度的建立，遵循先例原则才最终确立。

简单地说，遵循先例原则就是“以相似的方法处理相似的案件，并遵循既定的法律规则与实践”①。换句话说，一个法院先前的判决对以后相应法院处理类似案件具有拘束力。在现代英国普通法的实际运作中，这项原则相当复杂，在不同级别的法院中具有不同的意义。

第一，欧洲法院在解释欧盟法时所作的判决对所有英国法院都有拘束力。

第二，最高法院的判决对所有英国法院有拘束力。在 2009 年最高法院正式成立之前，英国终审法院为上议院，其判决对所有英国法院均有拘束力。在 1966 年以前，上议院也必须遵循自己先前的判决。但在 1966 年，上议院发表了一项著名的声明，宣布在特定条件下，上议院可以背离自己先前的判决。该声明指出：“……过于机械地恪守先例可能导致在特定案件中的不公正，并且过分地阻碍法律的适当发展。因此……在普遍遵循自己先前判决的同时，如果认为有必要，可以违背先前的判决。”②

第三，上诉法院的判决对所有下级法院有拘束力。除特别情况外③，民事分院必须遵循自己先前的判决，而刑事分院在很多情况下不如民事分院那样严格遵循先前的判决。④

第四，高等法院的判决对所有下级法院均有拘束力，但对其自身无拘束力。不同法院之间一般会相互遵循对方的判决，但如果认为一项先前的判决有错误，则可不加遵循。

第五，所有下级法院均受高级法院判决的约束。它们的判决对其他任何法院及其自身无拘束力。虽然皇家刑事法院为最高法院的组成部分，但其判决的效力与下级法院基本相同，其判决对下级法院及其自身只有说服力而无拘束力。

需要注意的是，一个有拘束力的判决并非每个部分都可以作为先例被引用。英国的判决一般由两部分组成，即“判决理由”（ratio decidendi）和“附带意见”（obiter dicta）。判决理由是指一个判决中对法律的声明和达成该判决所必需的理由；附带意见是指对该判决不一定必需的法律、理由的声明。判决理由是一个判决的核心部分，只有它才对今后类似的案件有拘束力。附带意见则仅有说服力而无拘束力。因此，正确区分判决理由和附带意见对于法律实践是很重要的。

---

① CRACKNELL D G. English legal system textbook：88.

② CRACKNELL D G. English legal system textbook：95.

③ 在 1944 年“杨诉布里斯托飞机公司案”中，上诉法院认为，民事分院一般受自己先前判决的约束，但有三个例外：第一，存在两个互相矛盾的上诉法院判决时，可选其中之一加以遵循；第二，对与上议院判决相违背的上诉法院判决不得加以引用；第三，如果一项上诉法院判决系于疏忽大意中所作，不必加以遵循。

④ 上诉法院在“杨诉布里斯托飞机公司案”中确立的三项例外在刑事分院同样适用。此外，在 1950 年“国王诉泰勒案”中，刑事上诉法院（上诉法院刑事分院的前身）提出：在涉及臣民自由的问题上，如果该院认为其先前的判决在适用或理解法律方面有错误，就必须重新考虑该判决。

（三）普通法的基本特征——程序先于权利

相对于衡平法和制定法，普通法有许多特征，比如它的封建性较重，它的保护方法以损害赔偿为主，不能对当事人颁发禁令，等等。但它最重要、对整个英国法律体系影响最大的特征是程序先于权利。

所谓“程序先于权利”（Remedies Precede Rights），即一项权利能否得到保护，首先要看当事人所选择的程序是否正确，如果程序出现错误，其权利就得不到保护。这个特征的形成与普通法的令状制有直接关系。在普通法发展的早期，国王为了扩大王室法院的管辖权，实现司法集权化，要求臣民根据其令状起诉，法院也以国王的名义审判，从而把地方司法行政权和领主法院一并纳入国王的审判机构。亨利二世时已基本形成“无令状即无救济方法”（Where there is no writ there is no remedy）这一原则。13 世纪的令状有许多种类，但对普通法的形成及救济方法具有关键意义的是原始令状，即开始诉讼令。它是责令被告到法院出庭的书面命令，为提起诉讼所必需。它根据原告的不同申诉而分类，逐渐定型。每一种令状都与一定的诉讼形式和诉讼程序相联系，也就是说，每一种令状都规定着相应的法院管辖，相应的传唤方式、答辩方式、审理方式、判决方式和执行方式，等等。如果申请不到相应的令状，就无法确定诉讼的方式和程序，当事人的权利也就无法得到保护，所谓“无令状即无权利”（Where there is no writ there is no right）。如果选错了令状，权利同样无法实现，因为适用这种令状的一套诉讼形式可能并不适用另一种令状。由于令状意味着诉讼形式，诉讼形式意味着救济方法，而救济方法又意味着权利的实现，因而普通法对程序的关注远远超过对实体权利的确定。难怪英国著名法学家梅因会感叹，普通法是“在程序的缝隙中渗透出来的”①。

1875 年以后，虽然令状制已经废除，与之相联系的诉讼形式也已取消，程序法已经大大简化，有关实体法的制定也越来越受重视，但英国法以及法律从业者更关注程序的倾向并未改变。法官、律师及法学家最关心的仍然是如何对当事人进行救济，即解决争端的方法和技巧，而非据以作出判决的实体法规则。“正当程序”（Due Process）规则在很多方面决定着法律的制定和实施，许多判例和立法仅仅因为程序上有纰漏就被推翻。另外，传统的诉讼形式虽然已失去程序上的意义，但它们对实体法的发展仍有深刻的影响。契约法、侵权行为法、财产法等重要法律部门在很大程度上是以传统的诉讼形式为基础划分内容的。正如法律史学家梅特兰（F. W. Maitland，1850—1906）所言：“我们已经埋葬了诉讼形式，但它们依然从坟墓里统治着我们。”②

二、衡平法

（一）衡平法的概念

衡平即平等、公正。该名词并非英国人独创。早在古希腊、罗马时代，柏拉图、亚

① 勒内·达维德．当代主要法律体系．上海：上海译文出版社，1984：300.

② 梅特兰．普通法的诉讼形式．王云霞，等译．北京：商务印书馆，2009：34.

里士多德等思想家就对此有过许多论述，认为它不是一般意义上的公正，而是源于绝对的自然法则、高于人类法的“自然正义”，要凭人类的理性去发现。不过，希腊人并未将它运用于法律实践。罗马人是“衡平法”的最早实践者，最高裁判官法就是典型的罗马衡平法。英国人借用了这一现成的概念，将它发展为一套完整的法律制度。现代意义上的衡平法仅指英美法渊源中独立于普通法的另一种形式的判例法，它通过大法官法院，即衡平法院的审判活动，以法官的“良心”和“正义”为基础发展起来。

（二）衡平法的特点

（1）程序简便。衡平法的诉讼程序比普通法要简便、灵活得多，以快速、经济、切实解决当事人的争端为宗旨，这是衡平法的显著特点之一。衡平法院的诉讼不必以令状为起点，只要有原告的起诉书即可。起诉书不必拘泥于形式，请求范围也不受限制。大法官接受起诉后，即可向被告发出传唤令状。如被告拒不到庭，即可以藐视法庭罪惩处之，从而避免陷入普通法院那种由于缺乏有效手段强制被告到庭而使审判遥遥无期的困境。在审理案件时，不采用陪审制，也无须证人出庭作证和法庭辩论，而是由大法官进行书面审理，最终作出判决。

（2）法官具有极大的自由裁量权。在最初几个世纪，衡平法并不要求严格遵循先例，只要求大法官根据“公平”“正义”原则和自己的“良知”作出判决。这使大法官具有极大的自由裁量权，因此人们形容早期的衡平法是“大法官的脚”，可大可小，具有很大的伸缩性。后来，先例原则逐渐在衡平法院确立起来，衡平法院也像普通法院一样严格遵循先例。

（3）救济方法具有多样性。与普通法相比，衡平法的救济方法是多种多样的，最重要的方法就是“禁令”（Injunction），这是衡平法最有效的救济方法，既可以强制当事人为某种行为，又可以禁止当事人为某种行为，还可以维持当事人之间的某种状态；此外，还包括部分履行、特别履行、纠正、撤销、返还等。

（4）主要原则体现在“衡平格言”中。衡平法在其发展过程中形成了许多著名的“格言”或者说“谚语”，比如：衡平法不允许有不法行为而无救济方法；衡平遵循法律，即衡平法与普通法并不矛盾；寻求衡平救济者必须清白；衡平重意图轻形式；衡平即平等；衡平法可对人为一定行为；等等。这些格言真实反映了衡平法的基本原则和价值追求。

（三）衡平法与普通法的关系以及衡平法对英国法的发展

直至19世纪末，衡平法与普通法的并立一直是英国法的重要特征。两种法律分别由不同的法院创立并加以实施，各自有不同的实施领域、诉讼程序和救济方法。需要注意的是，两种法律并非截然对立，而是相互依存补充的。衡平法的产生并不是为了取代普通法，从一开始，它就只是对普通法的补充。从实施领域看，普通法是全方位的，从民事侵权行为到刑事犯罪，从土地转让到家事纠纷，几乎涉及公法、私法的各个领域；而衡平法只关注那些普通法调整不力的方面，比如信托、契约等私法领域。从救济方法看，普通法以损害赔偿为主，虽然单一，其适用却极为普遍；只有在普通法的救济方法不足以弥补当事人的损失时，衡平法的救济方法才能充分发挥作用。所以说，普通法是一种完整的法律制度，而衡平法却是一种“补偿性”的制度，其存在是以普通法的存在为前提的。

由于普通法和衡平法的管辖范围从来就不是泾渭分明的，时常有重叠交叉，加上衡平法院颁发禁令的权力过大，有时甚至可以禁止当事人在普通法院起诉或者推翻普通法院的判决，因此不可避免地引起两大法院系统之间的冲突。冲突的白热化爆发在王座法院首席法官科克（Sir Edward Coke，1552—1634）和大法官埃尔斯密（Lord Ellesmere，1540—1617）之间。1615 年，科克在“考特利诉格兰威尔案”中宣布，禁止衡平法院干涉普通法院的诉讼活动。埃尔斯密则在“牛津伯爵案”中针锋相对，认为衡平法院有强烈的道德心来纠正普通法院的错误。这场争端最终以国王詹姆斯一世（1603 年至 1625 年在位）支持衡平法院而告终。国王裁决道：“在今后的案件中，如果普通法与衡平法的规则发生冲突，衡平法优先。但是，衡平法必须尽可能地遵循普通法规则，只有在普通法未能提供足够的救济时，衡平法才能干预普通法。”①

衡平法在其发展过程中，创制出许多新的救济方法，及时确认和保护了当事人的权利，对英国法律体系的完善作出了重要贡献。在 1875 年以后，普通法院和衡平法院两大系统合而为一，所有法院都可适用英国法的全部规则，不论该规则是在普通法院还是在衡平法院发展起来的。这在很大程度上为普通法和衡平法的融合创造了条件，很多衡平法规则被普通法或制定法所吸收。但是，这并不意味着普通法和衡平法已经完全融合，更不意味着衡平法已经彻底消失。直至今日，衡平法仍是创造新原则和补救规则的重要手段。丹宁勋爵（Lord Dening，1899—1999）在 1947 年“高树案”中确立的“衡平法上之不得自食其言”原则无疑是对契约法的重要发展；在 1975 年创设的“玛利瓦禁令”（Marewa Injunction）以及在 1976 年创设的“安东·皮勒命令”（Anton Piller Order）②现在已成为许多法律程序中的关键内容。另外，衡平法优先的原则也在 1981 年《最高法院法》中得到重申。因此，衡平法仍在英国法律体系中发挥着重要作用，只不过它已不能独立发展，没有了单独适用的法院。

三、制定法

在英国法律体系中，虽然制定法所占比例不如普通法和衡平法这两种判例法，但其地位不可小觑，因为它可以对判例法进行修改和整理。尤其是在 19 世纪法律改革以后，制定法数量大增，社会法、劳动法等一些重要法律部门几乎全是在制定法的基础上发展起来的。

---

① CRACKNELL D G. English legal system textbook：7.

② “玛利瓦禁令”和“安东·皮勒命令”分别在“玛利瓦诉国际散装货船公司”（1975 年）和“安东·皮勒诉制造加工有限公司”（1976 年）两案中创立，都来源于衡平法的“中间性禁令”。“玛利瓦禁令”意在禁止债务人在审判结束前转移财产，从而使债权人得以实现其债权。“安东·皮勒命令”意在准许原告检查那些将在审判中作为关键证据的属于被告的货物及文件，以免它们被被告暗中销毁。

（一）制定法的种类①

1. 国会立法

国会立法是英国近现代最重要的制定法。根据“议会主权原则”，国会立法权是与生俱来、毫无限制的，无须任何人或机构的授权，因此国会立法被看作“基本立法”（Primary Legislation）。国会立法不仅数量多，而且地位很高，许多重大社会改革措施都以国会立法形式出现，不少新型法律部门也都以国会立法为主要渊源。在 1973 年英国加入欧共体以前，国会立法是英国至高无上的法律，任何机构都无权加以审查，法院只能根据一定的原则加以解释，不能就其有效性提出质疑，也不得以任何理由拒绝适用。在加入欧共体以后，虽然欧共体法的效力高于各成员国法律，而且其范围随着一体化程度的提高在逐渐扩大，但比起国内立法，其范围毕竟是有限的，绝大多数法律问题仍属国内事务，由各国法律加以调整。因此，国会立法仍是英国最重要的制定法。

2. 委托立法（Delegated Legislation）

委托立法又称附属立法（Subordinate Legislation），即国会将特定事项的立法权委托给本不享有立法权的政府部门、地方政权或其他团体，从而由这些机构制定法令、条例、章程、细则等。自 20 世纪初以来，委托立法数量日增，大有与国会立法相抗衡之势。究其原因，主要是现代社会形势瞬息万变，立法者不可能预见到一项立法的所有后果，这就需要有一种较为灵活的方式随时加以修补；有些立法需要有相应知识的专家才能胜任，国会议员力不从心；另外，以国会有限的人力和复杂的立法程序，其根本无法处理治理国家所必需的所有立法，只有适当减轻国会的负担，才能保证国会这架立法机器的正常运转。当然，委托立法必须以国会的授权为前提，并且不得超出授权范围。国会保留对委托立法的监督权，司法部门亦可对其进行司法审查。根据主体的不同，委托立法可以分为枢密院令、政府法令、地方法规和其他社会团体章程细则等，以枢密院令最为古老，政府法令数量最多，对国家政治生活的影响也最大。

（二）制定法和判例法的关系

制定法和普通法及衡平法这两种判例法在形式上的区别是很明显的，其来源和创造者也截然不同，对英国法的发展所起的作用也各有千秋，但它们之间的联系又十分密切。从数量上看，大量的法律规则都包含在不计其数的判例之中，制定法在整个法律体系中所占的比例确实不如判例法，但从效力上看，制定法又高于判例法，因为制定法可以推翻、修改或补充判例法，并且可以对某一领域的判例法进行整理和编纂，从而将其吸纳为制定法。从社会改革和法律改革的角度看，制定法所起的作用更大一些，因为判例法的遵循先例原则使其很难快速改变以满足社会变革的需求。然而，制定法又不能脱离判例法而存在，不仅许多制定法的内容需要由判例法加以补充完善，而且其解释必须借助于相应判决。

---

① 在“脱欧”之前，欧盟法也是英国法的重要渊源，并且其地位高于英国议会制定的法律。

四、其他渊源

（一）习惯

作为一种法律渊源，习惯远不如前面三项渊源重要。但它对英国法的发展曾起过重要作用，并仍在许多领域影响着法律的内容及实施。比如各种各样的宪法惯例，至今仍是英国宪法的重要渊源；在司法领域，习惯也在很大程度上左右着律师的分工及辩护方式。当然，在现代英国，能够直接作为法律依据的习惯已经很少见了，只有同时符合下列条件的习惯才能被引用。

（1）远古性。1275 年的《威斯敏斯特条例》规定，只有 1189 年（理查德一世统治的第一年）即已存在的习惯才能在法庭上被引用。

（2）合理性。如果一项习惯缺乏合法理由，即被证明为“不合理”，将会被推翻，比如，它的产生是基于意外事件或皇家特许，并非自古以来正常发展起来的。另外，与普通法的原则不相容的习惯也不会得到支持。

（3）确定性。一项习惯必须在三个方面同时清晰和确定才能被引用：总体性质、所作用的人群、所作用的地点。

（4）强制性。如果一项习惯不具有强制力，它就不具有法律规则的特性，自然就不能被引用。

（5）不间断性。一项习惯必须自 1189 年以来从未间断过才有效。①

（二）学说

严格说来，法律学说本身并无法律效力，不能作为法律渊源直接被引用。但是，由于判例法的庞杂和缺乏系统性，在判例集尚不完备、遵循先例原则尚未确立的年代里，司法实践中经常引用那些被称为“权威性典籍”的早期法学著作。如格兰威尔（Glanvill,？—1190）的《论英国的法律与习惯》、布拉克顿（Bracton,？—1268）的《英国的法律与习惯》、利特尔顿（Littleton，1402—1481）的《土地法论》、爱德华·科克的《英国法总论》（参见图 11－3）和布莱克斯通的《英国法释义》等名著就常被律师和法官引用。19 世纪以后，随着判例集制度的日臻完备和遵循先例原则的确立，这些权

图 11－3 英国法学家爱德华·科克的《英国法总论》

图片来源：http：//www. cityu. edu. hk/lib/collect/law/englaw/virtual _ tour. htm。

① CRACKNELL D G. English legal system textbook：17－18.

威性典籍对司法实践所起的作用也越来越小，但是有学者评论道："正如有时为了证明现行法也援用古代判例一样，这些权威性典籍有时仍被当作现行法的论据来引证。"[①] 另外，在缺乏现成制定法或判例法依据的极个别场合，权威性典籍就成了权威的法律渊源。

第三节 宪 法

英国是近代宪政的策源地，其宪法被西方学者誉为"近代宪法之母"，足见它对世界各国影响之深。英国不仅宪政开展较早，而且许多宪法制度及原则都被其他国家广泛继承。与此同时，英国宪法也在形式和内容上保留着独特的风格。

一、宪法的渊源

英国至今并无一部系统、完整的宪法，是不成文宪法的典型。但这并不意味着其所有宪法制度都以习惯法反映出来。事实上，其宪法渊源包括三部分：宪法性法律、宪法惯例和宪法判例。

（一）宪法性法律

英国历史上出现过许多宪法性法律，从不同的侧面对国家基本制度和臣民的权利进行规定。其中较为重要的有以下几部。

（1）1215 年《大宪章》。1215 年 6 月 15 日英王约翰（John，1199 年至 1216 年在位）迫于贵族、骑士及市民压力而签署。虽然它在很大程度上是一种契约性文件，其实施有赖于缔约者的誓言和切实履行，从这一点看，它与近代宪法有一定的距离，但它毕竟限制了王权，保障了臣民的权益，因此成为后世权利法案的典范。[②]

（2）1628 年《权利请愿书》（Petition of Right）。这是国会在资产阶级革命酝酿期间针对国王查理一世（Charles Ⅰ，1625 年至 1649 年在位）滥用职权而制定的法律。它重申《大宪章》对王权的限制及对臣民权利的允诺，列举了国王滥用职权的种种行为，宣布：非经国会同意，国王不得强迫征收任何赋税；非经合法判决，不得逮捕、拘禁、驱逐任何自由民或剥夺其继承权和生命。

（3）1679 年《人身保护法》（Habeas Corpus Act）。这是在资产阶级革命初期，针对国王查理二世（Charles Ⅱ，1660 年至 1685 年在位）的专横暴虐制定的法律。其主要内容是对被拘禁者申请人身保护令的有关事宜的规定。虽然它并未规定实体权利，但由于它旨在限制非法逮捕和拘禁，保障臣民的合法权益，因此被视为人权的基本保障和宪法的基石。

---

① 高柳贤三．英美法源理论．杨磊，黎晓，译．重庆：西南政法学院，1983.

② 2015 年是《大宪章》签署 800 周年，世界各地举行了多种形式的纪念和研讨活动，《大宪章》的历史和现实价值重新引起广泛关注。有关活动和成果可查询大宪章 800 周年纪念网，http：//magnacarta800th. com/。

(4) 1689 年《权利法案》(Bill of Rights)。这是奠定君主立宪制政体的重要宪法性法律之一。它规定：未经国会同意，国王不得实施或废止法律，不得征收和支配税款，不得征集和维持常备军，不得设立宗教法院和特别法院，不得滥施酷刑和罚款，不得在判决前没收特定人的财产；臣民有权向国王请愿；议员在国会得自由发表言论而不受国会以外任何机关的讯问；等等。该法还确认了奥兰治亲王威廉继承王位和玛丽成为王后的事实，并且废除了国王施行法律的权力。

(5) 1701 年《王位继承法》(Act of Settlement)。这是奠定君主立宪制政体的重要宪法性法律之一。它根据长子继承制原则，详细规定了威廉去世后王位的继承顺序，旨在彻底排除罗马天主教徒继承王位的可能性。该法确立了君主立宪制政体，并进一步明确了国家基本结构和政权组织方式及活动原则。

(6) 1911 年和 1949 年《议会法》。前者规定：凡财政法案必须由下议院提出并通过，上议院无权否决，只能拖延一个月；若上议院在一个月内不能通过，该案可直接送交国王批准公布为法律；对于下议院通过的一般议案，上议院可行使否决权，但如果下议院在两年内连续三次通过，该议案仍可呈请国王批准公布为法律。后者进一步限制了上议院的权力，把上议院对一般议案拖延两年的期限改为一年。

（二）宪法惯例

宪法惯例，即那些未经制定法明文规定，却又被国家许可而在实践中起宪法作用的原则和制度。这些惯例往往是特殊的历史原因造成的，对英国的政治活动有着重大影响。在英国宪法中，惯例占了相当大的比重，很多重要的宪法原则和制度，比如英王的权力范围、其作为最高宗教领袖的地位、其统而不治和超越党派的性质、国会的会期和人数、内阁的产生和活动原则、文官制度的无党派性等，都是以惯例的形式出现的。

（三）宪法判例

宪法判例，指法院就某些涉及宪法制度的案件所作的判决。英国是判例法国家，法官在审理涉及公民的自由权利或者国家机关的基本活动方面的案件时，所创制的法律原则是宪法的有机组成部分。在英国，许多宪法原则是通过法院判决确立起来的，如关于公民的各项自由权利、保障这些权利的司法程序、法官的豁免权等。

二、宪法的基本原则

（一）议会主权原则

议会即国会，所谓“议会主权”即国会在立法方面拥有最高权力，并且这种权力是与生俱来的，无须任何机关的授权，甚至不需要宪法的授权；任何人、任何机关不得宣布国会通过的法律无效，亦无权限制国会立法权；法院无权以任何理由拒绝适用国会通过的法律；只有国会自身能够修改和废止原有的法律。然而，在 19 世纪末以后，国会的权威受到来自政府的强大挑战。由于委托立法的盛行以及行政权的膨胀，内阁的地位日益提高，不仅分享了原本专属国会的立法权，而且国会对内阁的监督在很大程度上也流于形式。所以，议会主权原则已多少失去了其原来的意义。

（二）分权原则

相对于美国、法国、德国等国家，英国在传统上并非典型的“三权分立”国家，立法、行政、司法三权之间的分立与制衡并不十分严格。其分权原则主要体现在以下几个方面。

首先，国会拥有制定、修改和废除法律的权力，并有权对政府行政进行监督。上下两院各司其职，彼此制约。在1911年《议会法》生效前，上下两院拥有大致相当的立法权，任何法案须经两院通过才能生效。在1911年以后，下议院成为立法主体，上议院的立法权受到极大的限制，但仍可行使搁延权。

其次，行政权由内阁行使，但必须向国会负责，接受国会的监督。

再次，英王虽然统而不治，但其象征性权力依然存在，在某种程度上也构成对国会和内阁的牵制。

最后，司法权由法院掌握，法官独立行使审判权，无经证实的失职行为的，得终身任职。但是，上议院仍是最高司法机关，而且大法官同时又是内阁大臣，有权任命各级法官。

2005年英国颁布了《宪政改革法》，对传统英国宪政体制进行改革。随着上议院的司法权完全被转移给新成立的最高法院，“司法独立”在900年来最终得到了宪法的保障①，沿袭了1 400余年的大法官制度也被废除②，英国的“三权分立”也更趋清晰和严格。

（三）责任内阁制

在英国，内阁（Cabinet）是政府的代名词。所谓“责任内阁制”即内阁必须集体向国会下议院负责，这是议会主权原则的体现。其具体内涵包括：内阁必须由下议院多数党组成，首相和内阁成员必须是下院议员；首相通常是下议院多数党首脑；内阁成员彼此负责，并就其副署的行政行为向英王负责；内阁向国会负连带责任，如果下议院对内阁投不信任票，内阁必须集体辞职，或者通过英王解散下议院重新选举；如果新选出的下议院仍对内阁投不信任票，内阁必须辞职。

英国是责任内阁制的发源地。但该原则的产生并非出于法律明文规定，而是出于一系列惯例。在革命前夕，查理二世从枢密院中选拔少数亲信秘密商讨对策，日久形成了固定的组织。因其在国王的私人密室活动，故名“内阁”。1714年，乔治一世（George I，1714年至1727年在位）即位，因不懂英语，其经常不理朝政，而由一位大臣主持政务，

---

① 参见英国司法网，http：//www.judiciary.gov.uk/about-the-judiciary/introduction-to-justice-system/constitutional-reform。

② 经过改革，大法官的传统职能被一分为三：关于法院、监狱及缓刑事务的权力被转移至于2007年5月设立的司法部，上议院议长的权力被转移至于2006年7月设立的上议院首席发言人，法官任命权则被转移至于2007年4月建立的法官任命委员会。参见英国议会网，http：//www.parliament.uk/about/mps-and-lords/principal/lord-chancellor。

这便出现首相一职。1742 年，首相沃波尔在新选出的下议院中未能获得多数信任，内阁全体辞职，首创内阁向下议院负责的先例。1783 年，托利党领袖小威廉·皮特出任首相，次年因得不到下议院支持，下令解散下议院重新选举，开创了内阁得不到下议院支持可解散下议院重新选举的先例。在 1832 年选举制度改革后，责任内阁制作为宪法惯例被固定下来，直至 1937 年颁布的《国王大臣法》，才正式以制定法的形式肯定了内阁和首相的称谓。

（四）法治原则

“法治”（the Rule of Law）的字面意思是“法律的统治”，是现代宪法广泛采纳的基本原则。它强调的是法律面前人人平等，任何人都不得有超越法律的特权；政府必须在法律明确规定的权力范围内活动，不得滥用权力侵犯个人自由和权利。在英国，著名宪法学家戴雪（A. V. Dicey，1835—1922）等人对法治原则有过详细的论述，认为它有如下几层含义：其一，非依法院的合法审判，不得剥夺任何人的生命、自由和财产；其二，任何公民和政府官吏一律受普通法和普通法院的管辖，如果由行政法和行政法院来管辖行政违法行为，那就是赋予政府以特权，不符合法律面前人人平等原则；其三，英国公民所拥有的自由权利并不体现在成文宪法中，而是一种“自然权利”，既不由任何法律所赋予，也不能随意被剥夺，政府必须有合法理由才可以限制这种权利。

三、宪法的特点

（一）英国宪法具有极强的延续性

英国宪法是历史长期发展的产物，无论是其成文的宪法性法律、不成文的宪法惯例还是宪法判例，都是经过相当长时期的积累，逐渐定型、完善的。新的宪法原则和精神的发展并不意味着彻底否定旧的宪法渊源，而是对旧的渊源的继承和充实，使其能够顺应社会经济发展的需求。

（二）英国宪法的内容很不确定

由于英国并无一部系统的成文宪法，其各部分渊源又不断随着社会变化而发展，这势必造成其内容的不确定性。比如关于内阁的活动原则和权力范围，从来就没有制定法加以确定，其活动原则随着社会发展逐渐充实、完善，其权力范围则随着国家对经济活动干预的加强而不断扩大。

（三）英国宪法是柔性宪法

在当今世界，绝大多数国家的宪法都是刚性宪法，即其修正程序较普通法律严格，因而其效力高于普通法律。而英国宪法则是典型的柔性宪法，其修正程序与普通法律相同，其效力也与普通法律一样，只是所调整的社会关系有所不同而已。因此，要判断一项英国法律是否属于宪法性法律，既不能从形式上判断，也不能从效力上判断，而要看其内容是否调整带有根本性的社会关系，比如国家基本制度、国家机关的组织和活动原则、公民的权利与义务等。

第四节 财产法

财产法是英国法最古老的部门之一，也是最为复杂的部门之一。它是调整财产所有、占有、使用、转让、继承、信托等各种关系的法律规范的总称。从内容上看，它大致相当于大陆法系的物权法。大陆法系的物权法对不动产和动产兼重，而英国（也包括其他英美法系国家）的财产法则侧重于不动产，确切说，主要是土地法，大部分有关动产的法律属于其他私法部门。

由于英国财产法的内容极为庞杂，不易在较小篇幅内全面描述，本节着重介绍其中一些较有特色、影响较大的制度。

一、财产的分类

与大陆法系国家一样，英国也将财产主要分为动产和不动产，但划分依据和概念是不一样的。大陆法系国家使用这一对概念，源于罗马法，即主要依据物的特性来划分。一般说来，动产（Movable Property）指的是可移动而不改变其性能的物品，而不动产（Immovable Property）指的是不可移动之物，如移动就会改变其性能。英国财产法关于动产和不动产的划分源于中世纪普通法诉讼形式之分。不动产（Real Property）来自对物诉讼（actio in rem），意即这种诉讼要求收回实体的、特定的物；动产（Personal Property）来自对人诉讼（actio in personam），意即这种诉讼要求特定人归还原物或赔偿损失。从范围来看，属于不动产的主要是土地，但不包括租借地；动产几乎包括所有可移动的物品和某些无形权利，以及不可移动的租借地。

二、地产制

地产制（Estates in Land）是英国财产法的独特制度，也是相对于大陆法系国家的物权法而言极为复杂的制度之一。大陆法系国家的土地所有权也有可能受法律规定的限制，可能要承担地役权和抵押权等带来的义务，但这些限制和义务都被看作是对所有权使用的限制，而非对所有权本身的分割。但英国法中的地产权是可以分割的，同一土地上可以同时存在有利于几个人的不同的财产权益。

这种特点与英国封建制的特征有关。诺曼人征服英国以后，把封建的土地占有方式强加于英格兰。国王拥有全国土地，而私人只能拥有一定土地上的权益，即地产权。地产权并非严格意义上的所有权，因为它是以国王为根源的：关于私人在何种条件下可以成为土地所有权人，在何种情况下可以转让土地等问题，国王都有权加以规定。私人持有地产一般都必须向国王承担若干封建义务，如各种赋税及劳役。国王颁布的有关土地诏令，连同由此形成的各种权利和义务，加上普通法院法官的努力，逐渐形成了英国独特的地产制。

在 1925 年之前，英国主要有以下几种地产权。

第一，占有地产权和将来地产权。前者是指现在就能占有土地的地产权；后者是指一定期限后才能占有土地的地产权（或称“期待地产权”）。例如，某人将一项地产授予A终生占有，A死后则由B占有。A获得的是占有地产权，而B获得的是将来地产权。但不论是现在占有的地产权还是将来占有的地产权，其权利现在都可以转让。

第二，残留地产权和复归地产权。两者都属于将来地产权。但是，当存在复归地产权时，土地最后将被归还给土地的授予人或其继承人；而存在残留地产权时，土地最终会转到第三者手中。例如：A拥有一块土地的地产权，他将其授予B终生享用，即授予B终生的地产权，但未说明B死后该怎么办，这样，在B死后，该地产将复归于A或A的合法继承人。在此情况下，A拥有复归地产权。但如果A将地产授予C终生享用，然后将地产留给D，这样该土地就脱离了A，最终转到D的手中。在此情形下，D拥有残留地产权。①

第三，完全保有地产权和租借地产权。完全保有地产权是没有占有期限的地产权。它有三种基本形式：一是不限嗣继承地产权，这是普通法中最接近于土地所有权的一种地产权。它确认地产拥有人生前有权对地产进行完全的占有、使用和处分，也可以通过遗嘱由他人继承。若死者未留下遗嘱，则根据制定法的规定传给有权获得此项地产的亲属。若死者既未立遗嘱也无亲属，则该项地产权终止，地产收归国王。二是限嗣继承地产权，即只限于地产拥有人及其继承人享用。地产拥有人具有完全的占有和使用收益权，在他死亡后，地产权传给其继承人。继承人的范围只限于其后裔，有时进一步限于男性或女性后裔。三是终生地产权，以地产拥有人的寿命为期限。这种地产拥有人有权占有并使用、收益地产，但终生地产权不能被继承。当终生地产权终止时，将来地产权就生效，该地产或转至他人之手（残留地产权人）或转归其授予人（复归地产权人）。租借地产权是有一定期限的地产权，最常见的形式是定期租借权，即地主和租户以契约形式规定一个期限，在该期限内，租户享有占有、使用和收益的权利。租借地在英国被认为是动产，不能通过不动产诉讼程序保护其权益，只能按照动产诉讼程序控告地产授予人违约，请求赔偿。

1925 年，英国颁布了《土地授予法》、《信托法》、《财产法》、《土地登记法》、《土地特殊权益法》和《遗产管理法》六项财产立法，最终完成了对封建土地法的资本主义改造，废除了许多封建土地制度，地产权仅剩下两种：一种是完全保有地产权（不限嗣继承地产权），另一种是租借地产权。完全保有地产权已与真正的所有权没有多大区别。租借地产权的封建性也减弱了，地产拥有人及租借人只需交纳税款或租金，无须承担封建义务。同时，大大简化了土地转让的手续，并规定了土地登记制度，将土地使用和转让置于政府管理和监督之下。

---

① 劳森，拉登．财产法．北京：中国大百科全书出版社，1998：89.

三、信托制

信托制（Trust）是英国财产法的一项重要制度。由于信托制与财产法的其他制度不同，不是在普通法院发展起来，而是经由衡平法院的审判活动发展起来的，加上其内容具有相对独立性，许多教科书将它作为单独的一个法律部门加以论述。信托制是英国法对世界各国最重要的贡献之一。现代信托法基本上源于英国，而英国的信托制又源于中世纪的受益制。

（一）受益制

封建地产制对于土地使用和转让有许多限制，给土地占有人带来诸多不便，而且土地占有者还必须承担沉重的封建义务。在 13、14 世纪时，随着英国工商业和手工业的发展，新贵族日益要求摆脱封建义务，使土地能够按照自己的意志转移，于是产生了受益制。

受益制（Use）又称“用益权制”，即为了他人利益而占有和使用土地。在受益关系中，地产拥有人（出托人）将地产交给受托人代管；受托人享有对地产的使用、收益权，并按约定将地产的收益交给出托人指定的受益人。

受益制的发展与衡平法有直接联系。在 13、14 世纪受益制开始出现时，普通法的令状制度已经固定下来，受益制当事人由于无法申请到相应的令状，便无法在普通法院诉讼，也就得不到普通法的保护。于是，当事人只好向支持受益制的教会法院请求保护。但很快，英王亨利三世（Henry Ⅲ，1216 年至 1272 年在位）下令禁止教会法院管辖涉及土地利益的案件，受益制当事人在权益受到侵害时转而求助于大法官，大法官根据公平、正义原则对当事人的权益给予适当的保护。到 15 世纪下半叶，受益制的衡平规则逐渐确立起来。

受益制可分为两类：一是消极受益制，即受托人仅按受益人指示处理财产，对于受托地产并不承担积极经营管理的责任，目的仅在于逃避封建义务或法律制裁；二是积极受益制，受托人对于受托地产承担积极的经营管理责任，直接收取土地的租金等孳息，并按约定将土地的收益转交给受益人。由于受益制使逃避封建义务成为可能，国王和封建领主对此极为不满。1535 年，亨利八世（Henry Ⅷ，1509 年至 1547 年在位）强行使国会通过了《受益制条例》，取消了消极受益制，使这种受托地产转为法定地产，强迫受益人承担法定地产的所有封建义务。积极受益制得到承认，并逐渐发展为信托制。

（二）现代信托制

信托制是财产所有权人为了受益人的利益，将财产交给受托人管理的一项制度。信托制源于积极受益制。由于积极受益制能够使地产拥有人得以自由处分土地，非常符合日新月异的商品货币关系发展的需要，到资产阶级革命后，其便发展为现代意义上的信托制。

1. 信托制与受益制的主要区别

首先，信托制的标的物更为广泛。受益制的标的物仅仅是封建地产，而信托制的标的物可以是任何形式的动产或不动产。

其次，受益制受托人主要按照委托人和受益人的意愿管理地产；而信托制受托人则按照自己的意愿管理财产，不受受益人的支配。

再次，信托制受托人的范围更广，其不仅可以是自然人，也可以是法人，如专门的信托投资公司。

最后，受益制的主要目的是逃避封建义务或自由处分地产，而信托制则主要是为了更好地经营财产，更多地增殖财富。

2. 信托关系当事人的权利和义务

信托关系当事人（委托人、受托人、受益人）的权利和义务主要由信托契约、有关法律以及法院命令加以规定。

受托人的主要权利是：第一，有权按照自己的意愿管理信托财产；第二，有权选择适当的时机出售信托财产并进行投资；第三，有权按规定取得报酬。

受托人的主要义务是：第一，按规定将信托财产的收益交给受益人，并以公正态度对待各受益人；第二，定期向受益人提供充分的收支账目报告；第三，除非得到委托人或法院认可，不得将自己的职权委托他人行使；第四，不得从所经营的信托财产中牟利，不得购买信托财产；第五，必须像管理自己的财产一样管理信托财产，始终善意地为受益人的利益进行管理。

相对而言，受托人的义务体现了委托人和受益人的权利。受托人如果违背信托义务，对受益人造成侵害，必须负赔偿的责任；如若侵吞信托财产，则须负刑事责任。

信托制在现代社会发展中最明显的作用是利用信托财产进行投资活动。由于在现代社会中，投资及纳税等有很大的投机性，加上其经营管理的难度越来越大，个人很难胜任，于是，大量的信托投资公司应运而生，它们在经济活动中发挥着巨大的作用。

第五节　契约法

契约法是英国法的一个重要部门。在大陆法系国家中，契约法并非独立的法律部门，它是作为民法中债法的两个重要组成部分之一（另一个为侵权行为法）而存在的。英国契约法的规范主要来自古老的判例法（包括普通法和衡平法），但近现代在契约法领域也颁布了大量制定法，其最重要的代表为 1893 年《货物买卖法》（后为 1979 年《货物买卖法》所取代）。

一、契约法的演变

相对于财产法等领域而言，契约法是较晚形成的法律部门。早期的普通法院只受理涉及土地的契约，而且要求这种契约必须具有书面形式，加盖印章，并有证人作证。一切口头契约在普通法院看来均属无效，当事人因此而受到的损失也得不到应有的救济。一些得不到普通法院支持的当事人转而向不受诉讼形式限制的衡平法院寻求保护。在15世纪以后，随着商品经济的发展，私人之间的口头契约日益增多，普通法院意识到如果再不接受这类诉讼，衡平法院势必取得对契约诉讼的管辖权。于是，普通法院的法官开始在实践中探索新方法，他们将罗马法的有关知识融入英国侵权行为的法律规定中，逐渐从非法侵害之诉中发展出违约损害赔偿诉讼令状，对口头契约等非正式契约进行保护。在16世纪，出现了英美契约法中所特有的对价制度，确立了契约只有通过互相作出诺言才能成立的原则，为契约法的继续发展和最终定型奠定了基础。在17世纪至18世纪，进一步明确了必须按契约履行义务及诺言是法院强制履行的依据。但从整体上看，契约法在当时还远未完备。在18世纪后半叶出版的布莱克斯通的名著《英国法释义》中，有关不动产法的内容占了380页，而契约法的内容仅有28页，而且布莱克斯通只把契约法当作财产法的一个分支，并未将其视为独立的法律部门。可见，当时英国的契约法仍处于初级阶段。

至19世纪，英国契约法最终形成。这一方面是由于受到大陆法系契约法的影响，吸收了大陆法系契约法的某些重要原则；另一方面，也是最重要，是由于英国资本主义工商业的迅猛发展和自由放任经济思潮的推动。于是，英国契约法终于在“缔约自由”“契约神圣”等口号下发展起来并最终形成了独立的法律部门。1875年，英国法官约翰·杰西尔爵士在“印刷与登录公司诉桑普森案”中对此作了注解：“如果公共秩序有什么需要做的事，那就是有充分理解力的成年人在缔结契约上应当享有最大限度的自由，他们那些自由与自愿缔结的契约应当被看作是神圣的，并且，应当由法院来执行。”① 进入20世纪以后，契约法的原则得到进一步的发展：一方面，由于国家干预经济活动的加强，以及垄断资本的形成，缔约自由原则受到极大的限制。另一方面，契约神圣原则也有所修正。由于社会发展瞬息万变，如果出现了某些在缔约时无法预料的事实，从而使契约的目的落空或事实上造成契约的不可能履行，那么法院可根据案情解除契约，而不像过去那样一味强调契约神圣，不再按照契约条款严格执行。这就是“契约落空”原则。

二、契约的概念和要素

“Contract”一词现在一般被译为合同，但鉴于英美法系中许多原则仍以“契约”命名，如“缔约自由”“契约神圣”等，我们仍沿袭旧制，称之为“契约”。英国关于契约的定义很多，最早流行的是布莱克斯通所下的定义：契约是“按照充分的对价去做或不去做某一特殊事情的协议”。此定义虽然简单，却指明了契约的两个基本要素：协议和对价。此后，制定法也对契约的概念作了解释，1893年《货物买卖法》对货物买卖契约所下的定义是：“所谓契约，乃是规定订立契约的一个为取得价款而将所有物以商品的形式转让于或同意转让于契约的另一方（买方）的文件。”

① 高尔森．英美合同法纲要．天津：南开大学出版社，1984：2.

尽管各种定义的表述和措辞不同，但大致说来，英美契约法中的契约必须包括下列要素：第一，当事人必须具有缔结契约的能力。未成年人、精神病人、严重醉酒者以及某些特定的外国侨民（如战时敌国侨民）不具备正常的缔约能力。第二，必须由双方自愿达成协议。因错误、欺诈、不当影响以及胁迫而缔结的契约可以撤销。第三，必须具备有效的对价。不具备有效对价的契约不能强制执行，除非该契约具备书面盖印形式。第四，标的和格式必须合法。当一项协议的构成或履行被认为是犯罪或侵权行为，或者与公共利益相违背时，该协议无效，如果某些契约要求特定的形式，不具备该形式的契约即无效或不可强制执行。在这四项要素中，对价是英美契约法特有的要素，也是英美契约法最重要的制度之一。

三、对价制度

（一）对价的概念

对价（Consideration）又译“约因”。按照英美契约法，对价是除盖印契约以外一切契约的必备要素，“没有对价的许诺只是一件礼物，而为对价作出的许诺则已构成一项合同”①。可以说，有无对价是法院判断当事人之间是否存在契约、有无权利和义务关系的主要根据。

1875 年，在“柯里诉米萨案”中，英国高等法院法官路希对“对价”一词作了解释：“按照法律上的含义，一个有价值的对价就是一方得到某种权利、利益、利润或好处，或者是另一方作出某种克制、忍受某种损害与损失，或者承担某种责任。”② 当然，这里所说的一方得到某种利益或另一方受到损害，其实是从不同的角度来观察同一个事物。比如：甲售货给乙，对甲而言，失去货物就是损失；而乙因得到货物而获利。然而，获利和受损是相互的，甲虽失去货物却得到价款，乙虽得到货物却失去价款。因此，对价实际上是互有损失、互相得利。换句话说，所谓对价，就是以自己的诺言去换取对方的诺言；或者说，是为了使对方作出某些有利于自己的行为而以自己对等的行为来作保证。

（二）对价的原则

（1）对价无须相等。只要提供了对价，为此作出的许诺就可以强制执行，法院不问对价的大小，只关心对价的有无。该原则在自由资本主义时代极为盛行，但在现代英国已有所动摇，因为这样做的结果可能会导致明显的不公平。

（2）过去的对价无效。所谓过去的对价即订立契约前已经履行的对价。当某人为他人履行了某项劳务而事先并没有得到后者的许诺，或没有理解为将被付给报酬时，接受劳务者后来所作的对该劳务付酬的诺言不具备法律约束力。例如，乙在甲手术后自愿为其护理两个星期，两人从未谈及报酬。一个月后，甲许诺乙将为其劳务付酬 200 英镑。如果甲食言，那么乙不能通过法院强迫甲付酬，因为他提供的对价是过去的对价，在甲

① 董安生，等编译．英国商法．北京：法律出版社，1991：20.

② 何勤华主编．英国法律发达史．北京：法律出版社，1998：265.

的诺言之前已经完成。

（3）履行原有义务不能作为新诺言的对价。1809 年“斯蒂尔诉迈里克案”就是对该原则的最好的注释：原告是个船员，他与船长约定承担在 5 个月内往返英国与波罗的海之间的航运义务。中途由于天气恶劣，船期受阻。船长许诺如果按期到达，他将加付酬金。鉴于船长食言，原告诉诸法院，结果却败诉，因为按期到达目的地乃是原来的契约义务，他并未对船长的许诺提供新的对价。

（4）平内尔原则。这是 1602 年“平内尔诉科尔案”确立，又为 1884 年“福克斯诉比尔案”所支持的原则，即债权人同意用归还部分欠款的办法来抵销全部债务的许诺不受法律约束，因为债务人未对此许诺提供新的对价，债权人可以追索余款。

（5）不得自食其言原则。这是对对价制度的重要修正。当一方以言词或行动向另一方作出许诺，将放弃某项权利或承受某种损失，企图对双方之间的法律关系有所影响时，一旦对方确信此诺言并按诺言采取了行动，许诺人就不得推翻自己的诺言。即使被许诺方并未提供有效的对价，但由于已按照对方的许诺采取了行动，许诺者不履行诺言就会造成明显的不公平，该诺言就可以由法院强制执行。

第六节 侵权行为法

一、侵权行为法概述

侵权行为（Tort）是指侵犯私人利益的民事过错行为。侵权行为法是英美法特有的法律部门，也是最古老的法律部门之一。在大陆法系中，侵权行为属债法领域，是债的发生依据之一。

早在诺曼征服的最初几个世纪，侵权行为法即已产生。其发展与普通法中的令状制度紧密相连。最初侵权行为的范围非常狭小，因为相应的令状种类很少，大致限于对他人人身、土地及其他财产的直接侵害，普通法中称之为“直接侵害之诉”（Action of Trespass）。在 14 世纪以后，法律对非法侵害所造成的间接侵害也予以追究。由于此时尚无正式令状对间接受害加以保护，故称这种诉讼为“间接侵害之诉”（Action of Trespass on the Case）。此后，衡平法院亦对部分侵权诉讼进行管辖，使侵权行为法的补救办法进一步扩展到禁令。至 17 世纪，侵权行为法作为一个法律部门正式形成。

从整体上看，侵权行为法的渊源主要是判例法，近现代亦颁布过不少制定法。然而，无论是判例法还是制定法，都未规定适用于各种侵权行为的一般法律原则，也未将那些分散的侵权行为法律规范纳入一个协调一致的体系。

二、各种侵权行为

（一）对人身的侵权行为

对人身的侵权行为主要有以下几种。

（1）殴打（Assault，Battery）和恐吓（Threaten）。殴打是对他人实施任意的暴力而构成的一种侵权行为。恐吓是使他人感受到某种权利将受暴力直接侵害的威胁，但未真正使用暴力的侵权行为。

（2）非法拘禁（False Imprisonment）。各种缺乏正当理由的拘禁或限制他人行动自由的行为，均构成非法拘禁。实施非法拘禁可以在车内、屋内、监狱内、一个城市或一条街道上。用以限制行动的障碍物既可以是物质的，也可以是精神的，如以武力相威胁。

（3）诋毁（Slander）和诽谤（Libel）。诋毁是指用口头方式对他人名誉进行侵害，诽谤是指用文字形式对他人名誉进行侵害。对于诋毁，受害人一般必须证明有实际损害才可以提起诉讼。但在特殊情况下，如指责某人犯罪、患有可憎的传染病、不忠实或无能力担任某职，妇女不贞等，受害人即使缺乏实际证据亦可起诉索赔。对于诽谤，凡所用文字足以使受害人遭人轻视或嘲笑、致使其人格或信用受到损害，受害人就可以提起诉讼索赔，无须对实际损害进行证明。

（二）对财产的侵权行为

对财产的侵权行为主要包括以下几种。

（1）非法侵入土地（Trespass），即未经所有人同意，故意进入或逗留于他人土地的一种侵权行为，如在他人土地上行走，将水灌入他人土地，将石块或垃圾扔在他人土地上，或吸引不明真相者进入他人土地等，都属非法侵入他人土地的行为。

（2）骚扰行为（Nuisance），指因被告的活动而产生了过多的尘埃、噪声、恶臭、烟雾、振动或严重的情绪干扰等，妨害了原告对其土地或住房的享用的一种侵权行为。骚扰行为往往对人身及财产同时有所侵害，对原告的补偿除损害赔偿外，法院也可以禁令方式令被告停止骚扰。

（3）非法侵害动产，指对他人所有的动产加以故意的实质性的任意干扰，如将其破坏或转移。如果被害人的财物已被损坏或丧失，其可以请求赔偿。

（4）非法处理动产，指故意在严重违反权利人利益的情况下，擅自处理其动产的侵权行为。这通常表现为，行为人在没有合法根据的情况下占有他人财产并任意加以支配，如盗窃财物，或从盗贼处购买赃物，或虽经法定程序但不具备正当理由地获取财物，或在合理合法的要求下拒不交出财物（如拾得失物者拒绝交还失物），等等。

（三）其他侵权行为

（1）对婚姻的侵害，如利用权势或实施暴力扰乱他人夫妻间的和谐关系，诱拐已婚妇女等。

（2）干涉商业关系的侵权行为，如盗用他人商业秘密，侵犯他人商标、专利、著作权等行为。

（3）违反产品责任的侵权行为。制造商在制造产品时必须对用户尽注意的义务，如果其违背了这种义务，使用者因产品瑕疵而受到损害，制造商必须负赔偿责任。

（4）精神折磨，即故意对他人进行精神迫害或实施严重情绪干扰的侵权行为，受害人有权起诉索赔。

三、侵权行为归责原则

在英国，先后出现过如下三项侵权行为归责原则。

（一）过失责任原则

早期英国的侵权行为与犯罪并没有明显的界限，在12世纪时两者才逐渐分离，但当时对侵权行为的处理仍带有刑事处罚特征，采取绝对责任原则。也就是说，不论行为人主观上有无过错，其只要造成损害就必须负责。在14世纪末15世纪初，法院开始重视行为人的主观状况，被告如能证明其对原告所造成的损害既非出于故意也非过失，而是出于不可避免的偶然事故，则可免负责任。此即所谓“无过失即无责任”。到17世纪资本原始积累时期，过失责任原则正式形成。该原则以被告对原告的利益负有适当注意的义务为前提，被告如果未能尽到法律承认的适当注意的义务就是有过失，由此对原告造成损害的，被告须负赔偿责任。在诉讼中，原告必须清楚地证明被告未能尽其适当注意的义务，而且原告本人必须毫无过失，否则，很难获胜。该原则在整个自由资本主义时代非常流行。由于它突出了过失在确定责任中的作用，有利于刺激资本家的冒险精神，他们在经营活动中无须担心不可避免的事故和伤害，不必承担无法预测的后果所带来的赔偿责任。显然，这项原则对于大多数受害人是极为不利的。

（二）比较责任原则

在19世纪中后期，在过失责任原则的基础上，形成了比较责任原则。它仍以个人的过失为基础，但在确定赔偿时，不仅要考虑被告的过失，也要考虑原告的过失，对双方的责任进行比较，根据双方过失的轻重来确定责任的大小。它与过失责任原则的区别在于：过失责任原则强调的是只有被告的过失是赔偿的基础，如果原告也有过失，哪怕这种过失小到可以忽略的地步，原告也得不到赔偿；而比较责任原则注重的是过失的轻重，如果被告的过失重于原告的，被告就应该负赔偿责任。1945年颁布的《共同过失的法律改革条例》使该原则有了制定法依据，它规定：“不能因被害人有过失而取消赔偿，但赔偿必须减少到法院认为与受害人的过失公平地相适应的程度。”

（三）严格责任原则

自19世纪后半叶以来，随着工业化程度的提高，由生产和操作引起的工伤事故频繁发生。依照过失责任原则和比较责任原则，原告都必须证明被告确有过失，而这种证明对于现代化工业社会中的受害者来说是极为困难的。因此，许多受害者得不到应有的补偿，从而带来许多社会问题。于是，英国法院通过司法实践创立了严格责任原则，或称无过失责任原则。该原则的含义是：在法律规定的某些条件下，无论被告是否有过失，只要发生了损害事实，被告就必须负完全的赔偿责任。上议院在1868年“赖兰兹诉弗莱彻案”中确认，被告必须为其承包商的危险行为对原告造成的损失负赔偿责任。这种严格责任很快就被广泛适用于采矿、建筑、铁路运输等特别危险的工业部门，在19世纪末被扩大适用于所有工业部门。如果在这些生产部门发生了工伤事故，不论雇主有无过失，都应对受伤害的工人负赔偿责任。英美法学家认为，关于雇主对工伤事故的赔偿责任，并不是基于雇主与工人之间的契约关系，也不是基于雇主的作为或不作为，而是基于现存的雇佣关系。① 1948 年《工伤事故国家保险法》、1965 年《原子核装置法》、1971 年《商船污染法》、1974 年《污染控制法》等制定法也先后采用了严格责任原则。此外，在产品责任及交通事故责任中，为了保护消费者和受害者的利益，也都实行严格责任原则。

第七节　社会立法

英国是一个老牌的资本主义工业国家，也是最早发生工人运动的国家之一，很早就开始尝试以法律手段解决劳工问题，因而成为较早进行社会立法实践的西方国家之一。

一、劳工法

劳工法是与雇佣劳动相关的法律规范，它规定的是雇佣契约及劳动关系方面的问题，包括工资、工时、工作条件、劳动安全、雇主协会和工会、集体谈判、罢工及劳资纠纷等内容。早在 1802 年英国就颁布了《学徒健康和道德法》，禁止纺织厂雇用 9 岁以下的学徒，并规定劳动时间不得超过每日 12 小时，以及禁止夜工等。这被视为现代各国劳工立法的开端。在这以后，英国又颁布了《矿工与矿山法》（1842 年）、《十小时法》（1847 年）、《工厂法》（1864 年）、《劳动组合法》（1871 年）、《企业主对工人法》（1875 年）等早期劳工法，劳工法的适用范围逐渐由童工、女工扩大到所有工业企业的劳动者，劳动者在劳资关系中的地位也有所提高。

在 1901 年制定的《工厂和作坊法》是英国劳工立法史上一部重要法律。它的内容比以往的劳工法丰富得多，详细规定了劳动时间、工资的给付日期及地点，建立了以生产数额为基础的计量工资制，并首次对职业病的防治问题作了规定。与此同时，劳动就业问题也开始法律化。在 1905 年，英国制定了《劳工失业条例》，规定失业救济委员会有权设立职业介绍所，以安排失业劳工的就业。在 1916 年劳工部成立，正式将劳工职业介绍所置于其管辖之下。第一次世界大战后，为缓和由于战争带来的巨大创伤而激发的工人罢工运动，英国政府继续进行劳工立法，对劳工的权益进行适当保护，对工人阶级作出一些让步。在 1918 年颁布的《教育法》禁止工厂雇用 12 岁以下的童工，限制雇用 14 岁以下的童工，并把强迫入学的年龄提高到 14 岁，公立初等学校实行免费教育。在 1919 年制定的《工业法庭法》设立了常设仲裁法庭，对劳资双方同意提交的争议进行仲裁。1924 年的《社会保险法》把矿工的劳动时间减少到每日 7 小时。此后又连续颁布了几个劳工法规，缩短了女工和青工的劳动时间，实行带薪年休假制度，改善了劳动者的工作条件和卫生条件。1937 年的《工厂法》进一步规定，如果医生和工厂主发现患有铅中

---

① 潘华仿．英美法论．北京：中国政法大学出版社，1997：155.

毒、磷中毒、汞中毒及炭疽热的工人而不及时报告，将被处以一定数额的罚金。在第二次世界大战以后，有关劳工保护方面的法规更加全面，内容不仅涉及劳动保险、工资保障、女工和未成年人保护，还包括劳动卫生、安全技术、劳动就业、职业培训、工人参与企业管理等各个方面。

工会法作为劳工法的重要组成部分也得到了发展。工会产生于英国，它是在现代工业条件下雇佣工人进行自我保护的社团。但最初的工会法不是为了保障劳工组织工会的权益，而是为了禁止或者限制工会的活动。如1799年的《禁止劳工结社法》规定，凡因请求变更法定工资和减少劳动时间而组织团体或妨碍工人劳动者，均得处以两个月以上监禁。在1871年英国颁布了第一个《工会法》，规定不得仅仅因为工会的目的是限制贸易自由而认定为非法，也不得因此判处其成员犯有共谋罪；并规定了工会及其财产的登记注册事项，从而承认了工会的合法地位。但此后英国政府对工会的活动仍作了若干限制，如在1927年制定的《劳动争议与工会法》规定：罢工斗争仅限于经济条件的争议，若工会预谋直接或间接胁迫政府时，政府可宣布其违法；工会在罢工期间不得开除不服从其决定的会员；等等。在第二次世界大战以后，由于国际国内阶级力量对比发生了巨大的变化，加上英国工会的积极努力，工会法得到了重大发展，工会获得了代表会员与资方签订集体契约的权利，并获得了独立的法人资格，工会的内部管理及劳资纠纷的处理也日趋法律化。

二、社会保障法

英国社会保障法的前身是资产阶级革命前的“济贫法”(Poor Law)。1601年《贫民救济法》是这些济贫法的典型代表。该法规定，对贫民进行救济是每个教区的责任，各教区必须任命贫民救济官来管理救济事务，其任务包括安排贫民及其家庭成员的工作，向教区内的财产占有人征税以便为贫民设立教区济贫基金。以后对贫民的救济逐渐发展成各教区联合管理的制度，并设立了联合救济会。资产阶级革命后，济贫管理工作先后转归济贫法委员会、地方管理委员会及卫生部等政府部门。从1925年起，济贫税成为每个地区都必须固定征收的地方税。在1948年，济贫法为国家救助法所取代，完全融入现代社会保障法范畴。

第一次世界大战前后，英国的社会保障法逐渐发展起来。1908年的一项法律规定，凡年满70岁，在此前已在英国居住满20年，并且未从慈善团体得到过救济，不曾拒绝过力所能及的工作的老年人，得从政府领取养老金。在1912年实施的《健康保险法》和《失业保险法》规定，政府对疾病患者、工伤残疾者和失业者提供保险金额的1/4，其余部分由工人和雇主分摊。在1924年制定的《社会保险法》改善了失业保险制度，增加了失业救济金的数额，降低了茶叶和食糖的消费税，拨出经费作为老年工人的养老金。1936年的《寡妇、孤儿抚恤金和老年养老金法》规定，对寡妇和孤儿发放一定数额的抚恤金，提高老年人养老金的数额并放宽对领取养老金的限制。但从整体上看，当时的社会保障法涉及的领域还不够广泛，所提供的保障形式也很有限。

现代英国社会保障法是福利国家政策的产物。在1942年提出的《贝弗里奇报告》

（Beveridge Report）集中体现了福利国家的思想，它主张建立统一的社会保障制度以保证公民自由的实现，提倡建立国家卫生服务和家庭津贴制度，执行充分就业政策。该报告得到公众的广泛支持，甚至被看作人权的根本保障。由于福利国家政策能够赢得选民的普遍支持，在第二次世界大战后英国各执政党上台后都热心推行该政策，并颁布了大批社会保障法规，形成了庞大的法律体系，几乎囊括"从摇篮到坟墓"的所有社会保障制度。其内容由社会保险、医疗保险和社会服务三大部分组成，包括国家保健法、国家保健服务法、长期患病和失去工作能力者法、儿童法、药品法、清洁空气法、污染控制法、就业保护法等各种法规。各种补贴也名目繁多，比如养老金、失业救济、工伤津贴、公费医疗、孕妇补贴、儿童补贴、寡妇补贴、工业死亡补贴、住房补贴、教育费用及圣诞节奖金等。

第八节 刑 法

一、刑法概述

英国是世界上少数几个至今没有颁布成文刑法典的国家之一。但英国刑法的发展几乎伴随着整个英国法律史。早在盎格鲁-撒克逊时代，就存在以血亲复仇或赎罪金的方式来惩罚犯罪者的制度。在1066年诺曼征服以后，在保留习惯法的基础上，对刑法作了适当改革，减轻了刑罚的严酷性，限制了血亲复仇。1166年的克拉灵顿诏令赋予巡回法官以审判所有重大罪行的权力，从而初步统一了刑法规范。在13世纪时形成了重罪与轻罪的划分，并通过普通法院的司法实践活动逐渐形成了一些普通法上的罪名，如叛逆罪、谋杀罪、抢劫罪、强奸罪等。在中世纪后期，国会也曾根据社会发展的需要颁布过一些刑事法令。但从整体上看，在19世纪中叶以前，英国刑法仍以普通法为主要法律渊源。19世纪中叶以后，国会颁布了大量刑事立法，一方面，对杂乱无章的普通法上有关犯罪与刑罚的内容进行整理和修补；另一方面，也根据社会发展的需要增加一些新的原则和制度，如假释、缓刑等。在现代英国，刑法主要由制定法所规定，只有在制定法没有规定的场合才由普通法加以补充。但是，由于缺乏系统的刑法典，加上大量的刑事立法都只是对普通法规则的重新确认和整理，刑事立法的适用自然就离不开法院的判例，仍要依赖法官的解释。

二、犯罪的概念和分类

英国刑法并未对犯罪的概念作统一定义。有的法学著作将其定义为"一种非法的作为、不作为或者事件。不管它是否同时也是一种民事侵权行为、不履行契约或违背信托，其主要后果是：如果查明了行为人而且警方决定起诉，就要由国家或者以国家的名义提起控诉；如果行为人被判定有罪，则不管是否责令他赔偿被害人的损失，他都要受到刑罚处罚"①。有的法学著作则简要地将其定义为"一种可以提起刑事诉讼并导致刑罚的违法行为"②。

普通法曾长期将犯罪划分为叛逆罪、重罪与轻罪。叛逆罪指危害国家主权和安全的犯罪，在君主制政体下，它包括一切图谋致国王及王室重要成员于死地或使其身体受到伤害，或公开宣布这种意图，发动反对国王的战争，依附或帮助国王的敌人等叛逆行为。重罪指的是涉及没收罪犯土地与财物的严重犯罪，如谋杀、伤害、纵火、强奸和抢劫等。轻罪是指除叛逆罪和重罪以外的较轻微的犯罪。在1967年《刑事法令》颁布以后，这三种罪的划分被取消，代之以可起诉罪（Indictable Offences）、可速决罪（Summary Offences）和既可起诉又可速决罪（Offences Triable Either Way）的新分类。所谓"可起诉罪"，是指那些较为严重的、通过公诉程序加以审判的犯罪。公诉程序在皇家刑事法院进行，由法官和陪审团共同审理案件。所有普通法上的犯罪都是可起诉罪③，包括谋杀、非预谋杀人、强奸和暴乱等；制定法上也有可起诉罪，如果创设这些罪名的制定法规定要经过公诉程序对其适用刑罚的话。所谓"可速决罪"，是指那些较轻微的、通过简易程序加以审判的犯罪。简易程序在治安法院进行，由治安法官单独审理案件。所有可速决罪都是制定法上的犯罪，罪名都由制定法创设，例如，根据1988年《道路交通法》产生的未能适当注意的驾驶罪，根据1968年《盗窃法》产生的未经授权取得自行车罪，等等。"既可起诉又可速决罪"指的是那些既可用公诉程序又可用简易程序审判的犯罪。这类犯罪由1980年《地方法院法》明确列举，或由创设这些罪名的制定法明文规定，比如重婚、性骚扰等都是制定法明文规定的既可起诉又可速决罪。至于盗窃罪，则要视盗窃数额大小而定，数额大的是可起诉罪，数额小的就是既可起诉又可速决罪。

三、刑 罚

英国历史上的刑罚较为严酷。由于长期盛行报复与威吓主义刑罚思想，死刑、苦役、肉刑等曾被广泛采用。在19世纪以后，刑罚的严酷性大大缓和，苦役和肉刑被废除。死刑的存废问题在英国曾引起很大争议，自1965年《谋杀罪（废除死刑）法》颁布以后，英国已基本上废除了死刑，但理论上仍保留对叛逆罪和暴力海盗罪的死刑。直到1998年9月，随着《犯罪和骚乱法》的生效，英国最终废除了死刑。

现代英国的刑罚主要包括如下几种。

第一，监禁（Imprisonment）。监禁的期限短则几天，长则终身。通过简易程序判决的监禁一般在5天到6个月之间；通过公诉程序判决的监禁一般不得超过法律规定的该项罪名的最高期限，但对惯犯可在法定最高刑之上加重处罚。终身监禁是英国现行刑罚体制下最严厉的刑罚，只适用于少数诸如叛逆、海盗、杀人等特别严重的犯罪。

第二，缓刑（Suspended Sentence）。如果一项判决的刑期不超过2年，并且法官认

---

① 克罗斯，琼斯．英国刑法导论．北京：中国人民大学出版社，1991：1.

② 徐尚清主编．当代英国法律制度．延吉：延边大学出版社，1990：195.

③ CRACKNELL D G. English legal system textbook：169.

为没有必要让罪犯在狱中服刑，该法官可宣告判决暂缓执行，缓刑期限为1年以上2年以下。如果罪犯在缓刑期内未犯新罪，该判决即告终止；若再犯新罪，则除对新罪判刑外，原判决也必须执行。

第三，罚金（Fines）。在现代英国，罚金是一种广泛采用的刑罚，除谋杀罪等极少数严重犯罪外，对几乎所有犯罪都可适用。罚金既可作为独立刑适用，也可作为附加刑适用。法律对罚金的数额未作具体规定，而由法官根据犯罪的性质以及罪犯的社会环境、收支状况等酌情决定。

第四，社会服务（Community Service Orders），即无偿劳动。这是对犯有轻微罪行者适用的刑罚。根据1972年《刑事审判法》的规定，对应处监禁的16岁及16岁以上的罪犯，如果法庭认为合适，在征得罪犯本人及缓刑官同意后，可发布社会服务命令，要求其从事一定时间的无偿劳动，其总和不少于40小时，不多于240小时。

第五，监督管制（Probation）。对于无须判处监禁的年满16岁的罪犯，如果法官认为不需要对其判处更严厉的刑罚，但又有必要继续对其监督，可以直接判处6个月至3年的监督管制。

第六，无条件或有条件释放（Conditional or Absolute Discharge）。对于某项法律未明确规定刑罚的犯罪，法院可根据罪行性质和罪犯的情况，如认为不适宜对其判处其他刑罚，可宣布对其有条件或无条件释放。无条件释放者即刻获得自由，案件终结；有条件释放者在规定期限内（不超过3年）如再次犯罪，原来的罪行也要重新判刑。

第九节　诉讼法

一、法院组织

英国历史上曾长期存在普通法与衡平法两大法院系统。在19世纪后期司法改革以后，英国取消了两大法院系统的区别，逐渐摆脱了旧的烦琐形式，形成了较为统一的法院组织体系。现行的英国法院组织从层次上可分为高级法院和低级法院，从审理案件的性质上可分为民事法院和刑事法院。

（一）高级法院和低级法院

从19世纪后期直至21世纪初，英国的高级法院系统包括上议院、枢密院司法委员会、上诉法院、高等法院和皇家刑事法院。① 上议院长期以来都是实际上的最高法院，由大法官、前任大法官和法律贵族组成。它是英国本土除苏格兰地区之外审理民事、刑事案件的最高审级。根据2005年《宪政改革法》，英国于2009年10月建立了有史以来

① 在2009年最高法院成立前，上诉法院、高等法院和皇家刑事法院曾经被合称为“最高法院”；在2009年后，这三个法院被调整为“英格兰和威尔士高级法院”。参见英国法律信息网，http：//www.inbrief.co.uk/supreme-court.htm。

第一个名副其实的最高法院，取代了上议院的司法职能，成为英国本土最高司法机关。①枢密院司法委员会是英联邦某些成员国、殖民地、保护国和托管地法院的最高上诉审级，同时也受理教会法院、军事法院及其他专门法院的上诉案件。

低级法院包括郡法院和治安法院。

（二）民事法院和刑事法院

民事法院系统由郡法院、高等法院、上诉法院民事分院和最高法院组成。郡法院是处理民事案件的基层法院，有权审理标的额在 25 000 英镑以下及人身伤害赔偿要求在 50 000 英镑以下的民事案件。高等法院设有三个法庭：王座法庭、大法官法庭、家事法庭，审理标的额超过 50 000 英镑的初审民事案件②，亦有权受理不服郡法院判决的上诉案件。上诉法院民事分院受理来自郡法院、高等法院及全国劳资关系法院和各种行政裁判所的上诉案件，一般情况下其判决为终审判决。最高法院虽为最高审级，实际上只审理极少数具有"普遍重要性"的涉及法律争议的上诉案件。

刑事法院系统由治安法院、皇家刑事法院、上诉法院刑事分院和最高法院组成。治安法院有权审理可速决罪和青少年犯罪案件，同时有权对可起诉罪进行预审，亦可兼理某些轻微民事案件。大约有 98%的刑事案件都由治安法院通过简易程序加以审判。③ 皇家刑事法院有权审理可起诉罪，是刑事法院系统中唯一适用陪审制的法院。它在全国各巡回审判区设立分院开庭审判。除初审管辖权外，皇家刑事法院亦可受理不服治安法院判决的上诉案件。上诉法院刑事分院主要受理来自皇家刑事法院的上诉案件。从理论上说，不服上诉法院刑事分院判决的当事人还可以上诉至最高法院，但实际上这种可能性极小，除非是有重大影响的案件。

二、陪审制度

（一）起源及演变

一般认为，英国是现代陪审制的发源地。但英国的陪审制并非土生土长，而是从法兰克移植而来的。法兰克的一些封建君主为了巩固王室权力，发展了一种调查程序，召集若干熟悉情况的地方人士，宣誓证明有关古代王室的权力，以削弱诸侯的势力。自诺曼征服以后，这种制度被带到英国。1166 年，亨利二世颁布了克拉灵顿诏令，将陪审制正式确立下来。它规定，发生刑事案件后，必须由熟悉情况的 12 名陪审员向法庭控告，并证明犯罪事实。这就是所谓的起诉陪审团，即大陪审团。由于同一批人既控告犯罪又证实犯罪，容易使被告陷入危险的境地，1352 年，爱德华三世下令禁止起诉陪审团参与

---

① 确切地说，最高法院只是民事案件的英国本土最高司法机关；在刑事司法方面，由于苏格兰高等法院仍享有苏格兰地区的刑事案件终审权，最高法院只受理来自英格兰、威尔士和北爱尔兰的上诉案件。参见英国最高法院网，http://www.supremecourt.gov.uk/about/role-of-the-supreme-court.html。

② 根据 1991 年《高等法院和郡法院审判权规则》，对于标的额在 25 000 英镑和 50 000 英镑之间的案件，当事人可自行选择在高等法院或郡法院起诉。

③ CRACKNELL D G. English legal system textbook：179.

审判，要求另设一个 12 人的陪审团进行实体审理。相应地，它被称为小陪审团，后人所谓的陪审团一般指的就是小陪审团。至此，英国出现了两个陪审团：大陪审团负责起诉，决定是否对嫌疑人提出控诉；小陪审团负责审理，决定被告是否有罪。大小两个陪审团在英国共存了几百年，并因此构成英国陪审制的重要特点之一。

（二）陪审制的运用

在历史上，陪审制曾作为一种民主的象征被广泛采用，几乎所有的初审民事和刑事案件都可要求陪审团参与审理。但是，随着社会的发展，审判节奏也要求加快，英国法就逐渐限制了陪审制的运用。根据 1933 年《司法管理（混合规定）法》，在民事审判中，当事人有权请求陪审团参与的仅限于欺诈、诽谤、诬告、非法拘禁案件。然而，根据 1990 年的一个判例，即使在这些案件中，如果法院认为陪审团参与审理会拖延对有关文件、账目的检查或者对有关证据的科学的、地方性调查的话，其也可以决定不设陪审团。[①] 在刑事审判中，只有皇家刑事法院在审理可起诉罪时才召集陪审团。

陪审团的职责是就案件的事实问题进行裁决。在刑事案件中，陪审团必须就被告是否有罪进行裁决，一般不涉及量刑问题。如果裁决无罪，被告必须被当庭释放；如果裁决有罪，则由法官决定刑罚。在民事案件中，陪审团必须决定被告的责任程度和赔偿数额。陪审团的裁决在历史上要求必须是全体通过，现在一般案件只要求多数通过，但仍有些案件要求一致通过。如果不能作出所要求的一致或多数裁决，法官将解散陪审团，重新组织一个陪审团。对陪审团的裁决一般不允许上诉。当然，法官如果认为陪审团的裁决存在重大错误时，可以加以撤销，重新判决。

（三）关于陪审制的争论

陪审制曾被认为是保障个人政治自由和民主权利的重要手段，是实现民主司法的最佳途径，是英国法对世界法制的一大贡献，因为普通公民参与司法过程，可以防止法官徇私枉法，以及在判决时考虑不周等弊病；同时，由于陪审员是通过抽签的方法从社会各界选出来的，其能够更清楚地反映出社会上普通人的观念。也有人对它进行批评，认为：它脱离实际，办事拖拉僵化；增加了审判成本，从而加重了纳税人的负担；陪审员缺乏必要的知识而不能充分理解案件事实，或者不能理解法官的指示；尤其是它的裁决不提供理由，容易造成不公正。总之，对于陪审制，各派观点针锋相对，莫衷一是。但作为一种有深刻社会背景的诉讼制度，短时间内完全废除陪审制似乎不可能，关键是如何改进。

三、辩护制度

早在古希腊、罗马时代，法庭辩论制度就已经出现，当事人既可为自己辩护，也可以委托他人为自己辩护。在罗马帝国后期，职业法学家在法庭上为当事人辩护已十分流

---

① CRACKNELL D G. English legal system textbook：218.

行。英国人继承了这项制度，并加以发展。由于英国普通法的形式主义及程序的复杂性，职业律师参与诉讼更有必要。在长期的司法实践中，英国逐渐发展出一套与大陆法系国家完全不同的对抗制诉讼方式和独特的律师制度。

（一）对抗制

对抗制（Adversary System）又称“抗辩制”，即民事案件中的原、被告以及刑事案件中的公诉人和被告律师在法庭上相互对抗，提出各自的证据，询问己方证人，盘问对方证人，并在此基础上相互辩论。法官主持开庭，并对双方的动议和异议作出裁决，对违反命令者以“藐视法庭罪”论处。但法官不主动调查，一般也不参与提问，在法庭上只充当消极仲裁人的角色。这就是所谓的“对抗制”。与此同时，大陆法系国家则采用纠问制（Inquisitory System）的诉讼方式，诉讼的进行及证据的调查皆以法院为主，法官以积极审判者的形象主持法庭审理。

（二）律师制度

英国律师制度的最大特征就是其律师分为两大类：出庭律师（Barrister）和事务律师（Solicitor）。事务律师主要从事一般的法律事务，如提供法律咨询、制作法律文书、准备诉讼、进行调解等，也可在低级法院如郡法院、治安法院出庭，代表当事人进行诉讼。但他们不能在高级法院出庭辩护，这一权利由出庭律师独享。出庭律师的主要职责就是出庭为当事人辩护，他们可以在任何法院出庭辩护。但他们与当事人之间不直接发生联系，而由事务律师出面为当事人聘请。事务律师向出庭律师介绍案情，为其准备材料，陪同其出庭辩护。这两类律师之间界限分明，互不统属，各有自己的职业团体和从业规则。相比之下，出庭律师的地位较高，因为他们是法官的主要后备力量。他们执业10年或更长时间以后，可以被提名为巡回法官、高等法院法官或上诉法院法官，或者由大法官提名，由英王授予皇家大律师的头衔。而事务律师即使执业时间再长，也只能被提名为低级法院的法官或皇家刑事法院的记录法官。

由于这两类律师各有分工，当事人的诉讼费用就不可避免地增多了。在一般案件中，当事人都必须同时聘请两个律师，如果案件涉及皇家利益或者案情特别复杂，则必须再聘请皇家大律师，这样，当事人就可能要同时负担三位律师的费用。因此，不同律师的划分受到很多批评。近年来，英国已对律师制度进行了许多改革，试图缩小这两类律师之间的区别，如规定事务律师经过严格的培训和考核，也可以取得在高等法院辩护的资格；而财产转让等事务也不再由事务律师独占。①

第十节　英美法系的形成及特点

英美法系（普通法系）指以英国普通法为基础建立起来的世界性法律体系，与大陆

---

① 详情参见王云霞．从分立迈向合并：英国律师制度改革的基本走向．中外法学，2003（2）。

法系（民法法系）并称为当今世界影响最大的两大法系。英美法系是伴随着英国的对外殖民扩张而逐渐形成的，体现了英国法对世界法制文明的深远影响。现在世界上有近三分之一的人生活在其法律制度受到过普通法影响的地区。①

一、英美法系的形成

英国大约从17世纪开始推行殖民扩张政策，相继在世界各地建立了许多殖民地，并在当地推行以普通法为基础的英国法。虽然英国在一定程度上允许殖民地适时制定一些法律，并相应建立了殖民地司法机构以行使审判权，但是，殖民地立法不得与英国法律相抵触，并且英国保有殖民地案件的最终审判权。经过几个世纪的殖民统治，英国法已深深融入当地社会，成为殖民地占统治地位的法律规范。到19世纪英国成为名副其实的“日不落帝国”时，英美法系也最终形成了。第一次和第二次世界大战以后，许多殖民地获得独立，但大都加入了英联邦，依然保留着殖民地时期的法律传统。英美法系非但没有解体，反而通过英联邦这条纽带得到进一步加强，英国法的许多新发展都可能对英联邦成员国产生重大影响，英联邦成员国彼此之间在法律上的变化也可能相互影响。

二、英美法系的特点

（1）以英国法为核心。英美法系的许多重要原则和制度都源于英国的法律传统。英国法无论在发展方式还是在结构体例、表现形式、分类方法、概念术语、具体制度乃至思想观念上，都与大陆法系国家存在巨大差异，正是这些差异使英国法独具魅力，并对许多国家和地区的法律制度产生了深刻影响，从而也使英美法系具有与大陆法系完全不同的内涵和形式。英国法一直是英美法系的核心，英美法系在其形成和发展过程中，始终是以英国为中心向外传播的：普通法是传播的基础和核心，英语是传播的媒介和工具，英国的殖民统治是传播的动力和保障，而英联邦则是维护传播的纽带和桥梁。

（2）以判例法为主要法律渊源。受英国法的影响，英美法系国家的法律渊源一般都分为普通法、衡平法和制定法。有些国家如印度，并没有单独的衡平法院，但衡平法的规范依然存在。普通法和衡平法都是判例法，是通过法官的判决逐渐形成的，以遵循先例为基本原则。英美法系国家也有制定法，其中也有不少名为“法典”的制定法，而且制定法的数量日增，地位也越来越高，但英美法系国家的制定法大都是对判例法的补充或整理，往往缺乏系统性；其法典也不像大陆法系国家的法典那样高度概括、严密而富有逻辑性，往往比较具体、细致，而且其内容往往比较狭窄，不能涵盖整个法律部门。

（3）以日耳曼法为历史渊源。英美法系的核心——英国法是在较为纯粹的日耳曼法——盎格鲁-撒克逊习惯法的基础上发展起来的，日耳曼法的一些原则和制度对普通法的影响非常大。这与大陆法系以罗马法为历史渊源形成了对照。虽然英国法也曾受到罗

① 茨威格特，克茨．比较法总论．潘汉典，等译．贵阳：贵州人民出版社，1992：396.

马法的影响，但只在契约、动产、商法、遗嘱等具体制度上借鉴了罗马法，并不像大陆法系那样从原则、制度到结构体例、概念术语等各方面全面继承罗马法。

（4）法官对法律的发展举足轻重。英美法系以判例法为主要法律渊源，而判例法正是法官在长期的审判实践中逐渐创造的。一项判决既已作出，不仅对当时的案件具有拘束力，对以后相应的案件同样有法律效力。也就是说，法官的判决具有立法的意义。此外，英美法系的制定法往往只是对判例法的重申和整理，对制定法的理解和适用自然就离不开法官的解释，以致一项制定法的颁布本身已失去实际意义，只有在法官依据它作出相应判决以后，人们才能理解并运用它。因此，英美法系素有“法官造法”之说。

（5）以归纳法为法律推理方法。由于以判例法为主要法律渊源，法官和律师在适用法律时，必须对存在于大量判例中的法律原则进行抽象、概括、归纳、比较，然后才能将最适当的法律原则运用到具体案件中去。这一特点深刻影响了英美法系的法学教育方式。英美法系国家法学院培养学生要“像律师那样思考问题”，因此主要运用案例教学法授课，学生通过阅读大量的判例和资料，讨论、分析案情，掌握包含于判决中的法律原则。

（6）在法律体系上不严格划分公法和私法。英美法系受罗马法的影响较小，并不按照法律规范所保护的是公共利益还是私人利益，将各法律部门截然划分为公法或私法。但现代有些法学家为了阐述问题的方便，也引用公法和私法的概念。由于不严格区分公、私法，英国的行政法曾长期得不到应有的重视，也不存在单独的行政法院。相应地，英美法系很多国家都没有统一的民法部门，而是按照历史传统，将相关的法律划分为财产法、契约法、侵权行为法等部门。

深度阅读

1. 丹宁勋爵．法律的正当程序．刘庸安，等译．北京：法律出版社，1999.

2. 达维德．当代主要法律体系．漆竹生，译．上海：上海译文出版社，1984：第三部分第一编英国法．

3. 梅特兰．普通法的诉讼形式．王云霞，等译．北京：商务印书馆，2009.

4. 李红海．普通法的历史解读：从梅特兰开始．北京：清华大学出版社，2003.

5. 冷霞．英国早期衡平法概论：以大法官法院为中心．北京：商务印书馆，2010.

6. CRACKNELL D G. *English legal system textbook*. 17th ed.. London：HLT Publications，1995.

问题与思考

1. 如何理解普通法的“程序先于权利”特征？

2. 衡平法有哪些特点？它对英国法律的发展有何影响？

3. 英国宪法有哪些原则和特点？

4. 受益制和信托制有何关系？
5. 何谓对价？
6. 英国侵权行为责任原则是如何演变的？
7. 英国陪审制是怎样形成的？它有什么意义？
8. 英美法系是怎样形成的？有什么特点？

第十二章
美 国 法

常考知识点

- 美国法的形成和发展
- 联邦宪法的基本内容和原则
- 联邦最高法院的司法审查权
- 《统一商法典》
- 《谢尔曼法》

第一节　美国法律制度的形成和发展

一、殖民地时期（17 世纪初～18 世纪中叶）

早在欧洲人到来的数千年之前，北美大陆的法律史就已经开始了。印第安人散居在北美大陆的各个角落。为适应不同的自然地理环境，各地的印第安人长期以来形成了拥有不同宗教、道德和习俗的血缘社会团体。1492 年哥伦布第一次航海到达北美大陆，开启了欧洲人殖民美洲的狂潮。英国、法国、荷兰、西班牙等国为了扩展殖民地，在这里展开激烈的争夺。伴随着以民族国家、资本和市场为中心的正义观念和社会秩序的建立，科学技术和流行病毒同时涌入北美大陆，印第安人的数量大为减少，幸存下来的印第安人也开始改变以渔猎为主的生产生活方式。

1607 年，英国在北美建立了第一个殖民地，称其为“处女地”（弗吉尼亚），定居点设在詹姆斯敦（Jamestown）。1620 年，为躲避宗教迫害，一批英国清教徒乘坐“五月花号”来到北美。他们在《五月花号公约》（Mayflower Compact）中表明了对英国专制君主的不满和建立全新政治体制的愿望。他们在“五月花号”靠岸的地方建立了另一个殖民地，即后来的马萨诸塞。至 18 世纪上半叶，英国在东起大西洋沿岸、西至阿伯拉契亚山脉的狭长地带总共建立了 13 个殖民地，这便是日后美国建国时的 13 个州。鉴于这些殖民地的法律基础不尽相同，可将其粗略划分为公司特许殖民地、业主殖民地、英王直辖殖民地和自治殖民地等类型。然而，无论其属于何种类型，英国作为宗主国都享有对殖民地的主权，包括立法权、行政权、司法权以及军事、外交等权力。各殖民地的议会无独立立法权，因而只能制定位阶较低的法案，例如根据英国议会颁布的法令制定在本地实施的细则。一旦殖民地法案与英国本土的法律相冲突，就会被英国枢密院宣告无效。从1696年至1776年，经英国枢密院宣告无效的殖民地法案约五百件。同时，殖民地也无独立的司法权，更无终审权，英国枢密院同时是殖民地法院的上诉审法院。殖民地的行政权则由英国派遣的总督行使。

然而，英国普通法在整个17世纪都未能取得对北美殖民地的统治地位，各殖民地的法律仍处于相对原始和简陋的状态。究其原因：一是各殖民地的社会生活相对简单，而英国普通法则是在长期的封建政治和经济生活中积淀下来的复杂法律体系，二者反差较大；二是各殖民地不同程度上存在着自治和独立的倾向，对于适用宗主国的法律普遍存在反感和抵触的情绪，他们宁肯援引《圣经》进行裁断，也不愿适用令人厌恶的普通法；三是英国普通法"非成文"的传统导致它具有难以复制和传播的特点。至18世纪初，英国对殖民地的管制力度明显加强，各殖民地普遍设立了法庭，普通法在司法审判中被强制推行。在这一时期，英国大法官爱德华·柯克（Sir Edward Coke，1552—1634）的《英国法概要》和法学家布莱克斯通的《英国法释义》等系统介绍普通法的经典著作相继被引入北美，本地法律职业阶层迅速壮大，学习英国法蔚然成风，普通法的观念才逐渐为人们所接受。在18世纪中叶，英国普通法在北美殖民地取得了支配地位。

二、建国时期（18世纪中叶~19世纪中叶）

北美13个英属殖民地通过长达八年的抗英斗争（1775年—1783年）获得了独立地位，建立了美利坚合众国。美国独立战争的胜利尽管可以归功于美国人民争取自由的坚定信念，但是毋庸讳言，美国的确是在法国和西班牙等国军队的联手协助之下才最终取胜。需指出，发生在1756年至1763年的"七年战争"以英国—普鲁士联军的获胜收场。法国在《巴黎和约》中被迫将密西西比河东岸以及整个加拿大割让给英国，从此丧失了在"新大陆"的竞争力。英国将这次战争的军费转嫁在北美殖民地的身上，激起了当地居民的强烈不满。1776年，北美13个英属殖民地通过签署《独立宣言》（Declaration of Independence）明确表达出对宗主国的分离倾向。法王路易十六（1774年至1792年在位）第一个承认美国独立（1778年），积极促成"法美同盟"的形成，并派遣军队支持殖民地人民的抗英行动。1783年，美英签署了《巴黎和约》，美国最终实现了国家独立。对此，美国学者托马斯·帕特森指出：没有法国的帮助，美国便不可能赢得独立。在建国初期，美国民众"反英亲法"的情绪非常高涨，一切和英国有关的事物，当然也包括英国普通法，都被贴上罪恶的标签。许多法律从业者拒绝援引英国法。更有少数更为激进的州，如特拉华州、肯塔基州、新泽西州和宾夕法尼亚州等，直接宣布禁止在司法审判中引用英国判例。

更为重要的是，1777年《邦联条例》（Article of Confederation）和1787年《美利坚合众国宪法》（Constitution of the United States of America，1787年）试图塑造一个完全不同于英国君主立宪制的新政体，自立与自强的政治热情促使大多数美国人拒绝继续生活在英国法律传统的阴影之下，其中以托马斯·潘恩为代表的激进派主张完全抛弃英国普通法，转而仿效以法典编纂为中心的法国法；与此相对，温和派主张因陋就简，对英国普通法进行本土化改良，以便让动荡的社会秩序尽快稳定下来。1789 年，法国大革命爆发，美国出于自身利益的考虑，发布了《中立宣言》，这导致“法美同盟”的破裂。法国法对美国人的吸引力下降，温和派的改良主张渐渐占据上风。与此同时，英国国内掀起了一场普通法改革运动，曼斯菲尔德（William Murray，1705—1793）法官提出对遵循先例原则的质疑，并建议对普通法进行适当的抽象与综合，使其能够适应社会情势快速变动的需要。美国的司法界深受这场运动的影响，美国人对英国普通法的信任又有所提升。

在 1811 年到 1817 年之间，倡导法典化的英国功利主义法学家边沁接连写信给美国总统麦迪逊和各州州长，试图说服美国人转向法典编纂的传统，为本国起草一部完整的法典。尽管边沁的这一建议并未得到美国联邦政府的回应，但是在州法层面上产生了重大的影响。在 19 世纪初期，路易斯安那州在爱德华・利文斯通（Edward Livingston，1764—1832）的主持之下，先后起草并通过了民法典、刑法典和刑事诉讼法典。利文斯通甚至还精心编制了一部联邦刑法典。纽约州的律师菲尔德（D. D. Field，1805—1894）在 1847 年负责领导的一个“旨在把本州的全部法律精简为一部成文的和系统化的法典”的委员会，先后编纂了民事诉讼法典、刑法典、政治法典、民法典和刑事诉讼法典五部法典，几乎完全追随着法国法的传统。纽约州最终通过了民事诉讼法典、刑事诉讼法典和刑法典。在同一时期，英国普通法在美国的本土化运动也如火如荼。1830 年，美国法学家肯特（Kent，1763—1847）模仿布莱克斯通的《英国法释义》撰写并出版了《美国法释义》(*Commentaries on the American Law*)；自 1832 年至 1845 年，美国著名法学家、大法官约瑟夫・斯托里（Joseph Story，1779—1845）出版了包括《论宪法》和《衡平法》在内的多本专著，系统阐发了美国法的观念。这些专著的出现标志着美国法逐渐形成了自我身份认同，并走上了独立发展的道路。在 19 世纪中叶，由于法律职业阶层逐渐取代了政治家，开始掌握法律生活的话语权，法典化的思路渐趋边缘化。至 19 世纪末，以编纂法典为目标的法律改革运动正式以失败告终。

三、重建时期（19 世纪中叶～19 世纪末）

于 1865 年结束的南北战争终结了美国的分裂状态。同年 12 月，废除奴隶制的第 13 条宪法修正案正式生效。作为美国内战的直接后果，该修正案标志着美国最终形成了统一的工业资本主义大市场，这为美国法从分散走向统一提供了重要的驱动力。在 19 世纪中叶之后，美国法逐步完成了向资产阶级法的彻底转变。在这一过程中，为进一步巩固统一市场，联邦层面的政治权力不断扩大，制定法的比例大幅增加，各州的法律也呈现出统一化的趋势。在 1868 年，美国国会颁布第 14 条宪法修正案，将州政府侵害公民权利的行为纳入联邦宪法的保护范围之内。这实际上终结了此前联邦无权干涉州内所有政治事务的传统，一方面扩大了联邦的权力，另一方面也为公民权利提供了更充分的宪法保障。第 14 条宪法修正案引发了真正意义上的宪法变革，而在 1870 年、1871 年和 1875 年颁布的民权法案则将美国社会的民权运动推向了新的高潮。

此后，随着美国社会的快速发展，美国法内部发生了一系列旨在适应变化、弥合分歧、寻求共识的改革。就适应变化而言，美国法在财产法方面快速确立了土地的自由转让制度。例如，1887 年的《道斯法案》以土地私有化和打破部落制为核心内容，在印第安保留地实行份地分配制。这项法令使部落土地迅速流失，极大地提升了美国人向西部移民的需求。再如，为了保障竞争自由，抑制日益强大的商业组织对生产和流通领域的垄断，美国在 1890 年制定了世界上第一部反托拉斯法。就弥合分歧而言，值得一提的是，美国法在司法实践中形成了普通法的判例理论，形成以法院为中心、以判例法为基础的传统和具有美国特色的判例法“先例原则”，这使州与州之间的法律分歧与此前相比显著缩小。就寻求共识而言，于 1870 年就任哈佛大学法学院院长的兰德尔（Langdell，1826—1926）开创了美国法的一般理论，他说：“法是由一定的原则和原理构成的科学，掌握这些原则和原理，将其自如地、正确地适用于人世间发生的各种错综复杂的事件之中，是成为一个真正法律家的要件。”这一判断既是对美国实用主义法律思维的撼动，也是把美国的法律教育从完完全全的实务培训中拉出来的理论基础。兰德尔推崇与美国司法体制相适应的判例教学法，形成了独具风格的美式法律教育，也促使美国本土的法学获得了独立的品格。受其影响，美国统一州法全国委员会（the Uniform Law Commission，亦称 the National Conference of Commissioners on Uniform State Laws）于 1892 年成立。这是一个州政府之间的学术机构，其目的在于向各州推荐具有示范意义的法律文本。此后，美国法快速走向统一化和体系化的发展道路。

四、现代发展时期（20 世纪上半叶）

进入 20 世纪之后，人类社会接连陷入经济衰退、社会革命和战争之中，世界各国都在积极谋求原有政策及法律体制的转型，以应对不断出现的危机。美国在西奥多·罗斯福（Theodore Roosevelt，1858—1919）总统治国期间全面进入了垄断资本主义时期，业已形成的垄断资本开始大肆扩张，严重危害自由市场的正常秩序。中小企业不断破产，人民生活水平也大幅下降。西奥多·罗斯福总统在任内多次启动大规模的反托拉斯行动，先后对 40 多家公司提起诉讼，解散了牛肉、石油和烟草等很多行业的托拉斯。美国联邦的权力在这一过程中得到强化，国家对经济与社会的行政干预显著增强。与此相适应，美国法在形式上回归“成文化”，在内容上则体现出日益浓厚的社会化色彩，较 19 世纪发生了很大的变化。

在 1923 年，一些美国著名法官、律师和法律家成立非党派的独立组织——美国法学会（American Law Institute）。这个学会的宗旨是推进“法律的净化和简化”。美国法学会在成立后的 20 年之间完成了 24 卷《法律重述》（Restatement of the Law），对公认的判例法原则进行了综合整理，更加明确地反映出普通法的规则。1942 年，卡尔·卢埃林（Karl N. Llewellyn，1893—1962）在美国统一州法全国委员会和美国法学会的共同支持下，本着清晰、简洁、方便、公平、完整、易行、统一的七项原则起草了《统一商法典》（The Uniform Commercial Code，简称 UCC）。对于这些示范法典，各州有权决定是否以立法的形式全部或部分采纳，或是由州法院以判例的形式承认其中某项规定具有法律渊源的效力。

从 1926 年开始，美国开始整理并颁布内容更为全面的《美国法典》（The Code of Laws of the United States of America，简称 United States Code，U. S. Code 或

U. S. C.)。《美国法典》由美国国会的法律修订处（Office of the Law Revision Counsel，LRC）具体负责整理汇编，由美国政府出版办公室（Government Publishing Office，GPO）负责出版。《美国法典》依据联邦制定法的不同主题，将生效的联邦制定法分门别类地编入 54 篇中，每 6 年修订一次，每年都作一次补编，收入当年国会通过的法律。需指出的是，《美国法典》的汇编并非立法活动，而仅仅是对现有制定法的整理与统合，与大陆法系国家编纂法典的活动存在本质上的区别。因此，美国法在形式上回归“成文化”，并不意味着 19 世纪初法典化运动的复兴。

1929 年至 1933 年，美国爆发了严重的经济危机。为渡过这场危机，富兰克林・罗斯福总统（Franklin D. Roosevelt，1882—1945）在推行“新政”（New Deal）期间的 3 个月内，先后向国会提出了 70 多个法案，敦促国会通过了一系列旨在整顿工业、银行、农业和劳工的法律，例如《农业调整法》和《全国工业复兴法》，对国民经济进行全面宏观调控。为了克服行使立法权效力低、周期长的弊端，以总统为中心的行政权力迅速扩张，行政命令成为落实经济和社会立法的重要保障手段。据统计，仅在 1933 年至 1934 年这一年之间，富兰克林・罗斯福总统发布的行政命令即多达 3 703 件。1936 年，美国政府开始出版《联邦登记簿》（Federal Register），每日公布行政机关的规章、拟修改的规章以及政府公告，并将现行有效的行政法规分门别类编入 50 篇，收入《联邦法规汇编》（Code of Federal Regulation）之中。1946 年，美国通过了《联邦行政程序法》及《联邦侵权赔偿法》，以规制在现实中大量存在的行政行为。

在这一时期，除经济立法之外，社会立法也大量出现。1935 年，富兰克林・罗斯福总统推动国会通过《社会保障法》（Social Security Act），涵盖老年社会保险、盲人和残废者补助、老年补助、未成年补助和失业社会保险等五个部分，在联邦层面建立起较为完整的社会保障体系。在同一年，《国家劳工关系法》（National Labor Relations Act）出台，承认工人有组织工会、进行集体谈判和举行罢工的权利。这些社会立法对于美国社会在战争阴云消散之后迅速恢复元气和活力起到了重要的作用。在第二次世界大战结束之后的一段时间内，杜鲁门（Harry S. Truman，1884—1972）总统依然秉承福利国家的理念，积极运用行政权力干预社会生活，重视法律对社会福祉的促进与保障。

五、冷战与后冷战时期（20 世纪中叶以来）

在第二次世界大战结束之后不久，世界进入美苏对峙的新格局，冷战时期开始。美国制定了一系列镇压工人运动、反对共产党的法律，其中最具代表性的法案是 1947 年的《美国劳资关系法》（Labor-Management Relation Act），也称《塔夫脱-哈特莱法》（Taft-Hartley Act）。该法案对罢工权的行使和工会的活动范围进行了限制，并且明确禁止共产党员或共产党的同情者在工会中工作。进入 20 世纪 50 年代之后，“麦卡锡主义”逐渐成为美国政治的主旋律。1953 年，罗森堡夫妇被当局指控为苏联间谍，尽管二人始终否认指控，证据也有欠充分，但二人最终被判处死刑，并在纽约被执行死刑。罗森堡案件在当时轰动了整个西方，被视为这一时期美国反共和排外运动的高潮。据统计，从 1956 年年底到 1957 年年初，总共有 22 名工会领袖以与共产党“共谋”的罪名被提起公诉。直到1965年，美国最高法院才在“美国诉布朗案”的判决中宣布“禁止共产党人担任工会职务”的这一规定违宪。

自20世纪50年代以后，世界范围内的民主运动空前高涨，受其影响，美国制定了一系列民权法案和宪法修正案，强调对民权的确认和保护。作为民权运动的一个分支，美国大规模的刑法改革运动开始了，目的是消除原有普通法中犯罪追诉的不确定性，制定一部真正的刑法典。1962年，美国法学会编纂了《模范刑法典》(Model Penal Code)，为联邦和州刑法的修改或制定提供范本。此后，多数州以《模范刑法典》为蓝本制定了刑法典。此外，受反战运动的影响，从1967年起，美国实际停止了死刑的执行，体现出明显的轻刑化和非刑事化倾向。但是，在1977年后，针对治安恶化的形势，有些州又恢复了死刑。在这一时期，美国的行政法从社会控制转向以提供福利和服务为中心，公众参与和监督机制得到完善；社会保障法则进一步完善，在1957年和1966年先后增加了“残疾人福利计划”和65岁以上老人的“医疗保险”，进一步扩大了保障范围；与此同时，新的科学技术在法律实践中得到广泛运用。

进入20世纪90年代之后，美苏之间的冷战因苏联解体而宣告终结，美国成为世界上唯一的政治、经济、军事和科技超级大国。为了维护以美国为主导的国际秩序，美国以人道主义援助为名义，先后发动了海湾战争、索马里战争、科索沃战争、第二次阿富汗战争、伊拉克战争、利比亚战争等等40余次不同规模的战争。在这样的背景之下，以突袭方式对美国海外军事基地以及美国本土的暴力攻击日渐增多，反对恐怖主义和维护国家安全成为美国必须面对的严峻挑战。美国法又获得了新的发展空间。1996年，美国国会通过了《反恐和死刑实施法》，以强化对恐怖主义的打击力度。这部立法是美国反恐法的雏形。但是，恐怖主义愈演愈烈。2001年的“9·11”事件之后，美国国会在3年之间相继通过了《美国爱国者法》、《国土安全法》和《情报改革和恐怖主义预防法》等多部旨在预防和打击恐怖主义犯罪的法案，建立了相对完整的反恐法体系。然而，这些法案导致政府的权力扩张，例如较大程度地放宽了使用电子监控措施的限制，以及针对特定类型的移民问题增加了程序限制，等等，这无疑增加了美国公民受到公权力侵害的风险。2013年的“棱镜门”事件就是这一风险的集中爆发。

2016年美国总统唐纳德·特朗普上台后，进一步强化了美国的国家安全立法。具体来说，美国政府在2018年相继通过了《外国投资风险评估现代化法案》以及《澄清境外合法使用数据法案》(“云法案”)。前者旨在加强对外国企业、个人在美投资、并购的限制，后者则试图把美国企业打造为其在网络空间的“领土”。

第二节　宪　法

一、联邦宪法的历史基础

（一）弗吉尼亚议会与《五月花号公约》

弗吉尼亚是英国在北美建立并经营的第一个殖民地。1606年，伦敦公司成立，即后来的弗吉尼亚公司。1607 年，弗吉尼亚公司的三艘船来到切萨皮克湾（Chesapeake Bay），并在此建立了第一个移民点——詹姆斯敦。1618 年，弗吉尼亚公司命令总督召集一个具有立法功能的议会，议员由当地男性公民选举产生。1619 年夏天，弗吉尼亚 11 个移民点的全部 17 岁以上男性公民进行投票，产生了一个由 22 位代表组成的议会，负责制定在当地适用的法律法规。当然，这些立法需经弗吉尼亚公司批准才能获得法律效力。这是出现在北美大陆的第一个议会，弗吉尼亚殖民地由此进入自治时期。

1620 年 9 月 16 日，一艘三桅杆轮船“五月花号”载着 102 名乘客从英国普利茅斯港出发，驶向北美大陆，最终于 11 月 21 日到达科德角。在登陆之前，船上的清教徒订立了《五月花号公约》，全文只有 200 字左右，其中提道：“我们在上帝面前共同立誓签约，自愿结为一个民众自治团体。为了使上述目的能得到更好地实施、维护和发展，将来不时依此而制定颁布的被认为是对这个殖民地全体人民都最适合、最方便的法律、法规、条令、宪章和公职，我们都保证遵守和服从。”这些清教徒在登陆地建立了普利茅斯殖民地，《五月花号公约》成为该殖民地的法律基础，使该殖民地具有鲜明的自治性质。弗吉尼亚议会与《五月花号公约》被视为美国宪法政治的两块基石。

（二）《独立宣言》

“七年战争”结束之后，英国加大了对北美殖民地的压榨力度。英国议会于 1764 年通过《糖税法》，在 1765 年通过《印花税法》，在 1767 年通过《唐森税法》，在 1773 年通过《茶税法》，试图通过增加殖民地税收的方式解决战争造成的财政困难。但这些法案未能取得预期的效果，反而激起殖民地人民的反抗浪潮。针对《茶税法》的“波士顿倾茶事件”（Boston Tea Party）更是动摇了英国殖民统治的稳定性。1774 年，英国议会通过《波士顿港口条例》《司法管理条例》《驻军条例》等一批法案，试图对马萨诸塞采取高压统治，最终招致当地（波士顿的列克星敦和康科德）民众在 1775 年 4 月 19 日打响了美国独立战争的第一枪。同年 5 月 10 日，第二届大陆会议在费城召开。1776 年 7 月 4 日，大陆会议通过了《独立宣言》，北美 13 个英属殖民地就此宣告独立。

资产阶级民主派代表托马斯·杰斐逊（Thomas Jefferson，1743—1826）是《独立宣言》的起草者，他在宣言中以强烈的感情表达出“天赋人权”和“社会契约”等资产阶级启蒙政治思想：“我们认为下列真理是不证自明的，即所有人都生来平等，造物主赋予他们以某些不可剥夺的权利，其中包括生命、自由以及对幸福的追求。为了保障这些权利，政府组建于人们中间，并从被统治者的同意中获得其公正的权力。一旦任何形式的政府破坏了这些目标，人民有权变更或取消它，并建立新的政府，使其所基于的原则及其权力的组织形式在他们看来最可能实现他们的安全和幸福。”《独立宣言》在主体部分集中控诉了英王乔治三世对殖民地犯下的罪行，包括对殖民地滥用执政权、伙同议会对殖民地施行高压统治、对殖民地发动战争、对殖民地的请愿置之不理，等等，一共罗列了 19 条罪状。《独立宣言》草案曾明确提出谴责奴隶制的条文，但是由于受到佐治亚州和南卡罗来纳州代表的反对，最终在正式文本中被删除。《独立宣言》在最后一部分庄严向全世界宣告：北美各殖民地就此解除对英王的一切隶属关系，成立自由独立之国家。

1783 年 9 月 3 日，美、英代表在巴黎凡尔赛宫签署和约，英国正式承认美国独立，

1776 年《独立宣言》中的全部设想都变成了现实。马克思盛赞《独立宣言》，将其称为“第一个人权宣言”，因为各殖民地联合签署《独立宣言》是人类历史上第一次将资产阶级的启蒙思想和政治理念付诸实践，并转换成为一份法律文件的革命行动。《独立宣言》也成为美国意识形态的基础。

（三）各州宪法与《邦联条例》

1776 年《独立宣言》从根本上解决了各州脱离英国殖民统治的问题，但并未解决各州以何种形态组成新的国家的问题。根据《独立宣言》中阐发的精神，参照英国统治时期的社会制度，以及本地既有的风俗，各州着手起草州宪法。在各州立宪的运动之中，绝大多数州都将保障公民权利的内容作为州宪法的主要内容。例如，弗吉尼亚州宪法极为全面地规定了公民基本权利的内容，不仅包括人身、财产和宗教、政治方面的自由，还包括这些权利对刑罚、司法审判活动的限制，成为各州宪法效仿的对象。此外，各州在起草宪法的过程中，纷纷响应《独立宣言》中的分权学说，规定立法权、司法权和行政权的分立与制约。当然，受到不同的自然地理环境以及政治经济背景的制约，不同州的州宪法之间依然存在相当大的区别。

1777 年，大陆会议通过《邦联和永久联合条例》，也就是《邦联条例》。这是对于独立之后州与州之间关系的第一次明确规定。1781 年，《邦联条例》经过各州批准后生效。该条例共包括 13 个条文，其中最重要的条款是将 13 个州的联合体称为“美利坚合众国”，宣告这个新的国家采用“邦联”的结构形式。这意味着，各州各自拥有独立的主权；同时，由于每一个州的力量都不足以保证本州民众的安全与幸福，因而“为着它们共同的防御、自由保证和相互间的公共福利……彼此之间负有互相援助的义务等”，这些州又必须让渡部分权力，以便形成共同的上位政治机关，也就是“邦联”。《邦联条例》规定：邦联设一院制国会，每个州的代表不得少于 2 人，同时不得多于 7 人；邦联并无常设的行政和司法机关；国会闭会期间，设置“各州委员会”用以行使国会委托的权力；该委员会的所有决策，都需要取得 9 个州的同意，方能生效。这意味着，“邦联”并不是一个主权机构，这时的美利坚合众国不过是一个由 13 个独立的主权州所组成的松散的政治联合体而已。

二、1787 年联邦宪法

1787 年联邦宪法是世界上第一部近代意义上的成文宪法。这部宪法创造了一个崭新的政治体制，将联邦制与权力分立制衡的政治理论变成了现实，使美国从一个松散的邦联转变为拥有统一中央政权机关的联邦。联邦宪法明确宣布在美国实行共和制，这对当时在世界范围内占统治地位的封建专制制度产生了巨大的冲击。但是，与《独立宣言》相比，1787 年联邦宪法没有强调人民主权，也没有规定公民的基本权利。此外，奴隶制度依然得以保留。

（一）制定背景

在 1787 年年初，邦联国会邀请各州代表在费城召开会议，本意在于修改已经生效 10

年的《邦联条例》，但是参会代表借机起草了全新的宪法。这是因为，各州都已发现，根据《邦联条例》所建立的单一国会制有着显著的缺陷，以召集会议形式存在的邦联不仅难以有效地维持各州之间的关系，更无力应对政治和经济形势的剧烈变化，根本无法带领各州参与由欧洲老牌资本主义国家主导的国际竞争。5 月 25 日，邦联国会召开制定宪法的会议，共有 55 人出席，其中 26 人为资本家代表，其余 29 人则是种植园主的代表。这就是美国法律史上著名的“制宪会议”。

制宪会议围绕起草新宪法展开了激烈的争论。弗吉尼亚代表团提出了一个完整的方案，将国会改为两院制，其中第一院由全国人民直接选举产生；第二院先由各州议会提名，再由第一院议员间接选举产生。这一方案无疑有利于那些人口较多的州的利益，因为全民普选将使大州先在第一院中获得较多的席位，进而在第二院中占据优势。新泽西代表团针锋相对地提出维护小州利益的“新泽西方案”，提出维持各州代表权平等的现状。针对这两个方案，在 6 月底达成妥协方案，最终形成了两院分别选举的体制，其中众议院代表人民，由各州人民直接选举，代表任期 2 年；参议院代表州，由各州议会选举产生，每州 2 名，任期 6 年。然而，会议围绕第一院的名额分配又形成了新的争论，新泽西州等北方的州认为不应把黑人奴隶计算在人口之内，但南方各州则持相反主张。最终方案以“自由人总数加上所有其他人口的五分之三”将两种意见妥协，也就是著名的“五分之三条款”。在这一条款的基础上，关于第二院的争论较快地形成妥协方案。

值得一提的是，关于联邦权和州权的地位问题，也在制宪过程中就引发了激烈的争论。以杰弗逊为首的州权派提出“中央政府的权力是由各州委托的，后者才是唯一真正拥有主权的；中央政府权力的行使必须服从于唯一保有最高统治权的各州”。而以汉密尔顿为首的联邦派则坚持建立强大的联邦政府，主张联邦政府具有至上的权威与地位，虽然联邦政府的权力是有限的，但在权力范围内是至高无上的。这一冲突并未在制宪会议中得到根本性的解决，因此如何恰当行使联邦权力在美国最初的宪法实践中存在着较大的争议，直到 19 世纪 20 年代末才得到解决。

1787 年 9 月 17 日，制宪会议通过了全新的联邦宪法；9 月 28 日，该宪法提交邦联国会通过，并送各州批准。1789 年 3 月 4 日，以联邦宪法为基础的美利坚合众国第一届联邦国会开幕，正式宣布宪法生效。同年 4 月 30 日，美国联邦政府成立，乔治·华盛顿（George Washington，1732—1799）将军当选为美国第一任总统。

（二）结构与内容

1787 年联邦宪法由序言和 7 条文本组成。宪法序言简要阐明了宪法制定的宗旨。序言仅有 52 个英文单词，以“我们人民”（We the people）作为主语，指出制定宪法的目的是“建立更完善的联邦，树立正义，保障国内安宁，提供共同防务，促进公共福利，并使我们自己和后代得享自由的幸福”。根据美国联邦最高法院的解释，序言虽然被包含在宪法全文中，却不是宪法的部分，法院在拟定判例时不能引用。然而，宪法序言，特别是“我们人民”的用语，在美国的社会生活中成为宪法中被引用最多的部分。

联邦宪法的正文仅有 7 条，其中第 1 条规定立法权；第 2 条规定行政权；第 3 条规定司法权；第 4 条规定授予各州的权力；第 5 条规定宪法修正案提出和通过的程序；第 6

条包括多项规定，主要是强调宪法和根据宪法制定的法律以及缔结的条约是“全国最高法律”；第 7 条规定宪法本身的批准问题。联邦宪法的正文部分并未规定公民的基本权利。从联邦宪法的结构和内容上可以看出，“分权”是贯彻始终的重要原则。宪法第 1 条关于联邦立法权的规定，规范的是联邦和各州如何分享治权。由于美利坚合众国是由相互独立的 13 个殖民地协议组成的，各殖民地在合众国成立前享有高度的自治权，因而各州在何种程度上将何种权力让渡给联邦政府，使联邦权力既能有效保障国家运作又无侵犯州自治权力之虞，是宪法首先要解决的问题，也是美国采取联邦主义政治体系所必然要解决的最为核心的问题。这可看作是一种“垂直分权”。联邦宪法体现的另一种分权方式，则是以防止联邦政府滥用权力为目的，将联邦政府的权力分别赋予立法、行政和司法三个机关，相互约束，从而形成联邦层面的“水平分权”。总的来说，联邦主义与分权制衡形成了联邦宪法的两个最基本的原则。

（三）联邦主义原则

联邦宪法规定美国的国家结构形式为联邦制。所谓联邦制，即由两个或两个以上的政治实体结合而成的一种国家结构形式；联邦主义（federalism）则是指由中央政府与地方政府分享宪制上的主权，并且对不同类型的事项拥有管辖权的政治原则。

联邦宪法中的联邦主义原则主要体现在以下三个方面。

第一，联邦与州根据宪法分享主权。联邦宪法采取中央列举、各州概括的方式分别授予联邦与州恰当的权力：一方面，建立有力的中央政府，保障合众国的运作与发展；另一方面，保证各州享有相对独立的政治地位与广泛的自由。根据联邦宪法第 1 条第 8 款的规定，联邦主要享有补充立法权、军事权、外交权、课税权、币制权、准许专利与版权、统一度量衡、管理国际贸易与州际贸易等等共 17 项权力。该条款还规定，国会有权制定为执行宪法授予联邦的一切权力时所需的“必要和适当的法律”。这就为国会扩大联邦权力留出了余地。为保障联邦能够切实享有上述权力，联邦宪法亦规定，各州不得缔结条约、联盟，不得颁发敌船捕拿许可状，不得铸造货币；并规定各州不得通过剥夺公民权案，不得制定追溯既往的法律，等等。另外，为了防止联邦侵蚀各州的权力，联邦宪法第 10 条修正案特别为州权作了一个兜底式的总括规定：“凡是未经列举授予联邦的权力或禁止州行使的权力，均保留给州政府或人民行使之。”

第二，联邦高于各州。这意味着，联邦的法律是全国最高法律，联邦中央较各州处于最高地位，联邦保护各州。联邦宪法第 6 条第 2 款规定：本宪法、依照本宪法所制定的联邦法律以及在联邦权力下所缔结或将缔结的一切条约，概应成为全国最高法律，每州的法官概应受其拘束，不管任何州的宪法或法律中有任何相反的规定。1789 年的《司法法》重申了中央法律在联邦制下为最高法律的原则，规定：凡各州法院不按照联邦宪法第 6 条的规定确认联邦宪法、法律和条约为最高法律的判决，均可上诉至联邦最高法院。此外，联邦宪法也规定了联邦对各州应尽的义务，保证各州实行共和政体，不受外侮，并应各州的请求平定各州内乱。

需指出，1819 年，马歇尔法官在“麦卡洛克诉马里兰州案”中对联邦宪法的联邦主义原则作出了里程碑式的阐述。针对“州权至上”的主张，马歇尔在回溯美国的制宪史之后指出：联邦宪法曾提交给各州人民讨论，并经由他们特别选举出来的代表会议批准通过而“获得充分权威”，因此，其结果是联邦政府直接产生于合众国的人民，并以合众国人民的名义“确认和建立”。各州的确拥有主权，但是这一主权与联邦的主权发生冲突时，州的主权必须服从于联邦的主权，因为“联邦政府断然是而且真正是一个属于合众国人民的政府。无论从形式上还是内容上，它都来源于人民。它的权力是人民赋予的，并直接对人民和为人民的福祉而行使”。马歇尔的判决从根本上否定了州权至上理论，树立了美国联邦主权的绝对权威。“麦卡洛克诉马里兰州案”具有重大的历史意义，它最终平息了联邦派与州权派的争论，为加强和扩大联邦权力提供了法理上的依据，因此被美国法律史学界称为“美国国家主义的一个里程碑”。

第三，各州无论大小一律平等。各州之间应当遵循相互信任、礼让、平等对待的准则。根据联邦宪法第 4 条第 1 款的规定，每个州对于其他州的法令、案卷及司法程序都应当有完全的信任。依据其第 2 款的规定，每个州的公民在其他各州都应当享受公民所有的一切特权和特许，并作出各州相互引渡的规定。

（四）分权制衡原则

联邦宪法确立了立法权、行政权和司法权分别由国会、总统和法院这三个相互独立的部门按照权力分立与制衡的原则行使，这使资产阶级启蒙思想家孟德斯鸠和洛克等人的政治学说变成了美国的政治现实。

第一，立法权属于参议院和众议院组成的合众国国会。参议院由各州选派议员 2 人组成，共计 100 人，任期 6 年，每两年更换其中的 1/3。合众国副总统任参议院议长，但无参议员资格，并且只能在参议院内投票形成平局时才可投票打破僵局。众议院由各州按人口比例选举产生，每两年选举一次。众议院议长由众议员选举产生，传统上为多数党在众议院的领导人。参议员和众议员在任期届满后可连选连任，连任次数没有限制。除立法权外，国会还有宣战、弹劾等权力。就参众两院的职权而言，两院共享立法权，立法程序相同，无先后差异。但参议院有权批准和否决总统提名的行政部门官员和联邦最高法院的法官，众议院则没有此项权力。

第二，行政权属于合众国总统。总统是国家元首，又是行政首脑和武装部队的总司令。总统由选举人团间接选举产生，而非由选民一人一票直接选举产生，任期 4 年。联邦宪法中没有规定连任次数的限制，第一届总统华盛顿形成了两任为限的宪法惯例。1940 年，富兰克林·罗斯福总统打破这一惯例，连任 4 届总统。1951 年，联邦宪法第 22 条修正案明确规定，总统任期不得超过两届。总统是重要的立法者，他可以通过向国会提交咨文和否决国会立法的方式影响国会的立法。总统拥有指挥和监督联邦全部行政部门的大权，一切行政机构在法律上都要向总统负责。总统有广泛的任免权，还享有发布行政命令、调动武装力量等重要权力。

第三，司法审查权属于唯一的联邦最高法院及国会随时制定与设立的初级法院。联邦最高法院法官由总统经参议院同意任命，可以终身任职。1803 年，以约翰·马歇尔为首席法官的联邦最高法院，通过对“马伯里诉麦迪逊案”的判决，确立了由联邦最高法院终局性解释联邦宪法以及审查联邦法律、州宪法和州法律是否符合联邦宪法规定的先例。自此之后，美国法院掌握了司法审查权。

联邦宪法所规定的政权组织形式典型地体现了“三权分立”、相互制衡的组织原则，立法机关、行政机关和司法机关之间的制衡关系非常清晰。

首先，国会享有立法权。但一方面，总统有权否决国会提出的立法案，仅当国会参众两院均以 2/3 多数推翻总统的否决时，该法案才会自动成为法律；另一方面，以联邦最高法院为代表的法院系统能够通过违宪审查的司法手段判定国会某项立法违宪，从而使其失效。

其次，总统享有行政权，可以提名并任命大使、公使及领事、包括联邦最高法院法官在内的联邦法院法官，以及其他合众国官员，但总统的任命须经国会参议院同意，并且国会有权在总统犯有“叛国、贿赂或其他重罪和轻罪”时弹劾总统。同时，法院亦可通过司法审查权裁定总统的行政命令、行政机关颁布的规章条例违宪。

最后，法院独立审判，并享有司法审查权，联邦法官亦终身任职，但联邦法官须经总统提名和国会参议院批准任命。法官如若犯有“叛国、贿赂或其他重罪和轻罪”或违反“法官在职时必须行为良好”的宪法规定，也会遭受国会的弹劾。

三、宪法修正案

联邦宪法自 1787 年至今一直有效，但是美国社会在这二百多年间经历了巨大的变化，这就要求联邦宪法与时俱进，通过自身的修正与完善满足社会发展的需求。但是，联邦宪法第 5 条规定：修正案应由国会两院各以 2/3 多数议员通过后提出，或由国会应 2/3 多数州议会的要求而召开的制宪会议提出，并应由 3/4 多数的州议会或 3/4 多数的州制宪会议批准。这一宪法修改程序相当严格，而且从未改变。联邦宪法也因此被称为“刚性宪法”。

宪法修正案是联邦宪法的重要组成部分。迄今为止，共有 33 条修正案由国会通过并提交各州批准，最终生效的修正案有 27 条，其中对美国政治影响最大的修正案是：关于公民权利的宪法前 10 条修正案，即所谓的“权利法案”（Bill of Rights）；南北战争后关于废除奴隶制、承认黑人选举权的第 13 条至第 15 条宪法修正案；20 世纪后关于扩大选举权、男女享受平等权利的宪法修正案。美国宪法除通过制定宪法修正案的方式进行修改之外，在长期的宪法实践中还有其他修改方式，例如通过联邦最高法院解释宪法、进行司法审查以及由国会、总统、政党创立宪法性惯例而得到改变。

（一）“权利法案”

1787 年联邦宪法文本没有关于公民权利和自由的规定。制宪者对此的解释是，宪法强调的是限制和规范政府权力的宪法，而对公民权利的各项保护都已包含在州宪法之中，因此没有必要把它们再写入联邦宪法中。但是各州民众对此强烈不满，一些州的议会拒绝批准宪法，一些州的议会提出要在宪法中增加公民权利的内容，作为批准宪法的条件，甚至有些州议会自行拟定了关于公民权利的法案。在这种情况下，修改宪法就成为 1789 年召开的第一届美国国会的主要议题。麦迪逊最初起草了 12 条宪法修正案，而 1791 年最终获得批准的10条修正案成为联邦宪法的一部分，一般称作“权利法案”。

“权利法案”的主要内容有四个方面：（1）第1条至第4条规定了公民的基本权利和自由。其中包括：人民有宗教信仰、言论、出版、和平集会及向政府请愿的自由；人民有保障其身体、住宅和财产不受侵犯以及自卫的权利；在进行搜查和逮捕之前必须出示司法当局有适当理由颁发的令状等。（2）第5条至第8条规定了保障公民基本权利和自由所必不可少的法律程序。第5条规定，未经法律的正当程序不得剥夺任何人的生命、自由或财产，即正当法律程序（due process of law）条款。这也是美国实现程序正义的根本法律保障。第6条至第8条对诉讼程序和刑事被告的基本权利作了规定，包括建立陪审制；实行“一事不再理”的原则；不得强迫犯人自证其罪；被告有权得到关于告发事件的性质和原因的通知，有权要求与证人对质、请求保释、委托辩护人等。（3）第9条规定，不得剥夺宪法中没有列入的人民的权利。（4）第10条划分了联邦和州的权力界限。需指出，美国法院最初仅将“权利法案”适用于联邦政府，这意味着公民不能运用“权利法案”对抗州政府侵犯其基本权利的行为。

（二）第13、14、15条修正案

1865年，美国还有特拉华、肯塔基、密苏里、马里兰等四个州存在合法的奴隶制度，第13条修正案规定：“在合众国境内或属合众国管辖的任何地方，不准有奴隶制或强制劳役存在，唯用于业经定罪的罪犯作为惩罚者不在此限。”据此，奴隶制正式废除。1868年通过的第14条修正案将正当程序条款的适用范围从联邦扩大到州，即规定，非经正当法律程序，任何州亦不得剥夺公民的生命、自由或财产。由于正当程序条款的用语高度抽象，未对“生命”“自由”“财产”作明确定义，亦未清晰规范何为程序的正当化，联邦最高法院便利用这种概括性规定的解释空间，通过司法判决将州政府侵犯公民权利的行为纳入权利法案的保护范围之内，从而形成了联邦宪法中的“合并原则”。这意味着，美国法院可以选择将哪些“权利法案”的内容合并到第14条修正案规定的正当法律程序条款中。发展至今，“权利法案”的多数内容已适用于各州，仅有“受大陪审团起诉”、“禁止过高的罚款与过高的保释金”、“禁止驻扎士兵”和“民事案件受陪审团审判”等少数几项权利不适用于各州。同年通过的第15条修正案明确赋予黑人以平等的选举权。

（三）20世纪的宪法修正案

20世纪上半叶，美国一共通过了6条宪法修正案，其中1913年通过的第16条和第17条修正案分别规定国会有权规定并征收所得税，以及代表各州的联邦参议员必须由各州人民直接选举产生。1919年，美国国会通过了第18条修正案，明确禁止在美国国内制造、运输酒类。然而，这一规定引发了社会动荡。至1933年，该修正案被第21条修正案正式废除。在1920年通过的第19条修正案规定，公民的选举权不因性别而受限。这意味着，女性获得了和男性平等的选举权。1933年的第20条修正案则进一步明确规定了总统的任期和国会的议事程序。20世纪下半叶出现的6条宪法修正案大多与总统选举有关，其中1964年的第24条修正案规定，合众国或任何一州不得以未交纳人头税或

其他税款为理由，否认或剥夺合众国公民的选举权。1971 年的第 26 条修正案则规定，合众国或任何一州不得因年龄而否认或剥夺已满 18 岁或 18 岁以上合众国公民的选举权。这些修正案进一步扩大了美国公民的选举权。1992 年的第 27 条修正案涉及国会议员薪资变更的效力问题，这也是迄今为止最后一条行之有效的宪法修正案。

第三节 私 法

与英国一样，美国没有民法的概念。英美法系国家的民法在法传统中大致包括三个主要部分：财产法、契约法和侵权行为法。民法和商法之间也没有严格界限，美国学者习惯将其统称为私法。在法系传统中属于民商法范畴的法律，如财产法、契约法、侵权行为法、继承法、婚姻家庭法、公司法、破产法等，被视为独立的法。私法领域的立法权大多归属于州。

一、《统一商法典》

（一）《统一商法典》的制定

1892 年，美国统一州法全国委员会成立，在全美掀起统一州法运动的浪潮。鉴于跨州商事交易日益频繁，法律体系化和统一化的需求突出地反映在商法领域。统一州法委员会先后起草了一系列单行法案，如 1906 年的《统一买卖法》《统一货栈收据法》、1909 年的《统一提单法》《统一股票转让法》、1918 年的《统一附条件买卖法》、1933 年的《统一信托收据法》等。但是，这些草案并未被各州采用，在各州的适用效果不佳，经过后续多次修改之后，并未得到根本性的改善。1940 年，美国统一州法委员会主席施纳德（W. A. Schnader）提出，与其对这些单行法案进行反复的修补，不如制定一部统一的商法典。美国现实主义法学家卢埃林（K. N. Llewellyn，1892—1962）后来成为这部法典的首席报告人。1942 年，美国法学会和美国统一州法委员会将起草《统一商法典》纳入工作计划。1952 年，委员会公布《统一商法典》的正式文本，后于 1957 年、1958 年和 1962 年相继发表修正版，作为示范性文本，推荐给各州采用。从《统一商法典》的推行效果来看，除路易斯安那州没有全部接受之外，其他各州均采用了该法典。此后，法典常设编辑委员会又于 1972 年、1978 年公布修订文本。

（二）《统一商法典》的原则与内容

《统一商法典》的基本宗旨是：第一，使调整商业交易的法律更加简洁、明确并适应现代要求；第二，使商业行为能够通过习惯、惯例和当事方协议不断获得发展；第三，使各州调整商业交易的法律统一。为了达到这些目的，《统一商法典》确认了美国商法的核心原则：第一，商业习惯和惯例对法律的影响应被予以合理承认并适用；第二，公正平等、诚实信用应成为商事交易活动的基本准则；第三，商事交易活动在最大的限度上予以简化以便提高交易效率；第四，法典本身的规定并非一成不变，在不损害州利益的情况下可以自由修正。

在这些原则的指引下，《统一商法典》既有灵活性又不失原则性，例如：法典一方面规定各条款的效力可以通过当事方的协议加以改变，另一方面又规定法典中所要求的善意、勤勉、合理和注意的义务，不得通过协议加以排除；法典一方面允许商业交易行为采取灵活的形式，另一方面又作了必要的限制，包括对货物买卖合同采取形式的限制、对证券交易的限制、对担保协议的限制、对其他动产交易合同形式的限制等。因此，《统一商法典》既能有效适应不断变化的社会需要，又对商业活动划定了统一的和合理的法律底线。

《统一商法典》共分 10 篇，依次分别是总则，买卖，商业票据，银行存款和收款，信用证，大宗转让，仓单、提单和其他所有权凭证，投资证券，担保交易、账债和动产契据的买卖，生效日期和废除效力。从内容来看，《统一商法典》并未涉及商法的全部领域，例如破产、公司、合伙、海商等方面的法律规范，就未被包括在内。

（三）《统一商法典》的特点

《统一商法典》实现了各州在处理商事法律冲突中的协同一致。虽然该法典仅仅具有示范性效力，各州在具体采用时可以根据各州的情况采用不同的文本，但是，统一的理念和原则已经在这部商法典中得到充分的体现。

《统一商法典》是成文法改造普通法的成功尝试。它把普通法的规则加以系统化，不仅起到了整理普通法的效用，而且突破了普通法的许多古老原则，是以成文法改造普通法的成功尝试。《统一商法典》吸纳了很多传统商业惯例，并予以固定化，为商事交易提供了明确的规则。这部法典创造性地使用了商事专业术语，推动了向现代商法的发展进程。同时，《统一商法典》既可适用于商人，也可以适用于普通民事主体的一般民事买卖行为。这既反映了英美法民商合一的传统，也反映出当代民法的商法化趋向。

《统一商法典》以买卖为核心，只涉及动产交易，内容范围比传统商法的要窄，因此很难独立运用。法典一些术语在不同的条款中语意表述有差异，容易引起歧义。

二、公司法

根据联邦宪法的规定，有关公司的立法权属于各州，但联邦法律与公司有密切的关系，如反托拉斯法、联邦证券交易法。

（一）公司法的历史沿革

在北美殖民地时期，只有少数以营利为目的的公司在获得英王颁发的特许状后成立，如 1606 年的弗吉尼亚公司和 1629 年的马萨诸塞湾公司。后来，公司的股东演化为选民，每年投票选举的董事组成殖民政府的立法机关及行政执行机构。在独立前，美国不存在一般性的公司立法，公司的成立须经英王、英国议会或当地总督、议会的批准。

在美国独立后，公司的发展进程加快，1830 年仅在新英格兰登记的公司就有 1 300

家。起初，美国遵循英国的法律程序，要由立法机关通过一个特别法案授予特许状，公司才能成立。这种程序颇费周折，不能适应经济迅速发展的需要。1811 年纽约州颁布的公司法改变了上述程序，规定只要公司的发起人订立了公司章程，向政府申请登记，政府就发给执照，准许成立。其他各州纷纷仿效。这表明，美国公司的成立，由国家特许主义转向国家许可主义。

由于对公司的管辖权属于各州，公司创办人首先要选择公司在哪一个州注册，并向该州的州务卿提出注册申请和公司章程等文件。以各州公司法中最具典型意义的特拉华州公司法（1899 年）为例，公司章程规定的事项有公司名称、公司所在地址、经营业务的性质、批准发行的股份数额、公司准备开业的资本总额、公司创办人的姓名及住所、公司的营业时限。该章程规定，公司不必在其设立的州内营业。特拉华州的公司法为设立公司提供了更自由和便利的条件，许多公司涌入该州注册登记。在纽约股票交易所上市出售有价证券的公司中，有近一半的公司是在特拉华州登记的。

自 20 世纪以来，联邦政府加强了公司立法，其中重要的有 1933 年的《证券法》和 1934 年的《证券交易法》。1928 年，美国统一州法委员会起草并推出《统一公司法》，得到了一些州的采用。1950 年全美律师协会起草了《标准公司法》，经多次修改，至今已为绝大多数州采用，但是，特拉华州、加利福尼亚州、纽约州和新泽西州等州依然采用适合本州的州公司法。

（二）公司法的基本内容

（1）公司的基本特征。根据《标准公司法》的规定，公司的基本特征是：它是从事经营活动的资合公司；以自己的名义享受权利、承担义务，因而可以起诉和被诉；公司只能以公司的财产偿付其债务，而其股东并不承担公司债务；公司的股份可以自由转让，所以公司的存在不取决于特定股东的存续；代理权和业务执行权集中于董事会。

（2）公司的管理。《标准公司法》规定：股东、董事会和公司的执行机构参加公司的管理。股东作为公司的出资人，取得公司股份，按拥有的股份数额享有权利、承担义务。股东大会是公司的最高权力机关。其主要权力是任命或解除董事职务，决定公司重大事宜，如章程的变更、资本的筹集、公司的解散及清算等。董事会全面负责公司的业务执行和代理，董事会至少由 3 名董事组成。为保证中、小股东的利益，采取比例投票制的选举方法选举董事，每一股份的表决票数与应选董事的人数相同。董事有权为了公司的利益提起诉讼。在董事会无理拒绝提出诉讼，或由于董事本身被认为有错误行为而不适宜作为公司的代表提出诉讼时，股东可以依据法院创立的派生诉讼权为公司的利益提起诉讼。

（3）公司的解散。《标准公司法》规定，公司的解散有强制解散和自愿解散两种情况。前者是在检察官提出公司有违法行为，或公司无力偿还债务而由债权人向破产法院提出申请，或股东利用派生诉讼权提出诉讼的情况下，由法院裁决公司解散；后者是依据股东的意愿，结束公司业务。公司解散后，法人资格即终止，公司的权力由接管和清算公司资产的受托人行使，公司资产按法定程序进行清算。

（三）20世纪美国公司法的特点

（1）美国公司一般指有限责任公司。① 在大陆法系和英美法系中公司的概念有所不同。大陆法系中的公司是指依照商法或有关法律成立，以营利为目的的社团法人。英美法系中的公司是指依法联合从事某项活动的人们所自愿组合的机构，其本质属性是法人及其有限责任。因此，英美法系中的公司一般仅指有限责任公司；凡股东负无限责任的属于合伙，法律不承认其为公司。

（2）有封闭公司和开放公司的分类。美国公司法按公司股票掌握的对象，将公司分为封闭公司和开放公司。封闭公司的股票全部或几乎全部由建立该公司的少数人占有，股票不上市、转让或公开出售。封闭公司股东的最低法定人数为2人，总数限制在50人以下；开放公司的股东人数不得少于7人，没有对最高人数的限制。

（3）政府加强了对公司的控制。20世纪后，联邦政府加强了对公司的控制与管理，除制定与公司法有关的法律外，还在统一各州公司立法方面有重大进展。

三、破产法

在19世纪中叶以前，美国曾分别于1800年和1841年颁布过两部联邦破产法，但这两部法律都实施不久即被废止。在19世纪末，美国才真正制定出有影响的并得到真正贯彻实施的破产法。

在1890年、1893年、1896年，美国连续遭受金融危机的打击。危机使许多大公司的债务得不到清偿，资金得不到良性运转，既直接损害了债权人的利益，也使负债公司因负债累累而被强制性地拍卖财产或宣布停业，最终危及社会的安定。因此，迫切需要制定一部切实可行的破产法，通过重组企业达到既保护债权人的权益，也不致使债务人遭受更大经济损失的目的。1898年1月，美国国会通过了一部《联邦破产法》（Bankruptcy Act）。该法规定：任何一个债务人，都有自愿破产的权利；对主要从事农业种植的人和工薪阶层不能强制其破产；破产企业的工人和职员可优先获得破产前3个月或300美元以内的工资作为补偿。这部破产法的颁布实施，奠定了美国现代破产法的基础。

后来，随着美国经济的迅速发展，已经实施80年的《联邦破产法》显然已不能适应经济生活的需要。在这种情况下，于1978年国会通过了对该法作重大修改的《破产改革法》（Bankruptcy Reform Act，1978），随后又分别于1984年和1986年对该法进行了两次修订。第一次修订的主要内容是界定破产法官与联邦地方法官的管辖权，第二次增设

---

① 有限责任公司在美国公司法体系中具有不同的含义。它一方面指仅承担有限责任的公司，另一方面则可以用来指代根据《有限责任公司法》（Limited Liability Company Act，简称LLCA）所设立的一种特别的公司形式——“有限责任公司”（Limited Liability Company，简称LLC）。与通常意义上的公司（corporation，简称C-corp）相区分，这种特殊意义的“有限责任公司”是为满足中小投资者的需要，而特别设计的一种“公司”类型。它的所有人并不被称为股东而称为成员（members），以便与通常意义上的公司（C-corp）股东进行区分。它不仅可以享受有限责任保护，同时在税收征纳上它无须缴纳公司税，仅由其成员缴纳从公司获得收益的个人所得税，从而避免一般公司上的“双重征税”。因此，这种形式的公司成为中小投资者经常会选择的一种公司模式。

了联邦信托人和家庭农场破产法。此外，国会又于 1988 年和 1990 年分别通过了专利及知识产权破产事项的修正案和个人债务的债务解脱修正案。至此，美国的破产法体系已臻于完备。

现行的破产法共分 8 章，除个别章外，多数章均按单数编号，即第一、三、五、七、九、十一、十二、十三章。第一章规定了有关破产定义、解释规则、破产法的具体效力，以及适用各特定程序的债务人资格的规定；第三章是关于案件管理的规定，包括破产信托人的指定和报偿；第五章是关于请求、分配程序及宣布破产信托人权利无效的规定；第七章是对一切个人及企业组织适用破产清算的规定；第九章是对地方政府实体债务的调整的规定；第十一章是对商业组织重组的规定；第十二章是对农户的债务调整的规定；第十三章是对个人债务的调整的规定。

各章的内容编排表明，美国破产法也同其他国家的破产法一样，程序法与实体法相结合。《破产改革法》规定的破产程序分为直接破产程序和协商改组程序两种。直接破产程序由债权人或债务人向法院提出申请，依法宣布债务人破产并对其财产进行清算。协商改组程序是由债权人和债务人双方签订协商改组协议，改变债务人企业的经营管理机制，暂缓清偿债务，如暂缓期满，债务人仍无力清偿债务，可转为直接破产程序，其目的是在维护债权人的利益的前提下，给债务人一个通过对企业的调整或重组获得新生的机会。

第四节　经济与社会立法

一、反托拉斯法

美国是世界上最早制定反垄断法的国家之一。在 19 世纪下半叶，美国开始进入垄断资本主义时期，随着经济的迅猛发展和科技进步，垄断成为经济生活中的突出现象，托拉斯组织凭借其强大的经济实力，控制市场，规定市场价格，划分经营范围和销售地位，排挤和打击竞争者，损害中小企业及广大消费者利益，严重影响了自由经济的顺利发展。一方面，各州独立的立法不能有效地制止州际或对外贸易上的垄断行为和不公平行为；另一方面，根据原有的普通法规范，法院对上述现象也缺乏有力的制裁措施。遍及各州的反托拉斯运动空前高涨，反托拉斯立法应运而生。美国反托拉斯法主要是联邦立法。

（一）《谢尔曼法》

美国第一部反托拉斯法是 1890 年国会制定的《谢尔曼法》(Sherman Act)。该法的正式名称为《保护贸易及商业免受非法限制及垄断法》。《谢尔曼法》是美国反托拉斯法中最基本的一部法律，全文共 8 条，其主要内容规定在第 1 条和第 2 条中。第 1 条规定：以托拉斯或任何类似形式限制州际贸易或对外贸易者均属非法，违者处以 5 000 美元以下罚金，或 1 年以下监禁，或二者兼科。第 2 条规定：凡垄断或企图垄断，或与其他任何人联合或勾结，以垄断州际或对外贸易与商业的任何部分者，均作为刑事犯罪，一经确定，处罚与第 1 条相同。

《谢尔曼法》是美国历史上政府全面控制经济的首次尝试，法院面临严峻挑战。首先，该法涉及大量的经济分析，其精密性要求远超过其他方面的案件。其次，该法所涉及的是庞大的公司、复杂的工业结构和广泛的商业活动，其档案材料浩如烟海。最后，该法本身措辞笼统，如“贸易”“联合”“限制”等的词义不确切，给司法解释带来难度。《谢尔曼法》颁布后遭到大资本家的激烈反对，执行不力。1895 年，联邦最高法院在“美国诉奈特公司案”的判决中宣布，制造业中的托拉斯并不从事商业，不属于联邦管理州际商业的权力范围，因而不适用《谢尔曼法》。1911 年，联邦最高法院又在“美孚石油公司诉美国案”的判决中裁定，限制商业的活动是否非法，取决于这种限制活动是否“合理地进行”。至于哪些垄断行为“合理”、哪些“不合理”，则成为法院自由裁量的问题了。《谢尔曼法》还常常被法院用于反对工会组织，镇压工人罢工运动。工会不断被法院宣布为“特种托拉斯”，是垄断组织；工会组织的罢工活动是“妨碍贸易的行为”，是非法行为。仅 1890 年至 1897 年间，联邦最高法院就根据《谢尔曼法》作出了 12 项不利于工会的判决。

（二）《克莱顿法》

1914 年，美国国会制定了第二部重要的反托拉斯法，作为对《谢尔曼法》的补充。该法是由众议员克莱顿提出的，因此被称作《克莱顿法》（Clayton Act）。该法规定以下行为属非法行为：（1）“可能在实质上削弱竞争或趋向于建立垄断”的商业活动；（2）价格歧视，即同一种商品以不同价格卖给不同买主从而排挤竞争对手的行为；（3）搭卖合同，即厂商在供应一种主要货物时坚持要买方必须同时购买搭卖品的行为；（4）在竞争性厂商之间建立连锁董事会，即几家从事州际商业的公司互任董事的行为；（5）在能够导致削弱竞争后果的情况下购买和控制其他厂商的股票。

（三）《联邦贸易委员会法》

1914 年，美国国会还制定了《联邦贸易委员会法》（Federal Trade Commission Act）。该法规定设立联邦贸易委员会，负责执行各项反托拉斯法律。其职责范围包括搜集和编纂情报资料、对商业组织和商业活动进行调查、对不正当的商业活动发布命令阻止不公平竞争。

以上几项法律至今仍是美国反垄断、管理州际贸易和对外贸易的主要法律。1936 年国会又通过《罗宾逊-帕特曼法》（Robinson Patman Act），对《克莱顿法》的若干规定加以修正；1938 年制定了《惠勒-利法》，1950 年又制定了《塞勒-凯弗维尔法》，分别对《联邦贸易委员会法》的第 5 条和第 7 条加以修正，1980 年的《反托拉斯诉讼程序改进法》又对其第 7 条作了更严格的修改。通过这些立法的修正，上述三个主要反托拉斯法所确立的美国竞争法律制度得到不断补充和完善。

二、劳工立法

在劳工关系方面，在 19 世纪末 20 世纪初，联邦和各州立法机关制定了一些有关工时、工资、工伤事故、童工和女工等问题的法律。联邦最高法院为私有财产神圣不可侵犯的资本主义法制原则作辩护，一再宣布这些法律违宪。1905 年的“洛克诉纽约州案”就是一个典型案例。

在 20 世纪 30 年代，随着经济危机的日趋严重，工人运动势不可挡。1932 年，国会通过《诺里斯-拉瓜迪亚法》（Norris-LaGuardia Act）。这是美国联邦立法史上第一个调整劳资关系的法律。该法给予工会代表工人签订集体合同的权利，禁止法院对工会使用反托拉斯法。

1935 年，国会通过《国家劳工关系法》（National Labor Relations Act），又称《华格纳法》。该法规定，雇工有“组织、成立、参加或支持劳工组织，通过他们自己选出的代表进行集体谈判，以及为了集体谈判或其他互助或保护的目的而进行一致行动”的权利，即承认工人有组织工会、进行集体谈判和举行罢工的权利。该法禁止雇主操纵或干涉劳工组织、歧视工会会员和工人、拒绝同工人选举的代表进行集体谈判。该法规定，成立国家劳工关系局，其作为执行该法律的政府机构，有权处理劳资纠纷，有权就雇主侵犯雇工权利的行为向雇主发出禁令，由法院强制执行。

1947 年，国会通过《美国劳资关系法》（Labor-Management Relation Act），通称《塔夫脱-哈特莱法》（Taft-Hartley Act）。该法的主要内容为：（1）禁止同业工人举行全国性的集体谈判，工人进行集体谈判的代表范围限制在 50 英里（约 80 千米）以内。（2）同一行业工厂的工人不得同时谈判罢工，禁止以同情罢工彼此支援。任何罢工必须有 60 天静候调查的“冷却时期”，以待政府的调查和仲裁。（3）禁止工会进行纠察和“一切非法的联合”。（4）在“危害国家安全”时，总统有权指令司法部长要求法院发布在 80 天内禁止罢工的禁令。（5）禁止工会与厂主订立只许雇用工会会员的合同，禁止工会要求同厂的工人加入同一工会组织。（6）工会不得以自己的基金作为政治活动之费用。（7）禁止共产党员或共产党的同情者在工会中工作。美国关于行政部门及政府官员和雇员的法律规定，禁止国家公务人员罢工，参加罢工者应“立即予以解雇，剥夺其国家公务人员的身份，并在 3 年内不得在任何国家机关中复任公职”。

三、社会保障法

美国在第一次世界大战后制定了一系列有关社会福利的法。社会福利法由联邦和各州的专门行政机构执行，相关诉讼由普通法院受理。

1935 年，国会通过了被富兰克林·罗斯福总统称为“新政”的“最高成就”的《社会保障法》（Social Security Act），在美国历史上第一次建立了联邦的社会保障体系。该法也是历史上第一部正式以“社会保障”命名的法典，其主要内容包括联邦政府资助各州对贫困老人、孤苦儿童和盲人提供救济，帮助残废者得到职业，对保健机构实行补助，对退休职工提供养老金，对失业工人提供救济费等。总之，老年社会保险、盲人和残废者补助、老年补助、未成年补助和失业社会保险五大项目构成了补助劳动者生活的“生活安全网络”。

在第二次世界大战后，《社会保障法》经过多次修改和补充：在 1957 年增加了“残疾人福利计划”（此前于 1939 年增加了“遗属抚恤计划”），在 1966 年增加了 65 岁以上老人“医疗保险”，从而进一步扩大了适用范围，成为美国实行“福利国家”政策的重要内容。

第五节 刑 法

美国的刑法不是一个单一体系，其渊源具有多样性。鉴于美国的联邦体制，联邦和州都有各自独立的法律体系，每个法律体系又都有由不同比例的制定法和普通法所组成的刑事法律制度。在制定法中，刑法的渊源除联邦和各州立法机关制定的刑事法律外，还包括行政机关制定的含有刑罚规范的法律文件，如行政条例、城市法令、地方法规等；而在普通法中，除判例外，还包括权威性法学著作中阐述的刑法原理。

一、刑法的渊源

（一）普通法

美国刑法是在英国普通法的基础上发展起来的。殖民地时期的刑事诉讼完全以英国判例法为基础，一部分上诉案件还需到英国本土接受审理。自独立之后至 19 世纪末，美国仍旧主要援用英国普通法。自 19 世纪以后，美国联邦和各州的立法机关都制定了单行刑事法规，并对英国传统的普通法刑法原则进行了修正。至 20 世纪初，多数州都制定了关于犯罪和刑罚的成文法，这些成文法是对既已存在于各州的普通法的法典化。此后，普通法上的罪名被废除，但是法官在判决中仍然可以引用普通法原理作为判决的理由。

（二）联邦宪法

联邦宪法直接规定了“叛国罪”的构成要件和审判程序。联邦宪法第 3 条第 3 款规定：“背叛合众国的叛国罪，只限于发动反对合众国的战争，或者依附合众国的敌人，给敌人援助。无论任何人，非经该案证人二人证明或经其本人在公开法庭供认，不得受叛国罪的裁判。”联邦宪法规定的叛国罪以及同叛国罪相关的犯罪的司法管辖权属于联邦法院。美国联邦法院审理的第一起叛国罪是 1807 年的“美国诉伯尔案”：被告人伯尔在 1801 年至 1804 年之间担任美国副总统，他在卸任之后开始组织人员，从事将路易斯安那州从美国分裂出去的活动。1807 年，联邦最高法院大法官马歇尔依据本案对叛国罪作出从严解释。

联邦宪法第 2 条第 4 款规定了对特殊犯罪主体的“弹劾程序”，即对于总统、副总统及合众国文官，在遭受叛国罪、贿赂罪或其他重罪与轻罪的弹劾和定罪时，先由众议院提出弹劾议案，后由参议院在联邦最高法院首席法官主持下进行事实和法律的审判，最终对弹劾案作出判决。自 1789 年以来，被弹劾免职的联邦官员共有 13 人，其中有 4 人被定罪。1974 年，尼克松总统因“水门事件”面临众议院的弹劾指控，被迫辞职。

（三）联邦刑事立法

联邦宪法规定，联邦国会在刑事立法方面享有的立法权包括：制定关于伪造合众国证券和流通货币的惩罚规则；规定和惩罚在公海中所犯的海盗罪与重罪及违犯国际公法之罪；宣告和惩罚叛国罪；通过剥夺公权的法案、追溯既往的法律或损害契约义务的法律等。除上述明文列举的联邦刑事立法事项之外，凡是宪法不禁止各州行使的其他刑事立法事项，均由各州行使。

除上述由宪法列举的刑事立法权以外，联邦国会还利用“默示权”制定了大量的联邦刑事法规。1790 年的《犯罪法》(Crime Act) 是最早的联邦刑事立法，该法规定了包括叛国罪、海盗罪、伪造罪、伪证罪、贿赂罪、公海上的谋杀和其他犯罪、违反国际公法的犯罪等等。至 19 世纪 70 年代，美国国会已经着手将联邦制定法进行统一的编纂，其首个成果就是于 1873 年颁布的《联邦修正法律》(The Revised Statutes)。它也是《美国法典》的前身。此后，国会对《联邦修正法律》不断进行修订。1877 年的《联邦修正法律》对当时已有的联邦刑事法律进行了一个系统的汇编，刑事问题在其 5 600 多节条文之中占了 227 节。这次对联邦刑事法律的统一编纂取得的最主要的成果就是对联邦刑事法律进行了分类。联邦刑事犯罪被分成了危害政府存续的犯罪、在领海和陆地领土的犯罪、侵害正义的犯罪、危害政府运行的犯罪、政府官员的行为不当、侵犯民权的犯罪等几类。每一类犯罪都单独成为《联邦修正法律》的一篇，其下包括数目不等的几节条文，具体规定隶属于此类的罪名。

1909 年，联邦国会通过了《编纂、修正、改订联邦刑事法规的法律》，其适用范围较 1877 年的法律广，增加了妨害国际贸易和州际贸易罪与妨害邮政罪。1948 年，美国将联邦刑事法规进一步整理和编纂，编成《美国法典》第十八篇，即“犯罪与刑事诉讼”篇。自 1948 年以后，该篇经过数百次修改，是美国现行有效的联邦刑法典。1966 年，美国国会建立“联邦刑法改革全国委员会”(National Commission on Reform of Federal Criminal Laws)，该委员会于 1971 年提出《联邦刑法典（草案）》，但法典的批准遇到巨大困难，至今未正式颁布。

（四）州的刑事立法

根据联邦宪法规定，美国的刑事立法权主要在各州。从 19 世纪起，多数州的立法机关制定了刑事法规。各州的刑事立法有两种情况：一种是将全部罪都规定在所制定的刑法典中，刑事控告完全根据刑法典进行，法官不能创造新的罪名；另一种是将部分罪规定在制定法中，对其他犯罪的控告仍然依据普通法。

1962 年，美国法学会提出《模范刑法典》(Model Penal Code)，其宗旨是为州刑法的修改和制定提供范本。《模范刑法典》由四个部分组成，包括总则、具体犯罪、处罚和矫正、矫正机关。此后，多数州以《模范刑法典》为蓝本制定了刑法典。有些州几乎全部采用了《模范刑法典》；而有些州则只采用其认为适当的《模范刑法典》的部分条文，并将其纳入已制定的刑事法律体系。因此，尽管《模范刑法典》本身并不是具有约束力的法典，但其对美国各州的刑事立法具有极高的示范意义。

二、犯罪与刑罚

1. 犯罪

美国曾长期沿用英国普通法中的犯罪分类，把犯罪分为叛逆罪、重罪和轻罪。联邦宪法中专门规定了叛逆罪，联邦和各州的刑事立法则将具体犯罪分为重罪和轻罪两类。重罪是指判处死刑或 1 年以上监禁的犯罪，包括谋杀、强奸、抢劫、严重行凶、侵入住宅、偷窃汽车等等；轻罪指被判处罚金或 1 年以下监禁的犯罪，包括少量金额的偷窃、情节不严重的行凶、非法使用车辆等。有些州的刑法除规定重罪、轻罪外，还附加了轻微罪、违警罪。为便于法官在量刑时掌握，美国刑法在各等犯罪之内还划分出不同的级别，如 1962 年的《模范刑法典》就将重罪划分为三级，伊利诺伊州刑法典将重罪划分为四级。

2. 刑罚

1791 年联邦宪法第 8 条修正案明确禁止施予残酷、逾常的刑罚。美国刑法中的主要刑罚有死刑、罚金和监禁、缓刑等等。

（1）死刑。

死刑的废存问题在美国长期存在争论。从 1967 年起，美国实际已停止死刑执行。但在 1977 年后，针对治安恶化的形势，有些州又恢复了死刑。死刑的执行方法有电椅、煤气窒息、绞首、枪决、注射剧毒药品等。

美国死刑案件的诉讼程序十分复杂。死刑案件的起诉基本上由大陪审团裁决。死刑案件的一审须经两次审理，第一次审理确认犯罪事实存在与否、罪名是否成立，第二次审理确定是否判处死刑。两次审理都必须在同一法院由陪审团审理。法官无权判处死刑，必须由陪审团作出死刑裁决。一审结束后，死刑案件会经过州最高法院、联邦上诉法院乃至联邦最高法院的多轮上诉复核程序。若仍维持死刑判决，则由州检察长向州长或者州的相关机构通报，申请签发含执行日期的死刑执行命令。据统计，美国一个死刑罪犯从判决死刑到最后执行死刑平均要花 11 年时间，平均耗费 500 万美元以上，个别案件耗时长达几十年，耗费数千万美元。最终被确认需要执行死刑的罪犯可以请求宽恕。

（2）罚金和监禁。

美国刑法中最常见的惩罚是罚金和监禁。罚金适用于轻微犯罪与经济犯罪，监禁则适用于大多数杀人、盗窃、强奸等严重的犯罪。各州刑法中的监禁刑一般可分为不确定刑期、确定刑期和强制刑期三种。不确定刑期指规定刑期的最低限和最高限，在此期间如果犯人表现好，可以减刑或假释。确定刑期指刑期是固定的，亦可因犯人表现好而减刑或假释。强制刑期指法典明确规定必须判处规定刑期，法官无权改动。

（3）缓刑。

美国的缓刑是一种替代监禁的刑罚制度。1878 年，马萨诸塞州议会批准缓刑，这也是世界上最早关于缓刑的法律规定。1962 年《模范刑法典》规定，重罪缓刑考验期不超过 5 年，轻罪缓刑期不超过 2 年。

3. 刑罚适用

根据美国刑法中的“数罪”概念，一个犯罪过程触犯两个或多个罪名，或相同行为多次触犯相同罪名，都构成数罪。数罪并罚，一般采用相加原则。鉴于美国刑法规定的刑期幅度大，例如，伊利诺伊州《犯罪法》规定，特级重罪的刑期是6年至30年，这导致有期监禁无期化的弊端，刑期可高达数百年。

为了防止量刑偏差，实现量刑公正，1984年美国国会通过《量刑改革法》(Sentencing Reform Act)。该法授权成立独立的联邦量刑委员会（The United States Sentencing Commission)。委员会由7名具有投票权和2名不享有投票权的委员组成，负责制定《联邦量刑指南》(Federal Sentencing Guidelines)。1987年11月1日，《联邦量刑指南》正式生效。除每年例行修正一次外，国会可以通过发布特定刑事政策指令进行修改。《联邦量刑指南》适用于联邦法院管辖权内的绝大多数的重罪和A级轻罪案件，刑罚种类涉及监禁、罚金、假释和受监督释放（Supervised Release）等。该指南对监禁刑的规定最为详尽，依靠高度量化和技术化的量刑表（Sentencing Table)，以监禁的月数作为量刑差异的基本单位，对于不同严重程度的罪行施加不同的量刑，同时亦减少相似罪行量刑的差异幅度。《联邦量刑指南》不适用于州法院。

第六节　司法制度

一、法院组织与职权

美国设有两套法院组织系统：一套是联邦法院组织系统，另一套是州法院组织系统。两套系统彼此独立，互无从属关系，只是在司法管辖权上各有分工。

（一）联邦法院

1. 组织体系

1789年美国第一届国会颁布的《司法法》规定，美国联邦法院系统包括联邦最高法院、联邦上诉法院、联邦地区法院和联邦专门法院。

（1）联邦最高法院是联邦法院系统的最高层级。1790年，联邦最高法院由首席大法官1人和大法官5人组成；至1869年，国会通过法令，规定联邦最高法院由首席大法官1人和大法官8人组成，至今未变。全部9名大法官均由总统提名，并经参议院同意后任命，可终身任职。联邦最高法院采取全体法官出庭审理的全庭审理（en banc）的审判方式，最低出庭审理人数为6人。联邦最高法院享有高度的自由裁量权，大法官在任期内无须按照所属政党、总统和参议院的要求进行审判。联邦最高法院全权决定是否受理从联邦上诉法院或州最高法院提起的审理请求。当事人需要向最高法院申请调卷令（Writ of Certiorari)，请求最高法院签发此令状给下级法院，要求下级法院将案件的诉讼记录移交给最高法院进行审理。联邦最高法院一般会选择那些引发民众广泛争议、具有重大社会影响、涉及重大价值判断的典型案件进行审判。从1882年起，联邦最高法院将其判决编成《美国判例汇编》（United States Reports），这一汇编对全国一切法院均有约束力。

（2）联邦上诉法院，亦称巡回上诉法院，成立于1869年，是联邦法院系统内仅次于最高法院的层级。上诉法院只有上诉管辖权，负责受理不服联邦地区法院判决或联邦某些管理机构裁决的上诉案件。全美50个州一共分为11个巡回区，其中哥伦比亚特区是一个单独的巡回区，每一巡回区设立1个上诉法院，名称分别为第一至第十一上诉巡回法院（Circuit Court of Appeal）。联邦专门法院设有专门的上诉法院，名为联邦巡回上诉法院（Federal Circuit Court of Appeal）。上诉法院设法官3人至15人，开庭审理案件的法官一般为3人，要案、难案需由全体法官参加审理。一般来说，上诉法院的判决为终审判决。

（3）联邦地区法院是联邦法院系统的初审法院（Trial Court）。迄今为止，全美共有94个地区法院，具体分布如下：第一，每州至少有1个地区法院，像纽约州、加利福尼亚州和得克萨斯州等大州，最多可以有4个；第二，哥伦比亚特区有1个地区法院；第三，美国海外属地中的波多黎各、关岛、维尔京群岛和北马里亚纳群岛各设有1个地区法院，这4个地区法院一般被称为属地法院（Territorial Court）。每个地区法院有1名至27名法官，重大案件要有3名法官审理，一般案件只由1名法官独自开庭审理。地区法院是联邦法院系统中唯一实行陪审制的法院。

（4）联邦专门法院与联邦地区法院一样都是初审法院，但其管辖权涉及专门领域。联邦专门法院主要包括联邦权利申诉法院、国际贸易法院、税务法院、军事上诉法院。此外，某些联邦行政体系中的独立管理机构也享有部分司法权，如联邦贸易委员会、全国劳工关系局等，可以就职权范围内的争议作出裁决。

2. 管辖范围

根据联邦宪法第3条第2款的规定，联邦司法管辖权依案件的性质可分为两类：一类是发生在联邦宪法、法律以及美国与其他国家缔结的条约上的涉及普通法和衡平法的案件，另一类是关于海上裁判权及海事裁判权的案件。

而依当事人的身份不同，联邦司法管辖权可分为七类：（1）一切有关大使、公使及领事的案件；（2）以合众国为当事人一方的诉讼；（3）州与州之间的诉讼；（4）州与另一州公民之间的诉讼；（5）一州公民与另一州公民之间的诉讼；（6）同州公民之间为不同州所让与的土地而争执的诉讼；（7）一州或其公民与外国政府、公民或其属民之间的诉讼。1798年国会通过的第11条宪法修正案规定，他州公民、外国公民或外国属民起诉美国某一州的任何普通法或衡平法的案件，不得由联邦法院受理。据此，一州公民控诉另一州的案件，只能首先在州法院起诉，联邦最高法院对此类案件只有上诉管辖权。

一般来说，联邦地区法院的管辖权主要有两类：一类是联邦问题管辖权，即对涉及联邦宪法、联邦法律和联邦已签订的条约的案件的管辖权；另一类是多样性管辖权（diversity jurisdiction），例如，价值超过75 000美元的民事诉讼、当事人分属不同的州或当事人一方为外国人或外国政府时的诉讼。此外，联邦地区法院还可审理海事案件和联邦政府或联邦政府官员作为原告提起的诉讼。

美国联邦最高法院除享有上诉管辖权外，对某些特殊案件还享有初审管辖权，包括州与州之间的争讼，涉及各国驻美大使、公使和参赞等外交人员的案件、联邦和州之间的争议，州对其他州公民和外国公民提起的诉讼。需指出的是，联邦最高法院对州与州之间的争讼享有排他管辖权，其他联邦法院和州法院均无权受理。

虽然联邦宪法明确规定了属于联邦法院的司法权限，但国会仍有权决定哪些案件仅由联邦法院审理，哪些案件可由州法院审理。除此之外，上述各种由联邦法院享有管辖权的案件，由于未有法律明文禁止州法院对其行使管辖权，联邦法院和州法院享有事实上的共同管辖权，当事人亦可自由选择向何种法院起诉。

（二）州法院

1. 组织体系

美国各州有权决定自己的法院体系。因此，州法院组织系统极不统一，各州的各级法院的名称、组成、管辖权均不一致。大多数州采取三级法院的体制，即州最高法院、州中间上诉法院（intermediate court of appeal）和初审法院。

（1）州的最高一级法院一般称作州最高法院，只审理上诉案件，并且有权通过审理具体案件宣布州的立法是否违反州宪法。州最高法院一般配置法官 5 人至 9 人，其中包括首席法官 1 人。各州对法官的任期规定不一，大多为 6 年至 10 年。（2）州中间上诉法院审理由州初审法院上诉而来的案件。除像涉及死刑、投票权等重大问题的案件之外，其他案件均可上诉至州中间上诉法院。州中间上诉法院一般采取 3 名法官组成合议庭进行审理的审判方式。（3）州的初审法院可分为具有一般管辖权（general jurisdiction）的基层法院和具有有限管辖权（limited jurisdiction）的基层法院，其中具有一般管辖权的初审法院大多设立在每个县，负责各类案件的初审；具有有限管辖权的初审法院审理特定类型的案件或是案情简单、标的金额有限的案件。初审法院开庭时由 1 名法官独任审理，并适用陪审团审理。

除上述一般共性之外，各州的法院体系也各具特色，尤其在命名方面，极不统一。例如，纽约州的初审法院称为最高法院，中间上诉法院称为纽约州上诉法院（the Appellate Division of New York），最高一级的终审法院则称为上诉法院（Court of Appeals）。这是因为在殖民地时期，仅一个初审法院就可以处理纽约州的所有案件，而这个法院又是当地规模最大的法院，因此得名最高法院。随着案件数量的不断增加，初审法院难以应对，后来才增设了两级上级法院。而在其他各州，具有一般管辖权的初审法院的名称主要有地区法院、县法院、巡回法院或高级法院等等；具有有限管辖权的初审法院则可以从名称中看出其专门处理案件的种类，比如遗产继承法院、青少年法院等。此外，美国各州一般都设立小额诉讼法庭（small claims courts），审理的案件的标的额一般不超过 2 500 美元。

2. 管辖范围

1789 年，第 10 条联邦宪法修正案围绕着“州权范围”的问题，确定了“如无禁止则有自由”的基本原则，规定凡是宪法未授予合众国联邦政府行使，而又不禁止各州行使的各种权力，均保留给州政府或人民行使。这一原则当然同样适用于州法院的管辖权限。因此，凡宪法未规定属于联邦法院管辖而又未禁止各州管辖的案件，皆可以由州法院管辖。与联邦司法权相比，州司法权的范围较为宽泛，包括管辖普通法上的案件，涉及州宪法、州法律、法令的案件，发生于地方政府颁行的特许状和命令上的案件，本州公民之间发生争执的案件，等等。联邦政府还准许州法院享有对归化、签发护照、破产等特殊事项的管辖权。因此，州法院审理的案件在数量上远超联邦法院，占全国案件总量的90%。

二、联邦法院的司法审查权

美国法院的司法审查权（judicial review），是指美国法院系统（包括联邦法院和州法院）有权通过审理具体案件来解释宪法，审查联邦和州立法机关颁布的法律、联邦和州采取的行政措施是否符合联邦宪法，并宣布违宪的法律和行政措施无效。司法审查是美国司法制度中最具特色的制度，它并非来自宪法中的明文规定，而是在一次次政治博弈和司法实践中形成的结果。1803年“马伯里诉麦迪逊案”的判决是美国联邦最高法院运用司法审查权的首次实践，该案例在世界范围内开创了违宪审查的先河。

在美国建国初期，尽管联邦宪法已经为政治运行确立了基本的法律框架，但是政党政治尚不成熟，政界的党争异常激烈。在1800年年底，联邦党人约翰·亚当斯（John Adams，1789年至1793年在位）在总统大选中未获连任，民主共和党候选人托马斯·杰斐逊当选为总统。为了最大限度争取政治权力，联邦党人赶在总统权力交接之前，利用尚未卸任的总统亚当斯手中的权力，改任国务卿约翰·马歇尔为联邦最高法院首席大法官，并火速任命了一批联邦党人担任联邦地方法院的法官。然而，由于行事匆忙，新总统杰斐逊上任之后，有些新任联邦法官的委任状还没有来得及发出，杰斐逊授意新任国务卿麦迪逊扣留这些委任状，不再发出。马伯里就是已被任命但无法接到委任状的法官之一。于是，马伯里向联邦最高法院提出申诉，请求联邦最高法院强制国务卿麦迪逊发出委任状，其依据是1789年《司法法》第13条的规定：联邦最高法院有权向合众国公职人员发出职务执行令（writs of mandamus）。然而，总统杰斐逊和国务卿麦迪逊对联邦最高法院的态度相当轻蔑，他们认为，非经选举而又无须对任何人负责的法官，不应享有不受限制的权力，司法机关因此无权向行政机关发布执行令。这意味着，由联邦党人控制的联邦最高法院面临两难的局面：如果驳回马伯里的请求，显然是向民主共和党屈服；如果强行颁发执行令，杰斐逊和麦迪逊又根本不予理会。因此，联邦最高法院无论采取哪一种做法，都会引发重大的宪法危机。

为了解开这个死结，马歇尔大法官采取了迂回论证的策略：第一，马歇尔承认前总统亚当斯对马伯里的任命是合法的，马伯里有权得到担任法官的委任状，国务卿麦迪逊拒不颁发委任状的行为是毫无理由的，因此应当被纠正；第二，联邦最高法院依据《司法法》的规定，完全有权命令麦迪逊给马伯里补发委任状；第三，马歇尔提出，联邦宪法在规定联邦最高法院管辖权的时候，并未把向行政官员颁发令状这一内容包括在内，因此，本案的关键问题在于联邦最高法院究竟应当遵从联邦宪法，还是遵从1789年的《司法法》；第四，马歇尔得出结论，《司法法》第13条的规定超出了联邦宪法关于联邦最高法院司法管辖权的规定，因而无效。最后，马歇尔就联邦国会立法权的界限、宪法的最高法律地位、法院何以享有审查法律的权力等问题作了长篇的论证，明确宣告“宪法将取缔一切与之相抵触的法案”，并且宣称“阐明法律的意义是法院的职权”。马歇尔的判决不仅避免了联邦最高法院与行政和立法机关之间的直接冲突，同时把解释宪法以及判断国会立法是否合宪这一宪法上并无明文规定的重要权力在事实上赋予了司法机关。“马伯里诉麦迪逊案”极大地提高了联邦最高法院的政治地位，使司法权初步具有与立法权和行政权制衡的能力。

总的来说，“马伯里诉麦迪逊案”确立了司法审查的宪法原则：第一，宪法是效力最高的法律，一切其他法律不得与宪法相抵触；第二，法院在审理案件时，有权裁定所涉及的法律或法律的某项规定是否违反宪法；第三，经法院裁定违宪的法律或法律规定不再具有法律效力。截至2016年，因被美国联邦最高法院最终宣布违宪而无效的联邦法律有180件，州法律有961件。司法审查权在美国的宪法实践中已经成为不可缺少的重要组成部分。当然，司法审查权也并非一项没有限制的权利。依据“三权分立”原则，法院不会审理本质上属于政治而非法律领域的争议，例如军事和外交问题，或是某一场战争的合宪性问题。对此，法院都不能进行司法审查，这也就是所谓“政治问题回避”的原则。此外，在进行司法审查时，法院秉持合宪性推定（Presumption of Constitutionality）的原则，由主张法律违宪的当事人承担举证责任，证明法律违反宪法规定，并且，法院的违宪审查属于事后审查，除非权利主体向法院起诉法律违宪，法院不能主动提起审查。

司法审查权在美国政治制度发展史上发挥了重要的作用，这主要体现为：第一，联邦最高法院的司法审查权使司法部门有权制约立法和行政部门，是实现分权制衡宪法原则的有力手段。第二，联邦最高法院利用司法审查权，通过对一系列重大案件的判决，调整了中央与州的分权关系，扩大了联邦权力，限制了州权，确立了联邦中央在宪法明确规定的权限内至高无上的国家主权原则，维护了宪法的最高权威。第三，联邦最高法院在不同历史时期，根据国际、国内形势的演变，政治力量对比的变化以及社会经济发展的状况，灵活地解释宪法，在不同的时期根据需要赋予某些重要条款以新的解释，避免宪法脱节于时代的发展。

第七节　美国法的特点及历史地位

一、美国法的特点

独立战争以来的二百多年时间里，美国法在接受英国普通法传统的同时，以强烈的批判精神建立了符合美国国情的、独具特色的法律制度。在普通法系中，美国法占有重要地位，是与英国法并驾齐驱的又一代表性法律。因此，普通法系也被称为英美法系。

须承认，美国法与英国法之间有着紧密的历史渊源关系，二者都是以判例法为基础，法律的创制、法律原则的形成与发展、法律的解释大多是通过判例实现的。根据“遵循先例”原则，法院判决创造的先例对以后的同类案件具有拘束力，这导致法院在法律生活中处于核心地位，法官不仅享有司法审判权，而且享有司法解释权，以及由“先例原则”所决定的实际上的立法权。即便在 19 世纪之后，效力层级更高的制定法数量大增，英美法官依然能够通过“法官造法”的方法，以判例法的形式创制法律。判例法采取以类比推理为基础的法律推理方式，并且极为强调正当程序在司法活动中的重要意义，这形成了独特的英美法律思维模式，深刻影响着以律师和法官为主体的法律职业阶层。此外，与民法法系国家相比，英美两国并没有对法律部门进行系统分类。英美两国的法律保持着鲜明的特色。

美国也并未全盘继受英国法，而是从自身需要出发，对法律制度进行了大幅度的革新。美国法在批判继承英国法的过程中形成了较强的实用主义传统，因而对英国法中明显体现封建因素的制度均未加以采用，例如：美国法废除了英国法中的长子继承和限嗣继承制，规定所有子女都有平等继承权；废除土地占有的封建性附加条件，实行自由土地占有制；废除“夫妻一体”，以及已婚妇女无行为能力的原则；承认已婚妇女有支配自己的财产及订立契约的权利；等等。由于美国宪法所规定的政治体制与英国的截然不同，在联邦与州共享主权的前提下，美国孕育出独具特色的双轨制的法律体系。联邦和州的权限分别由宪法明确规定，各州自治并相互平等，各自拥有彼此不同的州宪法、制定法和判例法。与英国法相比，美国法更重视制定法在法律体系中的地位和作用，这体现在美国拥有宪法典，并且在联邦和州的层面进行了大量的法典编纂和法律汇编的工作。据统计，仅纽约州一州的法典在条文数量上就超过了欧洲大陆任何一个国家。自从 1803 年美国联邦最高法院获得解释法律和违宪审查的权力之后，法官有权根据社会需要灵活解释法律，通过司法判例不断赋予宪法和制定法以新的内容。因此，美国的制定法较之英国的更具灵活性。此外，与英国法相比，早期美国法体现出较为浓厚的种族歧视色彩，这种色彩在南北战争之后的修宪过程中才逐渐淡化。

二、美国法的历史地位与影响

美国创造了对宪法产生深刻影响的近代宪政思想和制度，提出了人类历史上第一个“权利宣言”，并且制定了世界上第一部资产阶级性质的成文宪法。这部宪法中体现的联邦主义、分权制衡和法治原则，奠定了资产阶级宪法的基本框架，并对整个近代时期资本主义国家的宪法实践发生了深刻影响。美国根据宪法的分权原则，并结合本国实际，创造了立法和司法的双轨制法律体系结构，其体制和运作方式为政治制度中中央和地方关系的协调提供了经验。

美国首创司法审查制度。这一制度将一切法律都置于宪法之下，一切法律权力都起源并归结于宪法权力，从而赋予宪法以根本法的地位。司法审查制度的实施，起到了维护美国法制的统一、调整各种社会经济关系及统治阶级的内部关系的作用，而且创造出发展宪法、实现宪法监督和保障的模式。其司法审查制度为世界上许多国家所效仿，后者建立起各具特色的宪法监督和保障制度。例如：英国、瑞士等国建立了议会立法监督制度，依照立法程序行使宪法解释权和宪法监督权；日本、加拿大、澳大利亚等国家相继建立了由普通法院行使违宪审查权的司法审查制度；法国、德国、意大利等许多欧洲大陆国家则在普通法院之外，设立专门的宪法法院来行使司法审查。美国的违宪审查制度开创了世界宪法监督制度的先河，全世界共有 120 多个国家先后受到该制度直接或间接的影响。

此外，美国还颁布了世界上第一部反托拉斯法，最早建立了反垄断制度。美国的《统一商法典》是以成文法改造普通法的成功尝试。美国刑法率先创造了缓刑制度，并将教育刑的观念引入刑法的改革。所有这些都决定了美国法在世界法律文明发展史中的重要地位。然而，美国法的某些制度，例如早期美国法中的种族歧视性立场，以及 20 世纪 50 年代美国的反劳工立法，等等，也曾对其他国家的法治发展产生过消极的影响。

深度阅读

1. 施瓦茨．美国法律史．王军，等译．北京：中国政法大学出版社，1989.
2. 汉密尔顿，等．联邦党人文集．程逢如，等译．北京：商务印书馆，1980.
3. 弗里德曼．美国法律史．苏彦新，等译．北京：中国社会科学出版社，2007.
4. 何勤华主编．美国法律发达史．上海：上海人民出版社，1998.

问题与思考

1. 美国法有哪些特点？
2. 1787 年联邦宪法的主要原则和内容是什么？
3. 美国的“权利法案”有哪些基本内容？
4. 美国联邦最高法院的司法审查权是怎样确立的？有何作用？
5. 美国制定了哪些反托拉斯法？其主要内容是什么？
6. 美国刑法有哪些特点？

第十三章 法国法

常考知识点

- 近现代法国法的法典化结构体系
- 法国近现代法律制度的形成、发展及特征
- 法国宪政制度的演变及制度特征
- 近现代法国行政法的模式与行政法院制度
- 《法国民法典》的原则、特点及影响
- 现代法国二元主义的司法制度
- 法国法在世界法律史上的地位及贡献

第一节 法国法的形成和发展

一、法国封建法律制度的形成与发展

法国封建制时期的法律制度，一般指从 9 世纪上半叶到 18 世纪下半叶持续近 1 000 年的法兰西王国时期的全部法律制度，具体而言，包括从公元 843 年法兰克查理曼王国的分裂至 1789 年法国资产阶级大革命爆发这个历史时期的全部法律。法国封建制法的形成和发展历经了三个阶段，由主要是以习惯法为主的极不统一、地方性色彩浓厚的法律制度和分散的法律渊源逐步走向成文化、统一化和民族化，为近代法国资产阶级法律制度的形成与发展奠定了一定的基础。

（一）习惯法时期（9 世纪～13 世纪）

公元 843 年，曾经在历史上持续了较长时间并显赫一时的法兰克帝国分崩离析，根据《凡尔登条约》，原帝国一分为三，即法兰西、德意志和意大利。从此，法兰西王国的法律制度在原日耳曼法的基础上进入了一个新的历史发展时期。

这一时期的法兰西，在经济上，自给自足的自然经济占主导地位，商品经济落后且发展极不平衡；在政治上，结构松散、权力极不统一，是封建割据时期一个由诸多大小不等的封建领地联合而成的共同体。名义上的国王虽然享有立法、行政、司法和军事等

大权，但其权力只限于王室直辖领地。大贵族在自己的领地上拥有独立的统治权。

与这一时期的政治、经济状况相适应，其法律制度在形成与发展中表现出如下特征：

（1）法律结构体系极为分散、很不统一。首先，由于历史、经济和文化的原因，南部和北部的法律状况明显有别，分为南部成文法区或罗马法区（Pays du droit ecrit）和北部习惯法区或日耳曼法区（Pays du droit coutumier）；其次，各个封建领地甚至每个庄园都有自己的习惯法和独立的法庭；最后，没有通行于全国的王室立法、中央立法及司法机构。

（2）法律适用的原则主要是过去通行的属人主义原则。罗马高卢人适用罗马法，日耳曼各部族适用自己的习惯法，基督教会采用教会法。在12世纪以后，属地主义原则逐渐取代了属人主义原则，即“法随地定”，由此使得业已存在的两个法区的划分更为明显。以罗亚尔河为界，法国南部主要适用由优士丁尼编纂的罗马成文法和罗马习惯法，法国北部较多采用以日耳曼法为主的习惯法。其原因在于：当时南部商品经济比较发达；在此地域居住的以罗马人为多；离罗马法复兴运动的发源地及中心较近，受其影响是多方面的和深刻的。据西方学者考察研究，12世纪注释法学派的重要代表人物普莱森蒂纳（Placentin）曾在法国西南部的蒙彼利埃市（Montpellier）举办罗马法讲座。法国北部经济相对落后，居民的构成上以日耳曼人居多。

（3）法律的渊源极为多样。其主要施行相当分散的不成文地方习惯法。据记载，当时仅在北部地区即有三百多种习惯法，大多只适用于某个城市、某个领地或某个庄园或范围更小的领域。在南部，尽管成文法适用的面广一点，但几乎每个村落都有自己修改过的地方性自治法规。当时存在的其他的法律的渊源还有教会法、城市法、商法、罗马法和日耳曼法。

（二）习惯法成文化时期（13世纪～16世纪）

在这一时期的法兰西，由于手工业和商品经济的复苏及发展，区域间的经济联系加强了；同时，国王利用新兴城市和市民力量不断削弱封建领主的势力，强化了王权，后期基本上实现了政治上的统一，特别是设立了三级会议，使国家进入了等级君主制时期。

其法律制度的发展表现出如下主要特征。

（1）习惯法成文化，法律的分散性在逐步缩小。首先是于13世纪开始的由私人进行的习惯法汇编，如《诺曼底古习惯法》（Ancienne coutume de Normandie，1200年—1220年，它包括私法、诉讼法、刑法及封建领主法院所适用的习惯法）、《诺曼底大习惯法》（Grand Coutume de Normandie，1225年）、《博韦习惯集》（Les Coutumes de Clermont en Beauvoisis，1283年）。其次，一种“百科全书”式的，融罗马法、教会法和地方习惯法为一体的法律汇编于13世纪在法国北部展开，如《索姆农业区法》、《巴黎高等法院民事诉讼程序》、《法兰西主要习惯法》或《查理六世的习惯法》和《圣·路易法规汇编》等。再次，从15世纪开始，出现了由官方进行的习惯法汇编。1454年，查理七世发布谕令，要求将所有的习惯法予以成文化，如《奥尔良习惯汇编》、《巴黎习惯汇编》（Coutume de Paris）和《布列塔尼习惯汇编》等。到16世纪中叶，法国各地的习惯法不同程度地成文化了。所有的习惯法汇编都有利于减弱习惯法的分散性，从而形成全国普遍适用的法律制度，促进封建习惯法成文化和统一化。最后，当时的罗马法复兴运动也深刻地改造了法兰西地方习惯法，使之由习惯法转化为成文法，并使原本分散的法律制度向统一化的方向发展。

（2）建立巴黎高等法院，确立了全国范围内的中央司法行政管辖权和诉讼制度，并有力地促进了全国统一的司法体制的确立。在公元 13 世纪后半叶，法国国王路易九世（1226 年至 1270 年在位）为了强化和统一中央司法管辖权，削弱封建领主的审判权，对中央御前会议实行改组，设立了两院制，即财务院和司法院，后者名为“巴列门”，即王室法院，也叫巴黎高等法院（Cassation Court de Paris）。巴黎高等法院是正式的上诉法院，其除管辖领主法庭的上诉案件外，还组织司法委员会，对地方法院法官行使任免权。它引用各种法律规则和国王制定的法令审理案件，其判决对地方，尤其是北部各省的习惯法起补充作用。与此同时，其在地方上也建立了专门的法院，各省级法院对封建领地法庭行使司法行政管辖权。由此确立了从中央到地方的由国家统一控制的司法体制。此外，为了统一诉讼程序，1254 年到 1318 年，国王曾制定了一系列专供高等法院适用的法令。1330 年，该法院的判决报告被汇编成册，同时该法院诉讼程序手册也出版了。高等法院的设立，对统一全国法律体系，尤其是北部法律起到了重要的作用。

（3）王室立法加强。随着法兰西民族国家的形成，政治和经济的统一以及王权的加强，国家颁布的法律日益增多，如“敕令”（三级会议与高等法院参与制定、由国王发布）、“诏书”（国王以个人名义颁布）和“公告”（对法律进行解释的文件）等。这些王室立法在全国范围内发生效力。

（4）对罗马法的研究和适用使这一时期的法兰西渐渐成为罗马法复兴运动的中心，并产生了法学史上重要的人文主义法学派。如奥尔良大学和巴黎大学等都是传播和研究罗马法的重要阵地，还曾刊印了《罗马法简明教程》。罗马法复兴运动使法兰西封建法律制度及其习惯法得到较深刻的改造，逐步走上罗马法化和成文化的道路。

（三）王室立法时期（16 世纪～18 世纪）

资本主义经济的成长、全国统一市场的形成和早期人文主权观念的传播以及宗教改革运动，都有力地促进了国家权力的高度集中，自 16 世纪起，法国进入封建君主专制时期，即如路易十四所言“朕即国家”的时期。其法律制度的主要变化有以下几个方面。

（1）法律统一的趋势进一步加强。法国是西欧较早实现政治统一的国家，出于巩固政治统一和强化王权以及建立与维护以巴黎为中心的全国统一市场的需要，历任国王都非常重视统一法律的工作。如果说法律统一化始于 13 世纪的习惯法汇编，使一些较大范围地区的习惯法实现了大致统一，那么这一时期法律的统一化主要是通过王室立法予以实现的。王室立法（Ordonnances Royales）成为主要的、具有最高效力的法律渊源，其效力通行全国。其中比较重要的法令有：1667 年的民事诉讼法令、1670 年的刑事诉讼法令、1673 年的《商事法令》、1681 年的《海商法典》、1685 年的黑法典，以及 1731 年的赠与法、1735 年的遗嘱法和 1747 年的继承法等敕令，对有关司法诉讼制度、刑法犯罪、封建土地所有权、赠与、合同、遗嘱、家庭财产授予等方面作了较系统的规定。这些王室立法大都是在罗马法学家的参与下制定的，因此，受到了罗马法的深刻影响，为近代法国资产阶级法律制度的建立奠定了基础。

（2）教会法仍旧是重要的法律渊源。1598 年颁布的“南特敕令”明确宣布天主教为法国国教，因此，教会法一直是中世纪法国调整婚姻、家庭和继承等方面的主要法律规范，教会法院亦是独立司法系统。

（3）商法的发展和商事法院的设立。在 11 世纪至 14 世纪的西欧，由于商业的发展和城市的兴起以及商人阶层的出现，商业习惯法被编辑成册，同时，商人自己组织的法庭出现了。1563 年，法国国王设立商事法院，有关商事和商人间的纠纷由国家统一予以处理。1673 年《商事法令》公布，1681 年《海商法典》颁布，由此国家立法取代了商人直接立法。中世纪法国的商事立法和商事法院对西欧各国和 1807 年的《法国商法典》影响较大。

（4）习惯法的分散性远未消除。虽然法国封建法律制度的统一化进程在诸多因素的合力之下一直在进行，而且，通过多次改革和调整、大量的习惯法汇编以及国家立法活动，基本实现了习惯法的成文化和法律制度以及司法制度某种程度的统一和健全，但是，在法国大革命的前夜，封建的法国法仍然十分分散和混乱，如仅习惯法汇编就有 360 部之多，还有一些国王的法令集。

二、法国近现代资产阶级法律制度的形成与发展

法国资产阶级法律制度始于 1789 年法国大革命，形成并确立于 19 世纪上半叶，于 19 世纪下半叶开始进行改革并逐步实现了现代化。

近代法国法是资产阶级革命彻底胜利的产物。18 世纪的法国大革命是典型的、较为彻底的资产阶级革命，它推翻了封建主义，建立了一个全新的资本主义新世界，并开创了具有代表性的近代法国法律制度，为大陆法系的形成与发展奠定了基础。

法国资产阶级法律制度是在资产阶级革命时期产生和逐步发展起来的，大体经历了三个阶段。

（一）法律制度的初创时期（1789 年革命至第一帝国时期）

1789 年革命揭开了法国近代法制创建的序幕。在这一时期制定、颁布的法律文件主要有 1789 年的《人权宣言》（全名为 La Declaration des droits de l'homme et du citoyen，即《人和公民的权利宣言》）、1791 年宪法、1793 年宪法以及一系列废除封建法律制度的法令。它们以宪法法律的形式宣布了资产阶级共和国的诞生，建立了君主立宪制的政体，确立了主权在民等一系列重要的资产阶级法治原则，为法国资产阶级法律制度的形成与发展奠定了坚实的基础。

（二）全面立法时期（法兰西第一帝国时期至 19 世纪后半叶）

近代法国资产阶级法律制度形成于拿破仑时代。在这一时期，法国进行了大规模的成文法典编纂，先后制定了宪法典、民法典、民事诉讼法典、商法典、刑事诉讼法典和刑法典即“法国六法”，形成了相对完整的法国近代资产阶级法律体系。这一较完备的成

文法体系不仅为当时以及后来法国资本主义法的发展奠定了基础，而且对近代欧洲大陆各国乃至世界其他国家的法律制度产生了重大的影响。

（三）现代法国法的演变和发展时期（19 世纪产业革命后）

自 19 世纪下半叶始，资本主义从自由竞争时期开始发展到垄断时期。与此相适应，资本主义法发生了重大变化。为了适应现代社会的需求，法国对其近代法开始进行改革，法律出现了社会化的倾向，强调法在保护个人利益的同时，一定要注重对社会利益的维护。由此近代资产阶级法治原则有所动摇并得到修正，同时，大量的行政立法、经济立法和社会立法出现了；对判例的价值和作用有了重新认识和评价，注意吸收英美法系的一些优秀成果，判例法开始增多；对原有的法典进行了不同程度的修改，对公法和私法制度进行了改革与完善。但总的倾向是，在法律现代化的过程中，对法典的修订较为谨慎，动作不大，基本的做法是以法典作为各部门法的指导，对大量的现实问题通过单行法处理。如此，在基本遵循传统法律原则和制度的基础上又作了某种程度的改革以适应现代社会，使近代法国法在改革中实现了现代化。

三、法国资产阶级法律制度的特征

法国资产阶级法律制度，基于特定的社会历史环境、政治经济发展进程、民族精神、法律文化传统，以及形成、发展和演变的历史进程等因素而具有以下特征。

（1）法国资产阶级启蒙运动，特别是古典自然法学，为法国资产阶级法律制度的产生与确立奠定了坚实的思想理论基础。

法国是 17、18 世纪欧洲人文主义启蒙运动的中心，出现了诸多著名的资产阶级启蒙思想家如古典自然法学派的孟德斯鸠、卢梭、伏尔泰和百科全书派的狄德罗、孔多塞，他们作为资产阶级的代言人，不仅要求在政治上全面推翻封建专制的统治，建立资本主义新秩序，在经济上自由地发展资本主义商品经济，而且要求在政治法律领域内彻底废除封建法律制度，建立保护资产阶级政治经济利益、体现资产阶级意志的资产阶级法律体系。在法学领域，他们冲破了神学的束缚，将法学从神学中分离出来并使之获得了前所未有的发展天地。他们将人作为法的根源和目的，以人的理性认识和衡量法律现象，确立了以理性主义或人本主义为特征的“资产阶级的经典世界观”即法学世界观。他们强调自由、平等、人权和法治，提出了“天赋人权”、“社会契约”、“人民主权”、“分权与制衡”和“法治主义”一整套资产阶级法治理论，主张“法律面前人人平等”“私有财产权神圣不可侵犯”“契约自由”“罪刑法定主义”“罪刑相适应”等一系列资产阶级法治原则。所有这些理论和思想原则为法国资产阶级进行革命、建立资产阶级政权及政治法律制度提供了锐利的思想武器和深厚的思想理论基础。

（2）法国资本主义商品经济的发展为资产阶级法律制度的迅速形成与发展提供了经济基础。

在法国大革命之前，虽然交换经济很不完善，商品市场处于蒙昧时代，但是，不可否认，与人文主义运动、宗教改革、新航路的开辟、海外殖民地的建立以及近代自然科学的发展相伴随，商品经济在不可阻挡地前进，它沟通了大部分城市和农村，组织生产、引导和控制着消费。巴黎等地拥有证券交易所和各种形式的信贷。资本主义经济获得了比较充分发展的环境。商品经济的本质要求以及其普遍发展的客观条件是自由、平等和人权，由此，受制于商品经济的发展并为这种经济的进一步发展服务的，体现资产阶级意志和利益的，以自由、平等、人权和法治为其价值核心的法律制度应运而生。如《法国民法典》和《法国商法典》就是法国资本主义商品经济发展的体现，是以法律所确认的现实经济关系。

（3）1789 年法国大革命是资产阶级法律制度建立的政治前提条件。

法国资产阶级法律制度，是通过资产阶级革命，彻底地否定了封建政法制度，建立起纯粹的资产阶级国家政权后建立和发展起来的。当时新兴的资本主义经济与落后的封建生产关系之间异常冲突的矛盾，使法国革命具有彻底的反封建性，由此决定了革命后建立起来的法律制度比较系统、完备，极富革命性和人民性，完整、典型地体现了资产阶级的意志，反映了其要求和利益，因而对其他资本主义国家法律制度的建立和发展具有重大的影响。

（4）对罗马法及其他传统法律的研究和继受造就了法国资产阶级法律制度从形式到内容的完备性和独特性。

由于历史文化传统，法国法主要是在继承罗马法的基础上发展起来的成文法体系，如法律以系统的法典为其主要表现形式，以公法与私法为其基本分类，以成文法为其法律的基本形式渊源；同时吸收了日耳曼习惯法传统和天主教教会法，并将它们融合为一体等。

第二节　宪　法

法国是世界上制定宪法最早、颁布宪法性文件较多的西方资本主义国家。在近二百年间，颁布的宪法性文件共有《人权宣言》、11 部宪法以及 4 部宪法修正案。

一、《人权宣言》

《人权宣言》颁布于 1789 年 8 月 26 日法国大革命的高潮中，作为法国资产阶级第一部政治经济施政纲领，被视为法国历史上第一部宪法性文件。尽管它不是一部完整意义上的宪法，但其制定标志着法国制宪活动的开始。1789 年 7 月 14 日巴黎人民攻打巴士底狱是法国大革命开始的标志，为了进一步将革命推向高潮，国民议会于当天开始了《人权宣言》的起草工作，参加这一工作的有米拉波、拉斐德、穆尼耶、塔列兰和西哀士等。8 月 26 日，国民议会通过并公布了《人权宣言》。

《人权宣言》以 18 世纪启蒙思想家的“社会契约”、“天赋人权”、“人民主权”和“三权分立”、“法治主义”为思想理论依据，并借鉴了美国《独立宣言》的做法和有关内容予以制定。其全文不足 2 000 字，由序言和正文 17 条组成，内容十分丰富，提出了资产阶级在社会经济和政治法律制度方面的基本主张。其核心是人权及其保障，主要内容有以下几个方面。

（一）人权

宣言规定人权是与生俱来的、天赋的、不可剥夺的，人人在权利上都是平等的；一切政治结合的目的都在于保存和发展自由权、财产权、安全权和反抗压迫权等自然的、不可消灭的人权；造成公众不幸和政府腐败的唯一原因是不知人权、忽视人权或轻蔑人权；人人都有言论自由、写作和出版自由权。

（二）国家政权

宣言明确宣布“主权在民”“三权分立”的资产阶级民主国家制度的基本原则。宣言指出：全部主权的源泉根本上存在于国民之中；任何团体或任何个人都不得行使不是明确地来自国民的权力（第 3 条）。任何社会，如果在其中不能使权利获得保障或者不能确立权力分立，即无宪法可言（第 16 条）。

（三）法治

宣言明确提出了一系列资产阶级法治原则，如法律是公意的体现，法律面前人人平等，法无明文规定不为罪，法不溯及既往，无罪推定，不得非法逮捕，财产权是神圣的不可侵犯的等。

《人权宣言》在法国乃至世界宪法史上占有非常重要的地位。它不仅全面地提出了资产阶级革命纲领、政治纲领和法治纲领，全面体现了资产阶级启蒙思想家特别是卢梭和孟德斯鸠的政治法律思想，集中反映了革命成果和一系列资产阶级统治原则，有力地促进了法国大革命，而且，对法国宪法和法治的发展产生了深远的影响，几乎成为法国历史上每一部宪法不可或缺的内容。同时，其思想内容也为世界许多国家的宪法所效仿，具有深远的国际影响。

二、1791 年宪法

《人权宣言》发表后，法国国民议会（1789 年起草《人权宣言》时成立的制宪会议）即着手起草宪法。当时的形势是，革命仍在不断高涨，政治派别众多，宪政派（当时是代表金融资产阶级和自由贵族的政治利益与政治要求的）在国民议会（此时是制宪会议）中占据主导地位。宪法草案经过两年多的讨论和修改，于 1791 年 9 月 3 日获得通过。同年 9 月 14 日，出逃未遂的国王路易十六被迫签署公布。自此，法国历史上第一部宪法即 1791 年宪法正式产生。

1791 年宪法在结构上分为两部分：作为宪法序言的 1789 年《人权宣言》和用来规定国家机关组织及职权的宪法正文部分。其主要内容有：首先，废除封建制度，宣布废除贵族、爵位、世袭荣衔、等级差别、世袭裁判权、官职买卖和任何特权。其次，确认了人民主权原则，宣布主权属于国民，一切权力只能来自国民。主权是统一的、不可转让的和不因时效而消灭的。最后，确认法国实行君主立宪制，按“三权分立”原则组织国家政权机关，宣布立法权委托给人民自由选出的、由暂时性的代表组成的一院制的国民议会；行政权委托给国王统辖之下的大臣和负责官员；司法权委托给由人民定期选出的审判官行使，实行陪审制。

1791 年宪法带有很大的妥协性和保守性，如：实行“三权分立”的代议制的君主立宪政体；对公民权利有所限制；将公民分为积极公民与消极公民；继续确认了殖民地的奴役制度等。

1791 年宪法，作为法国大革命后的第一部资产阶级宪法、第一部君主立宪制宪法、欧洲大陆第一部成文宪法，对法国后来的宪法和其他国家的宪法产生了较大影响。

三、1793 年宪法

1793 年宪法，又称雅各宾宪法、第一共和国宪法、共和国元年宪法，由资产阶级民主革命激进派雅各宾党人制定。

1792 年 8 月 10 日，在普法战争中，由激进的资产阶级革命民主派即雅各宾派领导，巴黎爆发起义，推翻了由大资产阶级与国王联合执政的君主立宪制度，并选举了新的国民公会。1792 年 9 月 21 日，废除王权的法令发布，正式宣布废除国王，成立共和国，史称法兰西第一共和国。在法国的历史上，9 月 22 日，是法国共和国新纪元的开始，“自由、平等、博爱”被宣布为共和国的口号。

1792 年 10 月 11 日宪法起草委员会成立，因被吉伦特派（以布黑索、罗兰、孔多塞为首的资产阶级右派）所控制，第一个宪法草案遭到国民议会的否决。1793 年 5 月 30 日成立了由艾罗·德塞舍尔、拉美尔、圣鞠斯特、库通和马迪欧等五人组成的宪法起草委员会重新起草宪法。1793 年 6 月 24 日，国民议会通过宪法草案。同年 8 月，又通过了公民的投票表决，1793 年宪法（史称雅各宾宪法）正式宣告产生。

1793 年宪法以新的《人权宣言》（由罗伯斯庇尔在 1989 年《人权宣言》的基础上重新起草，共 35 条，增加了一些资产阶级民主的内容，如请愿权、受教育权、劳动权、起义权和公共幸福、社会救济及罪刑相当等）为序言，正文共 124 条。其主要内容有：第一，确立共和体制。第二，国家权力由实行一院制的立法议会集中统一行使，其权力至高无上，议员由公民直接选举产生；执行会议在立法议会的领导之下行使国家行政权，由 24 人组成的执行会议由议会产生，任期 2 年，每年改选一半；大理院是国家最高审判机关，法官由议会选任。第三，废除 1791 年宪法有关公民等级的规定，主张“主权的人民包括法国全体公民”，凡年满 21 岁的法国公民均具有行使公民权利的资格，凡具有公民资格的人都可当选国民代表。第四，宣告法国人民是各自由民族的朋友和天然同盟者，开创了国际关系互不干涉的原则。

从 1793 年宪法的产生及内容来看，其有三个基本特点：其一，它是法国历史上最激进的一部宪法，也是当时世界上最为进步的宪法，如包括了一个更民主、进步，内容更为丰富的《人权宣言》，甚至规定必要的起义权，对侵害人民权利和主权者应处死刑；强调直接选举、自由民主精神、平等原则和普选权。其二，它是法国第一部共和宪法，在法国历史上第一次以法律宣布了曾长期存在的君主制的终结。其三，它将国家政权按照卢梭提出的“权力不可分割”的原则予以组织，否定了“三权分立”的政权组织原则，以任期一年的一院制的立法议会为国家最高权力机关，并授予其至高无上的权力，包括制定法律和发布命令，决定国家财政收入、税收、对外宣战、国家领土划分、军队设置、治安措施，批准对外条约，任命和免除军队的总司令，选举和任命执行会议、法官并有权追究其责任，对破坏共和国公共安全的人提起公诉等；突出强调了人民主权。这部宪法尽管因雅各宾专政的失败而未能实施，但对后世宪法影响深远。

四、1795 年宪法

1795 年宪法，又称共和三年宪法。

雅各宾专政是法国大革命的顶峰，它的失败标志着法国资产阶级革命的终结。1794 年 7 月，代表大资产阶级利益的热月党人发动“热月政变”，推翻雅各宾专政，制定了 1795 年宪法。这一宪法的内容特点为：尽管其也将《人权宣言》作为宪法序言，但却削减了较多的公民权利和自由，同时还增加了一些公民的法律义务；恢复了间接选举制和公民等级制，并对公民的选举与被选举权加以限制，建立了一个以督政府为形式的统治机构，立法会议由元老院和五百人院组成，实行两院制，督政府由立法会议选出的 5 人组成。

五、1799 年宪法

1799 年宪法，又称拿破仑宪法、共和八年宪法。

1799 年 11 月 9 日，拿破仑发动了旨在推翻督政府的“雾月政变”，将督政府赶下台，解散了立法会议，成立了由拿破仑、西哀耶斯、罗歇・迪克三人组成的执政府，于同年 12 月 24 日通过了由西哀耶斯起草的 1799 年宪法，开始了拿破仑统治法国的历史。

1799 年宪法共 7 章 95 条，重申废除封建君主专制制度，实行共和制度，但仅是形式上的。该宪法赋予第一执政的拿破仑相当大的权力，实际上为其实行军事独裁统治提供了宪法依据，如规定立法权由四院（参政院、评议院、立法院、元老院）组成的议会行使，议会受第一执政控制；行政权由三人组成的可连选连任的执政府行使，由拿破仑担任的第一执政拥有最高行政权，其享有的权力如领导立法、批准和公布法律权、任免官员权（包括议员）等，较之君主权力还要大。这就为后来拿破仑的三个宪法修正案（1802 年宪法、1804 年宪法和 1815 年宪法）的产生、拿破仑走上独裁统治奠定了基础。

1802 年宪法，是对 1799 年宪法的修正，史称“共和十年宪法”，规定第一执政终身任职，并有权任命继承人、单独批准和约、否决法庭判决，有权指定立法、行政和司法部门的候选人。由此，为建立帝制做了法律上的准备，实际上等于拿破仑走上了独裁统治。

1804 年宪法，史称“帝国宪法”，其表现形式是《共和十二年元老院整体决议案》（实际上是对 1799 年宪法和 1802 年宪法的修正）。该部宪法确认了于 1804 年 5 月 18 日正式成立的法兰西帝国与于同年 12 月 2 日经教皇正式加冕的皇帝拿破仑的合法性；它标志着法兰西第一共和国的终结和第一帝国的开始；它规定一切大权由皇帝执掌，帝位世袭，采用长子继承制；它规定实行皇室和爵位制度，恢复了传统的皇室建制。

1815 年宪法，即《帝国宪法附加法》，是拿破仑在 1814 年被欧洲封建联军赶下台并被流放后于 1815 年 3 月返回巴黎的百日复辟期间匆匆制定的。该宪法重新确认了 1804 年帝国宪法的内容，同时为扩大群众基础而增加了公民自由权利的规定，但其随着滑铁卢战役的失败而流产。

六、1830 年宪法

1830 年宪法，即《七月王朝宪章》，是在取代波旁王朝的七月王朝执政期间颁布的。在此之前，1814 年 3 月 31 日，由欧洲封建君主组织的反法联盟军攻占巴黎；4 月 6 日，拿破仑退位；5 月 6 日，扶持路易十八登上王位，是谓波旁王朝复辟。1814 年 6 月 4 日国王颁布宪法，即《钦定宪章》。这一宪法的目的在于巩固复辟王朝的统治。

1830 年七月革命推翻了波旁王朝的反动统治，代表大资产阶级利益的奥尔良公爵路易·菲利浦被推选为国王，在对 1814 年宪法修改的基础上于同年 8 月 14 日颁布了《七月王朝宪章》即 1830 年宪法。该宪章的内容特点有：恢复了君主立宪制，限制了国王的权力，扩大了议会的权力；取消了贵族特权及世袭制；降低了选举权的财产和年龄资格限制；恢复了大革命时期的三色法国国旗。

七、1848 年宪法

1848 年宪法，又称法兰西第二共和国宪法，是 1848 年欧洲资产阶级革命的产物，颁布于法兰西第二共和国期间。

1848 年法国“二月革命”，推翻了七月王朝，建立了共和国，史称第二共和国。同年 11 月 4 日新宪法颁布，即 1848 年宪法。该宪法共 12 章 176 条，宣布法国实行民主共和国，以自由、平等、博爱及人民主权为共和国的基本原则；对人权作了较为广泛的规定，如公民享有劳动权、教育权、社会救济权利；第一次宣布了男性公民的普选制度，宣布在法国领土上废除奴隶制度，宣布废除政治犯死刑制度；体现了国家权力来源于人民的民主思想。该宪法规定立法议会实行一院制，议员由直接普选产生，任期 3 年；由公民直接选举产生的总统是国家元首，行使行政权和军事权，任期 4 年，不得连任；总统无权解散议会，议会也不得推翻政府。

八、1852 年宪法

1852 年宪法，又称路易·波拿巴宪法、法兰西第二帝国宪法，是以 1799 年拿破仑宪法为基础，由路易·波拿巴主持制定的。

根据 1848 年宪法，1848 年 12 月 10 日，拿破仑的侄子路易·波拿巴当选为法国历史上第一任总统。1851 年 12 月，路易·波拿巴发动政变，并于次年 1 月 14 日颁布新宪法，即 1852 年宪法。这部宪法是 1799 年宪法的翻版，也是以共和国的形式为假象的独裁宪法。该宪法由篇首和正文构成：篇首是关于建立“新制度”的长篇宣言；共有 8 章 58 条的正文规定国家政体是共和国，“法兰西共和国政府委托给共和国现任大总统路易·波拿巴亲王，任期 10 年”（第 2 条），同时，赋予总统立法、行政、司法等一切大权，即实行独裁统治。1852 年 11 月 7 日，路易·波拿马又颁布了《修改宪法之元老院决定书》，决定恢复帝制，并经所谓的公民投票表决，确认路易·波拿巴继皇帝位。12 月 2 日，路易·波拿巴正式继位，称拿破仑三世，法国历史由此进入了第二帝国时期。

九、1875 年宪法

1875 年宪法，也称第三共和国宪法，是迄今法国历史上寿命最长的一部宪法。它是以 1870 年爆发的普法战争为契机，在法国人民推翻第二帝国、建立了法兰西第三共和国后颁布的。

1875 年宪法由三个宪法性文件，即《参议院组织法》、《政权组织法》和《政权机关相互关系法》组成。这可以说是这部宪法的形式特点。该宪法的内容特点包括：（1）它主要是关于政权的组织与分配，而没有宪法的一般原则和公民权利以及主权和司法权等的规定，就一部宪法的内容而言是不完整的；（2）立法权由两院组成的国民议会行使，众议院议员经普选产生，参议院议员由间接选举产生；（3）总统由国民议会依绝对多数票选出，任期 7 年，得连选连任，总统权力须通过内阁行使，内阁得向议会负责。由此规定了实行责任内阁制的基本原则。该宪法规定的总统权力有与参众两院共创立法议案的立法权、统率武装部队权、任命全体文武官员权、依法行使特赦权、征得参议院同意后解散众议院权、缔结并批准条约权等。1875 年宪法确立的政治体制，体现了法国当时君主主义者与共和主义者之间的冲突与妥协。

随着共和派力量的不断加强，1884 年 8 月 14 日宪法修正案通过了，明确规定“禁止修正政府的共和政体”；规定凡曾统治过法国的家族的成员，不得当选为共和国总统；规定废除部分参议员的终身制等，确立《马赛曲》为法国国歌、7 月 14 日为法国国庆日。这反映了 1875 年宪法在朝着进步的方向发展。

十、1946 年宪法

1946 年宪法，又称第四共和国宪法，是在第二次世界大战后法国进步力量的影响下制定的。

1944 年，法国人民将德国法西斯侵略军赶出了法国，法国本土获得解放。同年 8 月，由戴高乐领导的法兰西民族解放委员会从英国回到巴黎，组成了法国临时政府，戴高乐任临时政府首脑。10 月 21 日就是恢复 1875 年宪法还是制定新宪法进行特别公民投票表决，结果有 96.4%的公民赞成制定新宪法。10 月底选举产生出由 586 人组成的制宪会议即第一届制宪会议，授权其制定宪法。由于组成制宪会议的共产党、人民共和党和社会党有着不同的制宪主张，经过长期争论，其形成的颇具妥协性的宪法草案于1946年4月19日在制宪会议内部获得通过，史称“四月宪法草案”。该部宪法草案较多地反映了社会党的主张，赋予议会以较大的权力。戴高乐对此部宪法草案予以抨击。1946年5月5日，该部宪法草案在提交国民表决时被否决。

1946年6月2日，第二届制宪会议经选举产生了。第二届制宪会议在较短的时间内重新组织起草了一部新的宪法草案，并于9月29日由制宪会议通过，于10月13日经国民表决获得通过。至此，第二次世界大战后法国第一部宪法即法兰西第四共和国宪法产生。

1946年宪法由序言和正文两部分组成：序言以《人权宣言》为基本内容，又规定了法国放弃进攻性的战争。正文部分共12篇106条。从该部宪法产生的背景、制定情况及规定的内容来看，其基本内容的特点有以下几个方面。

第一，扩大了民主自由权利。序言除确认《人权宣言》所宣布的公民享有的传统权利和自由外，还规定了工作权、受教育权、对失去劳动能力者和母亲、儿童给予照顾等社会经济和文化等方面的权利，特别规定妇女享有选举权。

第二，民主性较强。如规定国民议会享有最高、最广泛的权力；宣布法兰西为共和国，其口号为“自由、平等、博爱”，其原则为“民有、民享、民治”的政府，国家主权属于法国全体国民，国民通过议会行使国家主权；规定实行两院制的议会制度，国民议会的议员由直接选举产生，任期5年，期满全部改选，其权力有修改宪法、通过法律、决定国家财政预算、批准对外宣战、认可总统批准的国际条约、同共和国一道选举总统、选举参议院部分议员、批准政府的施政纲领、拥有倒阁权（如果国民议会以过半数通过了对政府的不信任案或否决了政府的信任案，则政府必须辞职）、国民议会议长主持两院联席会议等；规定参议院由间接选举产生，任期6年，每3年改选一半（参议院没有实际权力）。

第三，确立了议会责任内阁制。国家元首总统由议会选举产生，任期7年，并无实权。行政首脑为由国民议会任命的内阁总理，内阁向议会负责。国民议会所享有的倒阁权为日后政府的频繁更换设下了宪法的隐患。据统计，1946年至1955年，国民议会对内阁提出过118次不信任案。1945年至1958年，内阁更换了25届。

第四，规定司法权由司法会议行使，法官由总统经司法会议提名而任命，实行终身制。同时，设立了宪法委员会，行使违宪审查权。

该宪法于1954年12月7日第一次修改被通过，主要是对国民议会、政府和总统的关系作了某种程度的调整。

十一、1958年宪法

1958年宪法，又称第五共和国宪法、戴高乐宪法，也是法国现行宪法。

在20世纪50年代，法国政治、经济危机四伏，内外交困。1958年6月1日，国民议会任命戴高乐组阁，让他在为期6个月的时间内全权处理阿尔及利亚事件和制定新宪法。再度出山的戴高乐随即组织起草宪法，9月28日经公民投票表决通过，10月5日公布实施生效，是为第五共和国宪法。

该宪法由序言及 15 章 92 条组成，其序言重新确认了《人权宣言》规定的原则。其内容反映了戴高乐一贯所持的制宪思想，其特点体现在以下几个方面。

第一，加强了总统权力。该宪法规定：法律之外的事项都作为命令事项，由总统行使。总统“监督遵守宪法”，“通过自己的仲裁，保证公共权力机构的正常活动和国家的持续性”。“共和国总统是国家独立、领土完整和遵守共同体协定与条约的保证人。”总统由公民直接普选产生，任期 7 年，可连选连任。总统享有立法、行政、司法和外交等各个方面的权力，其权力主要有：任命总理及其他由总理提名的政府成员，组成政府；签署和颁布议会通过的法律；主持内阁会议，并签署内阁会议通过的法令和命令；解散国民议会权；有关文武官员的任命权；外交权、司法权、军事权、向国民和议会发表咨文权，提交法案直接由公民表决权；采取紧急措施权、修改宪法倡议权等。可见，总统的许多权力无须议会的同意，也不经内阁副署而独立行使。在中央与地方的关系上，该宪法意在加强中央集权；在立法权与行政权的关系上，该宪法偏向总统的行政权。该宪法对总统权力的扩大导致了法国政治体制的重大变化，形成了“半总统制、半议会制”体制。这使得历史上一直动荡不定的法国政治趋于稳定。

第二，稳定了政府。该宪法规定内阁向议会负责，但内阁总理则由总统独立任命，内阁成员经总理提名也由总统任命；禁止议员兼任内阁阁员，以防止议员为求得阁员职位而策动倒阁；对国民议会的不信任投票权设置种种限制，如不信任案必须由 1/10 的议员签署并经议员过半数同意方能通过，而且，这种议案须经过 48 小时才能交付议会表决，若议案未获通过，原签署议员在同一会期内不得再次提出。由此比较彻底地摆脱了议会对政府组成的控制与参与。

第三，削减了议会的权力。议会实行两院制，下院为国民议会，由直接普选产生的 577 人组成，任期 5 年；上院为参议院，321 名议员由选举团间接选举产生，任期 9 年，每 3 年改选 1/3。法国议会两院的权限相似，都可以提出法案和修正案、审议并通过法案、提出质询，但是，国民议会享有优先审议财政法案和提出不信任案的权力。从法国宪法发展史来看，法国是一个传统的实行议会制的国家，议会权力达于顶峰是在第三共和国与第四共和国时期。自第五共和国宪法实行后，议会地位明显下降，其实际权力被大大削减。今天的法国是一个兼有议会制和总统制而总统制占优势的国家。依据 1958 年宪法，议会两院的权力主要有立法权、监督权、批准宣战和实行戒严权、修改宪法程序权、选举高级法院法官权和对总统提出控告权。其“半议会制”主要体现于：首先，就立法权而言，予以诸多限制。宪法规定，政府为执行施政纲领，可以要求议会授权政府制定法令，政府法令具有与议会法律同样的法律效力；总统有权直接将法案交付公民表决；还有非常立法权；议会应优先讨论政府法案；总统公布由议会通过并经宪法委员会审查的法律等。其次，关于议会监督权，也作了一些限制，如对提出和通过“不信任案”予以限制，而且，列举专属议会的立宪方式实质上削弱了议会的权力。

第四，建立宪法委员会行使违宪审查权。依据宪法，宪法委员会的职能主要有三项：监督选举、审查法律和法令是否合宪、咨询磋商等。法国宪法委员会依法对未实施的法律行使合法性的审查权，即进行事前宪法监督，并且，其宪法审查工作是在诉讼活动之外。这些都不同于美国联邦最高法院的司法审查权。

第五，就人权方面，只是重申了《人权宣言》和1946年宪法所确认的有关公民权利和自由的原则，并未详细列举公民权利和义务。

1958年宪法自实施以来经过五次修改，除对总统选举制度（1962年的修改将总统的选举由间接选举改为普遍的直接选举）作了重大的修改外，并无其他实质性的修改。此外，1979年法国在两院中设立了欧洲事务理事会，其职能和作用于1990年被进一步的调整，其成员是根据议会党团的力量对比关系任命的。政府、常设委员会和特别委员会都可以就有关欧盟事务的议案向该理事会提出咨询。

第三节　行政法

法国是近现代行政法的主要发源地，且其发展最为典型，并对他国行政法以及行政诉讼模式的确立与形成产生了很大的影响。

一、法国行政法的形成与发展

法国现代行政法律制度产生于大革命时期，形成于19世纪初拿破仑时代，且伴随其独特的国家理论发展和完善于现代时期。

在法国封建社会早期，由于自然经济的简单、隔绝和政治上的分裂割据，公共行政与私人活动、行政与立法和司法合而为一，诸法合体，没有独立的行政观念和行政规范。自14世纪始，在普通法院外增设一些解决行政争议的法庭如审计法庭、森林法庭、河川法庭、租税法庭等；在中央设立“御前会议”（Le Conseil du roi，又译王室咨议室），受王命处理有关行政争讼事件。在16、17世纪，即法国君主专制时期，虽说君主权力达于高峰，行政职能加强，但行政、立法和司法仍无组织职能上的区分，更没有建立独立的行政法律制度。

法国大革命几乎摧毁了一切封建制度和等级差别，建立了全国基本统一的行政区域，推行政治自由和法治主义。革命政府颁布法令，受到法院的抵制，资产阶级依“三权分立”原则反对司法对行政的干预。1790年8月，制宪会议发布法令，宣布司法职能与行政职能的分离，法官不得以任何方式干扰行政机关的活动，也不能因职务上的原因，将行政官员传唤到庭，违者以渎职罪论。这一禁止普通法院受理行政案件的法令的颁布标志着行政审判与普通法院的分离。同年10月，制宪会议又发布有关行政救济的法令，规定：对行政机关的越权行为，应向作为政府首脑的国王提出诉愿。公民对行政机关不法行为的申诉，由其上级机关受理，最终裁判权属于国家元首。

1799年拿破仑上台后，为集国家权力于一身，对国家机构进行改革，建立起高度的中央集权行政制度与完全放任的经济制度，并通过1799年宪法设立国家参事院（后来的最高行政法院）。国家参事院的主要职能是起草和审查法律、法规，受理公民对行政机关的申诉，故其实际上成了行政争讼的专门裁决机构，但在名义上，行政裁决是由国家元首作出的。在普法战争后的 1872 年 5 月，国家参事院开始依法以人民的名义行使行政审判权力，在法律上成为法国最高行政法院。同时，一个权限争议法庭（Tribunal des Conflits）成立了，专门裁决有关行政法院与普通法院之间的管辖权限争议。与此同时，一切行政案件，除依法直接向国家参事院提起的外，必须先由部长裁决，不服的，才可上诉至国家参事院。此即所谓的“部长法官制”（ministre-judge）。1873 年“布朗诉国家案”使行政司法管辖权与普通司法管辖权问题在法律层面厘清。1889 年 12 月，最高行政法院对“卡多案”的判决正式否定了部长法官制。从此，行政案件的审判权由行政法院独立行使，世界上最为典型的普通法院与行政法院二元并存的司法制度在法国产生了。

自 20 世纪下半叶以来，欧洲一体化的经济自由主义强烈地冲击着法国的公共服务和法国国家干涉主义传统。行政案件越来越受到《欧洲联盟条约》和《欧洲人权条约》的影响。为了有效实施法律，1987 年法国行政法院系统进行了改革，在行政法庭之上增设了行政上诉法院。1995 年法律规定，行政法官可以直接命令行政机关作出行为。2000 年的法律更加提高了行政法院的效率。最近几年，法国行政法院开始重视替代性争议解决方式如和解、仲裁，行政判例地位逐渐弱化，现代行政方式也有了较大变化，如出现了电子政府，并加快了建设电子政府的步伐。

二、行政司法体系、审级及职能

法国行政司法体系，由自上而下的三级机构即最高行政法院、行政上诉法院、行政法庭与行政争议庭组成。

（一）最高行政法院

最高行政法院，又称国家行政法院，是法国行政司法系统的最高审级或终审级。自设立以来，其通过积极的司法活动和一系列里程碑式的判决，有力地促进了法国行政法的发展和自身地位的巩固与提高。它确保了依法行政并维护公民权利，成为法国依法治国必不可少的一个因素。

最高行政法院组织结构是：4 个行政厅和 1 个司法厅。行政厅负责有关行政立法等事宜；司法厅（也称诉讼厅）主要负责审理行政案件，它下设 9 个组。最高行政法院直接隶属于总理府，院长名义上由总理担任，实际上由司法部长代表总理出席特别重要的会议。

最高行政法院的主要职能是：为政府提供咨询；审理行政案件；裁决行政司法系统内部管辖权事务；指导下级行政法庭的工作。其在审理行政案件方面的职能有初审管辖权、上诉审管辖权和复核审管辖权。

（二）行政上诉法院

行政上诉法院，依 1987 年 12 月 31 日的行政诉讼改革法而创设。这个改革法于 1988 年 1 月 1 日公布，自 1989 年 1 月 1 日起实施。行政上诉法院设立的目的是减轻最高行政法院的负担。行政上诉法院共有5个，分设于法国全国各地（巴黎、里昂、波尔多、斯特拉斯堡和南特）。行政上诉法院依法只享有上诉审管辖权，原则上可受理所有对地方行政法庭裁判的上诉案件。

（三）行政法庭与行政争议庭

行政法庭，是法国本土和海外省的地方行政诉讼机构，称为地方行政法庭，它是由1953年以前的省际参事院演化而来的。法国共有33个地方行政法庭和行政争议庭，其中行政法庭本土26个，海外5省每省1个。地方行政法庭具有三大职能：审判职能、咨询职能和行政职能。地方行政法庭对地方行政案件具有初审管辖权。

行政争议庭，也是法国行政司法系统中的基层法院，设在海外没有建省的领地内，其前身是1825年成立的总督枢密院，1881年才改称现名。随着海外殖民地的独立，现仅存两个在南太平洋海区瓦利斯和富图纳群岛（法语：Wallis et Futuna）设立的行政争议庭。

三、法国行政法的基本特点

法国行政法属公法范畴，它调整的只是行政机关的公务活动及其关系。与其国内有关的部门法和其他国家的行政法相比较，其基本特点有以下几个方面。

（一）法国行政法的基本原则是行政法治原则

法国行政法是规定行政机关的主体、职权、行为、救济方式、违法责任以及程序等方面的制度。行政法治主要的含义是：行政行为必须有法律依据；行政行为必须符合法律；行政机关必须以自己的行为来保证法律的实施。当代的法国行政法变得更为平衡。私人利益与国家利益二者之间的冲突逐渐趋向平衡，几乎所有的行政行为都具有可诉性，如监狱、学校、军队作出纪律处分的行为都可以被起诉，这是行政法治和法治国家的体现。此外，还有公务法人特色制度。法国法律承认三种行政主体，即国家、地方团体和公务法人。公务法人就是根据公法规定以实施公共事业为目的而成立的法人。作为依照公法建立的公法人的一种，法国公务法人是国家为了特定职能目的而设立的服务性机构，其职能侧重于服务，而机关法人的职能侧重于管理。

（二）行政法是公法，是一独立的法律部门

法国行政法调整的对象是行政机关的公务活动，这是由其行政法的基本观念决定的。首先，受制于其法律文化传统的法国行政法有着明确的公私法之分，认为有关行政的法理应属于公法体系，而作为公法一部分的行政法因其独特的调整对象和范围，又成为一个独立的法律部门和体系。其次，自大革命以来，一直坚持“三权分立”的法国人认为，政府的行政活动只受行政法调整，普通司法不能干涉行政，行政行为及有关争议必须由独立的行政法律、法规和司法机构予以规范和管辖。最后，19世纪中期出现的“公共权力学说”和19世纪末出现的“公务学说”，成为行政活动受独立的法律部门调整的不同

时期的理论依据。前者认为，行政机关的活动有两大类：一类是行使公共权力的行为，即权力行为，它以单方命令和禁止为特征，因此，适用行政法，由行政法院管辖；另一类为事务管理活动，即管理行为，它以行政机关作为平等的主体采用合同的方式为特征，因此，适用私法，由普通法院管辖。后者认为，公务行为不以行为手段而应以行为目的为确立标准，它除包括公共权力行为之外，还包括为公共利益提供服务的行为，如教育、卫生、救济、交通、公用事业等。凡行政机关实施的直接以满足公共利益为目的的活动都是公务活动，都受行政法的调整和行政法院管辖；除此之外，受私法调整，由普通法院管辖。

（三）设置独立自治的属于行政系统的行政法院

法国法院系统实行普通法院和行政法院双轨建制模式。在司法审判体制上，法国是最典型的二元制国家，行政案件与普通案件分别由行政法院和普通法院管辖。在法国，行政法院与普通法院是互不相属的两个法院系统，两者的法官的身份迥异，政府的行政活动只受行政法院管辖，普通法院不能插手。而且，行政法院审理案件适用不同于普通法院诉讼程序的独特的诉讼程序，即行政诉讼程序。

（四）判例是法国行政法的主要渊源

法国行政法的渊源，有成文法渊源和不成文法渊源。成文法渊源主要的表现形式是宪法、法律、条例、欧盟法及国际条约。不成文法渊源主要表现为判例、习惯法和法理。判例是英美法系国家的正式法律渊源，制定法是大陆法系国家（如法德等国）的正式法律渊源，这是两大法系的一大区别所在。但是，判例在法国行政法的发展中占有非常重要的地位。法国行政法的主要渊源并非成文法，而是源于行政法院的判例。其原因主要是：法国行政法院产生较早，处理的行政事务太多且杂，经常须从法的原则或精神推论出有关处理手边案件的规则，成文法难以适应。随着判例的增多，便形成了一系列行政法原则和判例规则。虽然，一部分判例后来为法律所吸收，但大部分仍处于判例状态。如行政行为无效理由、行政赔偿责任的条件、公产制度、行政合同制度、公务员的法律地位等都出自判例并仍作为先例存在。法国学者维戴尔（Vedel）说：如果我们设想立法者大笔一挥，取消全部民法条文，法国将无民法存在；如果他们取消全部刑法条文，法国将无刑法存在；但是如果他们取消全部行政法条文，法国的行政法依然存在，因为行政法的重要原则不在成文法中而存在于判例之中。①

（五）没有编成完整、系统的行政法典

法国属于典型的法典国家，有系统而完备的民法典、刑法典和刑事、民事诉讼法典，但没有行政法典。虽然，现代法国也编了不少专门行政法典，如矿业法典、森林法典、市镇法典等，但都不是传统的完整意义上的行政法典。

---

① G Vedel. *Droit Administratif*. Paris：PUF，1984：107.

第四节　民商法

一、《法国民法典》和民法的发展

（一）《法国民法典》的产生

大革命前的法国已是一个在强大中央集权统治下的社会，其法律也出现了统一的趋势，如 18 世纪大臣杜加塞（D'Agueseau，1688—1751）制定了有关私法方面的敕令。著名法学家波捷（R. J. Pothier，1677—1772）对《学说汇纂》进行了系统的研究，其许多著作，特别是《债权》一书，对《法国民法典》的制定具有重大影响。[①] 不过，大革命前法国的民事法律制度主要起着维护封建等级特权和落后的经济关系，阻碍着资本主义商品生产和交换的作用。法律渊源纷繁复杂和法律的分散性仍很严重。正如伏尔泰指出的，对在法国出外旅行的人来说，更换法律如同更换他的坐骑一样频繁。[②] 统一的民法的出现有赖于革命的胜利、资本主义经济的发展和局势的稳定。

1789 年法国大革命彻底地变革了社会关系和封建法律制度，并为民法的产生和发展奠定了基础。革命后，资产阶级一方面不断制定民事单行法来变革封建的民事法，另一方面立即着手起草一部适合于全国的统一的民法典。

1789 年《人权宣言》，1791 年宪法及一系列革命法律、决议和命令是法国资产阶级民法最初的法律文献。《人权宣言》宣布平等、自由、安全和财产等权利，确立了民事权利平等、契约和贸易自由、财产权神圣不可侵犯等资产阶级民法的根本原则。1789 年 7 月关于废除封建制度和封建特权的决议发布了。1791 年宪法又进一步肯定了上述规定，同时还宣布保障“依法定手续而移转财产的行为”。著名的“八月法令”宣布废除封建劳役制、贵族制和等级制。雅各宾专政时期颁布了“土地法令”，彻底废除了封建土地所有制及各种封建特权，此外，还发布法令取消关卡、行会、免税特权、职业限制以及工商业的某些垄断特权。在人法方面，还实现了婚姻世俗化，规定结婚民事登记手续，准许自由离婚，凡年满 21 岁的子女有完全的婚姻自主权，取消亲权。上述有关人法、财产和契约等物法方面的法律规定都成为后来《法国民法典》的重要内容。

1790 年 7 月 5 日，制宪会议形成一项决议：“立法者将审查和改造民法，将制定一部简明并与宪法相适应的民法典。”1791 年制宪会议宣布：“应制定一部共同于整个王国的民法典。”[③] 1792 年开始的国民公会曾一度进行了编纂法典的实际准备工作。[④] 1793 年、1795 年和 1798 年，法律委员会主席康巴塞雷斯（J. J. R. De Cambaceres，1753—1824）

---

① 沈宗灵．比较法研究．北京：北京大学出版社，1998：109.

② 格伦顿．比较法律传统．米健，等译．北京：中国政法大学出版社，1993：21.

③ 法国民法典．北京：商务印书馆，1979：1.

④ Von Mehren，Gordley. *The Civil Law System：An Introduction to the Comparative Study of Law*. 2nd ed.，1977：48//大木雅夫．比较法．范愉，译．北京：法律出版社，1999：171.

提出了三个民法典草案，都因各种原因被否决或被搁置。

1799 年，拿破仑（参见图 13－1）建立了执政府后，他作为第一执政着手进行政治经济改革，并于 1800 年 8 月 13 日任命了 4 人组成法典编纂委员会，开始了民法典的起草工作。这 4 个人是波塔利斯（J. E. M. Portalis，1746—1807，高级行政官、委员会负责人）、特龙谢（F. D. Tronchet，1726—1806，最高法院院长）、比戈·德·普雷阿梅纳（F. J. J. Bigot de Preameneu，1747—1825，律师、议员）和马尔维尔（J. M. de Maleville，1741—1824，最高法院法官）。由康巴塞雷斯起草的三个民法典草案也交委员会审议。经过四个月的时间，第一份草案提交审议。在审议法典草案的 102 次会议中，拿破仑亲自参加了至少有 57 次。他在重大的原则问题上提出了明智的意见和判断，强调法典简洁的、通俗易懂的风格。其意见基本符合当时法国社会流行的观点，但出于自身原因，他支持以父权制为中心的家庭，坚持协议离婚和收养的法律规定。法典草案先交由最高法院和各上诉法院审议，后由掌握立法权的参政院和国民议会审议，自 1803 年 3 月至 1804 年 7 月以 36 个单行法的形式分别通过，于 1804 年 3 月 21 日宣告将这些单行法并称为《法国民法典》。

（二）《法国民法典》的内容

《法国民法典》由总则和三编组成，共 36 章、2 281 条。总则共 6 条，规定了民法典的公布、效力、适用范围及适用的基本原则。第一编是“人”，共 11 章，主要是关于个人和亲属即民事法律关系主体的各项规定。第二编是“财产及对所有权的各种限制”，共 4 章，主要是关于各种财产和所有权及其他物权即民事法律关系客体的各项规定。第三编是“取得财产的各种方法”，共 21 章，主要规定了将民事法律关系的客体从一个主体转移到另一个主体的各种可能的方法，有继承、赠与、遗嘱、夫妻财产、债、质权、抵押及时效等。其基本内容如下：

图 13－1　拿破仑头像

图片来源：http：//www.aoc.gov/cc/art/lawgivers/napoleon.cfm。

（1）民事主体。法典第 8 条规定：“所有法国人都享有民事权利”；第 488 条规定：“满 21 岁为成年，到达此年龄后，除结婚章中规定的例外，有能力为一切民事生活上的行为。”这就意味着，所有法国人，不论其出身、民族、文化，都无一例外地享有平等的民事权利能力。值得注意的是，这里规定的民事主体是自然人，尚无对法人的规定。

（2）婚姻和家庭。法典提倡婚姻自由，认为：婚姻是世俗男女之间的一种合意。双方同意是结婚的一大要件。男满 18 岁、女满 15 岁为最低婚龄。25 岁以下的儿子和 21 岁以下的女儿，没有征得父母同意不能结婚。男女超过以上婚龄者，为了使婚姻有效，也必须以“尊敬和正式的方法”通知父母。结婚的形式要件是必须履行民事登记手续。法典规定，只有在世俗官员前举行结婚仪式结婚才在法律上有效。此外，婚姻的有效成立还不得有结婚障碍存在。夫妻任何一方都有提出离婚的自由。法典创设协议离婚，离婚的理由是：通奸、受“名誉”刑的宣告、重大暴行、虐待或严重的侮辱。在夫妻关系上，法典明确规定：妻子应该服从丈夫。原则上妻子没有行为能力，丈夫在一切方面都享有主动权，甚至享有对妻子财产的处分权。

（3）继承和赠与。法典取消了封建的长子继承制，实行男女平等继承和自由遗嘱制度。法典规定，遗产首先分给子女，而后分给其他直系后裔。法典对代位继承作了规定。依法典，非婚生子女与婚生子女在遗产继承上是不平等的。继承人的第二顺位是死者的父母和兄弟姐妹，第三顺位是祖父母，第四顺位是最近的亲属直至第十二亲等。法典规定，除非十二亲等内无亲属，否则配偶无权继承。就继承的方式，除法定继承外，法典还规定了遗嘱继承。遗嘱可以是正式的，也可以是非正式的。法典对以遗嘱或赠与的方式处理遗产有所限制。

（4）所有权。法典将财产分为动产与不动产，并规定给予动产与不动产所有权人以充分广泛的权利和保障。法典第 544 条明确定义："所有权是对物有绝对无限制的占有、使用、收益和处分的权利。"依法典，物的所有权可以扩展到天然或人工附加之物，土地的所有权包括该土地的上空和地下的所有权。法典规定：任何人不得被强制出让其所有权，即使因为公共需要，也应给予足够的补偿。纯粹的用益权或地役权是允许的。地役权是指为供他人不动产的使用或便利而对一个不动产所加的负担。

（5）契约、准契约和侵权行为。在契约和其他取得财产方法方面，法典用大量条文作了十分详尽的规定，其中用了一千多个条文来规定契约之债。法典第 1101 条规定："契约为一种合意，依此合意，一人或数人对于其他一人或数人负担给付、作为或不作为的债务。"第 1134 条规定："依法成立的契约在缔结契约的当事人间有相当于法律的效力。"这意味着缔约人意思自治，契约是自由的和神圣的。对于侵权行为的内容，法典以 5 条简短的条文加以规定：因自己的过失或疏忽给他人造成损失的，须负损害赔偿责任。因其物件、动物、儿童和受雇人造成损害的，应负赔偿的责任。

（6）法定抵押和约定抵押。法典规定：凡赠与和约定抵押须强制登记。不动产买卖及许多法定抵押则不必登记。

（7）时效。法典规定：请求权的时效一般为 30 年。有的即使只满 20 年或 10 年，只要占有人善意地相信他/它是真正的所有权人，也可以取得土地所有权。动产的善意购买人可以立即成为所有权人，但动产是遗失物或被盗窃物的除外。

（三）《法国民法典》的特点

（1）《法国民法典》是典型的资本主义社会早期的民法典。民法是社会生产力发展到一定阶段的产物，《法国民法典》的内容体现了资本主义发展的时代需要，也就是说，它基本体现的是"个人最大限度的自由，法律最小限度的干涉"的以个人主义、自由放任主义为其特色的早期自由资本主义社会性质的经济关系。在 19 世纪初，刚刚建立了自己政权的资产阶级羽翼还未丰满，资本主义尚处于初级发展阶段，经济以农业为主，以手工业为辅，大的工商企业还不发达，因此，法典对农业财产，特别是土地所有权制度，予以详尽的规定。法典对农业劳动关系包括耕畜租赁关系的规定有二十多条，但却很少涉及工业财产权，更无对知识产权的规定，特别是没有规定法人制度，而对雇佣的规定仅有两条。

(2)《法国民法典》贯彻了资产阶级民法原则，具有鲜明的革命性和时代性。法典极鲜明地体现了资产阶级民法的自由平等、所有权及契约自由的基本原则。这具体体现在以下几个方面。

1）法典体现了民事权利主体自由平等的原则。凡成年的法国人都平等、自由地享有民事权利，具有平等的民事权利能力。这一原则也适用于居住在法国的外国人。由此彻底否定了由身份和地位决定民事权利的有无与多少的封建特权制度，肯定了法律面前人人平等的资产阶级法治原则。

2）法典体现了私有财产神圣不可侵犯原则。法典对所有权的明确定义强调了所有权具有绝对无限制的特性：对于所有权的范围，不问其是动产或是不动产，得扩张至该物由天然或人工而产生或附加之物，此即添附权。土地所有权包括其土地上空和地下的所有权，国家征用私人财产（包括土地）只能根据公益的理由并以给予所有权人公正和事先的补偿为条件。法典对财产所有权人予以充分广泛的权利和保障。

3）契约自由的原则即契约自治贯穿于契约的主体、订立、效力和形式、种类及内容和标的等一切过程及方面。法典表明：契约一经有效成立，不得随意变动，当事人须依约定，善意履行。契约当事人的财产，甚至人身都可以作为契约得到履行的保证。

4）承担损害赔偿责任以存在过失行为为基础，此即过失责任原则。如法典第1382条规定，“任何行为使他人受损害时，因自己的过失而致行为发生之人对该他人负赔偿的责任”。

(3)《法国民法典》保留了若干旧的残余，在一定程度上维护了传统法律制度。法典既确认了《人权宣言》和革命初期激进的立法原则与制度，有力地促进了法国资本主义社会的发展，同时，也继承了旧制度的若干与民主、自由、平等和人权相背离的条款，这些条款主要体现在家庭、婚姻和继承方面，保留了夫权和亲权以及对非婚生子女的歧视。

(4)《法国民法典》在立法模式、结构和语言方面，也有其特殊性。法典的立法深受18世纪理性主义思潮的影响，基于古典自然法学理论，在内容上以罗马私法为基础，恪守优士丁尼《法学阶梯》的结构，采用法典形式，以合理的编排顺序、概括、明确和规范的用语表达了其实用的技术风格。它并不只是对法律的重述，而是在法律规范中饱含着丰富的智力、政治和社会革命的成果。① 特别值得一提的是，它是“法国人民的民法典”，它的制定是要法国公民能够读懂和理解，因此，它具有明确的一般原则和力求简洁、通俗易懂的规定。正如其起草人之一波塔利斯所说的：“我们同样避免了要规定和预见一切事情的危险奢望……法律的功能是要在基本原则上确定正义的一般准则，确立含蕴丰富的原则，而不是顾及每一篇目中可能出现的问题的各种细节。”②

（四）《法国民法典》的意义及影响

作为资本主义社会一部典型的民法典，《法国民法典》体系庞大，条文众多，所体现

---

① 格伦顿．比较法律传统．米健，等译．北京：中国政法大学出版社，1993：21.

② 格伦顿．比较法律传统．米健，等译．北京：中国政法大学出版社，1993：23.

的理性、自由、平等、人权、民主和法治思想是19世纪一切进步民法的精神和灵魂，所包含的法律原则和制度遍及资产阶级经济关系的各个领域。它用法律形式巩固了法国资产阶级革命的成果和资本主义早期社会的经济基础，维护了资本主义财产所有制和资产阶级社会经济秩序，有力地推动了法国及欧洲资本主义的发展。其立法成果是辉煌的，意义是重大的，影响也是深远的。

法典的巨大影响表现在：首先，它直接带动和鼓舞了法国其他法典的编纂，为法国资产阶级法律体系的迅速建立和统一起了重要作用。在拿破仑的统治下，除宪法之外，共颁布了五部基本法典：《法国民法典》、《法国刑法典》、《法国商法典》、《法国民事诉讼法典》和《法国刑事诉讼法典》。其次，在世界民法史上，可以说，它的出现是继罗马私法之后民法发展的又一个里程碑，不仅确立了近代民法的法典模式，而且蕴含着资产阶级启蒙思想和理性主义，带着法国大革命思想赋予其特有的烙印和格调，为崇尚民主和法治的民族或国家树立起一面旗帜。最后，法国大革命的胜利使法国成为欧洲大陆的政治、文化中心。这部资产阶级法典吸引了处于同样经济发展阶段的国家（地区），当时，许多进步人士、法学家纷纷到法国留学和考察。此外，法典是直接以曾作为欧洲大陆普通法的罗马法为基础的，这使那些素有罗马法传统的国家争相模仿，特别是被拿破仑征服的地区和法国的一些殖民地直接适用了该法典。欧洲大陆、拉丁美洲以及其他国家（地区）都不同程度地受到了它的影响。

（五）《法国民法典》的修订和民法的现代发展

1. 《法国民法典》的修订

《法国民法典》颁布后，经过多次修改后一直适用至今。法典修改最多的部分是第一编，去除了封建保守性的规定，使法典更适合现代社会。在婚姻家庭领域中，第一，妻、子女的地位有所提高，非婚生子女获得了和婚生子女平等的民事权利。例如，法典原规定“夫应保护其妻，妻应顺从其夫”，于20世纪被修改为“夫妻在道德上和物质上共同管理家庭，负责子女的教育，并安排子女的未来”，到1970年，法典规定妻子在财产方面享有自由、平等的行为能力。1972年对法典的修改有“原则上，非婚生子女在与父母的关系上享有与婚生子女同等的权利义务”，“一般而言，非婚生子女在继承其父母……的遗产时，具有与婚生子女同等的权利”。第二，逐渐取消结婚须经父母同意的规定。法典尽管经历了一系列的修改，其有效范围也在日渐缩小，但其原有的结构、体例和编章序目都无变动，至今仍保持着其特有的稳定性。

2. 民事立法

现代法国，除修改民法典外，还颁布了不少民事立法。从1814年至1848年，大多民事立法是对有关旧制度的恢复，如：1814年立法规定归还革命时期曾逃亡国外的人的土地；1816年废除了民法典中的离婚规定，只保留分居；1819年立法废止了法典第726条和第912条，从而使外国人享有与法国人完全平等的继承权；1825年又颁布法令，规定赔偿逃亡者10亿法郎；1826年立法恢复限嗣继承制。1848年后的立法基于革命的原因，发生了很大的变化，如：1848年立法废除贵族称号，禁止奴隶制；1855年的登记法改进了关于抵押权的规定；1855年立法规定了不动产转让公示制度；1866年法律规定将财产概念扩大到非物质财富方面，如著作权和有关的知识产权。从1871年至1945年，经多次立法改革夫妻共同同意的离婚原则终于确立了，且亲权在一定条件下可以被剥夺和限制。1891年、1917年及1925年的立法改革确认了夫妻有相互继承遗产的权利且扩大了有关遗产用益权的范围。在20世纪前半期，民事立法有了很大的增加，国家干预私法关系和法律社会化倾向日益明显。在第二次世界大战后，法国确立了相当完备的知识产权法体系，制定了大量有关贸易、工业、交通运输、环境保护、医疗卫生、国民教育、社会保险等方面的法律。

3. 法国民法的现代发展的主要特征

（1）民事主体与民事客体的范围有所扩大。民事主体从自然人发展到合伙、法人、联合组织、公司、国家。民事客体由物质财富扩展至非物质财富即智力成果。

（2）对私人所有权无限制和绝对性的原则有所限制并日渐增强。如对矿山、土地、草原、森林、土地上空权、电力分配等，均以法律形式对其所有权给予限制。

（3）契约自由受到限制和干预。契约种类增多，出现了“集体契约”和“强制契约”等。

（4）侵权损害赔偿的归责原则转向兼采过错责任原则与无过错责任原则。

（5）婚姻、家庭和继承方面，削弱了夫权，使已婚妇女获得了与男子完全平等的权利。1975年离婚改革法使离婚从传统的过错原则向感情破裂原则过渡，所规定的离婚理由是双方同意、共同生活破裂。

此外，法国的司法审判在调整、补充和发展民法以适应不同时期的需要方面起了不可忽视的作用。

二、1807年《法国商法典》与商法的发展

（一）1807年《法国商法典》的产生以及其基本内容

早在公元10世纪至12世纪，西欧便兴起了商法。法国于12世纪编纂了《奥列隆法典》（Roles D'Oleron），这部法典是海事法院关于平时海上争讼的判决汇集，是当时欧洲许多民族和国家共同适用的商法典之一。在17、18世纪，共同商法向国家商法转化的过程中，法国又于1673年和1681年相继制定了《商事法令》和《海商法典》，专门用来调整商人之间的关系和有关海上贸易的争议，确立商人之间的权利和义务。1807年法国商法典正是在吸收法国这两部法典的原则以及流行于地中海和北海沿岸城市解决商业纠纷的惯例的基础上编纂而成的。它促进了19世纪法国的经济交流和商品贸易，保证了法国资本主义的发展。

《法国商法典》（Code de Commerce）于1807年9月通过，自1808年1月1日起施行。该法典共4编648条。该法典是基于商人这个特定法律主体对便捷性和安全性的特殊需求来确定构造的。第一编主要规定了商业事务：商人是以从事商业活动为惯常职业的人；凡年满18岁的个人，不受法律限制者，均可经营商业；其主体还包括合伙和公

司。商人的商事交易被称作商行为。商人有责任保存好商业账册，使商业活动受到监督，以便保障商人及参与商业活动的人的利益。此编还对合伙公司、股份公司等的经营方式的原则、法律地位以及交易所、经纪人和汇兑、票据等作了规定。第二编规定了海上贸易、船舶和海上保险等方面。第三编规定的是破产，规定了破产的条件、手段，破产的监督与结算，破产者财产的分配以及财产分散、通常的破产和诈骗破产的责任，体现了严格维护债权人权益的原则。第四编规定了商事法院和诉讼程序。法国商事法院受理商业领域中的纠纷，如契约及交易案件、公司股东间的争讼、破产以及其他商业行为方面的诉讼案件。

1807 年《法国商法典》虽是在 1673 年《商事法令》的基础上制定的，但其颁行标志着大陆法系民商分立体例的确立。

（二）法国商法的发展

《法国商法典》施行后，随着资本主义由自由竞争进入垄断阶段，许多商事法如票据法、银行法、证券法、保险法、合伙法、航空法、运输法和海商法等应运而生，1807 年的《法国商法典》在进入现代社会后只起通则的作用，有关商事法律由单行立法补充。直到 2000 年被新的商法典取代。现代法国商法的变化主要有：一是商人责任。1919 年法律强化了商人的责任，要求商人向商业局登记，并为第三人提供信息。第二次世界大战前后的法律又要求商人负有维护公平竞争的责任。二是合伙与公司。在 19 世纪末出现了大量有关的立法，如 1867 年 7 月 24 日制定的《商业公司法》将商事公司制度从法典中独立出去，1893 年 1 月的法律对股份有限公司作了补充。20 世纪 60 年代的法律确认了合伙和公司的新变化，将合伙分为普通合伙和有限合伙；对公司也作了多种分类。三是合同和票据。其增加了商业合同的类别，如限制商业合同当事人自由的标准合同、集体合同等。法国票据法的许多准则源于在日内瓦签订的《票据法统一国际公约》。法国将该公约所附的法律文本列入 1935 年 10 月 30 日的法令（商法典第 110 条至第 180 条）内。在第二次世界大战后，法国票据法日益向欧共体有关协定倾斜。四是破产法。1838 年和 1889 年的法律对破产程序重新作了规定。1889 年在破产法中增加了和解制度。1955 年法令又恢复了早期的破产程序。以后的法令区分了商号破产和个人破产。1967 年法令采取司法干预程序，即法官经债务人申请得中止债权人的控诉、采取预防措施，对债务人的利益予以维护。五是现代商事立法增多。2000 年 9 月 18 日法国推出了一部 21 世纪的《法国商法典》，尽管这部法典是既有法律规范的汇编。

总之，从商法发展的趋势来看，其地位和作用愈来愈重要。在继续深化法国民商分立传统的同时，海商法也逐渐发展成为独立的法律部门。

第五节　经济法

一、经济立法概况

法国资产阶级的经济立法开始于法国大革命时期，但最早提出经济法这一概念的是法国18世纪空想社会主义者摩莱里（Morelly），其在1755年出版的《自然法典》中首次使用了经济法这一术语。19世纪后半叶的德萨米（Dézamy）在《公有法典》中也使用了这一词语。但经济法作为一个新的部门法，则是在第二次世界大战后形成的。在法国大革命时期，其经济立法的主要内容是废除封建制度。1789年的“八月法令”宣布废除与人身依附有关的捐税和教会什一税。1793年雅各宾专政时期经济立法较为活跃，主要有：废除了封建的土地制度及相关的封建义务与封建特权；实行限价政策，严禁囤积垄断，如法令对49种主要商品（主要是粮食和日用必需品）实行最高限价，打击了投机活动，维护了市场秩序。在拿破仑时期，实施了严格的保护关税政策，对生产企业实行国家订货和津贴，并采取奖励竞争和授予发明专利的措施，相继设立法兰西银行、工商部，实现国家对工商业的控制和指导。在19世纪上半叶，在税收方面，法国制定关税法，对税率采用了浮动标准，即当国内市场价格下跌时，关税率自动提高，由此保护了国内工农业的发展。1860年，税收政策开始由重商主义向自由贸易主义转变。1860年与英国签订了自由贸易条例，允许英国商品进入法国，税率随着时间而逐渐递减，法国商品免税进入英国。此后，对其他国家也采取类似的政策。促进经济活跃的立法还有如1842年的“基佐法令”，其给予私人公司以铁路的组织经营权，以刺激铁路并带动经济的发展。1863年有限公司法颁布，放宽有限公司成立的条件，促使全国性大公司的形成。在巴黎公社时期，也采取了一些经济立法，但因公社的失败而未发挥大的作用。

进入垄断资本主义阶段，特别是第二次世界大战后，随着国家对经济生活干预的加强，法国经济法获得了空前的发展，制定了许多用以调整经济关系的法律、法令、规章和条例，法国经济法形成。在1944年至1946年，戴高乐临时政府制定了一系列法律，将雷诺汽车公司，保险公司，法兰西银行和其他各大银行，以及电力、煤气、矿物等企业收归国有。1948年巴黎市交通系统国有化，法国航空公司变为公私合营。同年法典化最高委员会成立，汇编了一系列新的法规和法典，如《农业法典》《矿业法典》《税收法典》《国家财产法典》《国有市场法典》《贸易管理法典》等。这些法典的特征是公法与私法相结合，其调整的对象是各种新型的经济法律关系，在内容与表现形式上逻辑性、系统性不强。但正是这些非传统意义上的完整法典构成了法国现代经济法。从1947年至1980年，法国共实施了7个经济计划，并都有一套法律作为其实施经济计划的依据，这些法律构成了法国公共经济法。这些法律表明，以计划调节、指导经济是当代法国资本主义发展的重要特征。1982年，法国政府对经济政策进行了较大调整，采取紧缩措施，反对通货膨胀，在强调国家干预的同时，更加重视私营企业的作用。1982年6月15日的《计划改革法》提出了与上述政策相配套的措施，即经济工作实行“民主化”、“分权化”和“合同化”，以计划合同为重要手段，以推动现代经济的发展。作为西欧最大的农业国，在第二次世界大战后，法国采取了一系列措施并颁布了与农业有关的法令：1955年颁布了《农业法典》，1962年颁布了《农业指导法》，1964年又颁布了《农业指导法》的补充法令，1967年颁布了农业合作社调整法。这些法律、法令使法国实现了农业现代化。

二、主要部门经济法

（一）国家财产法

在19世纪末法国开始建立国营企业，并以法令确认水力资源归国家所有，开矿须取得国家特许证。1919年，国家基本控制了矿业。1921年，国家对铁路进行控制。1936年，国有化法律发展迅速。1937年法国议会决议，确定了国家在法兰西银行中的决策权。同年，建立了法国国营铁路公司，并制定了军火工业国有化法律，还规定国家管理小麦的产、销和外贸，成立了专门的管理机构。

1944年法国全国抵抗运动委员会通过了共同纲领，提出了经济计划、国有化和社会福利政策。在第二次世界大战后，法国掀起了国有化、计划化的高潮。1982年的《国有化法令》将几家工业公司、36家银行、2家金融公司国有化，同时，还以国家参股等形式将其他重要企业掌握在国家手中。1983年的《公营部门民主化法》对新旧国有化企业实行"三方代表制"原则，即由国家代表、职工代表和经济界代表组成董事会。法国是国有化程度很高的西方国家。

（二）计划经济法

在法国，计划经济法，又称公共经济法，产生较早，从1946年法令宣布实行经济计划至今，已有十多个经济发展计划。与此同时，设立了国家计划总局。法国计划经济法以占重要地位的国有财产为物质基础，具有指导性、协议性特征。计划法没有编纂统一的法典，而是散见于法律条例、协议或行政命令中。

（三）农业法

在第二次世界大战后，法国由农业工业国变为工业农业国。1955年将所有农业法规统一汇编为《农业法典》。该法典共8编1 336条，规定了土地制度、家畜和植物保护、狩猎和捕鱼、农业职业团体、农业金融制度、农事租赁合同和农业教育科研等。1960年至1962年，法国颁布了农业指导法（被认为是农业基本法）、合作法、市场法、商业法等。这些法律旨在实行土地集中化，以利于实行农业改革和工业化，使工农业协调发展。

（四）环境保护法

环境保护法，是法国的一个新的部门法。法国经历了从防止公害法逐步向以管理和养育为主的环境保护法转变的过程。1917年12月9日《危险等设备管制法》规定了对环境影响进行评估的制度，以及对公害进行事前调查和强行设置防护设备制度。在第二次世界大战后，除一系列的经济法规外，还有许多单行法规，如1961年的《空气污染防治法》、1975年的《废弃物处理法》和1976年的《自然保护法》等，规定了环境保护的内容，由此完善了环境保护制度。在21世纪法国掀起了一场环境立法高潮，如2000年的《环境法典》、2004年的《环境宪章》、2009—2010年的《综合环境政策与协商法》相继出台，2010年7月12日法国国民议会通过了新环境法，涉及消费品碳环境信息和废物收集即第2010—788号法。

第六节 社会立法

法国社会立法是伴随着各种社会主义思潮和19世纪中叶产业革命后工人阶级力量增强而产生和发展起来的。早在大革命时期，法国就制定了有关工人的立法，如限制工人工资的法令，并保留了1791年的《列·霞白利法》。在19世纪上半叶，由于工人运动的高涨，法国制定了一些有关工人劳动的立法：1841年立法禁止9岁以下童工做夜工，12岁以下童工每天工作时间被限制为8小时，16岁以下的被限制为12小时。在1848年“二月革命”时期法国制定了大量的社会立法，承认了工人有组织团体的权利，同时还颁布了废除包工制和缩短工作日的法令，改革了工薪制度，降低了工薪，提高了低薪，承认工资额的差别。在19世纪末20世纪初，法国社会立法集中在承认工会合法、规定实行8小时工作制、禁止妇女儿童夜间劳动以及实行社会保险等：1864年废除了大革命时期颁布的关于禁止结社和罢工的立法，1884年的法律允许成立工团联合会，1898年的法律允许成立互助团体，到1901年的法律基本上实现了组织联合会的自由。1892年的法律禁止使用13岁以下的童工。1901年成立了社会立法法典化委员会，着手制定劳动法典。1936年人民阵线成立后，进行了一系列的社会改革，如：调整劳资关系，订立集体合同，承认工人加入工会的权利，提高工人工资，规定由雇主、职工会代表和地区工商代表组成混合委员会，协商签订集体合同，有关劳资纠纷由劳工部长解决。又如关于工资工时，规定每周工作时长不得超过40小时，凡受雇满1年以上者得享受保留工资的15天假期。在第二次世界大战后，各国政府都倡导福利政策，法国于1945年根据全国抵抗运动委员会的共同纲领，制定通过了一系列有利于工人和广大人民的社会政策和劳工政策，规定了家庭津贴、社会保险、奖励生育、带薪休假15天以及缩短工作时间等；还在企业设立由工人代表组成的企业委员会；同时，还制定有关社会保障的法律，规定享受社会救济和补助是公民的权利；到1950年，还通过了几项关于集体合同的法律；在1952年通过了关于物价上涨与工资浮动比例的法律，以确保通货膨胀中职工的收入稳定；在1956年通过了社会保障法典；到1968年正式确立了社会保障制度，内容包括家庭补助、疾病、老年、失业、死亡等保险。到20世纪90年代，法国的社会保障制度非常健全，涉及“从摇篮到坟墓”的一系列制度。

一、社会保险法

法国的社会保险法始于20世纪30年代人民阵线政府制定的社会保障法，其内容包括对老、病、残、产妇和失业工人的保险，凡依劳务合同受雇的法国人或外国人都享有保险权利。该法典于1972年修订，规定：凡年满60岁、缴纳保险金150季度（37年半）

的，都可以领取等于基本年薪的25%的年金；死亡保险可使家属获得一笔等于死者3个月工资收入的死亡赠款；工伤事故造成的损害也由保险支付赔偿，治疗全部免费，如暂时不能工作，每天可以领取相当于工资50%的补助金，永远残废者可领取规定的年金。工伤事故死亡者的家属也可以根据他的工资基数领取年金。从20世纪50年代始，法国就实行了最低工资制和失业保险制度。

二、家庭补助

法国的家庭补助始于20世纪30年代，从其产生至现在，已经成为发达国家中比较具有代表性的一项社会保障制度。其特点有：一是名目繁多，主要有一般家庭补助、家庭补充补助、胎儿补贴、产妇赠款、残儿教育补助、孤儿补助、单身家长补助、开学补助、住房补助和家庭最低收入补助等。二是雇主负担补助所需费用。

第七节　刑　法

一、法国资产阶级革命时期的刑事立法

资产阶级革命前法国刑法的特点是公开的等级特权、法官的专横擅断、刑罚的异常残酷、制度的纷繁杂乱。当时，要求改革刑法的呼声日益高涨。意大利人贝卡里亚的《论犯罪与刑罚》对法国的刑法改革颇具影响。专制政府于1780年8月宣布废除拷问制度；于1788年5月8日宣布改革刑法和刑事诉讼法，其中包括禁止使用跪椅、有罪判决须宣布理由、死刑判决宣告后一个月执行、被宣布无罪的人有权要求恢复名誉等。此外，各地送呈的陈情书也有许多关于改革刑法的建议，体现了刑事古典学派的思想。革命前的刑法改革及要求都为法国新刑法的诞生奠定了基础。

《人权宣言》宣布了罪刑法定主义、法不溯及既往、罪刑相适应和刑罚人道主义等原则。1790年1月21日，法国制宪会议法令宣布：犯罪和刑罚必须公平划一，不论犯罪者的等级身份如何，凡属同一种犯罪，均须处同一种刑罚；刑罚的后果只能触及犯罪者本人，不能株连家庭成员，不能有损于他们的人格和名声，不能影响他们的职业。1790年8月16日至24日的法令规定，刑罚须与犯罪相适应，且须限制在确实需要的范围内。1791年7月22日法律规定了轻罪。

1791年10月6日，法国制宪会议颁布了近代法国第一部刑法典。该法典分两编：第一编为总则，共7章，规定了刑法的一般原则。第二编是犯罪及其刑罚，减少了犯罪种类，贯彻了法律只有权禁止对社会有危害的行为的原则；将适用死刑的犯罪种类从革命前的大约150种减至32种；废除无期徒刑及其他残酷的刑罚如肉刑，规定死刑以下的最重刑是不超过24年的带镣苦役；规定对重罪实行陪审；对各种刑罚均作硬性规定，无上限和下限之分；严格贯彻了罪刑法定原则，同时限制了法官的司法专横。这部法典施行于全法国，为将取代它的1810年刑法典奠定了立法基础。

二、1810 年刑法典

1810 年刑法典是在拿破仑的主持下制定的，经过 10 年的起草、讨论与修改，于 1810 年 2 月 12 日最终确定，自 1811 年 1 月 1 日起正式施行。

（一）刑法典的特点

(1) 从其结构体例上讲，刑法典共 4 编 484 条，以总则为先导，第一编关于重罪、轻罪之刑及其效力，第二编关于重罪、轻罪之处罚、宥恕与刑事责任，第三编关于重罪、轻罪及其刑罚，第四编关于违警罪及其刑罚。这种模式成为大陆法系国家刑法典的基本体例。它对犯罪的分类即重罪、轻罪和违警罪被世界各国普遍接受。

(2) 从其立法技术上讲，刑法典体现了拿破仑法典编纂的一般方法和风格。总则不及分则发达；注重原则的实际运用，而不追求对其理论上的概括；条文简明，将同类犯罪都规定在相邻的条文内，而不顾及这些犯罪的危害性程度和刑罚是否相近。

(3) 从其立法原则上讲，刑法典基本贯穿了罪刑法定、罪刑相适应、法不溯及既往等资产阶级刑法原则，它严格维护了资产阶级人身、财产不受侵犯，维护了资产阶级政治、经济统治秩序。该法典第 4 条规定："不论违警罪、轻罪或重罪，均不得以实施犯罪前法律未规定的刑罚处之。"

(4) 从其内容上讲，刑法典显然受到了当时流行的刑事古典学派客观主义理论和边沁功利主义思想的影响，同时也继受了传统的刑法制度以及满足巩固革命成果的需要，有着封建性、威吓性和残酷性以及客观归罪和报应刑的特点。在犯罪方面，该法典规定的有些内容违背了罪刑法定原则，如对"流氓罪"、"游民罪"和"乞丐罪"等的规定显然实行的是"有罪推定"；在定罪量刑方面，对每种犯罪规定了刑罚的最高限和最低限，对某些犯罪还规定了两种不同的刑罚，给予法官以有限的自由裁量权；重视犯罪行为，有行为就有责任，无行为即无责任；没有区分既遂犯与未遂犯、主犯与从犯的刑罚；对预备行为不追究。该法典的封建性和残酷性体现在，维护皇权，广泛适用死刑，重新采用无期徒刑，采用许多封建性的残酷的肉刑，如残害肢体和侮辱性的刑罚。该法典对罪过、错误、紧急避险等未作规定。

(5) 从其历史地位及意义上讲，1810 年法国刑法典是法国大革命的重要成果之一，它基本上贯彻了资产阶级刑法原则，体现了人道主义精神；从其内容或立法技术上说，它都可以称得上是资本主义社会早期一部具有代表性的法典，对近代资产阶级刑事立法具有重大影响；它的颁布标志着拿破仑法典体系的完成，积极地促进了法国自由资本主义的发展。

（二）刑法典的修改

在 19 世纪中叶后，伴随着资本主义的发展和新的刑法学派的问世，1810 年法国刑法典也处于不断修改以适应社会需求的阶段。较大的修改共进行了两次。第一次是 1832 年的修改。此次修改是在自由主义运动的影响下由七月王朝进行的，修订了 90 个条文，主要内容是减轻刑罚的残酷性，如死刑只适用于9种犯罪，废除了肉刑和没收财产刑，减少了酷刑，增加了法官的酌情减轻之权，弥补了法典的不足，严格区分了主犯与从犯和重罪的既遂与未遂，同时，加重了对公务人员侵犯公民住宅、通信的犯罪的处罚。第二次是1863年的修改。此次修改涉及65个条款，主要内容是增补了累犯的规定和一些新的犯罪种类，如强索贿赂罪等。此外，于19世纪末还以单行法的形式对法典作了补充修改，如：1885年5月25日的累犯惩治法规对某些种类的累犯实行具有保安性质的"流刑"作为从刑，以加强对累犯的惩治和预防；1885年8月14日的累犯防止法规定了假释；1892年3月26日关于减轻和加重刑罚的法律规定了缓刑。至20世纪，这部法典仍处于不断修改中，而且，这种对法典的修改是伴随着新的法典的起草工作进行的。

三、20世纪法国刑法的发展

在20世纪初，法国政局较平稳，于1901年以法律废止了非法结社和集会罪。在两次世界大战间，法国政局动荡，于1934年、1935年以法律对集会、结社严格限制。1939年的法律恢复了1848年宪法废止的政治犯死刑，并对"侵害国家外部安全之重罪"作了重大修改。伴随全球范围内的刑法改革运动，法国于1945年建立了刑法改革委员会，提出了刑法改革法案，并颁行了大量的刑事法规：1947年的法律加强了对罢工的镇压。1950年的《反怠工破坏法》规定罢工为妨碍国家安全的行为。1958年宪法规定，违警罪不再属于立法范围，由行政法加以规定。1972年的法律规定服刑允许监外执行、半自由和许可外出。1975年的法律还规定假释须经过半自由刑，并规定可以将附加刑、从刑、违警处分、禁止从事某种职业活动、没收或吊销驾驶执照等作为主刑判处，以减少自由刑的适用。此外，受社会防卫思潮的影响，被害人的权益开始受到一定的法律保护：1970年的法律要求犯罪嫌疑人提供一定的担保以赔偿犯罪所造成的损失。1977年、1978年和1990年的法律规定对某些犯罪被害人实行国家赔偿。1981年10月9日通过《废除死刑法》，废除了死刑。此后，扩大解释了一些刑法原则，以适应现代社会；通过了加强保护被害人的法律、打击恐怖犯罪的法律；采取了一些"非刑法化"和"非罪化"的制度和措施。

对于青少年犯罪，于1921年和1945年分别颁布了《青少年保护观察法》和《少年犯罪法》。设立少年法院，规定未满13岁的少年不负刑事责任，只适用教育措施；未满18岁少年的犯罪案件，只能由少年法院或负责少年案件的刑事法院审理，并由它们确定对少年犯的保护、帮助和监督措施。

四、1994年法国新刑法典

根据1974年11月8日和1975年2月7日法令，法国司法部长决定成立刑法修改委员会。该委员会于1976年7月提交了一个关于刑法典总则部分的草案，经修改后于1978年4月公布，受到一些批评。1983年6月在司法部长巴旦代尔（Robert Badinter，时任刑法修改委员会主席）的主持下，该委员会提出了一个有关刑法总则的新草案，后又着手起草分则，并于 1984 年、1986 年和 1988 年提交审议。1989 年 2 月起，法国议会开始审议新刑法草案，由于两院意见不一，直到 1992 年 7 月 22 日新刑法典才以四个法律的形式予以颁布，它们分别是 1992 年 7 月 22 日关于修改刑法典总则的第 92683 号法律，1992 年 7 月 22 日关于修改刑法典惩治侵犯人身之重罪与轻罪之规定的第 92684 号法律，1992 年 7 月 22 日关于修改刑法典惩治侵犯财产之重罪与轻罪之规定的第 92685 号法律，1992 年 7 月 22 日关于修改刑法典惩治危害民族、国家及公共安宁之重罪与轻罪之规定的第 92686 号法律。为保证新刑法的实施，1992 年 12 月 16 日又颁布了一项刑法实施法，将刑法的生效时间定为 1993 年 9 月 1 日，但该生效日又被 1993 年 7 月 9 日法律修改为 1994 年 3 月 1 日。自 1994 年 3 月 1 日起，新刑法典在全法国实施，取代了 1810 年刑法典。1994 年法国新刑法典是继 1810 年刑法典后法国刑法发展、改革的集大成者，其突出的特点是：在体现刑法发展的历史延续性的同时，反映了时代性和创新精神，如保留了资产阶级刑法的传统原则和精神，以及编纂体例、传统术语、概念、犯罪分类及一些刑法制度。与此同时，顺应刑法发展潮流规定了许多新的制度，如：对犯罪构成的主观要件作了明确规定，扩大了轻罪处理范围；在分则中体现了对人权的重视，将对人的保护放在最前面；扩大了某些犯罪的惩治范围和增加了一些新罪以适应当代社会的需要，也取消了某些犯罪如自行堕胎罪等；规定了法人的刑事责任及其刑罚，由此影响了其他国家的法人刑事立法。此外，其在制裁上，实行的是刑罚与保安处分“二元规定”。2004 年以后法国实施了覆盖较大范围的犯罪的轻刑化政策，规定了多样化、独立适用且刑期可叠加的减刑类型，如信用减刑、额外减刑、有条件减刑和特别减刑。

第八节　司法制度

法国有关司法制度的立法始于封建时期，其诉讼制度源于以罗马诉讼法和日耳曼诉讼法为基础的中世纪教会诉讼法。在封建社会，法国已有独立的法院系统，即王室法院、领主法院、教会法院和城市法院，后来设立了终审法院即巴黎高等法院及其下属的省高等法院。在诉讼程序上，是先适用控诉式诉讼，后采用纠问式诉讼。于前者，民、刑事案件均由原告提起，司法机关不主动追究，在法庭上原告与被告双方平等地进行辩论，法庭根据辩论所证明的事实作出判决。于后者，案件由司法机关主动追诉，以刑讯逼供获取证据，实行形式主义的证据原则。在 17 世纪即路易十四时期，于 1667 年和 1670 年分别颁布了民事诉讼法令与刑事诉讼法令。这两部法律是法国封建社会末期比较完整的诉讼法，代表了法国大革命前诉讼法律制度发展的最高成就，充分体现了封建诉讼制度的特点。它们可以说是法国近代诉讼制度的母体。

18 世纪的资产阶级革命彻底摧毁了旧的法律制度，同时对旧的司法制度进行了改革。在拿破仑时期颁布的五部法典中，就有 1806 年的《法国民事诉讼法典》与 1808 年的《法国刑事诉讼法典》。这两部法典对许多国家的诉讼法典产生了影响，为大陆法系国家诉讼制度的建立奠定了基础。

一、《法国民事诉讼法典》(Code de procédure Civile)

（一）1806年 《法国民事诉讼法典》

1806年《法国民事诉讼法典》于1807年1月1日公布实施。法典共两篇1 042条。第一篇关于法院程序，规定了法院体制和民事诉讼的审级，法院由治安法院、初审法院、上诉法院和最高法院组成，一般民事案件实行四级三审终审制；同时，还详细规定了起诉、受理、传唤、证人、鉴定人、回避、辩护、调解以及诉讼费用的收取等。第二篇是关于各种程序的规定，其中包括开始的程序、仲裁程序、共同规则等，如对夫妻之间的财产纠纷、分居、离婚以及禁治产人等人事诉讼程序作了具体规定。

法典的主要特点是：第一，实行诉讼自主原则，规定民事案件一般由当事人提起诉讼，同时，也体现了保障当事人诉讼权利平等的原则。第二，规定国家机关在某些情况下应干预诉讼。如果案件关系国家安全、政府、国家土地、房产、人身安全，以及因法院判决不公正而引起诉讼时，法院须报告检察官，由检察官行使干预权。第三，对维护债权人的利益作了详细的规定，如法典以相当的篇幅规定了以债务人的财产清偿债务的问题，当债务人拒不履行义务时，债权人有权要求法院扣留债务人；并规定了具体的程序。第四，在立法技术上，该法典缺乏《法国民法典》那样的创造力和想象力。法典的大部分内容都来自1667年《民事诉讼法令》，依然继受了许多充满形式主义、成本高昂的程序制度，被认为是一部“在它诞生之时就已经过时的法典”①。该法典内容庞杂，体现了罗马法和教会法的理论与制度，也有日耳曼法的内容。总之，其影响力远不及《法国民法典》，也无法与严密精细的德国民事诉讼法典相比。

1806年《法国民事诉讼法典》施行了长达170年之久，至1975年法国民事诉讼法全面修改为止，其间经历了若干次修改。修改始于1934年，当时成立了民事诉讼法典修改委员会，但修改进程缓慢，直到1955年才公布修改草案；第二次修改发生于1958年，主要是为了与法国新宪法保持一致；第三次修改是在1965年，明确了该法典修改的方向和基本精神。1969年根据政府命令，成立了新民事诉讼法典修改委员会。经过3年的时间，新民事诉讼法典于1975年12月5日公布。

（二）1975年新民事诉讼法典

1976年后，对1975年公布的新民事诉讼法典的修改仍在进行：1977年修改了裁判文书的收费制度，免除了当事人交纳裁判文书费用的义务；1979年明确规定了占有权诉讼，并修改了放弃上告程序；1980年增加了仲裁制度。1981年又颁布了新民事诉讼法典的第二卷和第三卷。1991年和1992年法令对执行程序作了修改。可以说，现行《法国民事诉讼法典》是旧民事诉讼法与新民事诉讼法的合并。

根据1991年法国司法部司法法政调查部编的《注释法国新民事诉讼法典》，法国

---

① 佩罗．法国民事裁判法．(日本)近大法学，第35卷第1～2号：446.

1975 年新民事诉讼法典共有 3 卷、1 490 条。第一卷是关于所有法院的共同规定，相当于法典的通则，主要规定了民事诉讼的基本原则、管辖、证据制度、诉讼参加、辩论程序、诉讼中止、诉讼终结、判决、上诉、再审和执行等内容。第二卷是关于具体适用于各个法院的不同程序的特别规定。第三卷是关于人身案件的特别程序，如关于婚姻关系的案件、亲子关系的案件、收养关系的案件和监护关系的案件等的程序。

1975 年新民事诉讼法典很有特色，其基本特点是：（1）在形成上，其是在对 1806 年《法国民事诉讼法典》的不断修改的基础上成就的。（2）在结构上，其是一般规定与特殊规定、抽象与具体的双重结构体系。（3）在模式上，其实行的是当事人主义，诉讼的主导权在诉讼当事人，如实行对审原则，即法院的裁判以当事人双方的辩论为基础。（4）在内容和制度上，其有特色的如民事裁判机构的多元化和程序多元化、诉权的制度化和具体化、事前程序与审理程序的分离、书证优先原则、审级的多元化、紧急审理程序的设置等。

二、《法国刑事诉讼法典》（Code d'Instruction Criminelle）

（一）1808 年《法国刑事诉讼法典》

1808 年《法国刑事诉讼法典》施行于 1808 年 11 月 27 日。该法典由总则和两编组成，共 643 条。

这一法典具有如下内容特点。

（1）该法典兼采纠问式与控告式的诉讼程序，表现为在法院庭审前的纠问式和在庭审时的辩论式。

（2）确立了起诉、预审和审判职能分立的原则，即检察机关行使起诉权，预审法官行使法院开庭前的审判权，审判法官独立行使审判权。确立了自由心证证据制度。

（3）关于审判管辖，是按照法定刑来划分法院的案件管辖权的。凡是刑事案件，按照不同的案件类别分别由违警罪法庭、轻罪法庭和重罪法庭受理。在审判程序上实行两审制与合议制，对重罪案件实行陪审制。

（4）该法典的许多内容和制度来源于 1670 年的刑事诉讼法令。

这部法典在法国沿用了一个半世纪。修改始于 1830 年。1856 年的修改扩大了预审法官的作用。1879 年提交了一个草案，但因国会两院意见相左而流产。1930 年起，在修改刑法典的同时也开始修改刑事诉讼法典，并于 1938 年拿出了修改草案。在第二次世界大战后，对这部法典的修改再次被提到日程上。1949 年重新公布了 1938 年草案。1953 年建立了以总检察长安东宁·贝松为主席的修改委员会。经过十多年的起草、讨论和修改，该法典于 1957 年年底完成并陆续颁布，于 1959 年 3 月 2 日起开始实施，但对海外省、领地则于 1962 年 3 月 1 日始生效。该部法典自实施后修改不断。

（二）1957 年新刑事诉讼法典

1957 年《法国刑事诉讼法典》，又称新刑事诉讼法典，是法国现行刑事诉讼法典，分卷首和 5 卷，共 803 条。卷首是关于公诉和民事诉讼，第一卷是关于提起公诉和进行预审，第二卷是关于审判管辖，第三卷是关于非常上诉的途径，第四卷是关于特别诉讼程序，第五卷是关于执行程序。新法典保留了旧法典中的基本原则和不少的制度，如预审程序、审检合一、刑事程序可附带民事请求和重罪陪审等，同时，也适应社会发展的需求规定了许多新的原则和制度，如其改革的基本倾向是消除纠问式，强调法治和加强司法民主，强化对人权和自由的保障，提高审判效率等。新法典自实施以来经过了多次修改。

第九节　法国法的基本特征及历史地位

在由传统法向现代法发展过程中，由于其独特的历史文化背景、复杂的政治社会问题以及国家治理的价值选择，近现代法国法律制度形成了固有的发展范式及独特性，如典型的先发性、内发型、权利本位型、形式理性化及继承与革命发展型的现代化模式，并对欧洲大陆及世界上许多国家法律的发展产生了重要影响。

一、法国法的基本特征

（1）罗马法构成了法国法的法学基础及现代法律体系基础。法国法源于罗马法，是在罗马法的直接影响下成长起来的。罗马法作为法国法乃至大陆法系的基础还表现在它为法国及欧洲大陆其他国家的法学体系和法律体系提供了对象、结构、形式、范围、词汇和方法。

（2）制定法为主要的法律渊源。按照传统，犹如其他大陆法系国家，法国法的一般正式法律渊源是制定法，具有制定法传统。但是，法国的行政法源主要是判例法。法国法在传统上以法典为其主要表现形式，其法律体系是以精致、系统化的法典为各法律部门的主干而构筑起来的。受《法国民法典》的影响，19 世纪欧洲大陆各国普遍展开了一个前所未有的广泛立法活动，这一活动的核心就是编纂法典。由此出现了所谓的法典化运动。这些法典无论从结构、内容上还是从形式上看，理性化程度很高，极富逻辑性，明确、系统、具有很强的内在联系性。但在第二次世界大战后，法国及其他大陆法系各国对一些重要的法律部门开始采用单行的、较灵活的议会立法或行政法规。

（3）公法与私法之分是其法律的基本分类。基于由罗马法发展而来的历史传统和启蒙思想的理论基础，法国法的法律基本结构是以公法与私法之传统分类为基础建立的。以法律确认国家主体在公法范围内活动以确保个人自由和权利的实现，而个人在私法领域内行事，个人财产和个人契约自由不受国家的侵犯和干涉。随着垄断资本主义的出现、国家权力的加强，在公法与私法之间产生了一些公私法兼具的法律部门，即社会经济法，如经济法、劳动法、工业产权法、社会保障法等。

（4）明确的法律条文为法官判案的出发点。在法律思维方式上，法国法官对法律的分析遵循从一般规则到个别判决的演绎推理法，面对案件，他们首先考虑法律是如何规定的，而不是考虑过去的法官是如何处理类似案件的。他们研究的是法典和政策而不是判例，法官只是忠实地执行法律，以法律条文为依据，运用三段论的推理形式，将法律条文正确地运用于案件事实中并作出判决。在诉讼程序传统模式上倾向于职权主义，法官在诉讼中起积极主动的作用。

（5）司法系统较为复杂，采司法系统的双轨制，即设立普通司法法院与行政法院。由于历史的原因，法国法院系统的设置独特，有普通司法法院和行政法院两大系统。普通司法法院与行政法院分立，民事法院与刑事法院合一。普通司法法院受理刑事、民事案件，行政法院专门受理行政诉讼案件。此外，设有权限争议法庭。传统上重实体而轻程序，尽管在现代有所改变。法官不是来自经过学徒式的训练又经多年法庭磨炼的出庭律师，而是未经法庭洗练的法学院学子；法官和律师的社会地位不及普通法系国家的高。

二、法国法的历史地位

法国法在人类法律史上占有极为重要的地位，是大陆法系的母法，对大陆法系的形成和发展及世界性扩展产生了决定性的影响。法国对现代法律文化、法律制度及司法体制的产生和发展作出了许多重要贡献，其影响波及世界许多国家，包括中国。

法国法是社会历史发展的产物，曾经历了长期的形成发展历程。对罗马法及其他传统法律的研究和继受造就了法国资产阶级法律制度从形式到内容的完备性和独特性。12世纪～16世纪具有划时代意义的罗马法复兴，使经历着这一运动的法国，像欧洲大陆其他国家和地区一样，从法律的结构形式到思想内容全面继承了罗马法学，进而形成以罗马法为主且融入日耳曼法、地方习惯法、教会法等成分的具有多样化法源的欧洲大陆法的一种典型代表即混合法。17、18世纪古典自然法学和法国大革命为近代法国法的形成和发展贡献了思想理论和政治条件。集中体现古典自然法学和理性主义思潮以及法国大革命精神的《人权宣言》和巩固大革命成果的五部基本法典，为法国和欧洲大陆许多国家确立法律原则、制度、渊源和法律框架乃至法律体系提供了一个基本模式，以至于形成了一个共同的法律文化传统。19世纪法国的法典化运动使法国法发展成为一种独具特色的现代成文法制样式，曾在欧洲大陆独领风骚，为欧洲大陆其他国家提供了法制模式和制度框架，在其影响下，欧洲大陆国家发展出一个与英美法系并肩、称雄世界的大陆法系。

法国法以其深厚的思想基础、完备的法典化体系结构、明确且严密的原则内容、民商分立的私法制度、发达而独特的行政法制、二元主义的司法制度以及公法与私法的传统分类等法治模式著称于世，且对当代世界法制的影响广泛而深远。

在20世纪后，随着资本主义自身的不断发展和完善，以及福利国家的出现，法律的发展受到了法律实证主义思潮和法律社会学的深刻影响。此时，法国法主要的发展、变化是：公法与私法相互渗透，出现了一些公私混合法即社会经济法部门；分权原则发生动摇，授权立法或委任立法增多；判例的实际作用大大增强。同时，欧洲大陆各国法制发展出现统一化趋势，两大法系相互吸收，日趋接近。欧盟法的出现既是这种统一和接近趋势的集中表现，同时又加速了这种统一化的进程。

深度阅读

1. 法兰西共和国宪法（1958）//九国宪法选译．北京：群众出版社，1981.
2. 拿破仑法典．李浩培，等译．北京：商务印书馆，1996.
3. 法国刑法典．罗结珍，译．北京：中国人民公安大学出版社，1995.
4. 法国商法典．金邦贵，译．北京：中国法制出版社，2000.
5. 法国新民事诉讼法典．罗结珍，译．北京：中国法制出版社，1999.
6. 法国刑事诉讼法典．罗结珍，译．北京：中国法制出版社，2006.

问题与思考

1. 近代法国法是如何发展及演变的？有何特点？
2. 如何理解1789年《人权宣言》的基本内容、意义及历史地位？
3. 法国1958年宪法是如何产生、发展的？有哪些特点？
4. 简述法国宪政制度的演变及制度特征。
5. 阐述法国行政法律制度的独特性。
6. 评述《法国民法典》的基本特点、影响以及其在现代的发展变化。
7. 为什么说1804年《法国民法典》是一部典型的资本主义社会早期的民法典？
8. 如何理解法国的二元司法体制？
9. 评述法国法的历史地位。

第十四章
德 国 法

常考知识点

- 德国法的历史演变
- 德国宪法的发展
- 《德国民法典》的内容与特点
- 第二次世界大战后联邦德国的经济立法

德国法是大陆法系的重要分支，是西方近现代最为完整和发达的法律体系之一。相比西欧其他地区的法律文明而言，中世纪德国法一直处于相对落后的水平。在 19 世纪后半叶，普鲁士异军突起，成为推动德国统一举足轻重的政治力量。与此同时，德国也开启了大规模制定法典的进程，形成于这一时期的《德国民法典》具有体系完整、概念明确、逻辑严密的特点，对很多国家的民事立法产生了深远影响。稍晚形成的《魏玛宪法》则被誉为现代宪法的典范。然而，由德国纳粹党掀起的第二次世界大战彻底摧毁了西方法制文明的基石。二战后的德国一分为二，其中联邦德国将“人的尊严”重新树立为最高的宪法原则，国家经济进入快速发展时期。在 20 世纪末，德国重获统一，原民主德国无条件接受了联邦德国的法律体系。自此，德国成为欧洲第一大经济体，并成为推动欧洲一体化进程的重要力量。此外，德国法对日本和中国的法律近代化产生了极为深远的影响。

第一节　德国法的产生与演变

一、德意志第一帝国时期

德国位于欧洲中部，其前身位于查理曼统治的法兰克王国的东部地区，于 843 年根据《凡尔登条约》独立为东法兰克王国。自 962 年开始，德意志民族神圣罗马帝国建立，史称德意志第一帝国。第一帝国延续至 1806 年彻底崩溃，历时八百余年。德国法在第一帝国时期大致经历了两个阶段，即初步形成阶段和近代法过渡阶段。

（一）初步形成阶段（10 世纪至 15 世纪）

公元 919 年，萨克森公爵亨利一世被推选为东法兰克国王。由于亨利一世是地方诸侯出身，血统与法兰克王室的加洛林家族没有联系，因而史学界通常认为，东法兰克王国的历史至此终结，亨利一世开启了德意志民族国家的历史，这一历史时期因而被称作萨克森王朝。然而，此时的德国仅仅是一个主要由五大公爵领地组成的松散的政治联盟。不久之后，奥托一世通过武力控制了所有的公爵领地，他在962年迫使罗马教皇将自己加冕为皇帝，建立了德意志民族神圣罗马帝国。

在这一时期德国法的主要渊源是法兰克王朝曾经制定和认可的日耳曼法典，以及德意志五大公爵领地的日耳曼习惯法。相比之下，法兰克王国遗留的成文法典的影响力逐渐消退，德意志民族的不成文的习惯法变得越来越重要。至13世纪，德国出现了以德语为主要载体的习惯法汇编，这种法律渊源被称为法律书（Rechtsbuch），其中比较著名的法律书是于1220年编成并通行于北德意志地区的《萨克森明镜》，以及1275年编成并适用于南德意志地区的《士瓦本明镜》。这类法律书除收录了本地不成文习惯法之外，还大量收录了封建法或其他性质的法律渊源，例如：四卷本《萨克森明镜》的最后一卷完全是关于封建法的汇编；《士瓦本明镜》还收录了查理曼时期的敕令，以及罗马法和教会法的内容。这两部存留至今的法律书体现出德国法初步形成阶段的特点，德国学者一般将《萨克森明镜》视为德国法律史的开端。

在公元11世纪，罗马教会的势力不断增强，德国王权受到很大冲击。在霍亨施陶芬王朝时期，各路诸侯利用教皇与皇帝之间的长期战争大幅扩张地方势力，导致王权衰微，德国从此进入小邦林立的封建时代。德国王权于1254年进入19年的“大空位时期”，而后则是长达150年的“混合家族世系”时期，国王和皇帝的头衔被少数封建家族轮流把持。自此德国法进入封建化阶段。

帝国议会颁布的法令是封建法的重要法律渊源。由于王权衰微，帝国议会实际上受到地方选帝侯的操纵。从这个意义来说，帝国议会的法令属于封建法的范畴。1356年，经帝国议会批准，卢森堡家族的查理四世发布了著名的《黄金诏书》（Golden Bull），正式承认七大选帝侯有权选举国王和皇帝，同时承认诸侯各邦在自己的领土内拥有主权，包括行政权、司法权、关税权、铸币权等，并且规定各邦民众均隶属于所在邦的君主。据此，德国的版图之内同时存在七大选帝侯国、十几个大诸侯国、两百多个小诸侯国、上千个独立骑士领地，帝国议会在某些方面的重要性已经超越了国王，第一帝国的政治体制由君主专制转换为诸侯共治。因此，《黄金诏书》的颁布标志着德国法的封建化。

（二）近代法过渡阶段（15世纪至19世纪）

阿尔布雷希特二世自1438年登上王位，开启了哈布斯堡家族对德国近400年的统治。哈布斯堡家族根据王位继承规则先后控制了奥地利、匈牙利和波希米亚王国，还通过联姻的方式攫取了勃艮第、尼德兰、葡萄牙以及西班牙等很多国家的政权，建立了一个家族统治之下的“日不落帝国”。哈布斯堡家族时代的德国逐渐成为欧陆的霸主，王权的地位显著上升，政治上更多地体现出中央集权的特征，地方封建势力的离心倾向则变得微弱。

这一时期德国法的主要特征是国家法制的统一化和系统化。在公元15世纪中叶，罗马法复兴运动对德国产生了广泛而深刻的影响。拉德布鲁赫曾指出：“罗马法在1450年至1550年之间蹑手蹑脚地潜入了德国，以至于德意志法律史上这个影响最为深远的前奏，几乎在完全没有被当时的人察觉的情况下得到实现。”帝国议会颁布的法律开始呈现明显的体系化倾向。

在公元 17 世纪初，席卷欧洲的三十年战争极大地削弱了哈布斯堡家族对欧洲的统治，显著地加深了第一帝国的分裂程度。第一帝国未能再次颁布具有影响力的统一性法典，帝国枢密法院的活动频率明显降低，至 18 世纪则几乎变成了无用的摆设。相比之下，德国各邦国在这一时期掀起了制定地方法典的高潮。受到自然法理论的影响，这些邦国热衷于从罗马法和教会法中寻找法律的普遍性，试图通过体系化的立法活动达到政治上称雄的目标，例如：德意志南部的巴伐利亚在 1751 年、1753 年和 1756 年相继颁布了刑法典、诉讼法典和民法典。《巴伐利亚民法典》也是欧陆最早出现的民法典。玛丽娅·特蕾莎时代的奥地利对于法典编纂同样热情高涨，曾于 18 世纪 60 年代至 90 年代两度颁布刑法典、三度颁布民法典。位于北德意志的普鲁士则在 1794 年颁布了综合性的《普鲁士一般邦法》。这些在地方专制君主的推动之下快速颁行的法典诞生于自然法思想主宰的历史时代，大都遵循着自然法的理念搭建规范体系，因而被统称为自然法法典。应当说，德国各邦国制定法典的活动在客观上推动了德国法向近代法的发展。公元 1806 年，拿破仑军队入侵奥地利，第一帝国土崩瓦解，德国进入了没有统一政府的历史时期。哈布斯堡家族直到 1918 年奥匈帝国解体之后才最终退出欧洲的政治舞台。

二、普鲁士时代与德意志第二帝国（1525～1918 年）

（一）普鲁士时代 （1525～1871 年）

普鲁士位于德意志东北部，最早是条顿骑士团在波兰开拓的教皇领地。在公元 16 世纪初，来自勃兰登堡的霍亨索伦家族开始统治这一地区，普鲁士先后脱离了罗马教会和波兰大公的控制，在 1525 年成为一个独立的公国。公元 1701 年，勃兰登堡大选帝侯腓特烈利用奥地利与法国之间的矛盾，正式建立起普鲁士王国，自称腓特烈一世，从此开启了以中央集权和军国主义为特征的普鲁士国家史和法律史。大约从 1740 年开始，普鲁士对形成于中世纪的各种法院组织进行了大刀阔斧的改革，初步形成了四级三审制的司法体制，为普鲁士近代司法秩序的形成奠定了基础。制定于 1794 年的《普鲁士一般邦法》是一部体现近代自然法精神的民法典，该法典卷帙浩繁，条文总数接近两万条，是迄今人类法典编纂史上篇幅最长的法典。《普鲁士一般邦法》一直沿用到《德国民法典》生效之时才被废止，对德意志各邦国制定邦法产生了重大的影响。

公元 1806 年，德意志第一帝国在拿破仑的铁蹄之下灭亡，中央权力出现真空，普鲁士和奥地利成为德语地区实力最强的两大邦国。1815 年，德意志同盟成立；1834 年，德意志关税同盟成立。普鲁士王国先后在这两大同盟中成为诸邦国的领袖，引导德意志重新走向统一。在这一时期，德意志地区先后出现了《法兰克福宪法（草案）》（1849 年，也称保罗教堂宪法）、《普鲁士宪法》（1850 年）等宪法性文件；在民商事领域，出现了《奥地利普通民法典》（1811 年）、《萨克森民法典》（1865 年）、《德国普通票据法》（1848 年）、《德意志普通商法典》（1861 年）等民商事法典，这些法律成为第二帝国制定民法典和商法典的重要渊源。1862年，俾斯麦出任普鲁士首相，开始施行武力统一德国的铁血政策，先后击败了丹麦和奥地利，建立了一个由24个北德意志邦国和3个自由市构成的北德意志同盟，并通过了《北德意志联邦宪法》。1870年，普鲁士赢得普法战争的胜利，德意志统一的最后障碍被扫除。1871年1月，普鲁士国王威廉一世宣告德意志帝国成立，于同年4月颁布《德意志帝国宪法》，史称德意志第二帝国。

（二）德意志第二帝国（1871～1918年）

第二帝国自成立之后，立即展开大规模的立法活动：第一，在宪法方面，1871年《德意志帝国宪法》建立了君主立宪的近代德国宪政制度；第二，在刑法方面，1871年《德意志帝国刑法典》确立起一系列资产阶级的刑法原则和制度；第三，在民商法方面，颁布于1897年的《德国商法典》以及公布于1896年的《德国民法典》成为最为重要的民商事法律渊源；第四，在诉讼法方面，《民事诉讼法》和《刑事诉讼法》颁布于1877年，《法院组织法》《律师法》等各项法律也陆续出台。至19世纪末，德意志六部最基本的部门法典均已制定完毕，并付诸实施。自此近代德国法最终形成。

第二帝国的立法成就还有经济和社会领域的新型立法，例如1909年颁布了《反不正当竞争法》，1910年颁布了《钾矿业法》，对具有垄断性的卡特尔组织进行了限制。在第一次世界大战期间，第二帝国通过立法，如1915年颁布的《取缔高价买卖令》、1916年颁布的《确保战时国民粮食措施令》等，使国家权力更多地干预经济活动。这些立法使“经济法”成为传统的“六法体系”之外最重要的部门法。同时，第二帝国也制定了有关社会保障的法律：1881年，第二帝国颁布了世界上第一部社会保障法。此外，第二帝国还于1883年颁布了《工人疾病保障规定的准则》，于1884年颁布了《事故保障法》，于1911年颁布了《帝国保障条例》，等等。这一系列立法开启了德国社会法的发展进程。

三、魏玛共和国（1919～1933年）

爆发于20世纪初的第一次世界大战摧毁了德意志第二帝国。1918年11月，德国爆发了十一月革命，柏林工人走上街头，推翻了霍亨索伦家族的统治。1919年，共和国宣告成立，社民党领袖艾伯特出任共和国的第一任总统。同年6月，国民议会在小城魏玛通过了共和国宪法，史称《魏玛宪法》，共和国因而也被称为“魏玛共和国”。

《魏玛宪法》实行总统权力极大的议会制政体。它重申了资本主义精神的要旨，如保障私人财产所有权、契约自由等，但是，也对这些原则作出修正，譬如提出个人经济自由应与公平原则及维持人类生存的目标相适应，规定了公共福利制度以及契约自由应当受到的限制，等等。《魏玛宪法》还修改了民法典有关男女不平等、婚生子女与非婚生子女不平等的规定。《魏玛宪法》对于经济领域有着特别的规定，例如规定有条件的国有化和公私合营制度，并宏观地划定了政府与企业之间的界限。

魏玛共和国时期继续沿用第二帝国颁布的民法典、商法典、刑法典、民事诉讼法典与刑事诉讼法典、法院组织法，其立法的新动向体现在经济立法和社会立法方面。1919年，魏玛共和国颁布了《煤炭经济法》，这是世界上第一次以“经济法”命名立法。同一年，为了使宪法中规定的国有化原则得到落实，共和国成立了社会化委员会，并规定了私人企业实行社会共有的几种形式。受苏联十月社会主义革命的影响，德国工人运动空前高涨，这一时期德国就社会经济和劳工利益保障问题制定的一系列“社会化”法律颇具特色。1920 年，国民会议根据宪法通过了《企业劳工会议法》，对代表劳工利益的工会加以规定。这些法律规定体现出垄断资本主义的特征，在一定程度上满足了德国从经济疲软状态中解脱出来的需求。

四、第三帝国统治时期（1933～1945 年）

自 1929 年至 1933 年，资本主义世界发生了严重的经济危机，以希特勒为党魁的国家社会主义工人党（简称“纳粹党”）趁机登上德国政治舞台，以极端种族主义理论欺骗群众，大肆制造社会紧张空气，将国内危机转嫁到国际社会。1933 年 1 月，已经 84 岁的共和国第二任总统兴登堡任命希特勒为总理。从此魏玛共和国的历史宣告结束，德国进入法西斯统治时期。在这一时期，德国的正式国名为大德意志帝国，史称第三帝国。

纳粹德国存续了 12 年之久，原有法律体系未被废弃，但是遭到了严重的扭曲。希特勒在上台之后迅速架空《魏玛宪法》，彻底地推翻宪政体制。1933 年 2 月，纳粹德国颁布《保护德意志人民紧急条例》，授权联邦政府行使解散、禁止政治集会以及停止发行报刊的权力。同年 2 月底，纳粹党通过制造“国会纵火案”嫁祸德国共产党和第三国际，并借机颁布《保护人民与国家条例》，取消《魏玛宪法》中关于保障公民人身自由的条款，并授予联邦政府于必要时接管德意志各邦的全部权力。同年 3 月，纳粹德国通过《消除人民和国家痛苦法》将全部国家权力集中到希特勒手中，授予“元首”起草和公布法律的权力，且这些法律可以与宪法相抵触。这使《魏玛宪法》名存实亡。1934 年 1 月，纳粹德国又颁布《德国改造法》，废除联邦制，实行单一制，各级政府成为直属中央政府的行政机关，官吏由联邦中央统一调配，实行法西斯中央集权制。

在刑事立法方面，纳粹德国在沿用第二帝国刑法典的基础上，对法典确立的资本主义刑法原则作出重大修改，不仅规定犯罪的范围可以包括思想领域，而且恢复使用中世纪野蛮的刑罚手段。除变更刑法典之外，1933 年的《国社党刑法之觉书》集中体现了纳粹德国的刑法的基本原则和指导思想。在民商事立法方面，纳粹德国虽然继续采用《德国民法典》，但同时颁布了一系列旨在排斥资本主义民法精神的单行法规，全面贯彻和推行法西斯的种族主义政策，如颁布于 1933 年的《德国世袭农地法》规定只有日耳曼人才能成为世袭农地的所有者，颁布于 1935 年的《保护德国国民的血统及名誉的法律》禁止德国人与犹太人或有色人种通婚，剥夺犹太人德国国籍。此外，纳粹德国对婚姻家庭关系进行立法改造，限制妇女的权利，重新确立男尊女卑的原则。在经济立法方面，纳粹德国强调国家对经济生活的全面掌控。1934 年颁布的《卡特尔变更法》和《强制卡特尔法》不仅取消了原有经济立法对卡特尔协定的限制，而且规定国家强制建立具有卡特尔性质的企业，并强化这些企业对资源和市场的垄断。总的来说，第三帝国的法制自始至终贯穿着极权主义、恐怖主义和种族主义的特色，体现出反人类的本质属性。纳粹统治时期的德国法是德意志法律文明史上的重大倒退。

五、两德分立与重新统一（1945 年以来）

在第二次世界大战结束以后，美、英、苏三国政府签署《波茨坦协定》，以苏联为一方，以美、英、法三国为另一方，分别对德国实行了军事占领和管制。由于美、苏两大阵营之间的严重对立，1949 年 9 月和 10 月，德意志联邦共和国（简称联邦德国）和德意志民主共和国（简称民主德国）相继成立，德国进入两德分立的历史时期，两德在不同意识形态的指引下走上了完全不同的发展道路。

联邦德国在成立之后提出了“社会法治国家”的目标，废除第三帝国的一切立法，以期在政治上铲除纳粹势力的影响，重建民主政治。1949 年，联邦德国在波恩通过了作为国家法律根基的《德意志联邦共和国基本法》（简称《基本法》），并将政党制度纳入宪法。1967 年，联邦德国颁布了《政党法》。这也是欧洲第一部对政党的政治活动加以规范的法律。联邦德国创立了联邦宪法法院，并以宪法法院判例作为补充《基本法》的重要渊源。民主德国于 1949 年 10 月建立，并通过了宪法，把建设社会主义确定为国家的发展目标。其宪法详细规定了社会主义国家的各项具体制度和原则，确立生产资料公有制，以及广泛的公民权利。1968 年，民主德国颁布了一部新宪法，完善了各项社会主义制度。该部宪法还明确把统一德国规定为民主德国的基本任务之一。

在刑事立法方面，联邦德国在建立后恢复了 1871 年刑法典的效力，直到 1975 年才制定了新刑法典，此外还专门制定了经济刑法和青少年刑法。民主德国自始不承认 1871 年刑法典，而是以单行刑事法规作为主要渊源，直到 1968 年才制定刑法典。民事立法方面，两德均沿用于 1900 年实施的《德国民法典》，但也从本国政治体制出发对民法典进行了完全不同程度的修改。联邦德国认可原有民法典中的契约自由、保护所有权、遗嘱自由等基本原则，同时强调所有权的社会义务，以及对契约自由的限制，等等。联邦德国通过颁布大量单行民事法规来补充民法典的不足。民主德国则删除了民法典中与其社会主义宪法相抵触的条款。1975 年，民主德国放弃 1900 年民法典，制定了全新的民法典。

1989 年，冷战结束，隔绝东、西柏林长达 28 年的柏林墙被推倒，两德获得合并的契机。1990 年 10 月 3 日，民主德国加入联邦德国，德国正式宣布实现统一。根据《统一条约》的规定，重新统一的德国沿用了联邦德国的名称、国旗和联邦制度，沿用制定于波恩的《基本法》以及联邦德国的各项法律制度。与此同时，民主德国的所有法律自行废止。统一德国延续了原联邦德国的法律体系，但也为适应统一后的形势作了部分修改。

第二节　宪　法

一、德国统一之前的立宪活动

1848 年的革命席卷了欧洲。受其影响，德意志各邦国都发生了自下而上的社会运动，崇尚自由主义的知识阶层引导民众争取权利，并希望各邦国联合起来形成一个统一的德意志国家。在普鲁士国王腓特烈·威廉四世的支持之下，1848 年 5 月 18 日，由德意志各邦选出的 350 名代表在法兰克福的保罗教堂召开全德国民议会，成立了一个形式上的德意志联邦政府。该议会于 1848 年 12 月 27 日先行了通过“关于德意志民族基本权利的帝国法”，其中包括迁徙自由，人人平等，人身和财产不可侵犯，废除死刑，言论、出版、集会、结社、通讯自由，等等，作为各邦国制定民主宪法的基础。1849 年 3 月 28 日，德意志法兰克福国民议会在保罗教堂制定了一部完整的宪法，共 7 篇，计 197 条，其正式名称是《德意志帝国宪法》，史称《法兰克福宪法》或《保罗教堂宪法》。

迫于 1848 年的革命情势以及 1849 年法兰克福议会制宪运动的失败，普鲁士国王腓特烈·威廉四世在 1850 年颁布了一部钦定宪法，即《普鲁士宪法》，共计 9 章、119 条。这部宪法受到法国 1814 年《钦定宪章》的影响，是一部在精神和气质上与《法兰克福宪法》完全相反的宪法。《普鲁士宪法》规定：普鲁士实行君主立宪制。国王是行政首脑和军队的总司令，可以宣战和缔结和约，决定国会的召开和解散。内阁大臣对国王负责，而不对议会负责。《普鲁士宪法》反映了普鲁士容克地主和大资产阶级的利益，即使在 1871 年《德意志帝国宪法》公布后，该宪法也仍作为普鲁士的邦宪法继续实施，直至 1919 年《魏玛宪法》颁布之后才被废除。

普鲁士由于在 1864 年对丹麦和 1866 年对奥地利的战争中取得了胜利，因而巩固了在德意志北部和中部的霸主地位，奥地利则被排挤出了竞争者的队伍。1867 年 4 月，德意志北部以普鲁士为中心的 22 个邦国成立了北德意志联邦，同年 7 月，《北德意志联邦宪法》在普鲁士宰相俾斯麦的主导之下最终出台。该部宪法规定：联邦内部各邦在形式上保持独立，联邦立法机关由国家议院和联邦议院组成，国家议院的议员由各邦根据普遍、直接和秘密的选举法选举产生；联邦议会的成员由各邦按其地位的重要性来分配，为了保证普鲁士的垄断地位，在 43 个议席中，普鲁士占 17 个席位。该部宪法还规定，普鲁士国王同时担任联邦元首和军队的最高统帅，普鲁士首相兼任联邦首相，仅对国王负责，不受议会的控制。因此，《北德意志联邦宪法》尽管在名义上体现出过渡性，但就其内容来看，它实际上是为即将统一的德国而准备的宪法文本。

二、1871 年《德意志帝国宪法》

1871 年 4 月 16 日，第二帝国新选出的国会批准了《德意志帝国宪法》。这部宪法以《北德意志联邦宪法》为蓝本，在精神上贯彻了普鲁士绝对主义国家的原则。该部宪法共 14 章 78 条，其主要的内容和特点如下：

第一，德意志帝国是一个联邦制国家。该宪法规定德意志由 22 个邦和 3 个“自由城市”组成，但帝国联邦中央拥有更多的集中的权力，各邦地位很不平等。帝国法律高于各邦法律，同时，有关军事、外交、海关等诸多领域的立法权为中央所有，各邦只保留教育、卫生、地方行政等有限的权力。由此可见，此种联邦制是一个自上而下的联邦体制，各邦丧失了原有的独立地位，事实上已经沦为帝国联邦政府的地方自治单位。然而，中央权力的加强有助于消除封建割据残余，促进帝国统一市场的形成，从而推动资本主义的发展。

第二，国家政体为君主立宪制，皇帝和首相拥有极大权力。该宪法规定帝国皇帝由普鲁士国王世袭，帝国政权组织形式为君主立宪制，由普鲁士掌握帝国最高行政权。由此也就确认了普鲁士在帝国的实际统治地位。帝国皇帝拥有极为广泛的权力，如法律提案权，议会召集权，以及军事、外交、宣战、媾和、结盟、缔约和宣布帝国任何地区为战争状态等权力。首相由普鲁士首相担任，是从属于皇帝的最高行政官吏，在帝国国家机构中占有特殊的地位，依照皇帝的旨意并以皇帝的名义主持帝国政府，只对皇帝负责，不对议会负责。首相还是联邦参议会的主席，可直接参与立法活动。皇帝公布帝国法律时要由首相副署。帝国首相在国家机构中的地位相当重要，俾斯麦在 1871 年至 1890 年一直担任这一职务，成为帝国的实际组织者和领导者。

第三，帝国立法权由联邦参议会和帝国议会两院制议会行使，联邦参议会居于核心，帝国议会处于从属地位。该宪法规定，联邦参议会由 58 名议员组成，分别由帝国各邦君主和“自由城市”参议会任命，因此联邦参议会仅对各邦君主负责。普鲁士邦在参议会中占 17 席，其他各邦依其大小，各占 1 至 16 席不等，故普鲁士邦相对于其他各邦来说拥有绝对优势。联邦参议会的职权非常广泛，包括提出和通过法案，批准和否决帝国议会的法案，颁布某些行政法令等权力；而皇帝对外宣战、缔约时，须经它的同意；决定帝国财政；作为最高司法审级，还负责审判解决各邦之间的争端。帝国议会议员则由选民直接选举产生，任期为 5 年。虽然帝国议会也属于立法机关的一部分，但其立法权受到很大限制，所有法案须经联邦参议会通过，并经皇帝批准始能生效。帝国议会名义上是人民代议机构，实际上不享有行政监督权，政府也不向它负责，它只是从属于皇帝、首相甚至联邦议会的咨议性机构。

第四，该宪法通过专章规定了帝国的军事制度。该宪法没有关于公民基本权利的规定，却用专章规定了普鲁士的军事制度。其第 61 条规定，凡普鲁士的军事警察立法、法典、法庭条例、兵役制度等一律于宪法颁布之日起在全德施行。同时还规定年满 20 岁到 28 岁的公民编入常备军，28 岁至 29 岁的公民编为后备军，以保证和平时期国家常备军人数不少于全国总人口的 1%，等等。

三、1919 年《魏玛宪法》

1918 年，在第一次世界大战中失败的德国陷入严重的政治和经济危机。同年 11 月，在柏林爆发的资产阶级民主革命使第二帝国土崩瓦解。1919 年，德国国民议会在魏玛召开制宪会议，经过 7 个月反复讨论和多达六次的修改，最终以 262∶75 票通过了全新的《德意志联邦宪法》，史称《魏玛宪法》。这部宪法的通过标志着德国迎来了历史上的第一个共和国。《魏玛宪法》分为两编，共 181 条、一万四千余字，是当时世界上篇幅最长的一部宪法。其中，第一编为联邦之组织及其职责，第二编为德国公民之基本权利与义务。

《魏玛宪法》有以下几个特点。

第一，规定德国国家结构形式仍然采用联邦制。《魏玛宪法》将立法权分为联邦专有立法权和各邦共有立法权两部分，联邦中央的权力非常大，各邦的宪法和法律不得与联邦宪法、法律相抵触。有关外交、国籍、关税、殖民制度和货币等的立法权属于联邦中央；而关于民法、刑法、商业、社会保险、出版和卫生等方面的立法权，在联邦不行使时各邦可以行使，但联邦中央享有优先权。

第二，德国实行议会共和制，确立主权在民原则，依照资产阶级分权原则组织政府。联邦议会是立法机关，是国家权力的核心，由联邦国会和联邦参政会组成。《魏玛宪法》对立法权的行使作了比较详细的规定：联邦参政会由各邦政府的代表组成。联邦国会有立法、修改宪法和监督政府的权力，但联邦参政会在一定条件下可以否决联邦国会通过的法律；总统有权公布法律，在公布前可以用“交付国民表决”的方式否决其效力或延缓法律生效；联邦参政会、总统也有权参与宪法的修改；人民有复决权和法律创制权。联邦国会议员由年满 20 岁以上的男女公民按比例选举制直接选举产生，任期 4 年。此外，宪法未赋予联邦国会解释宪法和法律的权力。行政权属于总统和联邦政府。联邦政府由总理和各部部长组成，对国会负责。如果国会对政府成员不信任，后者即应辞职。联邦政府主持日常行政工作，有权提出法案和颁布行政法规。司法权由联邦法院和各邦法院共同行使，实行司法独立原则。

第三，《魏玛宪法》赋予总统相当大的权力。作为国家元首，总统的权力十分广泛，如代表国家、统率军队、公布法律、提前召开和解散国会等。《魏玛宪法》第 48 条赋予总统“强制执行权和独裁权”：前者是指总统可以使用武力强制各邦遵守联邦宪法和法律；后者是指总统可以使用武力来恢复“公共秩序和安宁”，临时限制宪法规定的公民权利。《魏玛宪法》关于总统权力的规定承袭了德意志皇帝独裁的传统，这在一定程度上为希特勒法西斯建立独裁政府、取消民主、践踏宪法提供了法律依据。

第四，全面、详尽地规定公民基本权利义务。《魏玛宪法》在第二编以 5 章 57 条的篇幅规定了公民的基本权利。《魏玛宪法》宣布德国人民在法律面前人人平等，男女平等；规定公民依法享有言论、迁徙、人身、住宅、通信、选举、请愿、结社、集会、学术研究和宗教信仰等自由。《魏玛宪法》同时还提出“社会主义”的基本原则，宣称保护公民的财产所有权、休息权、工作权、休息权、继承权、失业救济和受教育的权利，列举了对家庭、婚姻、子女及青年的保护条款，规定婚姻以两性平权为根据、私生子女与婚生子女享有相同权利。这些规定使《魏玛宪法》成为同时代资产阶级宪法中最具民主色彩的宪法。

第五，对社会经济生活作了专门规定。《魏玛宪法》规定国家有调整经济生活、劳动关系的职责，特别将社会经济生活列为专章加以规定，详细规定了公民的经济权利，因而其也被一些学者称为“经济宪法”。该宪法规定了公民的工作权利和经济权利，国家保护劳动力，对失业者实行救济等；规定了“经济自由”、“工商业自由”、“契约自由”及“所有权受宪法保护”等原则；增添了不少具有“社会主义”性质的条文。同时，该宪法强调“社会化”原则，如“企业社会化原则”等。

综上所述，《魏玛宪法》一方面具有较浓厚的民主色彩，另一方面又难以彻底清除军事独裁强国的余迹。《魏玛宪法》是现代资本主义国家进入垄断阶段后制定的第一部宪法，其在肯定和维护资本主义制度的同时，贯彻了一些社会化的新思想，代表了 20 世纪资本主义国家宪法发展的方向，在制宪史上具有划时代的意义。

四、1949年《基本法》

1948年9月，在美、英、法三国占领当局支持下，德国西部占领区各政党代表在波恩组成了65人的制宪会议，负责起草制定国家根本法。1949年5月8日，基本法草案通过，经美、英、法三国占领当局批准和2/3州议会同意后，于5月24日正式生效。这就是《基本法》，又称波恩宪法。《基本法》宣称，它并不是正式宪法，而只是"为了建立过渡时期国家生活的新秩序"而制定的。不过，《基本法》在联邦德国法律体系中的地位与作用完全等同于宪法，经多次修改，沿用至今。《基本法》共11章、146条，其中部分内容承袭了《魏玛宪法》，但又有许多新的发展变化。其主要内容和特点如下。

第一，高度重视公民的基本权利。《基本法》以较大篇幅规定了公民较为广泛的基本权利，其第1条明确宣布"人的尊严不可侵犯，尊重和保护它是国家的义务"；规定公民在宪法和法律范围内享有广泛的民主权利和自由，如人身不可侵犯权、自由发展个性权、法律面前人人平等权、集会结社权、男女平等权等。鉴于法西斯专政的惨痛教训，《基本法》对人权和保障和平问题作了明确规定：人权是人类社会和平与正义的基础，"任何人不得被迫违背良心拿起武器服兵役"，"妇女不得受雇和被迫在武装部队服务"，"导致扰乱各国之间的和平关系，特别是准备进行侵略战争的行为以及为达到这种目的所做行为都是违宪的，它们被定为应受惩处的犯法行为"。这些规定将联邦德国的交战权局限于防御性战争的范围之内，为侵略战争所做的准备工作也被宪法所禁止。

第二，国家结构形式仍为联邦制。《基本法》重申了联邦制的国家结构形式，确认联邦主义为不可变更的宪法原则。吸取纳粹统治废除地方自治的教训，《基本法》赋予各州独立自治的宪法地位：各州拥有独立的立法、执法和司法系统，可以在《基本法》未授权联邦的权限范围内立法；各州拥有本州的在行政和文化教育等方面的权力。在联邦中央与各州的关系方面，《基本法》规定：联邦权力高于各州权力，各州宪法必须符合《基本法》的原则；联邦政府有权向各州发布指令，在各州不履行基本法或联邦其他法律所规定的义务时，联邦政府可以用强制方法使各州履行其义务。显然，《基本法》所确立的是偏向中央集权的联邦制。

第三，重新确立了以联邦议会为中心的"三权分立"的宪法原则。《基本法》规定，联邦国会由联邦议院和联邦参议院组成，是国家权力的核心。联邦议院是公民代表机构和最高的立法机构，其议员由选民依普遍、直接、自由、平等和秘密的原则选举产生，任期4年。联邦议院的主要任务是立法、决定国家预算、选举联邦总理和对政府进行监督。它在立法事务中居主导地位，任何法案只有经过它的同意，才能成为法律。联邦参议院代表各州参与联邦的立法和国家管理，议员由各州政府委派的州政府成员或代表组成，无固定任期，每州至少有3票表决权。

第四，大幅削减了总统的权力。鉴于纳粹时代国民易在煽动之下将国家权力交予元首的惨痛教训，《基本法》规定：联邦总统不再由人民直接选举，改由联邦议院选举产生，任期5年，总统只能连任一次。联邦总统为国家元首，对外代表联邦国家开展礼仪性的活动。总统缔结重大条约须获得有关主管机关的同意或参与；对内发布命令须经联邦总理或主管部长副署，方为有效。总统受议会监督，联邦议院或参议院可以以联邦总统故意违反《基本法》或其他联邦法律为由，向联邦宪法法院弹劾联邦总统。联邦宪法法院“可以宣告联邦总统丧失职权”，“可以以临时性命令决定联邦总统暂时停止职权”。联邦政府由联邦总理和各部部长组成。联邦总理作为政府首脑，在国家行政管理中起实际领导作用，由联邦总统根据国会占多数席位政党的意愿提名，经联邦议院选举产生后，再由总统任命。联邦总理有权提名各部部长，决定政府工作人员的组成；负责制定政府政策的指导原则，并对政府工作向议会负责；总理还拥有立法创议权。《基本法》设立“建设性不信任投票”条款，具体规定只有在联邦议院预先以超过半数票选出一个继任者的情况下，原政府才可以被推翻。这是为了避免政局不稳而作出的规定。

第五，确立多党制。《基本法》首创以根本法的形式对政党制度本身的法律地位作出规定，为政党活动的法制化奠定了基础。《基本法》恢复了多党制，对政党及其权利义务作出规定，并对纳粹党法西斯主义在政治上作了清算。其第 21 条第 1 款规定：政党参与形成人民的政治意志。可以自由建立政党。政党的内部组织必须符合民主原则。第 2 款规定：凡是由于政党的目的或党员的行为，企图损害或废除自由民主的基本秩序，或企图危害德意志联邦共和国的存在的政党，都是违反宪法的。1967 年联邦德国颁布了《政党法》，进一步将政党活动纳入法治轨道。

第六，设立了联邦宪法法院。《基本法》规定，在国家机关活动中，立法部门服从于宪法秩序，行政部门和司法部门受法律和正义的约束。在保障公民基本权利和维护宪法程序、协调三权之间的关系上强调国家的司法保护，并为此设立联邦宪法法院。联邦宪法法院的权限包括四个方面：（1）解决联邦与州之间及各州之间的争端；（2）解决联邦各机构的争执；（3）审查联邦法律是否合宪、州法律是否符合联邦法律；（4）受理公民个人或团体的宪法控诉。

自 1949 年《基本法》施行以来，随着德国政治、经济的发展和欧洲乃至世界政治格局的不断变化，其进行了几次比较重要的修改，如：在 1954 年在联邦立法权中增加了国防事务的内容，在 1956 年增加了联邦有权实行义务兵役制并组建武装部队的规定，在 1968 年增加了有关国家处于战争时期或防御状态建立联合委员会的规定，特别值得注意的是同时还增加了公民抵抗权的规定，即“所有德国人都有权在不可能采取其他办法的情况下，对企图废除宪法秩序的人进行抵抗”。1990 年 10 月 3 日，民主德国和联邦德国宣告统一，前者根据《基本法》加入联邦德国。自此《基本法》的适用范围扩大到德国现在所有的州。在 1990 年以后，为适应统一后的社会变迁以及欧洲一体化不断深化的需要，对《基本法》的修改明显较前增多：在 1990 年对《基本法》的序言以及第 23、51、146 条等作了修改，为德国统一后继续适用《基本法》提供了依据并扫清了障碍；在 1992 年为批准《欧洲联盟条约》新设立第 23 条并命名为“欧洲条款”；在 1993 年规定限制外国人援用庇护权；1994 年的修改涉及的条款达 20 多条，如国家促进落实男女平等并消除残疾歧视、国家保护环境、缩减联邦的部分立法权限和保障地方自治权等。除联邦制和保障人权等《基本法》本身规定不得修改的内容外，截至 2021 年，《基本法》已被修改六十多次。

第三节 刑 法

一、1532 年《加洛林纳法典》

1532 年，德意志神圣罗马帝国皇帝查理五世颁布了《加洛林纳法典》，这被认为是德国历史上第一部刑法典，同时也是一部刑事程序法典。该法典共计 219 条，既包括关于刑事犯罪的实体性法律，也有关于刑事诉讼的程序性规定。《加洛林纳法典》没有总则和分则的区分，也没有划分章节，条文依次罗列，缺乏完整的体系。其中，第 1～105 条和第 175～219 条是刑事诉讼的程序性规定，第 106～174 条则规定了各种犯罪的行为。

《加洛林纳法典》带有浓厚的封建专制色彩，除规定了盗窃、杀人、强奸等自然犯罪外，还规定了许多宗教犯罪，如实施巫术、亵渎宗教、盗窃圣物等（对巫术行为的审判与当时的猎巫运动密切相关）。而在刑罚方面，《加洛林纳刑法典》以其刑罚的残酷性和野蛮性著称，主要是生命刑和身体刑。值得一提的是，该法典也采纳了一些先进的刑法理念，如比较明确地规定了犯罪未遂、帮助行为、共犯和正当防卫等。

《加洛林纳法典》掀起的刑法统一运动遭到了德意志各邦国的强烈抵触，只好在序言中增加了所谓“地方法优先条款”作为妥协，较之于地方法只有补充效力。尽管如此，该法典仍然在许多邦国推行达 200 年之久，并对欧洲刑法史的发展产生了重要的影响。在 18 世纪，德意志各邦国纷纷颁布了各自的刑法典，其中最具代表性的就是 1751 年的《巴伐利亚刑法典》：这部地方性刑法以《加洛林纳法典》为基础，对其不切实际的地方进行了大幅修正。著名刑法学家费尔巴哈参与了 19 世纪初发生在巴伐利亚的刑法改革，重新编定了具有资产阶级性质的《巴伐利亚刑法典》。1851 年的《普鲁士邦刑法典》和 1870 年的《北德意志联邦刑法典》明确地引进了《法国刑法典》的原则和经验，但是仍然保留了《加洛林纳法典》中专横残酷的传统。德国 19 世纪刑法学家李斯特称，《加洛林纳刑法典》的内在价值实际成为 300 年德国普通刑法的存在与发展基础。

二、1871 年《德意志帝国刑法典》

德意志第二帝国成立之后，在对《北德意志联邦刑法典》稍作修改的基础上，于 1871 年颁行了《德意志帝国刑法典》。该法典作为德意志第一部统一适用的资产阶级刑法典，自 1872 年 1 月 1 日起施行。《德意志帝国刑法典》分为总则和分则两部分：总则部分规定了罪的分类、刑法适用的原则和范围等，将犯罪分为重罪、轻罪和违警罪三类。分则第一编“刑例”规定了刑罚的种类，具体包括死刑、无期徒刑、有期徒刑、苦役、拘留、罚金和剥夺公民权等。该编还对刑罚的适用、未遂、共犯、不论罪和正当防卫等作了规定。第二编为“罪及刑”，具体列举了各种犯罪及其处罚。

1871 年《德意志帝国刑法典》具有如下特征：第一，该法典在原则上采用了资产阶级刑事立法原则，在总则中规定了“法无明文规定不为罪”以及“法不溯及既往”等原则；在分则中进一步规定了 29 种罪名及其相应的刑罚，为定罪量刑奠定了基础，充分体现了资本主义刑法的发展。第二，该法典在结构上分为总则和分则两部分，总则中规定了刑法的原则与其他刑法适用的问题，分则将犯罪进一步分类和具体化，体现了法典的系统性和完整性。第三，该法典严格维护容克地主贵族和资产阶级的私有财产权，对窃盗、强盗等其他侵犯私有财产的行为施以严刑峻法；对最高统治者的利益加以特别的维护，规定了大逆罪、大不敬等罪名。该法典还特别规定了宗教罪，对亵渎神灵、侮辱教会戒律，或者扰乱宗教场地秩序、妨碍他人礼拜者，处 3 年以下监禁；并且规定了职务犯罪，对违反职责，接受他人财物或其他利益的官吏，按贿赂罪处 5 年以下徒刑。

1871 年的《德意志帝国刑法典》在立法技术、结构体例以及立法内容上都有所创新和发展，对欧洲资本主义立法产生了不可忽视的影响。但是，由于时代的限制，该法典带有浓厚的封建和保守色彩。这部刑法典一直沿用到 1975 年。

三、1933 年《国社党刑法之觉书》

1933 年《国社党刑法之觉书》是 1933 年 9 月由普鲁士邦司法部长汉斯·科尔、司法官员福莱斯勒和法学家科莱等人共同发表的反映纳粹党基本刑法思想和原则的法律文件。该文件共两编：第一编为分则，共 7 章，包括保护公共利益和保护个别国民两部分；第二编为总则，共 3 章，分别规定可罚性的一般条件、可罚行为及其形式、刑罚及其他处分。该文件的内容体现了纳粹党刑法的四项指导原则：第一，如果某种被视为有危害性的行为未被法律明文规定，则法官可以依照类推原则作出处罚；第二，虽然没有犯罪行为或犯罪结果，但是有犯罪的思想或意图的，也应受到处罚；第三，犯罪是由人的素质决定的；第四，刑罚的目的在于威慑。该文件从刑法的中心任务是保护“国民全体”（社会）和“国家”（国家是保护国民的手段）的基本观点出发，否定了罪刑法定原则，认为其可能会因为保护个人而侵害“国民全体”；它声称罪刑法定原则可以使危害公共安全者逃脱法网而实现反国民之目的。

根据这样的观念，纳粹德国在 1935 年 6 月修改了 1871 年《德意志帝国刑法典》第 2 条关于罪刑法定原则的规定，授权司法机关根据“刑事法律的基本原则”和“人民的健全正义感”，对法律未加规定的“犯罪行为”进行处罚。此外，以《国社党刑法之觉书》为基础，纳粹德国进一步颁布了一系列刑事法律，废除了罪刑法定原则，代之以类推原则和罪刑擅断主义，以保安处分为名的法外刑罚更是名目繁多。

四、1975 年《德意志联邦共和国刑法典》

联邦德国依据 1949 年《基本法》确定刑事立法原则，对 1871 年刑法典进行了修改。1954 年，联邦议会设立刑法改革委员会，开始制定新刑法，并于 1962 年公布了《刑法典草案》。这个草案虽对 1871 年刑法典作了许多修改和补充，但仍保持了 1871 年法典中有关犯罪种类和刑种的划分，对罚金和缓刑制度限制适用。1966 年，14 位刑法学教授联合发表《供选择的刑法典草案》，其主要特点是体现了改造罪犯的人道主义精神，规定了统一的徒刑，扩大了罚金和缓刑制度的适用范围。然而，由于某些观点分歧较大，该草案未能正式颁布施行。1969 年，联邦议会刑法改革委员会制定并颁布了刑法改革法令，在两部争议草案的基础上继续对刑法典进行修改，并于 1975 年 1 月 1 日正式实施新的刑法典。其正式名称是《1975 年 1 月 1 日修订的 1871 年 5 月 15 日刑法典》，即 1975 年《德意志联邦共和国刑法典》。

1975 年刑法典的特色十分鲜明：第一，严格遵行资产阶级刑法的各项刑法原则，如罪刑法定原则、禁止类推原则、无罪推定原则和法不溯及既往原则等。此外，该法典突出法治国家和社会国家原则，重视和强调刑法的人道主义原则。第二，贯彻轻刑主义。该法典废除了死刑，将最高刑设定为无期徒刑；扩大了缓刑和罚金制度的适用范围；确定了刑期，除无期徒刑外，有期徒刑最高刑期为 15 年，最低为 1 个月。第三，规定了“改善及保安处分”这种特殊的处罚措施，规定了剥夺自由的强制措施（如收容于精神病院，强制于禁戒所、社会矫治机构，实行保安监置等）以及不剥夺自由的强制措施（如行为监督、剥夺驾驶执照、禁止从事某种职业等）。

统一之后，为适应形势的发展，1975 年《德意志联邦共和国刑法典》被多次更新和修改。随着欧洲一体化进程的加快，关于国际化犯罪的规定不断增多，反恐怖活动法，反国际走私、贩毒法以及反国际贩卖人口与组织卖淫法等相继出台。随着经济的快速发展，经济领域的犯罪日益突出，德国的经济刑法逐渐形成和发展，并以其复杂性和独特性，日益成为德国刑法中相对独立的重要分支。1976 年，德国公布了《经济犯罪对策法》，明确了经济犯罪的概念，规定了对各类经济犯罪的制裁及处罚程序，设立了骗取补贴罪和骗取信贷罪，规定了破产犯罪等。这是第一部比较系统的惩治经济犯罪的立法。1986 年德国又颁布了《经济犯罪对策法》，新增利用计算机犯罪、滥用信用卡罪、伪造支票罪、欺诈投资罪、骗取国家资助罪等，扩大了刑法的保护范围。这些刑事单行立法对以 1975 年《德意志联邦共和国刑法典》为中心的刑法体系给予了必要的补充。

第四节 民商法

一、德国的民法学与民法典的制定

中世纪的德国在政治上处于高度分裂的状态，各邦都有自己的法律或法典。尽管以罗马法为核心的“普通法”（ius commune）被视为通行于全德的法律，但是其适用范围非常有限，仅涉及一些次要的商业和民事法律关系，各邦国分散的地方习惯法仍然是最为重要的民事法律渊源。自 15 世纪以来，德国对罗马法的研究日渐兴盛，形成了名为“潘德克顿”的学术流派，其核心是私法学。在 16 世纪，罗马法在德意志各邦的司法实践中开始被大规模地继受。

在 18 世纪下半叶，各邦国开始了民法法典化的尝试。1756 年巴伐利亚以优士丁尼《法学阶梯》为蓝本，制定了近代欧洲最早的一部民法典，即《巴伐利亚民法典》，在罗马私法的基础上融合了封建私法以及一部分公法规范。普鲁士在 1794 年完成了《普鲁士一般邦法》的编纂。该法典分为序言和正文两篇，共 19 000 余条，上篇和下篇的前半部分是关于私法的规定，下篇的后半部分是关于宪法、行政法和刑法的规定，内容庞杂而琐碎。该法典是一部具有君主专制主义色彩的邦法典。该法典一直施行至《德国民法典》生效时。此外，在这一时期出现的其他邦国的法律，如《奥地利普通民法典》（1811年）、《萨克森民法典》（1865 年）等等，都为德国统一民法典的编纂提供了准备。

1815 年，德国民族统一运动兴起，制定全德统一民法典的问题日益引起重视。但是围绕这一问题，统治阶级内部和法学界存在着激烈的斗争和长期的争论。除居于领导地位的普鲁士邦以外，各邦国的统治者出于维护地方利益的考虑而对编纂统一的法典持消极态度，反对编纂统一的民法典。法学界形成了以蒂伯特（A. F. J. Thibaut，1772—1840）和萨维尼（F. K. Savigny，1779—1861）为代表的两派意见。蒂伯特是海德堡大学法学教授，是德国法学家中自然法学派的主要代表，他在 1814 年出版的《论统一德国民法典的必要性》一书中积极主张制定统一民法典，认为："法律有改造社会的功效"，法律的统一是实现民族统一和国家复兴的基础，民法的统一会促进德国的统一。他认为编纂德国统一民法典的条件已经成熟，还认为立法是人们理性的产物，凭借理性就可以制定法典。支持蒂伯特主张的法学家形成了法典编纂派。与此相对立的是以萨维尼等为代表的历史法学派。萨维尼在《论当代立法和法理学的使命》一书中写道：编纂一部成功的民法典必须具备完备的学说，这一条件在德国远未具备。法律是民族精神的产物，是历史自然发展的结果，过早地立法会歪曲和违背民族精神；德国法学家的任务是对德国历史上的各种法律渊源追根究底，进行深入研究，而各种法律渊源中主要的并不是日耳曼法，而是罗马法，法学研究的任务就是要恢复罗马法的本来面目。为此，萨维尼派极力反对急于制定统一的民法典，尤其反对以自然法理论为指导的《法国民法典》的模式。两派在制定民法典问题上的长期争论，不仅是当时德国社会矛盾的反映，实质上也是一场究竟以什么样的法学或法律学说为指导思想建立德国民法体系的论战。在这一场延续几十年的学说之争中，历史法学派曾一度处于优势地位，从而延缓了法典的编纂过程。

1871 年德国统一后，帝国宪法把制定民法典列入帝国权限，并将制定统一的民法典提上了议事日程。在这一时期，德国民法学最重大的任务没有别的，就是指导编纂民法典。必须指出，继自然法学派与历史法学派的交锋之后，历史法学派内部又产生了日耳曼法学派和罗马法学派之间的争鸣。其中的罗马法学派依然延续着潘德克顿法学的衣钵，主要以温特沙伊德（B. Windscheid，1817—1892）为代表，完全抛弃了旧的研究方法，将历史主义与实证主义结合起来，并且将对罗马私法原则的研究与对现实社会的研究结合起来，通过逻辑抽象和理论概括，推导出新的法律概念和原则。以罗马私法为基础的德国潘德克顿法学最终形成了庞大精深的民法学体系，并为《德国民法典》的制定奠定了理论和体系的基础。

1874 年联邦参议会成立了 11 人组成的法典编纂委员会（又称第一委员会），温特沙伊德担任委员，是第一委员会的灵魂人物。第一委员会历经 13 年才完成了民法典的第一个草案。这一草案比较强调自由主义的观点，与德国传统的权威主义有一定差距，也与当时德国社会现实有一定脱节，故在社会各界引起强烈反对。1890 年联邦参议会又成立以普兰克为首的 22 人组成的法典编纂委员会，开始起草第二个民法典草案。5 年后，草案形成，提交联邦参议会审查修改。修改后的草案作为第三个草案送帝国会议讨论。最后，在资产阶级和容克地主贵族以及统治阶级内部各派力量相互妥协的基础上，帝国会议作了若干修改。第三个草案于1896年7月1日通过，同年8月18日经德意志帝国皇帝正式批准，于8月24日公布，自1900年1月1日起正式施行。与《法国民法典》相比，《德国民法典》更加成熟，具有较高的科学性和学理性。这一方面应归功于对《法国民法典》制定以来近百年立法经验的总结，另一方面还应当归功于编纂者的精雕细琢。英国法学家梅特兰对《德国民法典》给予了极高的评价，他指出，从未有过如此丰富的一流智慧被投放到一次立法行为当中。

二、《德国民法典》的内容与特点

《德国民法典》以罗马法的《学说汇纂》为蓝本加以编纂，共5编、2 385条，另附施行法31条。第一编为总则，包括人、物、法律行为、期间、时效、权利的行使和提供担保等内容。第二编为债的关系，包括债的通则以及引起债务关系发生的买卖、赠与、租赁、借贷、雇佣、承揽和保证等内容。第三编为物权法，包括动产与不动产所有权、所有权的取得与丧失、共有、地上权、役权、抵押和质权。第四编为亲属法，包括结婚、离婚、夫妻财产、亲属关系、收养、监护等内容。第五编为继承法，包括继承、继承人范围和顺序、遗嘱、继承权的丧失和放弃、继承特留份等内容。

《德国民法典》是19世纪末自由资本主义向垄断资本主义过渡时期制定的法典，也是德国资产阶级和容克地主贵族相妥协的产物，其基本原则是在法律统治下的“自由”和“平等”。自由是指契约自由和所有权自由，平等则表现为公民在私法上的地位平等。基于上述原则所规范的自由经济人模式和通过法律行为实现私法自治的市民社会关系模式，为现代资本主义的成长提供了成熟的法律机制，也具有丰富的时代特点。

该法典适应垄断资本主义经济发展需要，在肯定无限私有制、契约自由和过失责任等各项资产阶级民法基本原则的同时，又对这些原则的适用设置了一定的限制。首先，该法典规定严格保护私有财产权。大量确认土地所有者权利的规定，是对革命后的容克地主贵族势力的巨大妥协，但根据现代科技和资本主义工业化社会大生产的需要，该法典已不再承认所有权的绝对不受限制性，而是要求所有权人须受公法规范、社会利益及善良风俗等的约束，并承担关照邻人的义务。该法典摒弃了《法国民法典》在所有权上使用的“神圣”不可侵犯和“绝对”“无限”等字眼，说明该法典的所有权观念和法国当时相比已有所变化，也反映了资产阶级民法思想从个人本位向社会本位的转变。

其次，该法典肯定了资本主义“契约自由”原则，沿袭了传统的双方当事人意思表示一致，契约即告成立的表示主义的基本理论，但在意思表示和条文的表述上有所发展。当事人的意思表示一致是契约成立的条件，并有要约和承诺的规定：“向他人为缔结契约的要约者，受要约的拘束”，而受要约人在得到要约之后，即时作出承诺或在承诺期限内作出承诺的，契约即告成立（第145、147条）。在契约依法订立后，当事人必须依约履行。该法典对契约中的意思表示一致，以外部表现出来的意思为准。即使由于某种原因，当事人表示的意思与原来的有出入，除法律另有规定外，契约也不得变更，意思自由开始受到限制。该法典同时规定契约的缔结不得违反该法典本身明确阐释的禁止性规定，而且“契约违反善良风俗的无效”（第 138 条）、“当事人应依诚实信用及交易习惯履约”（第 242 条）等抽象和富有弹性的概念也赫然在列。这表明，为了保证日益频繁的商业活动的正常开展和顺利，该法典由强调个人意志自由转化为强调社会义务，并且给予法官在裁判案件时一定的自由裁量权。

最后，关于民事责任，该法典规定过失责任和无过失责任原则并存。该法典有关侵权行为的经典条款第 826 条规定：“以违反善良风俗的方式故意加害于他人”，应承担赔偿责任。第 823 条规定：因故意或过失不法侵害他人生命、身体、健康、自由、所有权或其他权利者，对他人负因此所生损害的赔偿义务，这说明《德国民法典》确认了过失责任原则。该条还进一步规定，行为人虽无过错但有违反法律之可能时，也须承担赔偿责任，从而进一步扩大了侵权行为的责任范围。这较传统的过失责任原则是一个进步。它多少加大了企业主和政府部门的责任，使众多工伤事故、交通事故和其他意外事故的受害者因此而获得赔偿，从而有利于缓和社会矛盾。

但是，《德国民法典》在土地所有权、婚姻家庭关系等方面仍旧保留了浓厚的封建残余。例如，该法典在物权的规定中以大量篇幅对容克地主贵族的土地所有权以及基于土地私有而产生的其他权利，如地上权、地役权等加以特别保护。妇女在家庭关系中的法律地位虽有所提高，如该法典规定妇女有行为能力和诉讼能力，但仍然贯彻了以丈夫为中心的“夫妻一体主义”，保有中世纪家长制残余，比如：法典规定结婚以后妻子须从夫姓，妻原有的财产即归夫占有、使用和管理，丈夫对包括子女教育、婚姻居所的选择等在内的有关婚姻共同生活的一切事务拥有决定权；妻子虽然有缔约能力，但是不得订立与对丈夫所负义务相违背的契约；父对子女有惩罚的权利；婚生子女在 21 岁前结婚必须得到父亲的同意。

值得一提的是，《德国民法典》明确规定了法人作为民事权利的主体。1871 年统一后，德国的资本主义经济得到迅速的发展，到 19 世纪末，大公司、大企业及垄断组织已在国家政治经济生活中起重要作用。该法典对垄断资本主义条件下正在兴起的新型民事法律关系给予了明确的确认和充分的重视，明确规定法人是民事权利的主体，分为社团法人和财团法人，法人成立须经法院登记。该法典关于法人的性质、组织形式、活动方式及目的的条款达 369 条之多，为公司制度的广泛实行奠定了基础。这是资产阶级民法史上第一部规定法人制度的民法典。

此外，《德国民法典》的立法技术发达，逻辑体系严密，概念科学，用语精确。崇尚思辨理性的哲学使德国法在立法技术上坚持严密的逻辑推理，力求精确表达法律术语。《德国民法典》的编纂结构以《学说汇纂》为蓝本，确立了五编制的结构体例，并设总则于各编之首，对适用于整部民法典的共同原则和一般概念进行了阐释，并在其他各编的规定中进一步扩展和具体化；各编之间的逻辑联系也十分清晰，力求规则表达的一致性，避免重复。《德国民法典》使用并发展了许多民法上的基本概念，如法律行为、法人等，这些专业性极强的法律术语表达严谨，显示出高度的概括性和抽象性。这赋予了德国法一种持久的生命力和特殊的立法风格，使德国法在大陆法系中独树一帜，成为与法国法相并列的一个支系。

三、《德国民法典》的发展与影响

于1900年施行的《德国民法典》仍是德国现行的民法典。但是，德国在20世纪对该法典的修改已超过150次，通过了143项民法典修改法，所涉条款已超过整部法典的1/3，法典原2 385条中已有800多条被修改、废除或更换为新条文。德国民法的发展，除直接对民法典的条文加以修改外，还通过制定民事单行法的方法来加以补充，其中较为重要的有1957年《男女平等权利法》、1961年《土地交易法》、1969年《关于非婚生子女的法律地位的法律》、1976年《关于改革婚姻法和亲属法的第一次法律》、1976年《收养法》、1976年《专利法》、1989年《产品质量法》等等。《德国民法典》、大量的单行法和法院判例共同构成了二战后德国系统、完善的民事法律体系。其主要修改和发展的领域如下：

第一，契约自由的原则受到限制，广泛运用民法典中的“一般性条款”，通过司法解释适应新的民事法律关系。民法典中存在许多有关“善良风俗”“诚实信用”“交易惯例”的一般条款，司法机关凭借这类没有准确含义的条款来开创和适应新的形势，以限制契约自由。另外，通过广泛采用“标准协定”（国家事先规定一些共同条件，也称“必要条款”）来限制当事人在决定合同内容上的自由。在民法典之外，德国还颁布一些单行法，如竞争法、租赁法和雇佣法等，使契约关系更加适应垄断资本主义经济发展的需要。此外，对垄断企业订立合同的自由，国家通过制定特别法规，如《反对限制竞争法》《反垄断法》等加以限制。

第二，亲属法领域的修改非常频繁，那些在早期带有父权制色彩的婚姻与家庭制度已经发展为男女平等及婚生子女与非婚生子女平等的现代原则。1949年《基本法》第3条和第117条废除了一切与夫妻平等原则相抵触的规定，强调“男女享有同等权利”。1957年联邦德国颁布的《男女平等权利法》，使《基本法》的规定具体化：男女双方意愿一致的婚姻才能成立；夫妻双方都有处理自己的财产和选择职业的自由；父母都有权对子女行使亲权；扩大了生存配偶的法定继承权，如有子女，生存配偶可得财产一半，如无子女，可得75%。《基本法》第6条规定婚生子女与非婚生子女有同等地位。1969年联邦德国颁布《关于非婚生子女的法律地位的法律》，进一步改善了非婚生子女的社会地位，确认其对生父的遗产享有继承权。1975年的法律则将成年的年龄从21岁降为18岁，婚龄也随之降低，只要男女一方达到成年年龄，经法院同意，另一方16岁也可结婚。该法还改善了非婚生子女的社会地位，给非婚生子女与婚生子女以同样的权利。1977年联邦德国《婚姻法》采用离婚的“婚姻破裂”原则，对婚姻关系破裂无法挽回且夫妻分居达3年者，允许离婚。1997年《亲子关系改革法》、《继承权地位平等法》和1998年《子女抚养法》都把重点放在对子女（非婚生子女）权益的保护上。

第三，在侵权行为法领域，过失责任原则已为严格责任（无过失责任）原则所取代。这种责任特别强加于交通、能源、动力及环境污染部门，通过制定特别法规加以确定。联邦德国于1952年颁行的《陆上交通法》、于1959年修订的《空中交通法》等，规定在公路、铁路、交通、飞行事故以及电力、煤气、核电站和工矿企业事故等情形中，适用无过失责任原则。此外，联邦德国还建立了普遍的强制劳动保险制度。当然，过失责任原则作为一般原则在物质的和非物质的损害赔偿中仍被充分适用，而且法院还将这一原则扩大到对人格权和无形财产的损害赔偿。

总的来说，《德国民法典》的内容和立法技术具有鲜明的时代特点和民族个性，它延续了德意志民族的法律传统，体现了德国高度发达的法律科学研究水平；它的颁行促进了国家法律和政治的统一，推动了资本主义商品经济的迅速发展，并成为德国民法发展的基础。直至当代，虽经多次修改，《德国民法典》仍然是德国民事法律规范的核心部分。此外，《德国民法典》对许多资本主义国家的民事立法也起到了示范作用。瑞士、日本、奥地利、泰国以及 1949 年以前的中华民国民事立法，都在不同程度上参照了《德国民法典》，它们与以《法国民法典》为代表的拉丁分支并列，成为欧洲大陆民法代表的日耳曼分支。

四、德国商法的发展与《德国商法典》

1815 年成立的德意志同盟和 1834 年成立的德意志关税同盟在商法领域付出了很多努力，形成了一大批商事法律，包括 1848 年的《德国流通票据法》、1861 年的《德国一般商法典》等。这些商法典为多数邦国采用，在一定程度上消除了由于商法不统一给各邦国商事交往带来的不便。1897 年，《德国商法典》最终获得通过，并于 1900 年 1 月 1 日与《德国民法典》同时实施，通行于德意志第二帝国。《德国商法典》是根据《德国民法典》的一般规定制定的特殊法律。该法典分为 4 编，共 905 条，具体调整商业关系，仅适用于商人。

法国拿破仑时代创立的“民商分立”的私法结构为德国所承袭。在私法体系中，商法与民法是特别法与一般法的关系。德国商法与民法的关系，体现在以下几个方面：第一，商法规范的适用对象范围比民法狭小，且有许多法律规范是以民法典确立的一般性原则为基础制定的。第二，商法规范的行为调整方式超过了传统民法的范围，商人亦具有权利主体的属性，因此，其成为民法的补充规范。第三，在商事领域，要遵循特别法优于一般法的法律适用原则而优先适用商法，只有在现行商法无相应规定时，方可适用民法的规定。

具体而言，《德国商法典》的第一编为商人，包括商人的概念、商号、商业注册、商业账簿、商业代理和经纪人等。该法典把商人解释为经营商业事务的人，并对商业事务的范围作了划分；规定了商号真实原则（自然人必须以姓名为商号，其他商号的选用应当与营业的范围和种类相称）。第二编为公司与隐名合伙，规定了公司的种类和形式。公司的形式主要有：无限公司、两合公司、股份两合公司和股份有限公司四种。无限公司的公司成员以共同的商号从事商业活动，对商号的债务负无限责任。两合公司是由无限责任股东和有限责任股东共同组成的公司，又叫合资公司。股份两合公司是两合公司的特殊形式，兼有无限公司和股份有限公司的性质，它与两合公司的区别在于，负有限责任股东的资本必须分为股份。股份有限公司就是将确定的资本分为若干股份，由 5 人以上的有限责任股东组成的公司，它是德国大企业的基本组织形式。该法典还规定了隐名合伙，隐名合伙人以投资方式加入他人经营的企业，分享盈利并分担亏损，不直接对外负责，对企业享有某些监督权。第三编为商业账簿，具体规定了各种类型的公司在簿记、账目和必备商业文书方面的要求，同时还规定了对资合公司以及特殊营业部门的账簿公开和审查制度。第四编为商行为，明确规定商行为是符合经营其业务的商人的行为，并且对各种商行为一一列举。该法典还规定了商业合同的一般条款，内容涉及商品买卖、仓储、批发、发送和转运等。第五编为海商法，自第 476 条至第 905 条，几乎占《德国商法典》全部篇幅的一半。这一编实际上是一部完整的海商法典。但是，《德国商法典》中并没有关于破产的规定，也不包括保险和票据。这些都由单行法来调整。

在第二次世界大战之后，虽联邦德国继续适用原有的《德国商法典》，但随着经济和社会形势的变迁，它的缺陷逐渐暴露出来：把商业组织的活动纯粹当作私人之间的经济活动，认为工业和商业的地位是同等的，不承认企业作为一种社会制度和经济力量中心的组织所具有的独立性与自主性，亦完全不考虑企业职工在参与企业管理方面的权利和义务。这一定位已经无法满足具有一定社会性的企业的需求。因此，德国的商法发生了许多的变化，其主要表现为：商法典中有关商业组织的规定被逐渐分离出来，形成了独立的企业法。企业法不再把企业活动视作纯粹私人的事情，转而认为一切自主的企业，无论其性质与规模，均应受该法的管制；企业法以企业为主体，而不同于商法的主体仅限于商人；企业法规定了职工参与管理和共同决策权，使公司法和劳动法紧密结合起来。独立的企业法的形成，反映了德国社会的巨大变化，以及对经济组织功能的重新认识。企业法的概念已获得法律的认可，并在司法实践中和学理上广泛使用。

第五节　经济法与社会法

一、经济法

（一）德国经济法的产生和发展

“经济法”这个概念，最初是 18 世纪中叶由法国空想社会主义者摩莱里在其著作《自然法典》中提出的，后来的学者多有采用。1906 年，德国学者立特尔在《世界经济年鉴》中提出了现代意义上的“经济法”（Wirtschaftsrecht）概念，用以概括那些与组织、规制和调节经济有关的各种法规。1916 年，德国学者赫德曼提出了较为成熟的经济法理论，将经济法界定为一个独立的法律部门，包括国家为加强对社会经济生活的干预而制定的与经济发展有关的各种法规，如财税立法、劳动立法、土地立法等。这意味着，国家凭借行政权力直接干预和控制经济已然成为法学中一门独特的学问，其目标在于把社会化政策、保护公平竞争同保护私有财产权、维护契约自由等原则结合起来，以维持宏观经济的健康发展。因此，德国有“经济法母国”之称。

第一次世界大战期间，为了适应战争的需要，德国制定和颁布了一系列紧急立法，以实现限制物价、保障粮食供应等目标。从性质上看，这些法律已经超出传统的公法范围，介乎公、私法之间。在魏玛共和国时期，政府为了摆脱战败后出现的经济困难，扩大了经济立法的范围。而《魏玛宪法》作为西方国家第一部典型的现代宪法，对早期资产阶级个人主义、自由主义的立法指导思想加以修正，确认了国家有权对社会经济特别是对私人企业的经济生活进行干预和限制的原则。1919 年颁布的《煤炭经济法》是世界上第一个以经济法命名的产业统制法，其他重要的经济立法还有《反不正当竞争法》（1909 年）、《关于社会化法律》（1919 年）、《关于劳工会议的法令》（1920 年）和《防止滥用经济权力法令》（1923 年）等。伴随着德国政治、经济局势的改变，以国家积极干预市场经济为核心和目标的经济法法律体系逐步形成。

第一次世界大战之后，联邦德国经济立法的中心是致力于建立自由的社会市场经济。这一时期的立法，重申国家严格保护私人财产所有权、企业地位独立和经营自由，以推动在竞争基础上的自由经济的发展。为了防止对自由和充分竞争的市场的破坏，经济立法的重点开始转移到反对限制和妨碍竞争方面。1957 年，国民议会颁布了《反对限制竞争法》。该法禁止大企业之间在产品和劳务方面订立限制竞争的垄断性协议，阻止大商业集团垄断市场。《反对限制竞争法》后经多次修改，于 1980 年重新颁布施行，是联邦德国经济法中的主干法律。在 20 世纪 60 年代，联邦德国进入经济起飞时期。为了改善因竞争造成的市场困境，引导经济良性循环，联邦德国加强了对经济的全面管理和宏观控制。由当时的联合政府提出的“稳定物价、充分就业、经济增长、外贸平衡”的宏观经济四大目标，成为这一时期经济立法的重心所在。1967 年的《经济稳定与增长促进法》反映了国家经济政策与法律之间的高度联结。该法强调了联邦与各州政府的配合，在实行社会市场经济的同时，采取某种程度的计划化。此外，关于消费者利益保护、自然资源与能源等方面的法律，也在经济法中占有相当的比重。

（二）德国经济法的主要内容

（1）币制改革法。1871 年《货币法》以金本位制取代了长期实行的银本位制，帝国马克是唯一的支付手段。第二次世界大战后，为制止通货膨胀，稳定物价，改变混乱的经济局面，1948 年占领当局制定和颁布了《币制改革法》，同年颁布了《货币改革后经济政策和指导原则法》，取消了战后定量配给制度和对物价、工资的控制，允许商品自由流通，依靠价格波动达到市场自由化，从而为社会市场经济的建立奠定了基础。1957 年《联邦银行法》建立了德国联邦中央银行，确立了国家银行体制。1976 年经修订的《信贷法》确认了银行是专门从事银行业务的企业。

（2）竞争法。1957 年制定的《反对限制竞争法》被誉为社会市场经济的根本大法，其目的是保护竞争自由，铲除经济强权。该法在原则上禁止卡特尔；禁止大企业之间在产品和提供劳务方面订立限制竞争的垄断性协定；反对大企业控制市场并抑制大企业的合并，并规定了具体标准作为认定是否构成垄断的依据；同时允许中小企业在适当限制竞争的情况下，订立卡特尔合同，以提高经营管理水平。国家设立卡特尔局负责反垄断法的实施，它有权宣布滥用垄断市场地位的合同在法律上无效。此外，德国的《反不正当竞争法》自 1909 年颁行以来曾修订多次，现行立法于 1975 年 3 月修订后颁行。该法对“不正当”竞争的界定相对宽泛，包括用欺骗和假资料招揽顾客，强使顾客接受其没有订购的附加物件，盗用、模仿他人商标，散布有关竞争对手的不符合事实的流言蜚语等。

（3）国有化与经济促进法。根据《基本法》的规定，联邦德国采取多元化的经济形式，以发展私人垄断资本为主；但国家也从发展社会市场经济的角度出发，将一些投资额高、利润低、私人资本不愿经营的部门，如水电、煤气、邮电、铁路、城市交通、航空等，在进行补偿的情况下收归国有，并用收购股票等方式使20%的工业和一些银行变为国有经济。1967年《经济稳定和增长促进法》是国家宏观调控的重要法律，该法规定经济政策的总方针是："联邦和各州应该通过各种经济的和财政的措施以达到总体经济的平衡"，以便实现"在市场经济的体制下促使经济持续地适当地增长，同时保持物价稳定、高度就业和外资平衡"这一国家经济发展战略的总目标。

（4）企业管理及劳资法。1951年《矿业参与决定法》和1952年《企业委员会法》恢复、扩大了魏玛共和国初期工人参与企业管理的经济民主制度，规定各企业须建立监督委员会参与企业的经营管理。1972年《企业章程法》进一步加强了职工代表在企业管理中的作用，以保护工人的各项权益。1976年《共同决定法》完善了职工参加企业管理的制度，设立由劳资双方代表组成的监事会和由职工组成的企业委员会。企业委员会有权监督企业的福利、人事、工资、劳保等涉及职工切身利益的事务，对劳动和生产计划等有咨询权，并有权要求企业主帮助解决职工的困难等。对企业管理的法律规定有力地促进了社会经济稳定有序地发展。

二、社会立法

（一）德国社会立法的产生和发展

社会法属于新型的法律部门，其性质介于公法和私法之间。社会法所调整的社会关系，是国家、社会组织和公民三者之间有关社会保障、社会救济和国家补助方面形成的权利义务关系。现代德国通过社会立法确立的社会保障制度，以社会保险为核心，以保险、预防和福利为其基本原则，以社会保险、社会补偿和社会救济为其主要方式，体现了德国社会立法的独特性。

德国的社会立法始于第二帝国时代。1881年，威廉一世颁布了旨在建立社会保障和社会救济制度的皇帝诏书，并制定了世界上第一部《疾病保险法》。1883年《劳工疾病保险法》、1884年《工伤保险法》和1889年《养老、残疾、死亡保险法》这三项劳工保险立法奠定了德国社会保险法的基础。上述三项立法在1911年被合并为《社会保险法》，并且增加了孤儿寡妇保险。在这一时期社会法的特征是，通过对劳动者人身安全和健康的初步保障来维持其正常的劳动和生存，借以缓和劳资对立，减少社会冲突。这些法律的制定和实施，为今后德国社会福利制度的发展奠定了基础。

在魏玛共和国时期，劳工方面的保障性立法成为社会法的重点。1920年《关于劳工会议的法令》对劳工会议的组织原则、形式和权力作了规定。企业劳工会议依对等原则，由工人代表和企业主组成，共同管理企业。劳工会议享有所谓社会权力和经济权力，包括监督法令、协定和裁决的执行，协助解决有关工资、劳保及其他工作条件等问题。与之配套的《防止滥用经济权力法令》则是对劳工会议权力的限制。这些立法旨在将法的社会化政策与保护私权相结合。

在第二次世界大战之后，联邦德国把保障国民基本生存条件作为政府的重要责任。根据《基本法》的规定，联邦德国是一个“民主和社会福利的联邦国家”，实行社会福利政策，以保障和改善社会成员的生活，稳定社会秩序。自1949年以来，除继续适用以往的社会立法之外，联邦德国还先后制定了劳动就业法、劳资协议法、残疾人员工作法、住房补助法、青年福利法、儿童补助法、青少年公共场所法、母亲工作保护法、社会保障法、社会保险法等社会立法，形成了较为完善的社会法体系。

自20世纪70年代起，德国开始对社会法进行系统的整理和修订，并于1983年7月公布了《社会法典》，将现行社会法进行汇编。从已公布的法典的内容来看，整部法典共分16编，每编纂完成一编，即公布一编。就已公布的几编来看，内容主要包括职业教育和培训补助、劳动补助（失业保险）、残疾救济、社会保险、家庭最低生活费补助、住房补助、青少年补助等。随着德国经济的高速发展和综合实力的不断增强，德国逐步形成了规模宏大、内容浩繁、体系完备的社会立法系统，为公民提供生老病死各个方面的社会保障。

（二）德国社会法主要内容

德国社会法的目标是追求社会平衡和实现社会保障。社会平衡要求国家尽力缩小贫富差距，以建立一个公正、合理的社会秩序；社会保障要求国家担负起保障公民基本生存的职责，增强公民抵御各种可能出现的风险的能力。德国社会保障法的主要内容，可以分为三个方面，即社会保险、社会补偿和社会救济。

第一，社会保险是整个社会保障制度的核心，包括医疗保险、养老保险、工伤保险、失业保险和护理保险五大支柱。除政府提供部分保险基金外，其余部分由社会提供。保险费用采用集体互助方法解决。公务员的保险费用由国家支付，企业的保险费由雇主和雇员共同分担。凡生活在德国的居民都必须参加一项或多项医疗保险，内容包括疾病预防和治疗、休养康复及支付疾病津贴等等。养老保险包括法定养老保险、企业补充养老保险和私人养老保险。工伤保险是指雇主的责任保险，其任务是负责工伤事故预防、企业内部的劳动保护、向受工伤雇员及其亲属或遗属发放工伤补助及其他一些待遇。失业保险是一种全体雇员都必须投保的义务保险，各级劳工局向失业保险提供的融资是由雇主和雇员各交一半的保险费以及联邦支付的补贴资金组成的。护理保险是德国于1995年开始实施的一种新的社会保险制度，主要针对年老、病弱者而设立，以确保在需要护理的情况下所享有的权利。

第二，社会补偿制度最初是为解决战争给公民造成的巨大财产损失，帮助战争受害者重新生活，特别是为给予因纳粹迫害而遭受经济和精神损害的人以赔偿而建立的。后来，社会补偿的对象逐渐扩大，主要是指遭受一些特殊危险引起的损害者，如担任联邦国防军义务兵，官方规定的防疫注射事故的受害者，以及死于暴乱中的无辜者，以及为国家和社会履行自愿或非自愿性的身体健康冒险性义务而遭受健康损害者等。

第三，社会救济是指对既无力自救又不能从第三方获得帮助的生活困难者，如对达不到政府规定的最低生活水准的家庭以及有其他特别困难的公民提供帮助。社会救济法分为两个部分：一是根据各邦规定的具体标准，向生活困难者提供维持日常生活必需的食品和物品以及其他形式的帮助；二是为具有特殊需要的公民提供相应帮助，确保其生活基础，如对孕妇、产妇的救济，对残废者的就业救济，对结核病患者的救济，对需要护理者的救济，克服社会特殊困难的救济等，使无家可归者、醉酒者、吸毒者、刑满释放者等适应社会。

第六节　司法制度

一、第一帝国的二元司法

在 15 世纪末，哈布斯堡家族著名的皇帝马克西米利安一世皇帝曾先后设立帝国枢密法院（1495 年）和帝国皇室法院（1497 年）。这是德国历史上第一次设置统一的司法机构。两大最高法院并存是第一帝国期间司法体制的一个独特现象。

帝国枢密法院的法官和顾问大多由各地方诸侯按照固定的配额委派而来，他们在审判活动中大规模地借鉴罗马法及其注释，并适用“共同法”（ius commune），其目的在于建立一种能够在帝国范围内普遍通行的统一的法律秩序。在 16 世纪上半叶，帝国枢密法院针对破坏“永久和平”的审判活动非常活跃，同时，也受理了大量的经济案件。至 17 世纪，帝国枢密法院在三十年战争之后逐渐丧失了影响力，进入 18 世纪之后，影响力更弱。

帝国皇室法院以向皇帝提供政治咨询为设立目的，它不仅是封建王权的产物，本身更像是一项专属于皇帝的私人财产。根据 16 世纪帝国皇室法院组织法的规定，帝国皇室法院设主席、副主席、秘书各 1 名，法官 18 名，除秘书一职由美因茨选帝侯任免之外，其余职位全部由皇帝直接任免；如遇皇帝驾崩，本届帝国皇室法院自动解散，皇位继承人有权重新组建下一届帝国皇室法院。类似规定表明，帝国皇室法院与皇帝本人及其家族有着强烈的人身依附关系。在 17 世纪至 18 世纪，帝国枢密法院逐渐衰落，但帝国皇室法院较为灵活地适应了宗教改革对帝国司法的新要求。

1532 年由查理五世颁布的《加洛林纳法典》相当细致地规定了刑事诉讼的程序，主要包括以下内容：第一，明确采取纠问式诉讼方式。如果有人作出不法行为，法官应该通过公权力介入，进行刑事追诉，法官有义务对不法行为进行调查，了解它的真实性。第二，将审判者与法官的功能进行合并。在此前的德国司法实践中，法官与审判者并不是同一人，法官只是审判活动的引导者，具体审判由贵族及掌握相关知识的人操作。《加洛林纳法典》将这两种身份的差别取消，由法官负责审判工作。第三，限定刑讯的适用条件。这有别于此前无限制的刑讯行为。第四，关于嫌疑人供述的使用，即使嫌疑人供述了有关案情，法官仍然需要详细确定犯罪过程，当事人需要在供述后的一段时间内再次“自愿”重复供述。第五，案件审判采取一审终审制，当事人没有机会再进行上诉，审判需要听取专业人士意见，因此其具体过程往往并不公开。

二、普鲁士王国的司法改革

在18世纪，普鲁士王国的司法体制是在中世纪德意志封建割据的政治背景下自然形成的，在同一地区往往存在着十余种不同类型的法院，最常见的有教会法院、封建法院、庄园法院、城市法院、王室法院、政府法院、省级地方法院等等。各种类型的法院在管辖权上相互重叠，相互之间的关系模糊不清。在司法实践中，当事人必须争取尽可能多的法院的支持，才能最终取得胜诉的结果。一般来说，当事人如果已经得到了三个法院的胜诉判决，其他法院便不会再受理本案，但是这些判决往往又得不到强制执行。这种混乱的局面使司法活动具有很大的不确定性。

1740年，腓特烈二世继位普鲁士国王，科克采伊获得了推行国家政治改革的最高权力，他取消封建司法，自上而下设立了一套完整的国家司法体制。科克采伊大规模减少法院的数量，把各种法院统归到国家司法系统之下，结束它们彼此分立而且相互竞争的混乱局面。例如，科克采伊于1751年4月来到东普鲁士的柯尼斯堡，将实际存在的14个法院最终缩减为4个。对于本地的一系列教会法院，科克采伊把它们与大学学术委员会相合并，并且剥夺了它们曾经拥有的在教阶、宣誓和婚姻方面的管辖权，仅允许新的教会法院从事与教育、考试和教堂维护等有关的活动。此外，科克采伊还废除了当地具有属人管辖性质的法国人法院、立陶宛人法院等等，并且废除了具有封建性质的采邑法院、土地争议委员会以及高级庄园法院等等。

在审理制度上，首先科克采伊将审级确定为三审制，明确划定了审判的界限，防止案件久拖不决。其次，为了减轻法院受案负担，他根据案件的性质和重要程度，把所有案件分为三类：一为不允许上诉的案件，二为仅允许上诉一次的案件，三为可以上诉两次的案件。最后，为了制止不必要的上诉，科克采伊专门规定了较为严厉的法庭罚金措施，即如果后续审判对前审判决加以维持，那么上诉人须向法庭缴纳罚金。通过这三项举措，科克采伊提高了司法效率，树立起国家法院的权威。在科克采伊的努力之下，普鲁士初步形成了“四级三审制”的框架，且各级法院基本形成了统一的受案流程。

三、第二帝国的程序法典编纂

从1871年开始，德国开始大量制定适用于全国的统一性法典，迅速结束延续了半个世纪的法制分裂状态。1877年，德国颁布了《法院组织法》、《民事诉讼法》和《刑事诉讼法》，确立了近代德国诉讼制度的体系。

《法院组织法》第一次完整地规定了德国法院的类型与审级。具体来说，法院的类型大致可以分为普通法院、行政法院和特别法院。普通法院负责审理民事和刑事案件，包括初级法院、地方法院、高等地方法院和帝国法院四个审级。行政法院完全独立于普通法院，是德国司法体制的重要特点。行政法院自下而上包括三个审级，即邦的下级行政法院、邦的高级行政法院、帝国行政法院。其中帝国行政法院作为最高审级，又派生出专门行政法院，如铁道行政法院、帝国财务法院等等。德国还有为数众多的特别法院，这与在德国根深蒂固的行业自治习惯密不可分，如在外国设立以便行使领事裁判权的领事法院、处理劳资纠纷的劳工法院等。至魏玛共和国时期，还设有保障宪法执行的国务法院，这成为第二次世界大战后德国宪法法院的雏形。

1877 年的《民事诉讼法》统一了民事诉讼制度，确立了民事诉讼的基本原则，如当事人主义、不告不理、证据效力采取法官自由心证、言词辩论、公开审理等原则。《民事诉讼法》还规定了民事诉讼中的调解制度和律师强制代理制度。民事诉讼程序包括一审、上诉审和再审程序，一审程序包括起诉、审理、判决三个环节和初级法院程序，调解程序。民事诉讼由当事人提起，原告起诉后不得擅自改变或撤回提出的诉讼请求。当事人及其律师可以在法庭上进行辩论，若对判决不服，可以进行上诉，要求再审或者抗告。

1877 年的《刑事诉讼法》规定了总则、第一审程序、上诉、对已发生法律效力的判决案件的再审、特种形式的诉讼程序、刑罚的执行和诉讼费用等；设立了无罪推定、辩护制、公开审判、法官主动调查、上诉不加刑等近代刑事诉讼原则；规定刑事诉讼除个别案件由被害人及其代理人起诉以外，主要由检察机关提起。刑事诉讼程序分为三个部分，即调查程序、居间程序和审判程序。调查程序是州检察官为了作出是否提起公诉的决定而对刑事案件的嫌疑人所作的侦查、取证工作；居间程序是在法院接到起诉书后，主审法官在对案件事实进行初步审查的基础上，可以在不公开的情况下，对诉讼程序作出决定，或者将案件提交审理，或者作出结束审理的裁定；审判程序是德国刑事诉讼的关键环节，分为审理和判决。法官作出判决后，当事人不服第一审判决的，可向高一级法院上诉或抗告。

在 1879 年之后，德国全国的司法行政管理趋于统一；法官任免与职权，由统一的立法规定；法律的最终解释权，则由帝国法院完全享有。这一时期的德国诉讼制度，受到邻邦法国的影响，较多地强调个人自由的价值，除此之外，特别注重实践运用而不是抽象的理论概括。然而，由于诉讼当事人被赋予较大的处分权，诉讼的效率在一定程度上受到了影响，因而至 1905 年，德国又对诉讼程序进行调整，缩小上位法院的权限，同时扩张基层法院的管辖范围。

四、魏玛共和国对程序法的修改

魏玛共和国时代沿用了第二帝国的程序性法典，但是《魏玛宪法》表现出明显的社会主义色彩，私权的行使须符合公众利益，这也影响到司法制度的实际运行。1924 年，立法机关针对一批程序性的法律，包括《法院组织法》《民事诉讼法》《法院负担减轻法》《诉讼费用法》《律师酬金规则》等等，进行了修改和补充。这次修法的宗旨在于部分地限制个人在诉讼程序中的处分权，以保障诉讼程序的顺利进行，使司法尽可能地符合大多数人的利益。这次修法废止了当事人处分主义，而采用职权主义，取消了当事人对诉讼期日进行变更和延长的权利，同时规定法官不得随意延长诉讼期限。这一方面遏制了诉讼久拖不决的趋势，另一方面也使诉讼程序可以作更为简化的处理。总体来说，这次修法使德国的司法制度恢复了活力，其运行变得高效，在保障宪法基本自由的同时，兼顾社会大众的利益。

五、纳粹统治时期的党化司法

纳粹党上台夺取政权之后，彻底推翻了《魏玛宪法》，完全否定以个人为中心的自由权利，对司法体系进行所谓“国家民族主义”的改造，先后修改了《律师法》《劳动法院法》等与诉讼程序有关的法律，并两度修改《民事诉讼法》(这两次修法共涉及 50 余处，先是排斥非律师代理诉讼案件，采用直接审判主义，而后又采用真实陈述主义、严格集中主义、直接调查证据主义等原则，将当事人在诉讼活动中的处分权剥夺殆尽)。纳粹党修改了刑法，《国社党刑法之觉书》集中体现了纳粹德国的刑法的基本原则和指导思想。为了施行恐怖主义的统治，纳粹党专门建立起被称为“盖世太保”的秘密警察组织，并在一般司法机关之外专门设立“特别法庭”，对进步人士进行秘密审判和处决。至此，直到 1945 年德国战败之前，德国的司法体制已经完全沦为纳粹党的统治的一种工具。

六、当代德国多元的司法体制

在第二次世界大战之后，鉴于纳粹统治时期司法权力遭到滥用的教训，德国建立了特色鲜明的司法体制，其目的就是最有效地保障公民权利。根据《基本法》的规定，国家司法权由联邦宪法法院及《基本法》规定的联邦法院和各州法院行使。在联邦层面，除联邦宪法法院外，德国的司法体制仍主要由普遍法院、劳动法院、行政法院、社会法院和财税法院这五个平行与独立的系统组成。同时，各州设立与此相对应的各类法院，与联邦法院一起，构成统一的国家法院组织体系。德国不同法院的组织结构、程序及审判制度有所差异，如：宪法法院由联邦和各州分别设立，各自独立，互不隶属，审理案件实行一审终审制。行政法院系统多为三级，实行两审终审制。普通法院分为四级，实行三审终审制。各类法院的审判组织也各不相同：在一些法院由专职法官审判，在另一些法院则由专职法官和非专职法官进行联合审判。这些特点都反映出德国司法制度的复杂性。

（一）宪法法院

德国的宪法法院有联邦宪法法院和州宪法法院之分，互不隶属，独立行使职权。宪法法院的核心职能是“违宪审查”。但是，联邦宪法法院的职权高于州宪法法院的职权。德国联邦宪法法院依 1951 年 3 月 12 日《联邦宪法法院法》设立，并于 1952 年正式开始工作。联邦宪法法院内设两个评议庭，由人数相等的法官组成。第一评议庭负责管理涉及公民基本权利和法律保障问题的宪法诉讼，第二评议庭负责管理涉及国家利益的宪法性争端。联邦宪法法院法官由联邦议会选举产生，必须是年满 40 周岁、有被选为联邦议员或担任法官资格的公民。联邦宪法法院法官任期为 12 年，法定退休年龄是 68 岁。

《联邦宪法法院法》对法官的独立地位和职务保障作了具体的规定。宪法法院的基本职能有两项：一是对公民实现法律保障并对国家机关的各项活动进行宪法监督；二是解决联邦机关之间、联邦与州之间，以及各州之间在职权及权利义务问题上发生的争执，保证国家体制的正常运转。联邦宪法法院具有司法审查权、行政权限裁决权、弹劾案审判权，管辖选举诉讼案以及受理侵犯公民基本权利的案件，从而实现对公民的宪法保障，并对国家机关的各项活动予以宪法监督。宪法法院实行一审终审制，审理案件有三种程序：一是具体的法规审查程序，二是抽象的法规审查程序，三是个人宪法诉愿。

（二）普通法院

普通法院是整个国家司法系统中规模最庞大、管辖范围最广泛的一个分支，其特点是联邦法院与各州地方法院组成一个有机整体，具有隶属关系。普通法院分为联邦法院、州高等法院、州中等法院和区法院四级。德国在联邦系统仅设立了最高法院，而区法院、州中等法院和州高等法院则属于州法院系统。因此，联邦法院即联邦最高法院。根据1877年制定、1975年重新颁布的《法院组织法》，联邦最高法院对普通民事、刑事案件享有终审管辖权。联邦法院审理案件采用合议制，由5名专职法官组成合议庭对案件进行审查，并作出判决。联邦法院的判决为终审判决，但上级法院可以就法律问题和程序问题应当事人的申请进行复审。

（三）劳动法院

劳动法院依据1953年《劳动法院法》设立，分为初等劳动法院、州劳动法院和联邦劳动法院，负责审理劳资纠纷案件和劳动争议案件，具体包括劳资双方就工资、罢工等问题而发生的争议，劳动者个人与雇主因劳动合同关系发生的争议，劳动者相互之间因报酬发生的争议，有关工会的组织、选举、解散等产生的争议。初等和州劳动法院审理案件由1名职业法官和2名非职业法官组成，联邦劳动法院审理案件由3名职业法官和2名非职业法官组成，非职业法官中雇主和雇员代表各半，由雇主联合会和工会提名，然后由政府的劳工部门任命。劳动法院实行三审终审制，对劳动法院的裁决不服而向联邦劳动法院提起上诉的，通常须先征得州劳动法院的同意。

（四）行政法院

1949年《基本法》确定了德国行政法院的独立司法地位，并统一了行政法院的机构设置。行政法院根据1960年《行政法院法》设立，分为联邦行政法院、高等行政法院和初等行政法院三级。行政法院主要受理“非宪法性质之所有公法上争议，除联邦法律明文规定，应由其他法院审理外皆得提起行政诉讼，涉及州公法领域的诉讼亦同”。其管辖范围相对狭窄，既不包括内部行政案件，也不包括公共行政中有关税务、社会保险与社会救济以及劳动管理等案件。联邦行政法院，作为最高行政法院，主要管辖对高等行政法院判决不服的上诉案，也受理不服初等行政法院判决的上诉及不服高等行政法院命令的申诉案。

（五）社会法院与财税法院

从性质上说，社会法院与财税法院都属于特别的行政法院，但它们却具有相对独立的组织架构。社会法院依据1953年《社会法院法》设立，分为联邦社会法院、州社会法院和社会法院三级，主要受理因社会保险、社会补偿和社会救济而发生的争议案件。财税法院根据1965年《财政法院法》设立，分为联邦财政法院和州财政法院两级，负责受理由有关财政税收纠纷引起的诉讼案件，实行二审终审制。

此外，国家公务员违法失职案件由惩戒法院受理，另有相当部分的行政登记管理案件则是由普通法院受理。

第七节 德国法的域外影响

严格意义上的近代德国法形成于1871年德意志民族国家统一之后，在此后一百多年间，尽管在两次世界大战中的发展过程多有波折，但是，德国法仍旧取得了世所瞩目的成就。德国法在认真借鉴和汲取周围国家法制建设经验的基础上，创制了一套具有特殊风格和特色的法律制度，由最初以民法典为核心的近代"六法体系"发展成为部门众多、门类齐全、规范详尽的现代法律体系。

1900年的《德国民法典》成为继1804年《法国民法典》后大陆法系的又一面旗帜，为20世纪以来众多国家提供了编纂民法典的范本。它确立的总则、债、物权、亲属、继承五编结构，以及社会本位的民法原则被广泛接受。奥地利曾是德意志神圣罗马帝国的一个邦国，因此其法律受到德国法的强烈影响。进入20世纪之后，奥地利以《德国民法典》为蓝本，修改本国已有百年历史的普通民法典，对其中某些部分还按照《德国民法典》的模式加以重新编纂。在1918年奥匈帝国解体之后，奥地利的民法典依然在波兰、南斯拉夫和捷克斯洛伐克等国继续实施，因而间接传播了《德国民法典》。瑞士在历史上也曾经附属于德意志神圣罗马帝国，其法律同样受到德国法的深刻影响，最为突出的是1907年的《瑞士民法典》主要参考和借鉴了潘德克顿法学所确立的编纂体例。此外，日本明治维新以后全面借鉴了德国法的法典编纂模式，诸如1889年明治宪法，1890年《裁判所构成法》《行政裁判法》《刑事诉讼法》《民事诉讼法典》，1898年的民法典、1899年的商法典等等，都是以德国法为蓝本制定出来的，有些法典甚至是由聘请的德国学者亲自起草撰写的。

除私法之外，德国不同时期的公法和社会法法典也在域外产生了一定的影响。例如，1871年《德意志帝国宪法》确定的政体对中国清末民初时期的宪政制度的影响非常大。1919年的《魏玛宪法》则成为1919年芬兰宪法、1920年捷克宪法、1921年波兰宪法和南斯拉夫宪法等许多宪法的范本，而且其所包含的"社会化"原则和措施对20世纪西方宪法和民商法、经济法、劳动法的发展也产生了重要影响。

须指出，除法典之外，德国法学在域外的传播和影响也十分明显，很多国家在模仿德国法律制度的同时，都不遗余力地引入德国法学，纷纷开展对德国法学的研究。实际上，充分研究和掌握德国法学也是成功模仿和移植德国法律制度的关键。

不过，由于德国直至19世纪后半叶才实现国家统一，在欧洲属于后起的工业国家，德国在全球占据的殖民地的数量更是远远少于英国和法国，因而德国法在域外的影响也就不及英国法和法国法的那么大了。

深度阅读

1. 德国民法典．陈卫佐，译注．北京：法律出版社，2004.
2. 何勤华主编．德国法律发达史．北京：法律出版社，2000.

问题与思考

1. 德国法律史大体上可以分为几个阶段？
2. 德国《魏玛宪法》的特点是什么？对后世有何影响？
3.《德国民法典》的主要内容和特点是什么？
4. 第二次世界大战后德国的法律制度发生了哪些主要变化？

第十五章
日 本 法

常考知识点

- 日本法的历史演变及特点
- 日本六法的构成
- 1946 年日本国宪法的主要特点

第一节 日本法的发展与演变

一、封建时期的日本法

日本由本州、九州、四国、北海道四大岛屿及数百个小岛组成。早在公元 1 世纪，日本岛上就已存在一百多个独立部落，大约处在氏族制度解体时期。在公元 3 世纪初期，日本九州北部地区出现最早的奴隶制国家——邪马台国。在公元 3 世纪中期以后，本州中部地区又兴起了一个较大的奴隶制国家大和国。大和国以其强盛的国势，先后征服其他部落，至公元 5 世纪统一日本。日本奴隶制国家适用固有的氏族法，主要表现为不成文的命令和习惯。

在公元 645 年，大和国的新贵族夺取政权，拥立孝德天皇，模仿中国建年号为“大化”，并于 646 年颁布革新诏书，仿照中国唐朝政治经济制度，进行了自上而下的全面改革，史称“大化革新”，从此，废除了奴隶制，确立了以天皇为中心的中央集权统治，创建了以唐朝法律为模式的日本封建法律制度，完成了由奴隶制国家向封建制国家的转变。

从大化革新至 1868 年明治维新，日本封建社会持续了一千二百多年。其间，它的封建法律制度从建立时起就始终受到中国法律文化的深刻影响，基本上是按照中国封建法律的模式发展起来的，大体可分为两个发展阶段。

从公元 646 年至 1192 年，是古代天皇制时期。天皇被奉为神之子孙，是民族和国家的象征，也是国土和臣民的最高所有者与最高统治者。这一时期日本仿照唐朝推行律令制，基本法律形式有律、令、格、式四种。天皇通过任命的官吏——太政官、神祇官、国司、郡司等遵照他的律令、诏敕来进行统治。于公元 701 年和 718 年先后颁行的《大宝律令》和《养老律令》是这一时期律令的典型代表。《大宝律令》是大化革新后国家颁布的法律、法令的集大成者，《养老律令》是对《大宝律令》的修订和补充，内容大同小异，标志着以中国法为模式的日本封建法律体系的初步确立。

从1192年至1868年明治维新前，是幕府统治时期。在这一时期，天皇的权力为将军所挟持，以将军为首领的幕府成为国家最高权力机关。幕府依靠一定的武士集团，不执行朝廷的政令和法律，实行武家专制统治。与政治体制的变化相适应，律令格式的作用迅速减弱，渐被废弃，武家法典作为幕府基本法律被广泛推行。所谓武家法典，又被称为幕府法，是幕府根据武家的习惯和先例制定的调整武士集团内部关系的基本法规。1232年镰仓幕府（1192—1336年）颁布的《御成败式目》，是日本最早和最著名的武家法典，因其颁布于贞永年间，故又称《贞永式目》。该法典内容广泛，涉及民事、刑事、诉讼及行政等方面，对幕府的土地制度、官吏的职责、犯罪及处罚、领地的支配和继承等作了规定，并确立了臣民对封建主、武士对将军的绝对忠诚的义务。德川幕府统治时期（1603—1867年）军事封建国家的统治进一步强化，加强了对劳动人民的镇压。在这一时期，除对原有武家法典进行修订外，也先后制定了一系列法典。1742年仿照中国明律制定的《公事方御定书》，是德川幕府法中较为完备的一部法典，也是日本封建社会后期的一部重要法典。该法典在总结过去法令和判例的基础上制定而成，分为两卷，上卷是有关各种法令的81条规定，下卷是有关刑法和诉讼法的103条规定，俗称“御定书百个条”。其中，有关刑罚的规定极为残酷，广泛适用死刑，执行死刑的方法有锯挽（锯两肩等）、磔刑、狱门（枭首）、火刑、斩刑、解死人（割首弃尸）六种。值得指出的是，基于“义理”而形成的习惯法，在日本封建社会也起着重要作用。“义理”与中国古代的“礼”相似，确认人们生活中的基本行为准则，既包括家庭成员间的“义理”，也有臣民与封建主、佃农与地主、债户与债主之间的“义理”。社会生活中的一般民事关系主要靠在“义理”基础上形成的习惯法调整。

可见，明治维新前的日本法律制度，其形式、内容及法律观念均受到中国封建法律及其法律文化的强烈影响。日本著名法学家穗积陈重曾在《日本新民法》一书中指出：日本法律属于中华法系者已有1 600年，虽自大化革新以后经历许多巨大变化，而日本法制之基础仍属于中国之道德哲学与崇拜祖先的习惯及封建制度。

二、日本近代法制的确立

（一）明治维新及封建法制改革

在19世纪中期，日本资本主义经济有了一定发展，以德川幕府为代表的腐朽的封建统治日益遭到资产阶级和人民的激烈反对。1867年明治天皇即位。同年10月，幕府末代将军德川庆喜为稳定政局保持实力，佯称“返还大政”，请求辞职。不料，明治天皇立即准奏，并在倒幕派的支持下于12月颁布“王政复古”诏书，宣布废除幕府制度，成立天皇政府。德川庆喜见事与愿违，拒绝交出政权和土地，并纠集军队诉诸武力，结果失败。1868年3月，幕府所在地——江户（今东京）被攻陷，统治日本达六百多年的幕府统治彻底结束，从而建立了以明治天皇为中心的地主和资产阶级联盟的中央集权制国家。

由于资产阶级的软弱，明治维新是一次不彻底的资产阶级革命，以与封建势力相妥协而告终，保留了许多封建残余。然而，它是日本从封建社会进入资本主义社会的转折点，也是日本法律制度逐渐向西方化转变的开端。从此，日本进入近代时期。

明治政府自成立后，立即通过一系列改革纲领，着手进行国家政治经济制度的改革。1868 年 3 月，天皇发布“五条誓文”，表示新政府要“广兴会议，万事决于公论”“求知识于世界”等，正式提出以西方模式进行国家制度的改革。同年 4 月，又公布《维新政体书》，确立权力总归于天皇之下的太政官，“太政官之权力分为立法、行政、司法三权”，并规定立法官不得兼任行政官，司法官不得兼任立法官。以后，又陆续对中央国家机关进行改组，采取分权原则，规定太政大臣专管行政、立法权由贵族院行使、司法权由大审院行使。1869 年，明治政府宣布实施“版籍奉还”政策（版即版图，指领地；籍即户籍，指人民），把封建主占据的各藩地全部归还天皇统辖。天皇任命各藩主为“藩知事”，剥夺他们对土地和人民的领有权，使之成为隶属中央的地方官。1871 年 7 月 14 日又“废藩置县”，改革行政区划，将全国分为 3 府 72 县（后合并为 3 府 43 县），免除原藩知事的职务，命令他们到东京居住，其职务由天皇任命的知事代替。至此，以天皇为中心的统一的中央集权国家确立。随之，围绕经济和司法等方面的立法改革也广泛开展起来。

在经济方面，为适应资本主义的需要，颁布了一系列法令，宣布取消职业规章和行会制度，允许公民自由选择职业，自由迁徙；废除藩与藩之间的捐税关卡，统一全国的货币制度，实行贸易自由；宣布各等级在法律上一律平等，废除各等级间通婚的限制；改革土地制度，确认土地实际占有者的土地所有权；制定银行条例，统一全国汇兑业务；奖励贸易，积极创办银行、企业、铁路和造船工业；颁布征兵令，建立近代常备军，剥夺武士独占军人身份的特权；等等。

在司法体制和刑法制度方面，也进行了初步改革。设立刑部省（后改为司法省），统一领导司法行政，下置各种法院专掌审判。修改刑律，废除笞、徒、杖、流四刑，改为惩役和死刑两种，并减轻刑罚，缩小死刑的适用范围。此外，为了沟通日本与西方在法学教育和研究方面的关系，聘请法、德等国法学专家来日讲学，创办法政研究所和法政学校，翻译研究外国法律，培养法律人才等。

总之，上述改革的推行，为日本资本主义经济的发展扫除了封建障碍，也为日本建立西方化的资产阶级法制奠定了基础。

（二）近代日本法律体系的建立

从 19 世纪 70 年代中期开始，日本法开始走上全面西方化的道路，以欧美西方法律为模式相继编纂了一系列法典，使日本资产阶级法律体系最终得到确立。

尽管实现日本法的西方化是明治政府一开始就确定的方针，但促使日本迅速走上欧美法制道路的直接动因，是西方资本主义列强的压力。由于德川幕府统治时期曾长期实行“闭关锁国”的政策，在 1854 年至 1860 年间，西方列强以武力迫使日本打开闭关自守的大门。

德川幕府先后同美、英、法、俄、荷等国签订了不平等条约，承认领事裁判权，丧失关税自主权，使日本面临半殖民地的危机局面。明治维新后，日本政府同各国交涉，要求修改这些不平等条约，西方列强却提出修改条约，必须以在日本实行西方的立法为前提条件。在西方各国的压力下，明治政府从 19 世纪 70 年代中期开始，着手组织法律起草委员会，在西方法学家的指导下，短期内制定出一系列西方式的法典。

日本资产阶级法律制度的确立，经历了长期的摸索过程。

在前期日本主要仿效法国法模式，在当时日本政府的顾问、法国法学家巴黎大学教授保阿索那特（Gustave Boissonade，1825—1910）的直接指导下，以法国法为蓝本，先后制定了刑法、治罪法、民法、商法等主要法典。但这些法典过于法国化，有些甚至是对法国法原封不动的照搬，而日、法两国在经济、政治、历史、文化传统及资产阶级革命过程方面存在很大差异，因而这些法典的内容、形式均不完全符合日本国情，公布后遭到朝野上下的强烈反对，不久就酝酿进行修改或宣布延期实施。

在后期，以 1889 年宪法颁布为转机，日本法的西方化又进入德国化阶段。日本政府通过考察发现，日本与德国的社会条件更为接近（两者都是后起的资本主义国家，封建残余大量存在，相似因素较多），因而坚定了师从德国的决心，最典型的例子，是以普鲁士宪法为蓝本制定的 1889 年日本宪法。这部宪法大量抄袭普鲁士宪法的内容，集中反映了德国法的影响，标志着日本法开始走上效法德国法的道路。继宪法颁布之后，日本政府又成立法典调查委员会，以德国法典为模式，对民法、商法、刑法、刑事诉讼法典进行修订，并对前一时期德国人起草的法院组织法和民事诉讼法重新审议。至 1907 年，由宪法、民法、商法、刑法、诉讼法和法院组织法组成的日本六法全部编制完毕，日本资产阶级法律制度最终确立。

三、两次世界大战之间日本法律制度的演变

从第一次世界大战起到第二次世界大战结束的三十多年间，日本法律制度发生了很大变化。这种变化以 1932 年军事独裁体制的确立为节点，大体可分为两个阶段：在前一阶段经过不断改革，法制建设趋于完备化；在后一阶段则与军事独裁统治相适应，法制走向法西斯化。

（一）1932 年前日本法制的改革与发展

在第一次世界大战后，日本的国力大大增强，垄断资本主义得到进一步发展，在明治维新以后模仿西方建立的法律体系也逐渐暴露出其缺陷。为了适应经济、政治形势的变化，日本一方面对原来的各部法典（宪法除外）进行全面的修订，对其中一些明显不适应日本社会需要的规定进行修改；另一方面，日本颁布了大量的单行法规对原有的法律体系进行补充，使原有的法律部门不断得到丰富和完善，一些新的法律部门如经济法、社会法等也逐渐发展起来。在这一时期的法律改革中，一个显著的特点是，日本开始对明治维新后过于机械地模仿大陆法系的做法进行了反省，不仅注意挖掘日本民族原有法律制度的精华，如制定了各种调停法，而且开始从英美法系中汲取有益的成分，如引入陪审制。

（二）1932年后日本法制的全面法西斯化

1931年由日本军部挑起的“九一八”事变和1932年政友会首相犬养毅被少壮派军人暗杀，标志着日本政党政治的结束和法西斯化的开始。1937年日本全面发动侵华战争后，军部的独裁统治初步形成。到1941年东条英机独裁体制的确立，表明日本已全面建立起具有军事封建主义特点的法西斯专政。日本法律制度的法西斯化，主要是通过对原有法律进行补充修订及制定单行法和国家主义统制立法逐步完成的。单行法和国家主义统制立法，不仅数量多，而且效力高于普通法，甚至优于法典。

为适应全面侵华战争的需要，日本于1937年和1938年颁布了“战时三法”，即《临时资金调整法》、《关于进出口商品等临时措置的法律》和《国家总动员法》。其中，1938年3月通过的《国家总动员法》，是日本战时国家主义统制立法的核心。该法以“有效发挥国家的全力”从事侵略战争为目的，将工业、交通运输、金融、贸易、科学技术、文化教育和新闻报道等全部置于政府的统制之下。此后，日本又根据《国家总动员法》陆续颁布了各种统制法令，将国家统制扩大到国民生活的各个方面，从而将日本社会的政治、经济、思想、文化全部纳入战争轨道。

四、第二次世界大战后日本法制的改革与发展特点

1945年8月15日，日本政府宣告无条件投降。至此，第二次世界大战以侵略者的彻底失败而告结束。第二次世界大战后，根据《波茨坦协定》等国际协议，由11国组成盟国远东委员会作为对日本占领的决策机构，决定通过改革铲除日本军国主义和法西斯势力，使日本成为和平、民主、独立的国家。为实现这一目的，美国军队以盟军总部的名义进驻日本，开始了为期近7年的占领时期。在占领时期，日本在占领政策的指导下进行了法制改革，其主要任务是废除包括旧宪法在内的原有军事法西斯法律制度，重新制定宪法及各种急需的法律，修改民法、商法、刑法、诉讼法等主要法典。这一任务至1952年基本完成。1952年《旧金山和约》生效，日本结束了被占领的历史，获得独立，法制建设也进入一个新阶段。在这一时期，日本不仅对几部主要法典作了进一步修改，使之更臻完善，而且为恢复和发展经济制定了大量单行法，尤其重视经济立法。

综观第二次世界大战后日本法律制度的发展变化，其主要有这样几个特点。

第一，虽仍以大陆法系的六法体系为基础，但较多地接受了美国法的影响，法律风格有所变化。如判例在司法实践中的作用受到重视，英美法的原则和制度也在制定法中具有明显影响。

第二，按照“三权分立”原则，将二战前以天皇为中心的君主立宪政体改为以国会为中心的责任内阁制，但仍保留了天皇。

第三，通过立法，赋予公民较广泛的民主自由权利，并在形式上确认了“国民主权”原则。

第四，废除了行政法院，规定有关行政诉讼案件由普通法院直接受理，并借鉴美国司法制度的经验，将违宪审查权授予最高法院，提高了司法机关的地位。

第五，适应现代资本主义经济发展的需要，进行了大规模的经济立法活动。虽没有形成统一的经济法典，但建立了门类齐全较为完整的经济法体系，在资本主义世界中具有一定的代表性。

第二节 宪 法

一、日本帝国宪法

（一）宪法的制定

在明治维新后，日本资本主义获得迅速发展。但是当时欧美主要资本主义国家正处于向垄断资本主义过渡的阶段，日本资产阶级为了与外国竞争和保护国内市场，在国家政权的干预下，加速工业资本与银行资本的融合，使垄断组织在国民经济中发挥越来越大的作用，从而形成了日本资本主义的起步发展几乎是和向垄断资本主义过渡同时进行的特点。然而，日本资本主义的发展又是在保留封建残余的条件下实现的，其结果是，加重了对工农大众的剥削和压榨，从而使阶级矛盾和阶级斗争急剧尖锐化，工农运动日益高涨，严重危及明治政府的统治基础。与此同时，统治阶级内部的斗争也日趋激烈，下层武士和中下资产阶级由于没有从明治维新中获得特殊的政治和经济利益，因而对政府强烈不满。于是，他们联合组成政府反对派，并在西方宪政思想的影响下，组织各种政党，利用工农运动，开展了“自由民权运动”，要求成立民选议会，建立“完善的立宪政体”。他们的活动对明治政府构成巨大威胁。在这种形势下，日本当权派不得不与反对派妥协，答应制定宪法，以便缓和阶级矛盾，巩固地主资产阶级政权。

1881 年，天皇政府正式宣布在 10 年内召开“民选议会”，并在 1882 年派当权派代表伊藤博文等四人去欧洲考察资产阶级国家的宪法和政治制度。伊藤博文认为普鲁士的政治制度与日本国情最为接近，回国后，天皇便指令他组织宪法委员会，负责起草宪法的工作。1888 年，宪法起草完毕，提交枢密院审议通过，并于 1889 年 2 月 11 日正式颁布；同时还公布了《皇室典范》《议院法》《众议院议员选举法》《贵族院令》等宪法附属法，次年付诸实施。

（二）宪法的基本内容和特点

1889 年宪法的正式名称为《大日本帝国宪法》，后通称“明治宪法”。它由天皇、臣民权利义务、帝国议会、国务大臣及枢密顾问、司法、会计、补则等 7 章，共 76 条组成。这部宪法的主要特点有：第一，是基于君主主权思想制定的一部“钦定”宪法。宪法从起草、讨论到通过均是在天皇控制下秘密进行的，直至公布前，人们对宪法内容毫无所知。伊藤博文曾明确指出，宪法是天皇赐给的礼物，任何臣民都没有干涉宪法问题的权利，国民对宪法只有服从的义务。第二，深受德国宪法的影响，有 46 个条文抄自普鲁士宪法，仅有 3 条为日本所独创（第 1、31、71 条）。第三，带有“大纲目”性质，对一些问题没有作出明确规定。按照伊藤博文的解释，这样做是为了“将来顺应国运的进退，伸缩自如地灵活运用”。第四，对公民自由权利的规定，不仅范围狭窄，而且随时可加以限制。如宪法第二章列举的公民享有的居住、迁徙、言论、出版、集会、结社等自由，以及非依法律不受逮捕、拘禁、审判、处罚等权利，均是以天皇臣民的名义加以规定的，视为天皇对臣民的恩赐，并且在必要时又可以通过紧急敕令（第8条）、独立命令（第9条）、非常大权（第31条）等，对公民的这些权利自由加以限制和剥夺。

国家管理形式为君主立宪政体，但赋予天皇至高无上的权威，事实上是用一件薄薄的议会民主外衣，掩盖天皇专制制度。

1. 天皇

天皇是总揽国家最高权力的统治者。1889年宪法明确宣布：大日本帝国由万世一系的天皇统治之（第1条），天皇神圣不可侵犯（第3条），天皇为国家之元首，总揽统治权（第4条）；并规定天皇有权召集和解散议会；提出、裁定或认可法案（包括宪法法案），发布变更法律的命令，任免官吏，宣战媾和，缔结条约；统率陆海军；实行大赦、特赦、减刑等。这些规定集中反映了宪法贯彻的是君主主权论思想，确认了天皇在国家立法、行政、司法和军事方面的最高权力。1889年宪法也列有天皇应依宪法条文行使统治权的规定，但同时又广泛保留了天皇享有无须得到议会承认的所谓“大权事项”。因此，议会对天皇统治权的制约仅是一种装饰。不过，天皇行使统治权时需征询顾问官的意见并受其牵制。天皇最重要的咨议机关是枢密院和元老会议。枢密顾问由内阁首相和元老协商提名，由天皇任命。凡天皇认为重要的国务都提交枢密院审议，其建议往往对天皇的决策产生重大影响。元老会议是宪法未加规定的机构，元老是天皇赐给维新功臣的一种荣誉称号。天皇在决定国家重大问题时，总要征求他们的意见。

2. 内阁

内阁是从属于天皇的最高行政机关，只对天皇负责。1889年宪法规定：国务大臣，辅弼天皇，负其责任（第55条）。内阁由各国务大臣组成，首相经元老推荐由天皇任命，各大臣由首相提名、天皇任命。陆军大臣和海军大臣形式上虽由首相提名，实际上人选的决定权操于军部，而且只有现役陆海军大将或中将才能担任。陆海军大臣在内阁中占有特殊地位，有权就军事事务直接上奏天皇。1889年宪法规定：天皇颁布法律、敕令等须经首相和有关大臣副署。如拒绝副署，而这种拒绝又为天皇所不许，则首相和有关大臣应辞职。议会不能决定内阁的去留。因此，日本的内阁制不同于某些资产阶级国家的责任内阁制。

3. 军部

军部在1889年宪法中并无明文规定，但在国家机构中占有特殊重要的地位。日本国家制度的显著特点之一，就是军事统帅权脱离内阁而由天皇通过军部独立行使。军部由直属于天皇的参谋本部、海军军令部、内阁中陆军省和海军省4个机关组成。1889年宪法规定，天皇统率海陆军（第11条），天皇定海陆军之编制及常备兵额（第12条）。凡指挥和调动军队，进行战争及制订作战计划等，均由参谋本部和海军军令部直接上奏天皇决定，内阁和议会无权过问。这就使军部成为超内阁的最重要的国家机关，形成所谓

“二重内阁”。

4. 议会

议会是日本统治集团为标榜“宪政”而设置的机构，由贵族院和众议院两院组成。贵族院依《贵族院令》由下列议员组成：皇族、公爵、侯爵，为终身议员；伯、子、男爵，每7年选任一次；“有特殊功勋”的官僚、学者，由天皇任命；大纳税人（大资产阶级）互选出的若干人。众议院议员由选举产生，只有年满25岁、每年交纳一定直接税的男子才有选举权。日本议会不享有独立的立法权，只是“协赞”天皇立法的机关（第5条），只有天皇才能立法，议会只起协助赞同的作用。在财政监督方面，议会既无权过问皇室费用和军事开支，也不能拒绝为执行现行法律所需要的拨款。有2/3的预算议会不能控制。

总之，1889年宪法是一部带有明显封建性和军事性的宪法。

二、两次世界大战之间宪法的发展变化

（一）第一次世界大战后宪政制度的发展变化

在第一次世界大战后，日本国内工农革命运动日益高涨，中小资产阶级反对官僚、军部，争取民主宪政的斗争不断展开，而日本垄断资产阶级随着经济力量的增强也希望获得更多的政治权利。在这种情况下，一些学者提出“国家法人说”“天皇机关说”，宣扬国家犹如扩大了的法人，天皇并不等于国家，天皇也和内阁、议会一样，只是国家机关之一，国家主权不属于天皇个人，天皇只是依据宪法行使国家主权。正是在这种政治形势和政治学说的影响下，通过解释宪法和政治实践及改革选举法，日本宪法制度发生了一些带有资产阶级民主因素的改变。

1. 议会地位有所提高

“国家法人说”和“天皇机关说”的出现，显然试图削弱天皇权力而提高资产阶级议会的地位。1918年镇压“米骚动”后，在众议院和资产阶级控制的报刊的攻击下，以寺内正毅为首的军阀官僚内阁被迫辞职。1924年，议会又与清浦内阁发生冲突，最终也导致清浦内阁的辞职。这些说明议会的作用较前有所增强。

2. 政党内阁的出现

至20世纪30年代，日本资产阶级政党经过改组与合并，只存在两个主要政党——政友会和民政党（宪政会），两党分别代表不同财阀的利益。日本政党内阁是从1918年接任寺内正毅的原敬内阁开始的。原敬以一个非贵族官僚军阀的多数党政友会议员的资格组阁，内阁成员中除陆、海军大臣和外务大臣外，都是政友会成员。这在日本还是第一次。此后，除1921年到1923年是军阀官僚内阁外，1924年又组成以宪政会总裁加藤为首的政党内阁，直到1932年基本上由这两党轮流组阁。但政党内阁不过是日本统治阶级迫于阶级力量对比变化所进行的一种尝试，并没有真正形成一种制度。随着军部势力的扩大，1932年其被军阀官僚内阁所取代。

3. 放宽选举资格

1919 年，日本统治阶级被迫对 1889 年的选举法进行若干改革，将选民直接税数额从 10 日元降至 3 日元。但广大工农群众、小资产阶级和一般知识分子仍被排斥在选举之外。1925 年颁布新的选举法，取消了财产资格限制，但仍规定了许多所谓“欠格条项”，即妇女、25 岁以下者、居住期限不满 1 年者、军人、学生、受社会救济者等均不享有选举权。至于被选举权，新选举法依然保留了原选举法中的保证金制度，凡被提名为候选人者，必须向选举机关预交 2 000 日元的保证金，如选举结果得不到该选区总票数的 1/10，保证金即归政府所有。

（二）1932 年后宪政制度的法西斯化

在 1932 年以后，日本逐步确立法西斯统治。通过强化原有法律制度中的军事专制性质，取消原来就残缺不全的资产阶级民主形式，日本实现了宪政制度的法西斯化。

首先，扩大军部的权力，确立军部的法西斯独裁统治。1935 年颁布法律，恢复由现役军人担任陆、海军大臣的制度，以加强军部对内阁的控制。1936 年设立“五相会议”，规定凡政府重大决策问题不再由全体阁员讨论，而只由首相、陆相、海相、藏（财政）相和外相组成的会议决定，从而进一步加强了军部对内阁的影响。1937 年建立由天皇和军部共同组成的“帝国大本营”，行使国家最高决策权，从而强化了天皇和军部的独裁体制。1943 年东条英机内阁颁布《战时行政职权特例》，赋予首相即军部首脑“禁止、限制或废除现行法律”的专断大权，从而以法律形式公开肯定了军部的法西斯独裁统治。

其次，削弱议会的作用。为了最终消灭一切反对军部独裁统治的资产阶级政党，1940 年近卫内阁提出了“一党一国”的口号，解散一切现存政党，成立法西斯组织“大政翼赞会”，协助政府实行法西斯统治。1942 年东条内阁时期，又成立了“翼赞政治体制协议会”，由其负责推荐议员候选人。同年成立“翼赞政治会”，将绝大多数议员网罗到这个组织中来，强行统一思想和认识，以便在议会中按政府的既定方针进行表决，使议会完全成为法西斯政府控制下粉饰门面的工具。

三、1946 年日本国宪法

在第二次世界大战结束后，在反法西斯民主力量的推动下，日本于 1946 年 2 月开始新宪法的制定工作。草案经反复审议修改，最后经盟军（美军）总部同意，于 1946 年 11 月 3 日颁布，于 1947 年 5 月 3 日正式实施。这也是日本现行宪法。

1946 年宪法除前言外，共 11 章 103 条。这部宪法吸收了欧美资本主义国家宪法通行的原则，在捍卫资本主义私有制和资产阶级政治统治的前提下，以“三权分立”原则组织国家政权机关，削弱了天皇的权力，实行对国会负责的责任内阁制，扩大了公民的自由民主权利。

同战前帝国宪法相比，1946 年宪法具有以下几个特点。

（一）天皇成为象征性的国家元首

鉴于天皇制度在日本社会中有着长期和深刻的影响，根据美国占领当局的指示，新宪法保留了天皇制，利用其作为政治上、精神上的统治支柱，但否定了天皇为神化偶像，废除了旧宪法所确立的天皇总揽国家统治权的规定，明确指出天皇“并无国政的权能”，“只能行使本宪法规定的国事行为”，而且“天皇有关国事的一切行为，必须有内阁的建议和承认，由内阁负其责任”。所谓天皇的“国事行为”，实际上只是礼仪上、形式上的活动。这说明天皇的地位发生了根本变化，仅为日本的“象征性”国家元首。

（二）实行“三权分立”与责任内阁制

新宪法采取欧美资本主义国家普遍实行的“三权分立”原则，并实行“国民主权”的英国式的责任内阁制。根据新宪法，立法权、行政权、司法权分别由国会、内阁、法院行使，互相制约。新宪法规定：国会是国家最高权力机关和唯一的立法机关，行使立法权，并有财政监督权和国政调查权。国会由参众两院组成，两院议员均由国民普选产生。行政权由内阁行使，内阁是国家最高行政机关。内阁首相经国会提名在议员中产生，内阁行使行政权必须对国会负责。当众议院对内阁表示不信任时，内阁就得辞职。司法权属于法院，法院独立审判。总之，新宪法使日本由二战前以天皇为中心的君主制和法西斯国家，变成了“三权分立”的议会立宪君主制国家。

（三）规定放弃战争原则，仅保留自卫权

新宪法第 9 条明确规定：“日本国民衷心谋求基于正义与秩序的国际和平，永远放弃以国家主权发动的战争、武力威胁或使用武力，不以此作为解决国际争端的手段。为达到前项目的，不保持陆海空军及其他战争力量，不承认国家的交战权。”以宪法形式规定放弃战争和不保持武装力量原则，这在资产阶级宪法史上是前所未有的。这一规定有利于防止日本复活军国主义和重走侵略战争的道路，也反映了日本人民坚决要求维护和平的决心。日本政府首脑和法院在解释新宪法第 9 条时，曾经指出，第 9 条的规定并不等于剥夺日本的国家自卫权。为此，日本设有“自卫队”，实行“专守防卫”的方针。

然而，日本国内的右翼势力一直试图突破新宪法第 9 条的约束，以扩张日本的军事力量。1999 年，日本国会通过了《周边事态法》，赋予自卫队在“日本周边”采取军事行动的权力。这相当于绕开宪法，承认了日本作为军事大国的既定事实。2001 年，日本政府利用美国“9·11”事件，以“反恐”为名向海外派出自卫队，突破了《周边事态法》的严格限制，使日本的军事扩张又向前迈进了一步。安倍晋三于 2006 年和 2012 年两度成为日本首相，公开表示对新宪法第 9 条的不满，称其为日本发展的“绊脚石”，并竭力推动修宪，试图使日本成为所谓的“正常国家”。虽然启动修宪程序受到多重制约，安倍晋三的修宪企图未能得逞，但其关于修宪的态度应当引起全世界的高度警惕。

（四）扩大了国民的基本权利和自由

新宪法第三章对国民的政治、经济、社会等方面的权利，作了比较广泛的规定，共

计 31 条，占宪法条文总数的将近三分之一。如此详细的规定，在资本主义国家宪法中是很突出的。新宪法规定的国民的基本权利具体可分为基本人权、财产权、平等权、参政权、生存权、自由权、要求赔偿权等。同时，新宪法对国民行使基本权利和自由所加的限制较少。较之明治宪法，这无疑是一个进步。

由于 1946 年宪法带有较多的资产阶级民主自由的色彩，自 20 世纪 50 年代以来，日本右翼反动势力多次提出要修改宪法，而进步民主力量为维护这些原则进行着斗争，截至今日，修改宪法的目的虽然没有完全达到，但在宪法的实际运用过程中通过解释宪法，宪法的第 9 条从内容到原则已被篡改得面目皆非。目前，日本国内围绕护宪和修宪的斗争仍在继续。其结局如何，应受到国际上的关注。

第三节　行政法

一、日本行政法的形成与发展

早在明治维新初期，日本就有关于行政诉讼的规定，对于地方行政官吏的违法行为，民众可以直接向法院提起诉讼。但统治集团考虑到这样可能带来司法官牵制行政之弊，于是在 1889 年明治宪法中确立了行政诉讼与普通司法审判相互独立的原则。根据该宪法，1890 年日本颁布了《行政裁判法》(行政审判法)，引入法国和德国的行政诉讼制度，在行政机关内部设置行政法院以审判行政纠纷案件，行政法院可受理的案件只限于法律规定的事项，而且原则上行政诉讼应先向上级官厅提出诉愿，并经其裁决后才能提起。此后，日本连续颁布了《文官任用令》(1893 年)、《文官考试规则》(1893 年)、《国税征收法》(1897 年)、《治安警察法》(1898 年)、《行政执行法》(1900 年) 等一系列行政法令，对文官制度、治安、财政税收、行政执行等问题作了详细规定。至此，日本近代行政法体系已基本形成，具有明显的大陆法系特点，尤其接近德国行政法。然而，在明治政体下形成的日本近代行政法，无论是在行政组织还是在行政活动各方面，都具有维护天皇专制统治的特点，民众的权利非常有限，行政救济制度很不发达，行政诉讼程序远未完备。

在第二次世界大战以后，日本行政法得到快速发展和完善。1946 年日本国宪法的颁布为日本现代行政法的发展奠定了重要基础，英美行政法某些原则和制度的引入也对日本行政法的发展产生了重要影响。根据该宪法的规定，日本废除了行政法院制度，将所有行政诉讼案件交给普通法院审理，仿照美国模式确立了司法审查制度和行政委员会制度，在行政机关内设立公正交易委员会及各种劳动委员会。与此同时，随着日本经济的迅速增长以及和平民主运动的高涨，日本的行政法获得快速发展，颁布了《内阁法》(1947 年)、《国家公务员法》(1947 年)、《国家行政组织法》(1948 年)、《地方自治法》(1947 年)、《行政不服审查法》(1962 年)、《行政案件诉讼法》(1962 年)、《财政法》(1947 年)、《会计法》(1947 年)、《消防法》(1948 年)、《道路交通法》(1960 年)、《国土利用计划法》(1974 年)、《教育基本法》(1947 年)、《学校教育法》(1947 年) 等一大批行政法律、法规，将国家各项行政活动都纳入法制轨道。

二、日本行政法的基本制度

（一）行政组织

根据日本国宪法确立的地方分权原则，日本的行政由国家行政和地方行政组成，国家行政由国家行政组织执行，地方行政则由地方自治组织执行。国家行政组织由内阁及其下属的府、省、厅、委员会组成。内阁是国家最高行政机关，由内阁总理大臣和国务大臣组成。府、省是日本的基本行政组织，是内阁统辖下负责行政事务的机关，由总理府和外务、法务、大藏、文部、厚生、通产等 12 个省组成。在府和省设置厅和委员会，委员会是合议制行政机关，原则上独立行使职权，除法定行政权限外，还享有一定的准司法权和准立法权。地方自治组织依照行政区划设立，包括都、道、府、县、市、町、村各级地方议会、行政首长和各种委员会。地方自治组织享有在不违反宪法、法律的前提下制定条例和规则的权力。虽然地方自治组织并不隶属于内阁，但中央可以通过立法、财政等手段干预和控制地方自治组织。

（二）公务员制度

在明治宪政体制下，所有官吏皆由天皇任免，并对天皇及天皇政府负责，因此谈不上公务员制度。现代意义上的公务员制度是在第二次世界大战后建立的。除宪法外，1947 年《国家公务员法》和 1950 年《地方公务员法》是调整、规制公务员制度的主要法律依据。

日本的公务员是指除参、众两院议员外在国家和地方公共团体中担任公职的人。公务员在享有身份保障权、薪金请求权、工作条件措施请求权等权利的同时，承担着专心工作、服从法令、保守秘密、政治中立、不做丧失信用的行为等义务。若公务员履行职务不当，将依据不同程度对其进行惩戒，令其承担赔偿责任乃至刑事责任。日本法律还规定了公务员的职务等级制，并由专门的机关管理公务员的等级考核、任免、惩戒、待遇等事宜。

（三）国家赔偿制度

1946 年宪法第 17 条规定：在因公务员的不法行为而受到损害时，任何人都可以根据法律规定，向国家或公共团体提出赔偿要求。这一规定确立了国家赔偿责任。据此，日本于 1954 年制定了《国家赔偿法》，对国家和公共团体赔偿责任的范围、条件，对受害国民的救济方法等作出了具体规定。按照该法规定，国家或公共团体对行使公权力、公共设施的设置或管理上的瑕疵以及经济作用给国民权益造成的损害都负有赔偿责任。但经济作用带来的赔偿责任要按照民法来确定，因为在这样的关系中，国家或者公共团体与私人处于同等的地位。一般情况下，行使公权力的公务员并不对受害国民负直接责任，而由国家或公共团体负赔偿责任，但如果公务员存有故意或者重大过失，则国家或者公共团体对该公务员享有赔偿损失索回权。

（四）行政诉讼制度

1946 年宪法撤销了明治时代设置的行政法院，将行政诉讼交给普通法院管辖，日本的行政诉讼制度已经由大陆法模式转变为美国模式。1962 年颁布的《行政案件诉讼法》对行政诉讼制度进行了全面规定。根据该法，行政诉讼分为抗告诉讼、当事人诉讼、民众诉讼和机关诉讼。抗告诉讼是指因行政行为以及与行政机关行使公权力有关的作为或者不作为而受到侵害的人所提起的诉讼，这是行政诉讼的主要类型。当事人诉讼是指以解决权利主体相互之间的法律争端为目的的诉讼，如确认议员身份、公务员关于薪金的请求等。民众诉讼是指民众为纠正国家或者地方政府的不合法行为而提起的诉讼，原告的权益并未直接受到侵害，如确认选举无效、确认地方政府违法处分财产等诉讼。机关诉讼是指国家或公共团体之间因权限争端而引起的诉讼。①

三、日本行政法的特点

第一，行政法领域没有制定系统的、独立的法典，其原则和制度体现在各种不同形式的渊源中。行政法的渊源包括成文的和不成文的两部分。成文的渊源包括宪法、法律、命令、地方自治立法和条约等，不成文的渊源包括习惯、判例等，原则上以成文法源为主，以不成文法源为辅。

第二，行政实体法相当发达，而程序法却相对薄弱。由于行政活动的广泛性，日本不仅颁布了大量有关行政组织、公务员、行政救济方面的法规，还颁布了涉及警察、防卫、财政、教育、卫生、社会保障等各领域的法规。随着科学技术的飞速发展，专门性、技术性法规在行政法体系中所占的比重越来越大，如航空航天、原子能、计算机网络等方面的法规层出不穷。与此不相称的是，行政程序法发展低迷。虽然也颁布了若干行政诉讼的单行法规，但这远远不能满足社会发展的需要。1964 年日本起草了“行政程序法草案”，经 1983 年、1989 年、1991 年几次修改后，于 1993 年 11 月 12 日颁布了《行政程序法》，该法于 1994 年 10 月 1 日起正式施行。

第三，现代日本行政法兼具大陆法和英美法的色彩。在第二次世界大战前，日本行政法属于大陆法模式，行政法被认为是关于行政的公法，行政诉讼由专门的行政法院管辖。在第二次世界大战后，在美国占领当局的影响下，根据 1946 年宪法的规定，日本废除了行政法院制度，引入美国行政法的原则和制度，建立各种行政委员会，实行司法审查制度，使日本的行政法发生了较大的变化。但传统的公、私法划分并没有被否定，行政法仍然被认为是关于行政的公法，仍以行政行为、行政强制和行政救济为主要对象。② 因此，在第二次世界大战后日本的行政法具有大陆行政法和英美行政法的混合特点。

---

① 何勤华，等．日本法律发达史．上海：上海人民出版社，1999：402－405.

② 何勤华，等．日本法律发达史．上海：上海人民出版社，1999：103.

第四节　民商法

一、民　法

（一）1898 年《日本民法典》

1872 年，日本成立民法编纂委员会，开始进行民法典的起草工作。经过多次反复，至 1890 年公布了由法国法学家保阿索那特主持起草的民法典，分人事、财产、财产取得、债权担保和证据 5 编，共 1 800 余条。这部草案原定于 1893 年 1 月 1 日开始实施，但因其内容过于法国化，不适合日本国情，遭到强烈反对，被宣布延期施行。这在日本被称为“旧民法”。

1893 年日本又成立民法典调查会，以德国民法典草案为蓝本，兼采《法国民法典》的法理，根据日本社会的实际情况重新制定新民法。1896 年公布了前三编，即总则编、物权编、债权编，1898 年公布后两编，即亲属编与继承编，并自 1898 年 7 月起正式施行（新民法），同时宣布“旧民法”失效。

《日本民法典》由 5 编、36 章、1 146 条组成。编排体系与《德国民法典》基本相同，只是将物权编置于债权编之前，用以强调物权的重要和债权产生的根据，同时以大量篇幅对土地所有权问题作了规定。这不仅说明该法典注重保护封建地主阶级的利益，而且反映出这一时期资本主义商品经济还不发达，农业经济在社会生活中占有重要地位。在立法技术上，该法典也同《德国民法典》一样，使用了大量专门而费解的法律术语和一些富有弹性的含混概念，如“公共秩序”“善良风俗”等。该法典还将习惯的效力广泛地承认下来，特别是物权编，充斥着“有异于本条规定者，从其习惯”的规定。

第一编为总则，共 6 章，是关于自然人、法人、物、法律行为及时效等基本民法制度的规定。该法典在形式上确认了公民民事权利平等原则，规定“私权的享有始于出生之时”（第 1 条），但从该法典有关夫妻、亲子关系的规定看，实际并没有平等。该法典将法人分为财团法人与社团法人两种。与《德国民法典》不同的是，其将宗教团体也作为法人看待（第 34 条）。这说明宗教势力在日本社会有着深厚的影响。

第二编为物权，共 10 章，是关于物权的总则和各种物权的一般规定。该编集中体现了资本主义无限私有制原则。如，该法典规定：“所有者于法令限制内，有自由使用、收益及处分其所有物的权利”（第 206 条）；“土地之所有权，于法令限制内，及于其土地之上下”（第 207 条）。该法典严格保护私有财产权，并对土地所有权作了极为详细的规定。但该法典同时也保留了一些封建因素，如用专章将明治维新前地主对农民进行封建剥削的永佃（日本称永小作）制度确认下来，规定：永小作人（佃农）虽因不可抗力而使收益受损，但地租不能减免；佃农只有在连续 3 年以上因不可抗力全无收益，或连续 5 年以上收益少于地租时，才能要求停止租佃关系（第 275 条），否则必须在地主土地上永佃 20 年至 50 年（第 278 条）。但地主可因佃农 2 年以上不按时交齐地租而要求解除租佃关系（第 276 条）。

第三编为债权，共 5 章，规定了债权的总则、契约、事务管理、不当得利、不法行为。该法典肯定了契约自由的原则，将当事人的要约和承诺视为契约成立的要件。该法典规定：向他人要约订立契约，如定有期限者，在此期间内不得取消要约，若过期没有接到承诺的通知，则要约失去效力（第 521 条）。居住两地的双方当事人间订立契约，在受要约人发出承诺通知或有已承诺的事实存在时，契约即告成立（第 526 条）；依契约，当事人一方对他方负有给付的义务，债权人则有直接请求其给付的权利（第 537 条）；契约订立后，只能依契约本身或法律的规定，经双方意思表示而解除（第 540 条）。这些规定说明，契约的成立是双方当事人间的“自由合意”，契约在缔约双方当事人间具有法律效力。

第四编为亲属，共 8 章，规定了亲属的总则、户主及家族、婚姻、亲子、亲权、监护、抚养义务等内容。其基本精神在于确认和维护封建的家族制度和男女不平等的地位。1890 年“旧民法”曾将户主及家族制度列在人事编的末尾，新民法将其提到亲属编的首位，说明新民法对保护家族制度的重视。该法典规定，凡以亲族关系而聚居者为家族，户主为家族之长，户主身份除法律规定的原因外不得变更，家族成员须在户主指定的地点居住，家族的婚姻或收养等重要事项须取得户主的同意，否则户主可将其赶出家族。由此肯定了以男性为中心的封建家族制度。在婚姻关系上也确认了夫妻间的不平等，妻从属于夫，行为能力受到限制，无离婚自由。这比“旧民法”大大后退了一步。

第五编为继承，共 7 章，规定了户主身份继承（日本称家督继承）、遗产继承、继承权的承认及抛弃、财产的分离、遗嘱、特留份等内容。该法典把继承分为户主身份继承和遗产继承两种。前者是对户主的权利义务的继承，继承原则为男子优先于女子，嫡子优先于庶子，均以年长者为先（第 970 条），目的在于维护贵族的身份地位不致紊乱，使封建家族制度传续。后者则是取得财产的方法，虽然规定诸子平分，但庶子及非婚生子女的继承份仅为嫡子继承份的 1/2（第 1004 条），使嫡庶在遗产继承上处于不平等地位。此外，在特留份上也规定，法定户主身份继承人的直系卑亲属享受被继承人财产的一半，其他户主身份继承人只享受被继承人财产的 1/3（第 1130 条）。

（二）民法的发展

1898 年民法典实施后，长期未作修改。在第一次世界大战后，民法典中有关财产法部分不断通过颁布单行民事法规的形式得到补充和调整，其中以建立调停制度和信托制度最为突出。从 1920 年到 1932 年，日本制定了各种调停法，如 1922 年的《租地法》与《租房法》、1924 年的《租佃调停法》、1932 年的《金钱债务调停法》等。这些调停法的共同特点是本着调和的精神，求得在当事人间自主解决纠纷，以避免由法院适用实体法硬性判决所造成的缺陷。民事调停法是日本传统的民间和解制度的进一步发展，至 1942 年，通过战时民事特别法将调停制度确立为民法上的一项正式制度，规定：凡民事纠纷不问其性质如何，都要通过调停加以解决。1922 年，日本还将英美国家采用的信托制度引进并制定单行法，认为信托制度灵活方便，有利于对他人财产进行控制。这样，日本就在大陆法系的民法财团法人制度之外，又找到一种利用信托也可以达到共同目的的方法。

在婚姻、继承方面，基于要求修改，对1898年民法典中以封建家族主义为中心的亲属编和继承编的呼声很高，日本于1925年和1927年以草案形式公布了该两编的修改纲要，限制或缩小了户主的同意权和离籍权，废除妻的无能力制度和法定夫妻财产制，修改了不利于妻提出离婚的理由，并使妻和女子的继承地位有所提高。但该草案因社会风潮的发生而未送交议会通过，始终没有成为法律。

（三）第二次世界大战后民法典的修改

日本现行民法，仍为1898年实施的《日本民法典》。在第二次世界大战后，日本政府从1947年起对民法典进行了多次修改。从内容上看，民法典的总则、物权和债权三编变化不大，仍以维护资本主义私有财产权为核心，但为了缓和国民对资本主义剥削制度的不满情绪，在总则中规定了“私有权应尊重公共福祉”，应依“诚实信用”原则行使权利义务，并禁止滥用权利。民法典中修改最多的是亲属编和继承编。亲属编废除了带有浓厚封建色彩的户主及家族制度，规定：家庭的共同生活以夫妻和父母为中心；将过去不平等的夫妻关系改为男女双方具有平等的权利与义务；将父母与子女间的关系也由过去的控制支配，改为父母应在平等基础上尊重子女的人格、监护和教育子女。在婚姻制度上，其基本上贯彻了婚姻自由的原则，取消了成年人结婚须经户主或父母同意的规定，并在离婚问题上规定夫妻双方均可以同样理由诉请离婚，废除了过去有利于丈夫的规定。由于亲属编废除了以家长制为基础的家族制度，继承编中类似嫡长继承的家督继承也随之被取消，确立了子女平等继承遗产的原则，并规定配偶也享有继承权，提高了妻子在财产继承方面的地位。

二、商　法

（一）1899年日本商法典

明治维新后，为适应资本主义商业发展的需要，日本曾先后颁布了银行、票据、保险、公司等单行条例。1881年日本开始制定商法典，由担任日本政府顾问的德国专家劳埃斯拉（H. Roesler，1834—1894）负责起草。法典草案于1884年完成，1890年公布，自1891年1月1日起实施。由于商法典内容主要来自法国商法典，不完全适合日本商业发展的需要，不久，对其进行了修改。这在日本被称为“旧商法”。

1899年，经国会讨论通过，日本颁布实施新商法，又称“明治商法”。新商法由总则、公司、商事行为、票据、海商5编构成，共689条。其中，将票据作为独立一编，是日本商法典的创新之处；其他各编从形式到内容大致与《德国商法典》相同。

商法典公布实施后，日本资本主义迅速发展至垄断阶段。因此，该法典中确立的一些原则、制度已日益不能适应新的形势需求。1911年日本对商法典进行了较大的修改，其中，在被修改的两百多个条文中，一半以上涉及公司法，主要目的在于保障垄断组织的经济扩张和投入企业的银行资本的利益。此外，第五编“海商法”中新设了海难救助一章，以同西方各国在此问题上取得一致。

（二）商法的发展

在第一次世界大战后，由于日本公司制度的迅速发展，以及资本集中的方式和企业形态的变化，原有的商法典已不能适应。1929 年日本政府向法制审议会提出修改商法的建议，次年制定出修改草案，着重对总则编和公司编进行了较大的修改。后经商法修改委员会的修改，1938 年提交议会审议通过，1940 年实施。修改的主要精神是：总则部分扩大了商人的概念，明确了转让营业时转让人与受转让人的责任；公司法部分则比较注重保护公司债权人的利益，谋求筹集资金的方便，将企业的所有与经营分离开来，并规定董事不一定从股东中选任，承认转让股票和把公司债券转换为股票等。

1926 年颁布了《商事调停法》，试图以简便易行的方法，通过法院的审判或调停委员会的仲裁，两方协商解决商业纠纷，使交易活动得以继续进行。但因商业纠纷具有明确的权利义务对抗性质，不明确权利义务仅凭劝解不可能从根本上平息纷争，所以，该法公布后并未起到作用。

1922 年日本还颁布了新的破产法。“旧破产法”原是 1890 年“旧商法”中的第三编，新商法实施后，它仍以单行法的形式继续发生效力。新破产法不同于旧破产法的显著特点之一，就是抛弃了旧法采用的商人破产主义，而采用商人和非商人通用的一般破产主义。商人破产主义起源于中世纪意大利城市共和国条例，《法国商法典》将其加以发展，形成了以法、意为代表的一种特殊制度。日本“旧商法”是仿照法国法制定的，然而在制定破产法的同时，西方大多数国家，如英、美、德、奥等，已不适用商人破产主义而采取一般破产主义。为此，日本新破产法也顺应国际立法的发展趋势，将其作了修改。

（三）第二次世界大战后商法典的修改

在第二次世界大战后不久，日本政府即对商法典进行了修改，变动较大的是公司法部分。修改后的商法典将公司限定为无限公司（合名会社）、两合公司（合资会社）和股份有限公司（株式会社）三种，删除了股份两合公司的规定。公司法修改的要点有二：一是对外国公司一章作了重大修正，主要是明确了外国公司的法律地位，以保障外国公司的权益；二是适应国际发展趋势，加强与美国资本的合作，吸收了美国法中的一些原则和制度，如授权资本制，对董事的选任采用“适任原则”，即董事不一定是股东，以选任适合的管理人才为标准。

第五节　经济法和社会立法

一、经济法

（一）日本经济法的形成

日本资本主义发展起步较晚，但从自由资本主义到垄断资本主义的发展相当迅速，而且资本主义生产方式是在保留大量封建残余和国家政权的大力扶植下发展起来的，因此，作为国家干预手段的经济立法也就较早地出现了。这与欧美资本主义的早期发展和经济法的发展状况之间形成了明显的差异。

早在明治维新时期，日本为了保护和促进工商业的发展，就颁布过《造船奖励法》《生丝直接出口法》《远洋渔业奖励法》等一系列法规。在19世纪末，随着垄断资本的逐步形成，日本加强了国家对经济的干预，颁布了涉及银行、证券交易、运输、渔业、森林、产业组合等方面的若干法规。这些法规可以说是日本经济立法的萌芽。

日本经济法的真正形成是在第一次世界大战期间。为了适应战争的需要，日本颁布了《有关战时工业原料出口取缔事宜》《黄金出口禁止令》《军需工业动员令》《炼钢行业奖励法》等法令，对战时日本经济的稳定和发展起到了较大的作用。在第一次世界大战以后，日本陷入严重的经济危机。为了应付和摆脱危机，日本政府加强了对经济生活的全面干预。在农业方面，日本政府颁布了《整顿耕地改良土地奖励规则》《米谷法》《米价调整法》《农村负债清理令》等法规，采取了恩施性的补助金政策，以稳定物价、调整供求关系和整顿农村负债问题。在工业领域，日本政府颁布了《钢铁事业法》《石油经营法》《汽车制造法》《航空统制法》《造船事业法》《工业组合法》《卡特尔组织法》等一系列法规，保护重工业和垄断组织，实施和加强卡特尔的垄断形式，促进资本的集中。在金融领域，为了促进金融业的卡特尔化，日本政府颁布了《银行法》，提高了银行最低资本金金额，迫使一些小银行面临歇业并被大银行兼并的风险，从而以间接的强制手段完成了金融资本的集中；为配合禁止黄金出口政策，防止购买美元造成的资金外流，制定了《资本逃避防止法》。在对外贸易方面，为了解决国内危机，开拓海外市场，日本政府颁布了许多促进和保护对外贸易的法规，如《生丝出口检查法》《绢织品出口管理法》《出口补偿法》《水产品出口管理法》《重要出口商品产业组合法》《重要出口商品管理法》等，确立了严格的出口商品检查和管理制度，提高了日本出口商品在国际市场的信誉和竞争能力。

在第二次世界大战期间，为了配合全面侵华战争和太平洋战争，日本颁布了大量的"战时国家主义统制立法"，将全部经济生活纳入战时轨道。最重要的"国家主义统制立法"即1937年和1938年颁布的《临时资金调整法》《关于进出口商品等临时措置的法律》《国家总动员法》。这三部法律不仅确保了战时进口和生产战略物资的需要，集中财力发展军需企业，还规定由政府对工业、交通运输、金融、贸易、科学技术、文化教育和新闻报道实行统制，政府有权调整物价、利润、工资和企业投资并征用一切人力和物力。此后，日本又根据《国家总动员法》颁布了《价格统制令》《地租房费统制令》《米谷配给统制令》《工资统制令》《公司经营管理统制令》等一系列统制令，将国家统制扩展到经济生活的各个方面。

（二）第二次世界大战后经济法的发展

在第二次世界大战后，日本统治阶级在恢复和发展经济的过程中，非常重视运用经济法律改革、调整和管理经济，制定了大量的经济立法，从而使经济法成为日本在二战后发展最快的法律领域，也使日本成为资本主义国家中经济立法最为完备、经济法学研究工作最为活跃的国家之一。

在第二次世界大战后日本经济法的发展，主要经历了两个时期。

1945 年至 1955 年，是日本经济的恢复时期。这一时期经济领域要解决的突出问题有两个：一是必须通过社会经济改革，消除资本主义经济中残存的封建因素，实行经济民主化；二是必须改革由日本资本主义发展的后进性所造成的工业结构。围绕上述任务，这一时期日本政府颁布的主要经济法规有：(1)《经济力量过度集中排除法》(1947 年)、《禁止私人垄断与维护公平交易法》(1947 年) 等。这些法律的实施，使日本财阀家族丧失了对企业的控制和领导权，消除了日本垄断资本封建家族式的统治，并为禁止私人垄断，实现经济民主化，促进公平而自由的竞争，改革和重建日本经济发挥了重要作用。(2)《农地调整法改正法案》和《自耕农创设特别法案》(1947 年 11 月)。这些农地改革法案实施的结果，冲击了农村中的地主所有制及与其相联系的各种封建因素，改善了农业生产的经营方式，为二战后日本农业资本主义的发展提供了条件。(3)《工业标准化法》(1949 年)、《企业合理化促进法》(1952 年)、《中小企业诊断制度》(1948 年)。这些法律的颁行，促进了日本企业经营的合理化和重要产业机械设备的现代化，加快了工业的恢复与发展。

20 世纪 50 年代中期以后，是日本以实现工业现代化为中心的经济高速发展时期。为了从根本上扭转技术落后局面，迅速赶上和超过世界先进水平，日本在大量引进和广泛采用国外先进科学技术成就的同时，制定了一系列经济法律，以促进和保证实现工业现代化。这一时期颁布的重要经济法规有：(1)《机械工业振兴临时措施法》(1956 年)、《电子工业振兴临时措施法》(1957 年) 等。这些工业立法旨在以各种方式积极扶植和促进机械工业、电子工业的现代化。至 70 年代，日本已建立起世界上最先进的机械工业，从而有可能向国民经济其他部门提供大量的现代化机械设备，加快整个国民经济现代化的发展，而且电子工业的发展已名列世界前茅。(2)《农业基本法》(1961 年 2 月)。其旨在进一步改革日本农业，提高农业经营水平和生产效率，加快农业现代化，并使淘汰出来的农业劳动力流入城市，满足迅猛发展的日本工业对廉价劳动力的需求。(3)《中小企业基本法》和《中小企业现代化促进法》(1963 年) 等。这些法律的主要目的，是保证中小企业的地位，并以提供资金和技术经营指导等方式，推动中小企业尽快实现现代化，充分发挥中小企业的作用。(4)《职业训练法》(1958 年)。其旨在对已经就业和待业的人员进行职业训练，使其适应不断更新的技术设备和工艺过程的需要。(5)《出口检查法》(1957 年)、《出口检查标准》(1958 年) 等。这些法律的出发点，是保证日本出口产品的质量及其在国际市场的竞争能力，以促进出口贸易的发展。出口产品不合格者要受到处分甚至刑事处罚。除上述法律以外，日本还制定有环境保护法、能源法等，形成了独立的经济法律部门和比较完整的经济法律体系。

在第二次世界大战后日本经济立法都规定了明确的目标和实现这些目标的措施，并且几乎都立有罚则专章。这在日本也被称为“经济刑法”。日本政府就是这样通过经济立法途径，采取国家干预经济的法律手段，有力地促进了二战后经济的迅速发展。

二、社会立法

日本的社会立法基本与德国的同步，这是与日本自明治维新后经济上开始由自由资本主义向垄断资本主义过渡相适应的。1898年，明治政府制定了“工场法案”。这是日本历史上第一部劳工法案，但由于资本家的极力反对，该法案未能付诸实施。1911年，明治政府又起草一部新的“工场法”于同年3月公布，自1916年开始施行，其主要内容是限制劳动者的最低年龄，给予贫困职工以生活补助等。

在第一次世界大战后，为解决失业问题，日本政府又相继制定和实施了《职业介绍法》（1921年）、《船员职业介绍法》（1922年）、《劳动者募集取缔令》（1924年）、《营利职业介绍事业取缔规则》（1925年）等。这些单行法规在一定程度上缓解了由失业引起的社会矛盾。此外，1922年日本政府还制定了以劳动者为对象的《健康保险法》，1926年又制定了《劳动争议调停法》。

在第二次世界大战后，根据1946年宪法第27、28条关于“劳动的权利与义务，有关工资、劳动时间、休息及其他劳动条件”以及“保障劳动者的团结权、集体交涉及其他集体行动的权利”等规定，1946年和1949年日本分别制定了《劳动关系调整法》和《劳动组合法》（《工会法》），1972年制定了《劳动安全卫生法》，此后又陆续制定了《雇佣对策法》（1966年）、《职业训练法》（1969年）、《雇佣保险法》（1974年）等。这些法规的制定和实施，为日本劳动者的团结、劳动保护以及失业者保护的法制建设奠定了基础。

在社会保障方面，1946年宪法第25条规定，“全体国民都享有最低限度的健康和文化生活的权利。国家必须在生活的一切方面努力提高和增进社会福利、社会保障以及公共卫生的工作”，从而使日本社会保障法的发展有了宪法依据。

因此，在第二次世界大战后日本社会保障法得到迅猛发展，制定了一系列相关的法律，如《劳动者补偿保险法》（1947年）、《失业保险法》和《雇佣保险法》（1947年）等。其中比较重要的是1951年制定的《社会福利事业法》，该法规定了社会福利事业的范围、种类，明确了社会福利事业的公共性质。其后，日本又相继颁布了《精神薄弱者福祉法》（1960年）、《老人福祉法》（1963年）、《母子福祉法》（1964年）、《身心障碍者对策基本法》（1970年）等法规，使日本社会保障法逐渐形成完整体系，包括社会保险、社会福利、社会补助（救济）三个方面，形成了全社会的“安全网络”。这当然与日本经济的飞速发展、综合国力的增强有着直接关系。然而，随着老龄化趋势的增长和国民对生活水准要求的提高，日本的社会保障法体系也面临着一些新问题。高水准的社会保障使一些国民安于现状而不求进取，这就有可能给社会经济的进一步发展带来负面影响。

第六节　刑　法

一、1882年和1908年日本刑法典

明治政权建立后，日本曾先后制定和颁布了一系列刑事立法，其中比较重要的有

《假（暂行）刑律》（1868 年）、《新律纲领》（1870 年）、《改定律例》（1874 年）这三部临时性刑事法典。这些法典基本上没有脱离封建的旧律体制。在这些仍大体沿袭封建法律模式的法典中，还看不到资产阶级刑法的痕迹。

1875 年，日本政府着手制定西方式刑法典，于 1880 年公布，1882 年开始实施。这部刑法典以法国 1810 年刑法典为蓝本，共 4 编 430 条。该法典不仅采用了总则与分则的刑法划分体系，将犯罪分为重罪、轻罪、违警罪三种，贯彻了“法无明文规定不为罪”“法不溯及既往”等资产阶级刑法的基本原则，而且为了限制法官的自由裁量权，对量刑幅度作了比较严格的规定。但是这部刑法典由于不适合具有长期封建主义统治传统的日本国情，也不利于稳定明治维新后日本激烈动荡的社会局势，因而颁布后招致各界的强烈反对，不久就酝酿对它进行修改。这在日本近代刑法史上被称为“旧刑法”。

在“旧刑法”实施的二十多年间，曾几次提出修改草案，其中 1901 年参考德国刑法并吸收了新派刑法理论提出的草案，因议会中途停止开会未能交付审议，这个草案为后来“新刑法”的制定奠定了基础。日俄战争后对它作了进一步修改，1907 年经两院审议通过，予以公布，1908 年开始实施，其被称为日本“新刑法”。

“新刑法”分为两编，共 264 条。其与“旧刑法”相比有着明显的不同。

第一编为总则，共 13 章，是关于刑法的适用范围、刑种、缓刑、假释、未遂罪、并合罪、累犯、共犯等一般原则的规定。其主要内容和特点是：（1）废除了“旧刑法”中重罪、轻罪的划分，并将违警罪从法典中抽出，制成单行法规《警察犯处罚令》。（2）取消了“旧刑法”中“法无明文规定不为罪、不处罚”的规定。立法者认为，没有法律就没有犯罪，也没有刑罚，这是不言自明的道理，并且宪法第 23 条已有类似规定，没有必要重复规定。（3）扩大了量刑幅度，如规定惩役可长达 1 年以上 10 年以下，从而给法官留有较大的自由裁量权。（4）改变了旧刑法中的许多用语，如将期满免除改为时效，将免罪及减轻改为犯罪不成立及刑的减免，将数罪俱发改为并合罪，将再犯加重改为累犯，将数人共犯改为共犯等。（5）简化刑名，取消“旧刑法”中徒刑、流刑的名称，废除监视附加刑，将主刑定为死刑、惩役、监禁、罚金、拘留、科料（罚款）6 种，将没收作为附加刑。剥夺公权由特别法加以规定，未列入刑法典中。此外，“新刑法”还从属人主义出发，对日本臣民在外国对日本国家或臣民所犯罪行的处罚作了规定，并加重了对累犯的处罚。（6）首次规定了缓刑（刑之犹豫执行）制度，进一步完善了假释制度。该法典规定，被判处 2 年以下惩役或监禁，而过去又未受过监禁以上刑或虽被处监禁以上刑，执行完毕或免除执行已满 7 年者，得由司法机关视情况实行缓刑（第 25 条）。被判处惩役或监禁者，在狱中有悔改之意时，在有期刑执行 1/3、无期刑执行 10 年以后，经批准可假释出狱（第 28 条）。另外，该法典中还有犯罪未被发觉前自首减刑（第 42 条）或在犯罪行为未完成前自首免刑的规定（第 80 条）。

第二编为罪，即分则，共 40 章，列举了四十多种罪及对其应处的刑罚，其中将侵犯皇室罪和内乱罪视为最重大的犯罪。第一章为“对皇室之罪”，严格维护天皇及其家族的特权和利益，不仅对天皇，天皇的父母、妻、儿孙的危害者或欲加危害者，都要处死刑（第 73 条），而且对以上人员及其皇宫、皇陵有不敬行为者，也要被处 3 个月以上 5 年以下的惩役（第 74 条）。对皇族进行危害者也被处死刑（第 75、76 条）。第二章为“内乱罪”，主要矛头针对工农运动和劳动人民的反抗斗争，规定，凡以颠覆政府、僭窃国土、紊乱朝政为目的而进行暴动者为内乱罪，对罪魁处死刑或无期监禁，对参与谋议或指挥群众行动者处无期或 3 年以上监禁，对附和随行及其他参与者也要处 3 年以下监禁。该法典第 108 条还规定，聚众多人施加暴行或胁迫者为骚扰罪，对首魁处 1 年以上 10 年以下惩役或监禁。据此，示威游行和罢工也可被认定“骚扰”而对肇事者处以刑罚。

保护地主资产阶级的私有财产，是该法典的另一基本任务。第三十六章规定了盗窃及强盗罪：窃取他人财物者，处 10 年以下惩役（第 235 条）；以暴行或胁迫强取他人财物者，处 5 年以上有期惩役（第 236 条），最高可长达 15 年。此外，该法典还规定了侵犯居住罪、侵占罪、欺诈及恐吓罪等，也是为了保护地主资产阶级的经济利益不受侵害。

在“新刑法”实施的同时，《改正监狱法》与《改正感化法》颁布了。前者是仿照德国监狱法制定的，把监狱分为惩役监、禁锢监、拘留监、拘置监四种，后者是关于对 8 岁以上 18 岁以下的少年犯实行矫正教育的规定。

二、两次世界大战之间刑法的发展变化

（一）第一次世界大战后刑法的发展

1926 年和 1927 年日本先后提出了《刑法修改纲领》和《刑法修改预备草案》，拟全面修改 1907 年刑法典，但一直停留在草案上，并未交付审议。

在这一时期，日本政府颁布了一些单行刑事法规，以适应社会发展的需要。1922 年颁布了《少年法》，规定了对少年的刑事处分、保护处分、少年法院的审判等，共 7 章 74 条。此法适用于 14 岁以上 18 岁以下的少年罪犯，采用特殊的变通方法判处刑罚：对未满 16 岁的犯罪者，除特别犯罪外，不适用死刑及无期徒刑，应判死刑或无期徒刑时，改判 10 年以上 15 年以下的惩役或监禁。少年犯在特设的监狱或特别监房服刑，不与成年犯关押在一起，以免沾染恶习。少年犯的假释条件也比成年犯宽。此外，除死刑或无期徒刑外，当刑罚执行终了或免予执行时，应视同未曾判刑，以不影响其做人资格。除刑事处分外，还有少年法院适用的保安处分，方法有训诫、写悔改保证书、送少年保护司观察、送交感化院或矫正院、送医院治疗等。此法着眼于对少年罪犯的改造，有一定的积极意义。

与此相反，1925 年颁布的《治安维持法》则是一个镇压工人运动和进步人士的反动法律。该法是日本政府借口皇宫附近发生的爆炸事件而制定的，规定：凡组织以改变国体和推翻私有财产制度为目的的团体，或知情参加此种团体者，处 10 年以下惩役和监禁。1929 年又将 10 年以下惩役或监禁改为死刑。根据这项法律，任何人只要具有反对天皇制度和推翻私有财产制度的思想，而不问是否有反对或推翻行为，即构成犯罪，受到严惩。因而，它又被称为“危险思想法”。

（二）法西斯刑事立法

1935 年，日本政府根据 1925 年的《治安维持法》大力迫害共产党人及其他进步人

士，将日共中央成员几乎全部逮捕。1941 年为适应全面法西斯统治的需要，日本政府对其进行修改，增加“预防拘束”等内容，对被怀疑有危害治安者，采取“预防性”的限制措施。

1937 年颁布的《思想犯保护观察法》是日本最典型的法西斯刑事立法之一，它规定：“对于违反治安维持法之犯罪，已宣告缓刑，或因无追诉之必要而不提起公诉者，得交付保护观察。对于刑罚执行完毕及准许假释者，亦同。”这就是说凡违反治安维持法者，不论服刑与否，即使刑期已满，也须置于保护观察之下。保护观察期定为 2 年，但如有继续观察的必要，可延长其期限。至于延长多久，法律未予明确规定。实际上这是对革命者和具有进步思想的人进行长期监禁的手段。

为加强法西斯统治，1941 年日本对刑法典作了部分修改，新增加了危害安宁秩序罪，并新规定了散布虚伪事实罪、妨碍国民经济运行罪等条文。1942 年又制定了《战时刑事特别法》，其效力优于刑法典。该法规定，凡在战时以“变乱国政”为目的而杀人者，处死刑、无期惩役或监禁。1943 年又颁布修正案，规定以“变乱国政”为目的而危害、逮捕或监禁他人以及施加暴行、威胁者，处 7 年以下惩役或监禁；以同样目的而集会、宣传和扰乱治安者，也处 7 年以下惩役或监禁。而所谓“变乱国政”又是一个不确定的弹性概念，给统治阶级任意镇压人民、维护法西斯统治提供了种种借口。

与此同时，日本还颁布了剥夺工人组织工会和罢工的权利、强制解决劳资纠纷的《劳动纠纷强制仲裁法》，限制言论、出版和集会结社自由的《战时管制言论、出版、集会结社法》，管制反战、反法西斯宣传的《不稳文书临时取缔法》等。这些法西斯立法将人民的基本权利、自由剥夺殆尽。

三、第二次世界大战后刑法典的修改

1947 年日本依照新宪法的精神，对 1908 年刑法典进行了较大的修改。在总则部分，修改了缓刑制度，增设抹消前科的规定，消除连续犯的规定；并将假释条件由过去的有期徒刑应执行 1/3 改为 1/4、无期徒刑应执行 15 年改为 10 年；对连续犯、累犯等也作了新的规定。在分则中废除了关于危害皇室之罪；取消了外患罪中的利敌罪和国交罪中的关于对外国元首、使节施加暴行、威胁、侮辱等条款；删除了法西斯统治时期增补的妨碍安宁秩序罪；参照各国刑法对通奸行为一般不予处罚的惯例，取消通奸罪；新增关于损毁名誉罪的事实证明规定；加重滥用职权罪、暴行罪、胁迫罪的法定刑。

自 20 世纪 70 年代以来，为适应社会发展的需要，日本法务省组织刑法专家对刑法典进行了全面的修改。1974 年法制审议会公布了《改正刑法草案》，1980 年国会通过了《关于修改部分刑法的法律》。修改的主要内容是：将 1908 年刑法典取消的罪刑法定原则重新加以确定，并禁止用事后法去溯及既往；废除二战前基于封建伦理观念而设立的杀害尊亲属罪，改按一般杀人罪论处；在量刑上更加注重犯罪人的主观条件，并以预防犯罪和有利于犯罪人的改造为目的放宽缓刑和假释条件，加重对累犯的处罚，广泛适用不定期刑等。

综观二战后日本刑事立法的发展过程可以看出，它基本上是符合时代发展需要的，吸收了国际先进的刑法理论和刑事立法经验，原有刑事立法中的封建因素日益减少，形成了新的刑事立法指导思想和刑法理论，对维护日本社会的稳定和促进日本社会的繁荣起到了重要作用。但是，也应该看到，现代日本刑事立法的发展也不是一帆风顺的，曾经出现过倒退和反复。在第二次世界大战后日本统治阶级为镇压国内进步力量，也颁布了一些反民主、反劳工的单行刑事法规，包括1952年的《防止破坏活动法》、1953年的《限制罢工法》、1954年的《禁止教员从事政治活动法》、1960年的《禁止议会周围示威游行法》和《防止政治性暴力行为法》等。这些法律剥夺了日本人民的言论、出版、集会、游行示威等方面的权利和自由，使新宪法规定的公民较广泛的民主自由的权利事实上难以得到真正的实现。

第七节　司法制度

一、法院组织法

在明治维新初期，日本还无系统的法院组织体系，司法与行政不分。1871年成立司法省，民刑裁判权统一由其兼管，在地方则由地方官兼任司法官。1875年制定的《大审院各级法院职制章程》，规定大审院为全国最高司法机关，下设上等法院、巡回法院、府县法院（后改为地方法院），废除了地方官兼任司法官的制度，初步实现了司法与行政分离。

日本正式颁布西方式的法院组织法是在1890年。在此之前，因无普通诉讼与行政诉讼之分，所有案件均由普通法院审理，只存在普通法院一个系统。在明治宪法颁行后，按法国和德国的模式建立了普通法院和行政法院两个系统，并于1890年分别颁布了《裁判所构成法》和《行政裁判法》。

《裁判所构成法》是参照德国法院组织体系制定而成的，分为裁判所及检事局、裁判所及检事局的官吏、司法事务的职务及监督权等4编，共144条。依该法，日本设区法院、地方法院、控诉院、大审院，实行四级三审制。区法院审理一般轻微的民事和刑事案件，由一名判事（法官）主持审判。地方法院除审理所辖案件外，也受理不服区法院判决的上诉案。控诉院仅在全国设有数院，是地方法院的第二审级和区法院的第三审级。大审院是全国最高审判机关，设民事庭和刑事庭，为终审审级，并享有对危害皇室罪、内乱罪等重大犯罪的一审终审的特别权限。该法还采取审检合一制：各级法院均设检事（检察官）局，检察官的任务是侦查犯罪，提起公诉，监督判决的执行，必要时也可就民事案件向法院提供意见。依法律规定，检察官不得干涉判事（法官）的审判，并直接从属于上级检事长。各级法院的法官均为终身制，检察官非受刑罚或惩戒处分，也不得罢免其职务。对法官和检察官的资格规定得很严，须经过两次考试，合格者才能充任。

《行政裁判法》是委托德国学者劳埃斯拉起草的，规定了行政法院组织以及行政诉讼原则和制度，共4章、47条。该法规定：在东京设立行政法院，由裁判长及评定官5人以上组成合议庭进行裁判。行政法院只审理依法律、敕令及有关行政裁判文件所提起的行政违法案件。

在第二次世界大战后日本法院组织发生了变化。1947 年颁行《裁判所法》和《检察厅法》，废除旧的行政法院和特别法院，实行单一的法院组织体系，行政诉讼案件也由普通法院受理，并赋予最高法院违宪审查权。法院分为四个审级：最高法院、高等法院、地方法院、简易法院。各级法院一律兼理民、刑事案件，实行四级三审制。另设与地方法院平级的家庭法院，负责审理家庭案件和少年犯罪案件。

检察厅不再附属于法院而单独设立，也按法院审级分为最高检察厅、高等检察厅、地方检察厅、区检察厅。检察官也不再被视为司法官，而以国家行政官吏的身份出现。这样，检察机关便作为统一行使国家检察职能的机关而出现。

1948 年日本又颁布《律师法》，规定：在地方法院辖区内设立律师会，在全国设立日本律师联合会。日本律师联合会的任务是对律师和律师会进行指导、联络与监督，以保证律师工作的健康发展。日本律师同法官、检察官一起被称为“法曹三者”“法制建设上的三根支柱”，社会地位甚高。其资格要求很严，要想进入“法曹三者”行列，须经过专门培训，并通过国家考试。

二、刑事诉讼法

日本最早制定的刑事诉讼法是于 1882 年实施的《治罪法》，共 6 编、480 条。它以法国治罪法为蓝本制定，强调证据在审判中的作用，并采用国家追诉原则和不告不理原则。由于《治罪法》中也包含一些法院组织法的内容，显得杂乱，所以 1890 年日本政府将其废止，并参照德国刑事诉讼法改订成《刑事诉讼法》，于 1890 年 10 月公布，同年 11 月实施。

《刑事诉讼法》共分 8 编、15 章、334 条。第一编为总则，将诉讼分为公诉与私诉两种，并规定了诉权消灭等一般原则。公诉以证明犯罪、适用刑罚为目的，由检察官提起。这肯定了检察官代表国家进行追诉原则。私诉以赔偿犯罪造成的损害及返还赃物为目的，由被害人提起。第二编为法院，详细规定了法院的管辖权及回避制度。第三编为犯罪的侦查、起诉及预审，将预审作为公判审理前必需的诉讼程序，预审法官有权根据检察官或被告人的请求积极调查证据，为了保护公益也可以依职权主动搜查证据。该编确认了资产阶级“自由心证”原则，也体现了大陆法系在普通诉讼中实行职权主义诉讼原则的特征。第四编为公判，规定了公判的一般程序和原则，采取法庭辩论制度。第五编为上诉，规定了 4 种上诉形式：控诉（对第一审法院的判决提起的上诉）、上告（对第二审法院的判决提起的上诉，只能以裁判违背法律为提出理由）、非常上告（不问何级法院，凡对法律所不罚的行为判处刑罚后，有上诉权的检察官向该法院提起的上诉）、抗告（法律特许对裁定提起的上诉）。第六编为再审，列举了再审的理由。第七编为大审院特别权限的诉讼程序。第八编为裁判的执行、复权及特赦等。

1922 年日本公布了修改后的《刑事诉讼法》，于 1924 年实施。其修改的要点是，扩大了检察机关、侦查机关的强制处分的权限范围，确立了非经公诉绝对不得进行预审的原则，限制未决犯的拘留日数，并扩大了非常上告的范围。

在修改诉讼法的同时，以英国陪审制度为蓝本，日本政府于1923年公布了《陪审法》。但由于与缺乏民主法治传统的日本国情不相适合，该法在公布后便遭到统治阶级中保守势力的反对，他们认为陪审违反宪法关于审判权只由法官行使的规定。最后达成的折中方案规定：陪审只适用于刑事案件，但皇室成员的犯罪、侵犯皇室的犯罪、内乱罪、外患罪、骚扰罪等，不适用陪审；陪审员的任务只限于审查犯罪事实是否存在，不得就证据的真伪和罪责的有无发表意见，更不得解释法律；陪审分为法定陪审和请求陪审两种，在法定陪审中，被告人可以拒绝陪审，在请求陪审后被告人也可撤回请求。可见，日本的陪审制比西方国家的带有更大的局限性。《陪审法》自1928年实施以来，并没有普遍为人们所接受，加之还需支付较高费用，拒绝陪审的人逐渐增多，至1943年全面法西斯化后，陪审制被宣布停止实行。

根据1946年宪法确立的原则，1948年日本重新制定了《刑事诉讼法》，共7编、506条，对法院的刑事管辖、审级、公诉、审理、判决等程序，作了比较详细的规定。其主要特点是：强调"保障人权"；取消提起公诉后的预审程序，第一审以公开审理为主；庭审中引入英美的对抗制，注重通过辩论弄清事实，并以职权主义作为补充，融合了大陆法系和英美法系诉讼制度的特点；在证据制度上，采取"证据裁判主义"和"自由心证主义"。1950年日本还施行了《刑事补偿法》，规定：在一定条件下被宣告无罪者可就其所受到的错捕、错押和错判一事，请求国家给予补偿。这个法令对完善法制具有一定意义。

三、民事诉讼法

1880年，日本曾仿照法国1807年民事诉讼法制定了一个草案，但因政府准备改效德国最新的1877年民诉法典，未能交付审议。后在德国人铁肖（Hermann Techow）指导下，1885年完成民事诉讼法典的草案，经法律调查委员会几度修改，于1890年4月公布，于次年1月实施。这是日本第一部民事诉讼法典。

《民事诉讼法典》分为8编：总则、第一审诉讼程序、上诉、再审、证书诉讼及票据诉讼、强制执行、公示催告程序、仲裁程序，共12章、805条。其基本特点是：（1）与民法中"契约自由"原则相适应，贯彻"当事人本位主义"和法院不干涉的原则，即诉讼由当事人提起，否则法院不予过问；一方当事人在言词辩论中对他方所主张的事实不作明确争执时，当视为其已经自认；双方当事人可达成合意停止诉讼程序；法院不得就当事人没有申请的事项进行判决。（2）证据的调查一般根据当事人的申请进行，但法院也可依职权调查证据，法官有权自由判断证据的证据力。这也体现了大陆法系在普通诉讼中法官指挥诉讼的进行并始终居于主导地位的职权主义特征。（3）肯定了通过和解处理民事纠纷的传统做法，因和解是由法官主持实施的，故又称和解裁判。和解不成再行判决。（4）上诉审只在原审提出的请求和上诉申请的范围内进行审理，从而将法院不干涉原则贯彻到上诉程序之中。

民事诉讼一直沿用1891年实施的《民事诉讼法典》，第二次世界大战后对其进行了多次修改，其中1979年的修改较大，将法典的第六编“强制执行”独立出来，另行制定了《民事执行法》。此外，1951年颁布的《民事调停法》也是一项重要法律。该法规定，凡民事纠纷当事人均可要求法院进行调停，但某些不宜调停或当事人怀有不正当目的强行要求调停的，可不予调停。这个法律进一步发展了日本的调解传统，将其扩大适用于所有民事案件，并在实践中取得一定成效。

第八节 日本法的特点和历史地位

一、日本法的特点

（一）善于吸收外来发达法律文化

综观日本法的发展进化过程可以发现，日本法是在不断地借鉴、吸收外国先进法律文化的基础上发展完善起来的，日本法律发达史就是世界各种先进法律文化不断融合的历史。早在大化革新时期，日本就效法中国唐朝的法律文化，不仅仿照《永徽律》制定了日本第一部封建成文法典，而且全面引入唐朝的律、令、格、式各种法律形式，引入儒家法律观念，建立以忠、孝为基础的封建法律秩序，从而成为中华法系的重要成员。在明治维新以后建立的近代法律体系则直接体现了大陆法系的影响。在幕府后期，日本面临西方列强的军事威胁和经济掠夺，为了避免像多数东方国家一样沦为列强的殖民地或半殖民地，为了废除不平等条约，日本进行了“泰西主义”的政治、法律改革，引入西方发达的法律文化，对封建政治和法律体制进行全面改革。由于法国较早完成了资产阶级革命，建立了民主、自由的法律制度，其法典化的“六法”渊源相对于英美判例法来说更加简洁、明确而且容易操作，明治维新初期的日本很快就选择以法国法为模仿对象，是很自然的。但是，毕竟法国国情与日本相去甚远，仿照法国法编纂的一系列法典草案受到日本各界的严厉批评。在考察欧洲各国宪政和法制状况的基础上，日本最终选择了以德国法为模仿对象，建立了大陆式的近代资产阶级法律体系。在第一次世界大战后，日本开始对明治维新以后建立的法律制度进行反省，一方面，引入英美国家的某些法律制度和原则；另一方面，对某些传统法律制度的精华进行弘扬，使日本法从机械地移植大陆法系国家法律文化转为有机地吸收各种外来法律文化的长处，并将它们与本民族的传统法律文化融为一体。在第二次世界大战以后，日本法融合外来发达法律文化的能力进一步加强，不仅更多地引入美国式的民主的法律制度，而且对以往的法律制度进一步进行改革，使其中的封建因素大为减少，军国主义色彩淡化。

（二）现代日本法具有混合色彩，但更接近于大陆法系

现代日本的法律体系是明治维新以后建立的近代法律体系的有机延续。如前所述，近代日本法律体系是仿照德国法建立的，至1907年，日本已仿照德国法制定了宪法、民法典、商法典、刑法典、民事诉讼法典、刑事诉讼法典等六部基本法典，不仅具备了大

陆法系国家的“六法”体系，在法律渊源上以法典化的成文法为主，不承认判例的法律效力，而且法律条文高度抽象概括、逻辑性强，在法律结构上严格划分公法和私法，行政法院独立于普通法院之外，法院审理案件以纠问式诉讼为主。在第一次世界大战后，日本试验性地引入了英美国家的信托制、陪审制和对犯罪少年的特殊保护原则，这是日本吸收英美法的开端。在第二次世界大战后，由于受美国的军事占领以及占领结束后一以贯之的亲美政策，日本越来越多地引入英美法律制度。1946 年宪法不仅建立了英国式的君主立宪政体和责任内阁制，而且按照美国模式确立了“三权分立”的基本原则，扩大了公民的权利和自由，废除了行政法院制度。在行政法、民商法、经济法、刑法、诉讼法等各个领域都有英美法的明显影响。因此，说现代日本法具有两大法系的混合特征是一点也不过分的。但相对而言，现代日本法更接近于大陆法系，仍然保留着大陆法系的许多基本特色，比如：传统的“六法”依然是法律体系的核心；判例的地位虽然有所提高，但制定法的主导地位并未受到动摇；法律结构依然划分为公法和私法，传统的法律概念、术语也依然保留；诉讼中虽然提高了律师的作用，并借鉴了当事人主义的做法，但传统的职权主义并未被抛弃。

（三）并未完全西方化

虽然明治维新以后日本进行了“泰西主义”的政治、法律改革，建立了大陆法式的资产阶级法律体系，但是，就此下结论说日本法已经完全西化也不客观。事实上，日本从来就没有完全、彻底地抛弃传统法律文化，相反，在各个发展阶段都不同程度地保留了某些符合日本社会需要的传统法律因素。这些因素有些是精华，有些则是封建因素。比如在明治时代，宪法中变相保留了天皇专制制度，民法典中保留了家长制、家督制以及保护地主利益的永小作制度，刑法典中规定了侵害皇室罪、杀害尊亲属罪等维护皇权、家长权的罪名，等等。当然，这些封建因素随着第二次世界大战后宪政体制的改变和民主意识的增强而被抛弃，或者有所减轻。与此同时，一些传统法律中的精华被挖掘并发扬光大，如：第一次世界大战后颁布了《租佃调停法》（1924 年）、《商业调停法》（1926 年）、《金钱债务调停法》（1932 年）等各种调停法，使传统的调解制度规范化，被广泛运用于各种民事和商事纠纷。第二次世界大战以后，日本重新制定了《民事调停法》（1951 年）以取代以往零散的调停法规，使民事调解制度得到进一步发展和系统化。民事调解制度的广泛运用说明，日本社会仍然推崇“和为贵”的传统思想，“非白即黑”的诉讼远没有温情脉脉的调解更能打动国民。此外，虽然在各个领域都有完备的法典法规，但在社会生活中，渊源于礼、被西方人称作“日本自然法”的“义理”仍然被当作重要的行为准则。这说明传统法律文化中的某些因素已经演变为习惯法，扎根于民众的生活中了。

二、日本法的历史地位

（一）为日本社会的发展和经济的强盛发挥了重要作用

明治维新以来日本法的发展历程表明，法律在日本社会和经济的发展中发挥了不可替代的作用。在明治维新以后，日本为了配合天皇专制统治和发展资本主义的需要，从学习法国法转而效法德国法，主要原因就是德国政体中保留了更多的专制因素，而且德国法更多地体现了自由资本主义向垄断资本主义过渡的时代需要。在20世纪初，日本的资本主义经济得到飞速发展，垄断资本逐渐形成。为了加强国家对经济的干预和控制，协调劳工关系，稳定社会秩序，日本进行了经济立法和社会立法，并对原有的法典、法律进行适时修订。在第二次世界大战以后，为了清算法西斯统治的影响，重建家园，恢复国民的信心，日本又进行了一系列法制改革，建立了相对民主的现代法律体系。代议制民主政体的确立和原有法典、法律中封建因素的减轻为二战后日本社会的重建提供了必要的法律保障，大量新型经济立法和社会立法的实施则直接促进了二战后日本经济的迅速恢复和腾飞。

（二）为发展中国家实现法制现代化提供了经验

如前所述，日本非常善于学习外来先进法律文化，中华法系、大陆法系和英美法系几种世界主要法律体系都在日本法律发达史上扮演过重要角色。尤其突出的是，日本并不是简单地、机械地全盘输入外来法律文化，而是将外来的法律文化消化、吸收，并将它们与自己原有的法律文化融合起来，使之有机地融为一体。这种对待外来法律文化的态度和做法为广大发展中国家实现法制现代化提供了宝贵的经验。发展中国家实现法制现代化的一条重要途径是学习、借鉴西方发达的法律文化。然而，机械地模仿或者不加选择地全盘输入外国的法律制度对该国法律文化的健康、长足发展是有害的，往往也发挥不了其应有的社会功能。只有具备开放的胸襟和冷静的头脑，对各种外国先进的法律制度及其政治、经济、文化和历史背景进行全面分析和比较，在充分研究的基础上进行选择，选择那些最符合本国需要和国情的法律制度加以引进和吸收，并不断根据社会发展的需要加以改进，使之与本国原有法律文化相互融合，才能建立起促进本国长远发展、顺应时代潮流的法律体系和法律秩序。在这方面，日本已经作了有益的尝试。

（三）曾经对周边国家和地区的法律制度产生过重大影响

在漫长的封建时代，日本法并没有对其他国家产生明显的影响。但是，在明治维新以后，日本迅速建立了近代资产阶级法律体系，法律在很大程度上刺激了资本主义经济的发展和日本国力的强盛。这一事实极大地促进了日本法对周边国家和地区的影响。中国在从清末到民国近百年的时间里，深受日本法的影响。在清末变法时，日本法就是清政府效仿的对象，大批中国官绅和留学生赴日学习法律，大批日本法律法典和法学著作被译为中文，一些日本法学家还直接参与中国西式法律法典的起草工作。1908年颁布的中国历史上第一个宪法性文件《钦定宪法大纲》就是模仿1889年《大日本帝国宪法》的产物，《大清新刑律》（1911年）、《商人通例》（1903年）、《大理院审判编制法》（1906年）等法典法规，以及《大清民律草案》（1911年）、《大清刑事诉讼律草案》（1910年）、《大清民事诉讼律草案》（1910年）等法律草案，也都是在日本法的影响下制定和起草的。在民国时期，国民政府在清末变法的基础上继续进行法制改革，进一步参照日本、德国等国的法律制度建立了“六法”体系。可以说，日本法律和法学对近代中国法律、法学发展的影响是相当深远的。朝鲜半岛等地由于日本的军国主义侵略，曾长期处在日本的殖民统治下，日本法也被强制在这些地区推行。在第二次世界大战期间，日本法更是挟日本的侵略战火强行在东亚、东南亚地区实施。虽然二战后获得独立的国家和地区都对日本法西斯法律进行了清算，但有的国家如韩国等由于受日本殖民统治时间较长，日本法的影响很难在短时间内被消除。

深度阅读

1. 何勤华主编．日本法律发达史．上海：上海人民出版社，1999.
2. 华夏，等．日本的法律继受与法律文化变迁．北京：中国政法大学出版社，2005.
3. 日本国宪法（1946）//九国宪法选译．北京：群众出版社，1981.

问题与思考

1. 为什么说日本明治维新前的封建法律隶属中华法系？
2. 日本近代法律制度为什么会走上西方化道路？其主要法制成果有哪些？
3. 为什么说第二次世界大战后日本法律制度具有大陆法系与英美法系的共同特征？
4. 1946 年日本国宪法的主要特点是什么？

第十六章
俄罗斯法

常考知识点

- 俄罗斯法的历史沿革
- 苏联宪法的演变
- 俄罗斯联邦的基本法律制度

第一节 “十月革命”前的俄国法律制度

俄罗斯的祖先是居住在中欧和东欧各地的斯拉夫人，是欧洲最大的部族之一，分为东、西、南三支。在公元 8 世纪到 9 世纪，东斯拉夫的原始部落联盟开始瓦解，封建制国家开始形成，称为公国，其中较大的是基辅和诺夫哥罗德。传说诺夫哥罗德王公奥列格经过长期兼并战争，征服了邻近各公国，于公元 882 年建立了以基辅为首都的罗斯国家，史称“基辅罗斯”，由此开始了俄罗斯国家的历史。“十月革命”前的俄国法律发展大体上可以分为四个阶段。

一、古罗斯时期的法律制度

公元 9 世纪至 14 世纪末，是俄罗斯法初步形成时期。基辅罗斯是一个早期封建制国家，直接由原始部落联盟发展而来，建国初期最主要的法律表现形式是由原始部落习惯转变而来的习惯法。随着封建制的确立和巩固，成文立法活动逐渐增多。在公元 10 世纪，基辅罗斯大公弗拉基米尔加强了同拜占庭的联系，引进拜占庭文化，奉基督教为国教。这些事实对法律的发展有重大影响，其中之一是将习惯法编纂为成文法。罗斯与拜占庭之间先后签订了几个条约，其中涉及的民法和刑法规范，显然是以罗斯法和拜占庭法为渊源的。

在公元 11 世纪，由于封建关系的进一步发展，统治者陆续颁布法规，并对习惯法和法规加以整理，汇编成古代罗斯具有重要意义的法律文献《罗斯真理》。《罗斯真理》虽未包括当时的全部法律规范，但它描述了当时的社会制度、各等级的法律地位、国家结构、犯罪和刑罚的种类以及部分民事法律制度，基本特点是贯穿了封建特权的原则，反映了氏族制度解体和封建关系形成及发展的历史过程；它成为罗斯国家的基本法律渊源，并为以后的发展打下了基础。流传下来的《罗斯真理》有许多版本，最早出现的是简明版，其中包括“雅罗斯拉夫真理”和“雅罗斯拉维奇真理”，以后又相继出现了对简明版作出修正、补充的详细版《罗斯真理》和对详细版进行删改的缩版《罗斯真理》。《罗斯真理》的出现，表明当时法律的发展已达到相当高的水平，标志着俄罗斯法已初具规模。

古代罗斯国家的成文法中，除《罗斯真理》外，以罗马法为基础、以教会条例和条令为表现形式的拜占庭法也占有重要地位，作为《罗斯真理》的补充，其适用范围不断扩大。

二、俄罗斯中央集权形成与巩固时期的法律

自 14 世纪末以来，东北罗斯的社会经济得到进一步发展，开始了以莫斯科公国为核心的俄罗斯统一进程，至 16 世纪，莫斯科大公伊凡四世在位期间，自称沙皇，对内加强中央集权，对外极力扩张，俄罗斯开始成为沙皇统治下的统一的多民族国家。为了适应社会经济和政治的重大变化，进一步确立和巩固统治者的统治秩序，建立统一的国家管理制度和法律制度，除《罗斯真理》作为主要法律渊源继续有效外，俄罗斯陆续颁布了许多新的法令和法典，其中最重要的法律文献是 1497 年律书、1550 年律书和 1649 年会典等。

1497 年律书，又称“大公律书”，是莫斯科大公伊凡三世基本统一俄罗斯后编纂、颁布的，共 68 条。该律书以《罗斯真理》、《普斯可夫审判法规》、各种司法条例及习惯法为主要渊源，并增加了不少新的法律规范。律书将零散的法律规范系统化，在适应中央集权化的要求方面起了积极作用。

1550 年律书，又称“沙皇律书”或“第二律书”，是莫斯科和全俄罗斯大公伊凡四世在位期间编纂的，共 12 编 100 条，以 1497 年律书为主要渊源，是一部法院组织法。它的突出特点是通过整顿法院体系、司法权划分及诉讼程序，彻底消灭了俄罗斯国家中封建割据势力的残余，进一步强化中央集权。

1649 年会典，又称《阿列克塞·米海伊洛维奇会典》，是沙皇阿列克塞·米海伊洛维奇在位期间，由中小地主占优势的国民会议通过的。该会典的基本渊源是律书、法令、贵族法院的判例、拜占庭法、《立陶宛条例》等；该会典分为 25 章，共 967 条，涉及内容相当广泛，包括公法和私法、实体法和程序法等；该会典以维护沙皇、贵族及教会的利益为根本宗旨，并肯定了封建民事法律关系的确立和发展，反映了诉讼程序向纠问主义的转变。会典对巩固封建农奴制国家的经济和政治基础发挥了重要作用，在封建俄罗斯的影响极大，在 1835 年之前一直具有法律效力。

三、俄罗斯帝国时期的法律

1682 年，彼得一世即位，俄罗斯帝国形成，俄罗斯进入新的历史发展时期。彼得一世执政初期，正值俄国商品经济迅速成长的时代，颇有胆识的彼得大帝借鉴西欧的经验，在政治、经济、军事、文教和宗教等方面进行了一系列的改革，并积极对外进行扩张，从而使俄国成为欧洲列强之一。彼得大帝对国家机关也进行了许多改革：1708 年下令将

全国划分为八个省，各省总督拥有军事、行政和司法大权，由沙皇任命并直接附属于沙皇，1719 年又在省下设郡，建立了统一的地方行政系统；废除了经常干预沙皇权力的大贵族“杜马”，设立参政院作为沙皇的最高辅佐机关，负责拟定法令，监督行政、司法、税收、外交、军事、工商等事务，权力极大；为严格监督参政院的活动，特别设立了拥有重要权力的总检察长；大力精简极为庞大的中央一级官僚机构。彼得大帝还通过宗教改革，废除大教长职务，限制或没收教会财产，改组宗教管理机构，将教会置于沙皇权力之下。彼得大帝的改革具有重大历史意义，符合当时社会发展的基本趋势，为俄国资本主义的形成和发展打下了基础。

在这一时期，沙皇政府还相继颁布了一些法律条例，其中 1716 年《军事条例》、1720 年《海上条例》、1729 年《票据条例》、1782 年《整饬条例》具有重大意义。1716 年《军事条例》最为重要，它是一部包括军事机关组织、军队高级军官的职权、军事刑法和诉讼法等内容的军事法典，但其中有些内容往往适用于一般居民，因而具有特殊意义。

四、资本主义发展与农奴制解体时期的法律

在 18 世纪末 19 世纪初，随着俄罗斯封建农奴制的逐步瓦解，资本主义生产关系逐渐形成，但封建的生产关系还在作最后挣扎，封建法律仍有发展。自 1649 年会典以来，虽然大量的法律文件颁布了，但这些立法严重地脱离现实，远不能适应政治、经济上的剧变，而且相互矛盾、杂乱无章。沙皇尼古拉一世在继承皇位后，企图在保持农奴制和专制制度、尽可能限制资本主义发展的前提下，进行法典编纂工作，解决当时的法律冲突问题。他主张编纂法典的任务不在于制定新法律，而在于收集旧法律并加以整理，以保留和巩固现存的社会政治经济制度。1826 年，尼古拉一世在自己的私人官署下设“法典编纂处”，任命曾留学法国、具有资产阶级民主思想的著名法学家斯佩兰斯基，负责法典的实际编纂工作。

斯佩兰斯基首先着手编纂“法令全集”，即自 1649 年会典开始的编年法律汇编，所收集的法令多达 5 万多件，名称为《俄罗斯帝国法令全集》，于 1830 年完成。

在《俄罗斯帝国法令全集》的基础上，《俄罗斯帝国法律全书》于 1833 年编纂完成，并于 1835 年正式生效。《俄罗斯帝国法律全书》删除了陈旧、重复、相互抵触的法律条文；精简条文文字，补充新的法律条文；在体系上保持原貌，并按照部门法编排，共分为 15 卷，包括根本法、国家制度、行政组织、身份法、民法、国家治安法、刑法、诉讼程序法等。全书共 42 000 条，而且每一条文都附有注释，说明本条在《俄罗斯帝国法令全集》中所根据的法令的年、月、日和编号。全书在 1842 年和 1857 年曾分别再版，至 1917 年，全书已扩大至 10 万条，规模宏大，在“十月革命”前一直有效。

斯佩兰斯基编纂的法典，虽然在私法领域吸收了一些资产阶级法律原则，但从整体上看仍然是封建性质的法典，相对于俄国正在形成的资本主义来说，显然是过时了。

在 19 世纪 50 年代，俄国的农奴制度陷入深刻的危机，整个社会中的不满情绪日益高涨，革命运动蓬勃发展，革命的民主主义者号召全民起来推翻沙皇政府。在农奴制危机严重和革命形式迅速发展的情况下，沙皇政府着手准备改革。亚历山大二世于 1861 年

发布了改革法令和关于废除农奴制度的特别宣言，其基本内容是：农民获得人身自由和支配自己财产的权利；农民获得一块份地，并需承担劳役租和代役租，份地的大小和服役的多少，以契约为准；农民有权赎取份地，但要得到地主的同意，并缴纳“赎地金”；村社作为农民的基层管理机构，拥有治安权和司法权，隶属于国家地方行政管理机构，听命于政府特设的调停使。1861 年的改革本质上是一场保留大量农奴制残余的资本主义改良运动，表明俄国正在由封建君主制向资产阶级君主制迈进。

农奴制废除以后，沙皇政府在 19 世纪 60 年代至 70 年代又进行了一系列资产阶级性质的改革，其中在司法组织和诉讼制度等方面的改革尤为突出。1864 年制定的《司法条例》设立陪审法院、检察机关和律师团体，规定了司法侦查制、公开审理制、辩论制以及明确的审级制等资产阶级的诉讼原则和程序。在 19 世纪末，沙皇政府特设了法典编纂委员会，着手起草刑法、民法、诉讼法等基本法，其中体现资本主义经济要求的新的民法典草案一直未获通过，在 1885 年重新发布了《刑罚和感化法典》，新刑法典于 1903 年才正式批准。可以说，这一时期的立法没有重大发展。

综上所述，“十月革命”前的俄国法律制度总体上同西欧各国比较接近，俄国封建法律制度的基本原则和制度，如等级制、农奴制、封建土地所有制、长子继承制和刑罚的特权性等，都和西欧的封建法类似；俄国法在发展过程中接受了罗马法的许多原则，吸收了法国法及德国法的一些重要成果；俄国的成文法比较发达，其法律基本上属于民法法系范畴。但是由于“十月革命”前俄国独特的历史背景，其法律又呈现鲜明的特点：(1) 法律渊源比较统一。在 14 世纪以前的俄罗斯法主要以习惯法为主，《罗斯真理》主要是习惯法的汇编；在 14 世纪后随着中央集权制的确立和巩固，国家的立法活动显著加强，全国统一的立法相继出现，与西欧法律分散杂乱的状况形成鲜明对照。(2) 俄罗斯法属于世俗法，但长期深受拜占庭教会法的影响。古罗斯国家曾出现译成斯拉夫语的“拜占庭教会法汇编”，颁布了一些有关国家与教会的关系、教士的法律地位及教会管辖权等事项的法令，1649 年会典把拜占庭教会法作为主要的法律渊源之一。不过，俄罗斯的教会始终没有摆脱世俗王公的控制，沙皇是教会的首脑，尽管教会法院自成体系，但国家设有专门管理宗教事务的机关，教会法院应受到它的监督。(3) 同西欧法律相比较，19 世纪俄国法的封建专制色彩极为浓厚。俄国在 1861 年废除了农奴制，并在政治、经济、文化和法律方面进行了一系列改革。通过改革，俄国法律制度吸收了一些资本主义的原则和内容，但改革很不彻底，保留了大量的封建残余，没有从根本上触动封建制度，俄罗斯法的面貌也没有根本性改观，“十月革命”前的俄国法律仍然是封建主义和资本主义的混合物。

第二节　苏联时期的法律制度

一、苏联社会主义法的创建和发展

（一）苏联社会主义法的创建

在 1917 年 2 月爆发的资产阶级民主革命推翻了统治俄国长达 300 年之久的罗曼诺夫

王朝，革命后形成工农代表苏维埃和资产阶级临时政府两个政权并存的局面。资产阶级临时政府在其统治期间，拒绝改善群众生活，继续进行帝国主义战争，力图消灭工农代表苏维埃。1917 年 11 月 7 日，以列宁为代表的布尔什维克党领导了彼得格勒武装起义，推翻了资产阶级临时政府，建立起世界上第一个无产阶级专政的社会主义国家，从而为社会主义法律制度的产生创造了前提。

从苏维埃政权成立时起，苏维埃政权就开始了社会主义法的创建工作，颁布了如下一系列法律、法令和决议。

(1) 全俄苏维埃第二次代表大会通过的《告工人、士兵和农民书》《和平法令》《土地法令》。在"十月革命"当天，全俄苏维埃第二次代表大会召开了；次日（11 月 8 日）凌晨 5 时，大会批准了列宁起草的《告工人、农民和士兵书》，作出了全部政权一律归工农代表苏维埃的历史性决议，并对苏维埃政权的任务作了规定。大会还通过了《和平法令》和《土地法令》：《和平法令》揭穿了帝国主义战争的掠夺性，主张实现正义、民主、和平，并阐明了列宁提出的不同社会制度国家和平共处的思想及苏维埃国家对外政策的基本原则；《土地法令》宣布立即无偿没收地主、皇帝和教会的土地，废除土地私有制，全部土地归国家所有，并无偿交给农民使用。这两部法律为苏维埃外交政策和土地国有化奠定了基础。

(2) 有关建立无产阶级国家政权机关的法令。1917 年 11 月 9 日，全俄苏维埃第二次代表大会通过了成立人民委员会的法令。人民委员会是国家的最高管理机关，即苏维埃政府，领导、指挥和监督各级管理机关的工作，并拥有立法权。1918 年，人民委员会颁布《工农红军法令》，规定为保卫革命成果组建一支新型的社会主义革命军队，由俄国劳动阶级中最有觉悟和最有组织性的人组成。1917 年 12 月，人民委员会通过了建立"全俄肃反委员会"决议，该委员会专门惩办一切有阴谋推翻苏维埃政权的敌人，在巩固无产阶级专政方面起了重大作用。

(3) 创立司法机关的法令。在 1917 年年底至 1918 年年初，关于法院的第一、二、三号令颁布，宣布废除全部旧审判机关，包括各级普通法院、各种专门法院以及检察机关和律师团体；规定了苏维埃法院的体系和管辖范围，苏维埃法院的体系是地方人民法院、州人民法院和上诉法院；确立了审判员选举制、陪审制、公开辩论制，被告享有辩护权和使用民族语言等苏维埃诉讼原则；明确禁止引用旧政府法律。这些法令还规定建立特别的革命法庭，专门负责审理有关反革命、怠工、投机倒把、重大贪污等案件。

(4) 宪法性法律。1917 年《俄国各族人民权利宣言》发布，宣布布尔什维克党解决民族政策的基本原则是：俄国各民族享有平等的自主权，废除一切民族和民族宗教的特权和限制，俄国境内的少数民族和宗族均得自由发展。1918 年 1 月，全俄苏维埃第三次代表大会通过《被剥削劳动人民权利宣言》，对从"十月革命"胜利到 1918 年 1 月间苏维埃政权颁布的法令和采取的措施进行了总结，宣布俄国为工农兵代表苏维埃共和国，全部政权归苏维埃；确认了土地国有化、银行国有化和逐步将其他生产资料收归国有的措施；指出苏维埃政权的任务是消灭阶级、消灭剥削和建立社会主义社会。1918 年，全俄苏维埃第五次代表大会通过苏俄宪法。这是世界历史上第一部社会主义类型的宪法，对新生的苏维埃法的一些问题作了原则性规定，对巩固苏维埃政权具有重大意义，为后来社会主义宪法的制定提供了样板。

此外，苏维埃政权在建立初期，还曾专门发布过有关实行生产资料国有化，对企业实行工人监督，取消继承权，与反革命和其他严重刑事犯罪作斗争等方面的法令。即使在国内战争和外国武装干涉的时期，全俄苏维埃第六次非常代表大会也还通过了《关于认真遵守法律的决议》，全俄中央执行委员会也还通过了户籍、婚姻、家庭和监护法典、劳动法典和苏俄刑法指导原则等法律。

以上法律、法令和决议，对于推翻旧的国家机器和法律制度，建立苏维埃国家机关和法律制度，创立有利于无产阶级的经济秩序和社会秩序等方面，都起了重大作用。

（二）苏联社会主义法的发展

随着苏维埃国家社会主义革命和建设事业的发展，社会主义法律也不断发展和完善。

在1920年年底，国内战争胜利以后，苏维埃国家便过渡到恢复国民经济阶段，法在经济建设中的作用得到增强。在这一时期苏维埃国家的立法活动最为活跃，先后制定了苏俄的《刑法典》《民法典》《劳动法典》《土地法典》《刑事诉讼法典》《民事诉讼法典》《法院组织条例》《婚姻、家庭和监护法典》等重要法典。在1922年年底，苏维埃社会主义共和国联盟成立，在1924年通过了第一部《苏联宪法》，同年还制定了《苏联和各加盟共和国刑事立法纲要》《刑事诉讼基本原则》。在1936年鉴于国内政治经济形势发生重大变化，苏联又颁布了新宪法。这一系列法典的颁布，标志着苏维埃社会主义法律体系的全面确立。

在第二次世界大战以后，经过一个阶段的恢复，苏联又进行了大规模的立法活动。自20世纪50年代后期起至1980年年底止，苏联颁布了一系列新的法律，有苏联和各加盟共和国1958年的《法院组织立法纲要》《刑事立法纲要》《刑事诉讼立法纲要》、1961年的《民事立法纲要》《民事诉讼立法纲要》、1968年的《婚姻和家庭立法纲要》《土地立法纲要》、1969年的《劳动改造立法纲要》、1970年的《劳动立法纲要》等主要法律15部。在这些立法纲要的基础上，各加盟共和国制定了相应的法典。制定这一系列立法纲要的目的，在于保证苏联全境内立法调整活动的统一。

1977年10月，苏联又通过第三部宪法。与立法活动相联系，1978年苏联开始了法律的系统编纂工作，在1981年至1985年出版了《苏联法律汇编》。通过以上各项立法及措施，苏联法律更加完整和系统，也更健全了。进入20世纪90年代，随着苏联的解体，完整意义上的苏联社会主义法律体系宣告终结，代之而起的主要是俄罗斯联邦法律。

二、苏联宪法

（一）1918年苏俄宪法

在1918年召开的全俄苏维埃第三次代表大会在通过《被剥削劳动人民权利宣言》的同时，提出应制定一部苏联宪法。1918年7月10日，全俄苏维埃第五次代表大会一致通过了宪法起草委员会编纂的苏俄宪法草案。1918年苏俄宪法全称为《俄罗斯社会主义苏维埃共和国宪法》，由6篇组成。以《被剥削劳动人民权利宣言》为首篇，宣布俄国为工农兵代表苏维埃共和国，中央和地方全部政权均归苏维埃掌握。其余各篇为宪法总纲、政权结构、选举权与被选举权、预算法、国徽与国旗。宪法总纲明确宣布苏俄宪法的基本任务为确立“苏维埃政权形式的城乡无产阶级与贫农专政，以便完全镇压资产阶级，消灭人对人的剥削，而奠定没有阶级划分，没有国家权力”的社会，从而规定了苏维埃自治和苏维埃联邦的原则；总纲还规定了公民的基本权利和义务，明确提出“不劳动者不得食”的口号；根据宪法，最高权力机关是全俄工、农、红军、哥萨克代表苏维埃代表大会。在代表大会闭会期间，最高权力机关是全俄苏维埃中央执行委员会，它是苏俄立法、执行和监督的最高机关。苏俄最高国家管理机关是人民委员会，由全俄苏维埃中央执行委员会组成，对全俄苏维埃代表大会和中央执行委员会负责；为了保证无产阶级政权的领导权，宪法规定：凡年满18岁的劳动者均享有选举权与被选举权，剥夺不劳而获者的选举权与被选举权，在代表名额上工人优于农民。

1918年苏俄宪法是人类历史上第一部社会主义类型的宪法，记载着“十月革命”的胜利成果，总结了俄国无产阶级斗争的经验，对巩固苏维埃政权具有重大意义，对各国无产阶级和被压迫人民也是一个巨大的鼓舞，具有重要的国际意义。

（二）1924年苏联宪法

1924年苏联宪法，全称为《苏维埃社会主义共和国联盟根本法（宪法）》，是根据1922年为成立苏联而召开的第一次苏维埃代表大会通过的《苏维埃社会主义共和国联盟成立条约》制定的。它由两部分组成：第一部分是《苏维埃社会主义共和国联盟成立宣言》，第二部分是《苏维埃社会主义共和国联盟成立条约》和11章本文。《苏维埃社会主义共和国联盟成立宣言》总结了苏联共产党和苏维埃政权的民族政策，《苏维埃社会主义共和国联盟成立条约》规定了苏维埃社会主义共和国联盟的基本原则，明确了苏联各机关的管辖权限和组织制度等。按照宪法的规定，有关外交、军事、财政、对外贸易、铁路和邮电事务，制定各加盟共和国的政治和经济生活的指导原则，规定法院组织、诉讼程序以及全联盟的民事和刑事的立法原则等，均归苏联领导；至于内政、农业、教育、司法、社会保障、卫生等方面，则由各加盟共和国直接管辖。各加盟共和国的主权只在宪法规定的范围内才受到限制。除此之外，每一加盟共和国均独立行使其主权，并受苏联的保护。各加盟共和国有自由退出苏联的权利；未经加盟共和国的同意，不得变更其疆界；各加盟共和国之间的纠纷，由苏联出面调解。每一加盟共和国的公民都是苏联公民。国家管理形式仍采用苏维埃代表大会制，但中央执行委员会由联盟院和民族院组成，苏联人民委员会也由全联盟的人民委员部和联合人民委员部两类组成。宪法规定，在联盟中央执行委员会之下设立国家政治保卫局，以巩固苏联政权。

1924年宪法巩固了苏联的成立，促进了各加盟共和国之间的团结合作，推动苏联的政治、经济等方面迅速发展，提高了国际威望。

（三）1936年宪法

1936年12月5日，全苏苏维埃第八次非常代表大会批准的苏联宪法，是在斯大林主持和指导下制定的，根据1924年宪法修改而成。

1936年宪法分为13章、146条，对社会结构、国家机构、苏联最高权力机关、加盟共和国最高国家权力机关、苏联国家管理机关、加盟共和国国家管理机关、自治共和国最高国家权力机关、地方国家权力机关、法院及检察机关、公民基本权利和义务、选举制度、国徽、国旗和首都及宪法修改程序等问题，分别作了具体规定。该宪法宣布苏联是工农社会主义国家，全部政权属于城乡劳动者，由劳动者的代表苏维埃行使；规定了国家领导权属于工人阶级，共产党在苏维埃社会中处于领导地位；规定了生产资料的社会主义所有制是苏联的经济基础，并指出社会主义所有制形式分为两种——国家所有制和合作化集体农庄所有制，也允许个体农民和小手工业者经济存在，但以不剥削他人劳动为限；确认社会主义公有制财产神圣不可侵犯，宣布关于“各尽所能，按劳分配”的原则；肯定苏联是联邦国家，由平等的各苏维埃共和国自愿联合组成；宣布苏联公民享有休息权、受教育权和物质保障权，苏联妇女享有和男子平等的权利，苏联公民不分民族和宗族在经济生活、国家生活、文化生活、社会生活及政治生活方面一律平等，苏联公民有言论、出版、集会、游行和示威等自由并由国家提供物质保证；规定苏联公民有遵守宪法和法律、维护公共财产、服兵役和保卫祖国等义务。

1936年宪法是对1918年苏俄宪法和1924年苏联宪法的发展。和一切资产阶级宪法不同，它不掩盖其阶级本质。这部宪法在苏联施行达41年之久，对苏联的国家制度、社会制度和社会主义事业的发展起到了巨大的推动和保障作用，是整个苏联历史上最重要的一部宪法，也是第二次世界大战后各社会主义国家制定宪法的主要参照对象。

（四）1977年宪法及修改

1977年10月7日，苏联第九届最高苏维埃非常第七次会议通过了《苏维埃社会主义共和国联盟宪法（根本法）》。这是第三部苏联宪法，全文174条，除序言外，包括9个部分：苏联的社会制度基础和政治基础；国家和个人；苏联的民族国家结构；人民代表苏维埃及其选举程序；苏联最高国家权力机关和国家管理机关；加盟共和国国家权力机关和管理机关组织基础；审判、仲裁和检察监督；国徽、国旗、国歌和首都；宪法生效和修改程序。

1977年宪法规定：苏联由15个加盟共和国组成，自治共和国是加盟共和国的组成部分；苏联最高国家权力机关为苏联最高苏维埃，由联盟院和民族院组成，在休会期间由其常设机构苏联最高苏维埃主席团行使其职权；苏联最高国家管理机关为苏联部长会议，对苏联最高苏维埃及其主席团负责；苏联最高审判机关为苏联最高法院，由苏联最高苏维埃选举产生；苏联总检察长由苏联最高苏维埃任命。1977年宪法继承了1918年宪法、1924年宪法、1936年宪法的思想和原则，同时又有所发展：1977年宪法宣布苏维埃国家已完成无产阶级专政的任务而成为全民国家，苏联已建成发达的社会主义社会，现在的主要任务是建立共产主义社会；1977年宪法突出了“人民”的概念，规定苏联的一切权利属于人民（用“人民代表苏维埃”代替“劳动者代表苏维埃”，规定人民代表苏维埃行使国家权力，并监督其他国家机关，表明了苏联政治基础的扩大和政治制度的发展）；1977年宪法中有关公民基本权利和自由的规定有所扩大，增加了享受保健、获得住房、享受文化成果等权利和技术创造与艺术创作等自由，并加强了对公民人身、住宅不可侵犯和私生活秘密权的法律保护。

1988 年苏联最高苏维埃通过了关于修改 1977 年宪法的法令，其涉及的内容十分广泛，但主要集中在改革和完善人民代表苏维埃体制方面，以调整国家的政治权力结构为主，建立苏维埃人民代表大会制度和实现选举制度的民主化。修改后的宪法规定：苏联人民代表大会是苏联最高国家权力机关，苏联最高苏维埃作为最高国家权力机关的常设机关，由苏联人民代表大会直接选举产生，苏联最高苏维埃设主席一人对国家实施总领导；设立苏联宪法监督委员会，保障宪法的实施，维护宪法的权威。

1990 年 2 月，苏联最高苏维埃通过了实行总统制法律草案；3 月，苏联第三次非常人民代表大会再次通过修改宪法的法律。按照这两项法律的规定：总统由全国公民直接选举产生（首任总统除外），总统作为国家元首、武装部队总司令，拥有广泛权力，有权对苏联公民的权利和义务，国家宪法及主权、安全，领土完整实行全面控制；有权提出对国家高级官员的任免建议；有权宣布总动员、部分动员以及紧急状态；有权进行会谈和签署国际条约；有权对最高苏维埃通过的法案行使否决权；有权发布在全苏有效的总统令；有权组织苏联总统委员会，制定实施苏联对内对外政策的基本方针和措施，保障国家安全，讨论实施苏联人民代表大会的经济纲领和措施等。

三、苏联的民事立法

（一）1922 年《苏俄民法典》

从十月社会主义革命胜利直至第二次世界大战结束，苏维埃国家颁布了大量的单行民事法规，各加盟共和国也先后颁布了民法典。其中，1922 年《苏俄民法典》颁布最早，也最具代表性。

该法典于 1922 年 10 月 31 日由全俄中央执行委员会第九届第四次会议通过，自 1923 年 1 月 1 日起实行。该法典全文共 436 条，包括总则、物权、债和继承四编。从体系来看，该法典同大陆法系各国民法典的最大不同点在于把婚姻家庭法从民法中划分出去，单独制定婚姻家庭与监护法典。这是民法体系上的一个创新。该法典总则编规定：一切民事权利在其与社会、经济目的相一致而可实现的范围内都受法律的保护；全体公民不分性别、种族、民族、信仰，都平等地享有民事权利，非依法律不得剥夺或加以限制，但民事权利不得滥用，不得违反国家的利益；凡违反法律目的或规避法律的法律行为，以及显然对国家有损害的法律行为，一律无效。其物权编规定了三种所有权形式，即国家的、合作社的和个人的。允许在一定限度内存在私人所有权的同时，该法典特别强调土地、矿藏、森林、水流、公用铁路及大工业等基本生产资料是国家的专有财产；该法典虽然承认建筑物的私有权，但仅以未经没收者为限，工业企业虽然也可以私有，却仅限于雇佣工人不超过法定数额的小企业。总之，该法典贯彻着一条原则，即对私人经济仅允许其在一定限度内并在国家监督下存在，所有权人不得滥用这种权利，不得违反国家的利益。在债编中，该法典规定，“合同和其他法律上的规定，特别是不当得利和侵权行为，都是产生债权的根据”。由于实行新经济政策，合同具有重要意义，该法典中关于合同的规定占很大篇幅。依其规定，合同不得违反法律、规避法律，不得损害国家利益；通过欺骗、暴力威胁和迷惑等手段签订的合同，为贫困所迫签订的合同，虚伪的合同均无效。其继承编规定：继承遗产不得超过 1 万卢布，但不包括与死者同居的亲属得到的日用品。另外，自继承开始之日起，在 6 个月内无人承认继承时，此项财产则被视为无人继承财产而收归国有。

这部民法典是世界法制史上第一部社会主义类型的民法典，总体内容相对简单，体现了民法公法化的民事立法原则，体现了社会主义民法典的基本特点，对其他社会主义国家民法典编纂产生了重要影响。该法典除适用于苏俄外，还被广泛适用于土库曼斯坦、塔吉克斯坦、乌兹别克斯坦、哈萨克斯坦、吉尔吉斯斯坦、拉脱维亚、立陶宛和爱沙尼亚共和国等加盟共和国。这部民法典一直施行至 1964 年。

（二）1961 年《苏联和各加盟共和国民事立法纲要》和 1964 年《苏俄民法典》

1961 年 12 月 8 日，苏联最高苏维埃通过了《苏联和各加盟共和国民事立法纲要》，自次年 5 月 1 日起施行。该纲要由前言和 8 编组成，共 129 条，分别对总则、所有权、债权、著作权、发现权、发明权、继承权、外国人和无国籍人的权利能力、外国民事法律及国际条约和国际协定的适用等问题作了详细规定。苏维埃民事立法旨在调整国家组织、合作化组织、社会团体之间的关系，公民相互之间的关系。苏维埃民事立法不适用于一方在行政上从属于另一方的财产关系、税务关系和预算关系。1973 年和 1977 年苏联最高苏维埃主席团曾数次发布命令，对该纲要作了补充和修改。

1964 年 10 月 1 日，苏联根据上述纲要制定并实施了新的《苏俄民法典》。同 1922 年《苏俄民法典》相比，1964 年民法典在体例上发生了很大变化：按照纲要增加为 8 编，编下分章，共 569 条；将第二编“物权”改名为“所有权”，创造性地把著作权、发现权、发明权分别单独列编，将知识产权这一无形财产纳入民法典并作了详细规定，以加强对这些权利的调整和保护；此外，国际私法规范也被单独列编。1964 年法典的主要内容反映了苏联社会主义计划经济的基本要求，如明确了不同类型所有权的地位和权能，赋予国家所有权和集体所有权以特权，认为个人所有权是由“社会主义所有制派生的”，“个人所有是满足公民需要的一种手段”（第 93 条），“公民个人所有的财产不得用以谋求非劳动收入”（第 105 条）等，个人所有权客体的范围和数量受到极大限制。该法典是社会主义计划经济背景下民事立法的经典代表。

四、苏联的刑事立法

（一）1922 年《苏俄刑法典》和 1924 年《苏联和各加盟共和国刑事立法纲要》

1922 年 5 月 24 日由全俄中央执行委员会批准，自同年 6 月 1 日起施行的《苏俄刑法典》是第一部苏维埃刑法典，也是世界法制史上的第一部社会主义类型的刑法典，是在 1919 年苏俄刑法指导原则以及无产阶级专政学说的基础上制定的。

该法典分总则和分则两部分，共 227 条。该法典规定，苏维埃刑法的任务是在法律上保卫劳动者国家，防止各种犯罪行为及社会危险行为，并对危害革命秩序的人适用刑罚或其他社会保卫方法，以实现此种保卫。该法典明确提出了犯罪的概念：凡威胁苏维埃制度基础及工农政权在向共产主义过渡时期内所建立的革命秩序的一切有社会危险性的作为或不作为，均为犯罪行为。该法典宣布采用类推原则：关于某一犯罪行为，法典无直接规定时，可引用相似条文，并遵照总则的规定来处断。该法典还强调社会主义法律意识的作用，认为要把遵守法典的规定同社会主义法律意识结合起来，使法律具有一定的灵活性。法典规定了多样化的刑罚种类，并使用社会保卫方法：该法典规定的刑罚种类有定期或不定期驱逐出苏俄国境、隔离或不隔离的剥夺自由、不拘禁的强制劳动、缓刑、没收财产、罚金、剥夺权利、免职、舆论谴责、责令赔偿损失、枪决共 11 种，社会保卫方法有送往专为精神上有缺陷者准备的住所、强制治疗、禁止担任某种职务或从事某种活动或经营某种事业、放逐于指定地区共 4 种。该法典宣布刑罚的目的是预防犯罪分子和其他社会不稳定分子重新犯罪，通过劳动改造施行感化，使犯罪分子适应共同生活条件，重新做人，不能继续犯罪。这部刑法典颁布后，其他各加盟共和国也以此为蓝本，制定了自己的刑法典。

在苏联成立后，为进一步统一整个苏联领域内的刑事立法，1924 年 10 月 31 日，苏联中央执行委员会批准和公布了《苏联和各加盟共和国刑事立法纲要》，对 1922 年《苏俄刑法典》进行了修正和补充。该纲要成为全联盟和各加盟共和国刑事立法的基础。各加盟共和国为使自己的刑事立法与纲要的精神相一致，于 1926 年至 1929 年间先后对自己的刑事立法作了修正和补充。

（二）1958 年《苏联和各加盟共和国刑事立法纲要》和 1960 年《苏俄刑法典》

1958 年 12 月 25 日，苏联最高苏维埃通过了新的《苏联和各加盟共和国刑事立法纲要》。该纲要共 4 章、47 条，主要内容包括总则、犯罪、刑罚、判罪和免刑等问题。实际上，它只是对刑法一般原则的规定，相当于刑法典的总则；有关分则中的具体犯罪及处罚方法，由各加盟共和国刑法典加以规定。该纲要废除了实行多年的类推适用的规定，实行罪刑法定主义，规定："只有犯罪的人，也就是故意或过失地实施刑事法律规定的危害社会行为的人，才负刑事责任，才受到惩罚。""行为是否构成犯罪和是否应受惩罚，都由行为实施时有效的法律来决定。"该纲要阐述的犯罪概念是："凡是刑事法律规定的侵害苏维埃社会制度或国家制度，侵害社会主义经济体系和社会主义所有制，侵害公民的人身及政治权利、劳动权利、财产权利和其他权利的危害社会的行为，以及侵害社会主义法律秩序的其他危害社会的行为都是犯罪。"该纲要把刑罚分为主刑和附加刑两种，主刑有剥夺自由、流放、放逐、不剥夺自由的劳动改造、剥夺担任某种职务和从事某种活动的权利、罚款和公开训诫，附加刑有没收财产、剥夺军衔或专门称号。死刑是作为非常的刑罚方法而保留的，适用于国事罪、情节严重的故意杀人罪或其他特别严重的犯罪。该纲要还对法院判刑的一般原则、免除刑事责任和免除刑罚的条件作了明确规定。在 1961 年至 1977 年间，苏联最高苏维埃主席团曾多次发布命令，对该纲要进行补充和修改。

为了与1958年《苏联和各加盟共和国刑事立法纲要》的精神相一致，苏俄于1960年10月27日通过新的《苏俄刑法典》，包括总则6章和分则12章，对各种犯罪规定得更为全面具体，准确地区分和说明了犯罪构成；不但条文数量增加，而且规定更详密了。总则规定了基本原则、适用范围、犯罪、刑罚、医疗和教育性强制措施，分则规定了国事罪，侵犯社会主义所有制罪，危害社会治安罪，危害公民生命、自由和权利罪，侵害个人财产罪，渎职罪，经济罪等。

五、苏联的司法制度

（一）法院与检察院

苏维埃政权在成立之初，根据关于法院第一、二、三号法令，摧毁了旧法院，建立了苏维埃法院体系。为了进一步完善法院和检察院的组织体系与活动原则，苏维埃政权通过了一系列关于法院和检察院的组织法规，其中较重要的有：1922年《苏俄法院组织条例》和《苏俄检察机关条例》，1924年关于"苏联和各加盟共和国法院组织原则"的决议，1926年关于变更现行司法机关体系的"法院组织条例"，1938年《苏联、各加盟共和国和自治共和国法院组织法》以及《苏联、各加盟共和国和自治共和国检察院组织法》。这些法律文件，对法院和检察院的任务、组织、活动原则等问题都作了明确规定，其基本原则和主要特点有：（1）法院与检察院单独设置，实行审检分立制。审判权由苏联最高法院、加盟共和国最高法院、边区及省法院、自治共和国和自治省法院、州法院、依苏联最高苏维埃决定建立的苏联特别法院以及区人民法院行使；监督各级各类国家机关、企业组织、公务员及公民是否严格遵守法律的检察权由检察院行使。（2）法院实行双重领导，检察院实行垂直领导。苏联各级法院均由同级苏维埃选举产生，接受同级苏维埃领导和苏联最高法院的监督，审判员独立，只服从法律；苏联总检察长由苏联最高苏维埃任命，以下各级检察长由苏联总检察长任命或由苏联总检察长批准后任命，各级检察长独立行使职权，不受任何地方机关干涉，只服从苏联总检察长。（3）各级法院审理案件，除法律有特别规定外，均实行陪审制、公开审理制和辩护制。人民陪审员由选举产生，审判公开进行，并保证被告人的辩护权。诉讼用当地大多数居民的语言进行，保证不通晓该种语言的当事人通过翻译完全了解案情并有权使用本民族的语言在法庭上陈述。

1958年12月25日，苏联最高苏维埃颁布了《苏联和各加盟共和国法院组织立法纲要》；经过修改、补充，于1980年6月25日颁布了新的《法院组织立法纲要》，共3章、37条，包括总则、法院系统、审判员和人民陪审员等内容。按照新的纲要，苏联法院包括苏联最高法院和军事法院，加盟共和国法院包括加盟共和国最高法院，自治共和国最高法院，边疆区、州、市法院，自治州法院，自治区法院，区（市）人民法院。新的纲要强调切实依据法律进行审判，公民在法律和法庭面前一律平等，保证被告人享有辩护权，设立律师协会为公民、企业组织、机关团体提供法律帮助，加强检察长的职权。根据新的纲要的精神，各加盟共和国先后修订或制定了自己的法院组织法。

（二）诉讼制度

1. 刑事诉讼制度

1922 年，苏俄颁布了第一个刑事诉讼法典，同年还颁布了《苏俄刑法典》，于是便对第一个刑事诉讼法典作了修订，并于 1923 年颁行后又经多次修改补充，其在 1961 年才为新的刑事诉讼法典所代替。

1923 年《苏俄刑事诉讼法典》共 462 条，包括苏俄审判机关的案件管辖范围、审判组织、审理程序、证据、判决的执行、二审程序等内容。该法典规定的诉讼阶段为侦查、调查、起诉、审理，其所规定的第二审程序与第一审程序基本相同。该法典还规定了公诉制、辩论制、辩护制、公开审理等审判制度，并规定法院为查明事实可不受任何形式的限制。

于 1924 年 10 月通过的《苏联和各加盟共和国刑事诉讼基本原则》奠定了统一的刑事诉讼基本原则的基础。它主要规定：刑事诉讼由检察机关、侦查机关、法院和调查机关提起；侦查案件在检察长监督下进行；法院和检察机关负责对羁押和逮捕是否合法进行监督；法院不受任何形式的证据约束，审判员只依照内心确信判断各种证据；准许以严重违反诉讼形式或实体法为理由，依据监督程序对判决进行再审；等等。

1958 年《苏联和各加盟共和国刑事诉讼立法纲要》分为 6 章、54 条，包括总则、诉讼参与人及其权利义务、调查和侦查、第一审法院对案件的审理、上诉审和监督审对案件的审理、刑事判决的执行。其主要的变化包括：规定苏维埃刑事诉讼的任务是揭发犯罪，保证正确适用法律，既要惩罚犯罪又要防止冤案发生；规定非依法定根据和法定程序，不得把任何人当作刑事被告人加以追究；扩大了受害人的诉讼权——除享有当事人的所有诉讼权利以外，还可以对所有司法机关的非法行为提出控告；准许辩护人从向被告人宣布侦查终结并让被告人了解案件的全部进行情况之时起参加诉讼，根据检察长的决定，也可从提出控诉之时起参加诉讼。苏俄根据这部纲要，于 1961 年批准施行了新的《苏俄刑事诉讼法典》。

2. 民事诉讼制度

1923 年《苏俄民事诉讼法典》是最早的一部苏维埃民事诉讼法典，它贯彻了以下主要原则：诉讼的民主原则，诉讼中国家利益与劳动人民利益相结合的原则，双方当事人的积极性和主动性与法院、检察机关的积极性和主动性相结合的原则。它规定：一切民事案件均由法院合议审理，并有人民陪审员参加；审讯是公开的、口头的、直接的和辩论的；双方当事人在诉讼中享有同等权利；法院必须积极干预诉讼，以便查明真相；当事人对已发生法律效力的判决和裁定，可向上级法院声明不服。该法典还用专章规定了判决的执行程序。

1961 年，苏联最高苏维埃通过《苏联和各加盟共和国民事诉讼纲要》，分 6 章、共 64 条。其主要内容有：总则、诉讼参与人及其权利义务、第一审法院对案件的审理、上诉审和监督审对案件的审理、法院判决的执行、外国公民和无国籍人的民事诉讼权利、向外国提起的诉讼、外国法院的司法委托和判决、国际条约的适用等问题。该纲要规定：

把对民事诉讼的法律调整限定在法院审理的范围内，其他机关的活动另有法律调整；增加了法院审理行政法律关系案件的权限；扩大了诉讼参与人的权利；增加了涉外民事诉讼程序的规定。各加盟共和国根据它的精神，制定、修改、补充了自己的民事诉讼法典。

第三节　苏联解体后的俄罗斯联邦法律制度

在20世纪80年代末，苏联出现了日益严重的政治和经济危机，各加盟共和国掀起了一轮又一轮脱离苏联的独立浪潮。首先是波罗的海三国即爱沙尼亚、拉脱维亚和立陶宛在1990年3月至5月间相继宣布独立，苏俄也于同年6月12日由俄罗斯联邦人民代表大会通过了关于俄罗斯联邦国家主权宣言，宣布俄罗斯联邦是主权国家、俄罗斯宪法和法律在全境内至高无上。之后，其他加盟共和国也相继发表主权宣言。1991年12月21日，俄罗斯等11个共和国首脑在哈萨克斯坦首都阿拉木图签署了《建立独立国家联合体协议》，并发表《阿拉木图宣言》，宣布“在平等的原则基础上作为缔约各方组成独立国家联合体”，强调随着独联体的成立，苏维埃社会主义共和国联盟将停止存在，同时确认独联体不是国家，也不是国家以上的结构。同年12月25日，苏联总统辞职，苏俄改国名为俄罗斯联邦。12月26日，苏联最高苏维埃发表最后一个宣言，从法律上宣布苏联终止存在。

随着苏联的迅速解体，俄罗斯联邦法律进入了一个新的历史发展时期。俄罗斯联邦借鉴西方国家的法律制度，着手进行法律改革，颁布了一系列法律、法规。这些法律、法规从根本上区别于苏联法律制度，自此俄罗斯法由社会主义法律体系向资本主义法律体系全面转型。

一、1993年《俄罗斯联邦宪法》

1992年4月，俄罗斯联邦第六次人民代表大会通过《俄罗斯联邦宪法（草案）》，经1993年12月12日全民公决通过生效。该宪法由序言和两编组成。第一编为正文，内容包括宪法制度的基础、人和公民的权利与自由、联邦体制、俄罗斯联邦总统、联邦议会、联邦政府、司法权、地方自治、宪法的修改与重新审议等，共9章、137条；第二编是结论性及过渡性条款，规定有关该宪法的生效日期、联邦条约、联邦机关、官员任期及程序等内容，共9条。

该宪法主要有如下特点。

第一，确认俄罗斯国家结构形式是联邦制，实行美国式的联邦主义原则。联邦由共和国、边疆区、州、直辖市、自治州、自治区六类平等主体构成，各共和国拥有自己的宪法和法律，边疆区、州、直辖市、自治州、自治区拥有自己的宪章和法律，但是联邦宪法和法律在俄罗斯联邦的全部领土内具有最高法律效力。该宪法对联邦中央专有管辖权及联邦中央与联邦各成员主体的共同管辖权分别加以规定，在宪法范围内赋予俄罗斯联邦各成员主体行使国家全部权力的“保留权力”。

第二，规定国家权力在立法权、执行权和司法权相分立的基础上行使，联邦总统拥有广泛权力。根据该宪法，联邦立法权由联邦议会行使，联邦议会由代表联邦各成员主体的联邦委员会和代表人民的国家杜马组成；执行权由联邦政府行使；司法权由法院行使，实行法官独立审判和法官终身制。联邦总统是国家元首，由选民直接选举产生，任期为 4 年，两任为限。联邦总统是联邦宪法、人和公民的权利与自由的保障，有权根据联邦宪法和法律决定国家对内、对外政策的基本方向，有权依一定程序提名或任免政府总理并决定政府辞职，有权根据宪法和法律解散国家杜马和进行全民公决，有权批准或驳回联邦议会通过的法律，拥有对最高法院院长、宪法法院院长以及总检察长等人选的提名权，有权统率武装部队并有权发布总统令，等等。联邦总统的权力事实上凌驾于立法权、执行权和司法权之上，虽然宪法也规定了对总统的弹劾程序，但是程序复杂而烦琐，很难构成对总统的有效制约。

第三，确立了混合所有制形式的经济制度。该宪法宣布："俄罗斯联邦平等地承认和保护私有制、国家所有制、地方所有制及其他所有制形式"，实行全面的市场经济。国家保障统一的经济空间，保障商品、劳务和财政资金的自由流动，鼓励竞争和自由的经济活动。私人财产未经法院判决不得加以剥夺。

第四，规定了较为广泛的公民权利与自由原则。该宪法第二章以 48 条的篇幅列举了人和公民的权利与自由，涉及政治、经济、文化、司法和诉讼等各个方面，内容极为广泛而全面。该宪法宣布这些权利与自由具有至高无上的价值，是直接有效、不可被剥夺并且与生俱来的，它们决定法律的含义、内容及运用，决定立法权和执行权以及地方自治的活动，并受到司法保障，承认、遵循和维护人和公民的权利与自由是国家的义务。该宪法还承认政治多元化和多党制，承认意识形态的多样性，规定不得将任何意识形态或宗教确定为国家的或必须奉行的意识形态或宗教，规定社会团体在法律面前一律平等。

第五，规定设立宪法法院，负责行使宪法监督之权。

这部宪法不仅确认了苏联解体和俄罗斯独立的基本事实，割断了俄罗斯联邦与苏联之间在基本制度上的历史联系，而且借鉴了西方国家宪法的基本原则和制度，为俄罗斯联邦社会体制的全面转型提供了宪法依据和制度支撑，影响深远。

二、1994 年《俄罗斯联邦民法典》

自 20 世纪 90 年代以来，俄罗斯联邦颁布了一系列单行民事立法，使俄罗斯民法有了很大变化。这些单行法规灵活便捷，有效地适应了不断变革的新型民事法律关系，为俄罗斯民法的发展奠定了基础。但是这些单行法规多为应急之作，杂乱零散，彼此冲突，弊端越发凸显，制定一部统一民法典已是当务之急。

1994 年俄罗斯国家杜马开始起草《俄罗斯联邦民法典》，采用了分阶段起草、分阶段颁布的立法模式：第一部分于 1994 年 10 月通过，于 1995 年生效，分为总则、所有权和他物权、债法总则等三编，共 29 章 453 条；第二部分为债法分编，共 31 章 656 条，于 1995 年 12 月通过，于 1996 年生效；第三部分包括继承权、国际私法两编，于 2001 年通过；第四部分是有关知识产权的规定，名称为第七编"智力活动成果和个性化标识权”，共9章327条，于2006年通过，于2008年正式生效。

新民法具有如下主要特点。

第一，总体上延续了1964年《苏俄民法典》的编纂体例，同时进行了具有独创性的调整。一方面，该法典延续了民商合一，以及总则、物权、债、继承各编的编纂体例，保留了国际私法规范独立成编的民事立法传统；另一方面，该法典改变了1964年《苏俄民法典》将知识产权分列三编的立法模式，将其整体集中至独立一编一并规定，成为与总则、物权法、债法等相并列的一个独立部分，实现了知识产权立法的完全民法典化，承认了知识产权法的基本法地位。这在世界民法史上尚属首次。此外，该法典不仅将曾被排除出民法典的土地关系重新纳入调整范围，还首次将他物权内容列入民法典，完善了物权体系。

第二，重新确认了其私法的本质属性。该民法典第1条第1款即宣称：“民事立法的基本原则是确认民事立法所调整的关系的参加者一律平等，财产不受侵犯，合同自由，不允许任何人随意干涉私人事务，必须无阻碍地行使公民权利，保障恢复被侵犯的权利及其司法保护。”该民法典“承认私有、国有、自治地方所有和其他形式的所有”（第212条），明确肯定了私有权的合法性，将私有权列于首位，并扩大了所有权的权能。该民法典规定，所有权人有权“按照自己的意愿”对属于自己的财产实施不与法律相悖的任何行为（第209条），法律则“以平等的方式保护一切所有人”（第212条），反对任何人，包括权力机关，任意干预权利主体实现其经济利益。由此可见，民法典的私法属性回归了。

第三，规定的一些重要制度体现了俄罗斯建构和调整市场经济秩序的立法要求。该民法典强调了公民、法人以及国家作为财产所有权主体的平等性，自然人的法律地位得到强化以及多元化，法人类型明显增加，法人制度不断完善。该民法典还对具有计划经济体制背景的法人“企业”作出了限制性规定，强调了其过渡性特征。该民法典将民事权利客体的内容予以扩充，确立了土地、房屋的所有权和他物权制度。其有关债权债务关系的规定更加周密和具体化，对原有的合同类型作了修改和补充，并确立了统一的交易规则，可操作性增强，也加强了对债权人利益的保护。

第四，更多地采用了法律专门术语。长期以来，社会主义国家的民法学以及民事立法中存在着以经济学概念混淆甚至取代法学概念的问题，造成民法典适用中的混乱无序。该民法典不再使用诸如“所有制形式”“混合所有制”“集体所有制”等经济学用语，代之以“共有”“法人所有权”等法律术语，增强了民事立法的规范性和科学性。

《俄罗斯联邦民法典》是俄罗斯在从计划经济向市场经济过渡时完成的法典化，保持了与旧民法典之间的体系接续，也反映了俄罗斯民事法律理论与实践发展变革的最新动态。该民法典设计的具体制度中体现了民事主体地位平等、意思自治、财产不可侵犯等私法的基本原则，这标志着俄罗斯民法的私法属性的回归，具有鲜明的时代特点，是俄罗斯民事立法史上的新的里程碑。

三、1996年《俄罗斯联邦刑法典》

自苏联解体后，俄罗斯联邦对1960年《苏俄刑法典》作了大量修改，其中于1992

年10月和1993年7月进行了规模最大的两次修订。1996年5月，俄罗斯联邦国家杜马通过了新的刑法典。1996年《俄罗斯联邦刑法典》由12篇、34章、360个条文组成，有比较大的变化：以专门法律条文的形式分别规定了刑法的基本原则即法制原则、法律面前人人平等的原则、罪过原则、公正原则和人道主义原则，并指出“人、人的权利与自由是最高价值，承认、遵循和捍卫人与公民的权利和自由是国家的义务”；在犯罪概念的一般定义中，用抽象的“社会危害性”取代对苏维埃的社会制度和国家制度、社会主义经济体系和社会主义所有制、公民的各种权利的侵害，并强调优先保护个人利益；针对俄罗斯当前犯罪发展的新特点，增设关于有组织犯罪的规定，加重了累犯的刑事责任，以专章调整未成年人犯罪的刑事责任和刑罚，首次载入法人的刑事责任；重新调整刑罚体系与种类，在刑罚体系上改变了旧刑法典规定的各刑种的排列顺序，实行由轻到重的排列，废除流放、放逐、公开训诫和责令赔偿损失等刑种，增设一些新的刑种，如强制性义务劳动、限制自由、拘役和终身剥夺自由等，规定死刑只适用于侵害生命的特别严重犯罪。

该刑法典自1997年实施以来，经过了多次修改，涉及总则、分则两个层面，200多个条文。这些修改体现在：一方面，针对新形势下犯罪现象的新特点，增加了新罪名，如拒不支付工资、养老金罪，停止、限制提供电源或者切断其他供应来源罪等；加大了对买卖人口罪，非法生产、销售、邮寄麻醉品、精神药物罪的处罚力度。另一方面，吸收了世界刑法理论的轻刑主义发展倾向，如在法定刑中废除没收财产刑，扩大罚金刑的适用范围，将（严重的）过失罪排除在严重犯罪之外等。这彰显了日趋宽容的刑事政策取向。

第四节 俄罗斯法的历史地位

俄罗斯法的演变历史充分彰显了法律与国家政治变革不可分割的紧密联系，俄罗斯国家每一次重大的社会转型都会引发根本性的法律变革。“十月革命”后，俄罗斯及苏联社会主义国家以马克思主义法律观为理论基础，创造性地完成了社会主义法律原则的确立与法律制度的构建，不仅肯定了俄罗斯及苏联社会主义国家各项制度创建的基本事实，而且对社会主义制度下各种社会关系进行了有效的调整，巩固了苏维埃社会主义国家的基本秩序。俄罗斯及苏联社会主义法律体系的理论与实践，凸显了其与资本主义法律体系的本质区别，在世界法律体系中独树一帜，对许多国家的法律发展都产生了深远影响，成为第二次世界大战后世界法律发展史上最为浓墨重彩的一笔。在苏联解体后，俄罗斯法以西方法为样板，完成了由社会主义法律体系向资本主义法律体系的彻底转型。俄罗斯法独特的发展轨迹，促进了世界法律体系的多样化发展，也为人类法律发展模式提供了多种可能性。

深度阅读

1. 瓦里赫米托夫．苏联国家和法的历史．北京：中国人民大学出版社，1955.

2. 张建文．俄罗斯民法典编纂史研究．北京：中国政法大学出版社，2012.

问题与思考

1. “十月革命”前的俄罗斯法有哪些特点?
2. 苏联宪法是如何发展和演变的?
3. 苏联解体后，俄罗斯民法较之苏联时期的民法有何不同?

重要参考文献

经典著作

1. 马克思，恩格斯．马克思恩格斯全集：第19卷．2版．北京：人民出版社，2006.

2. 马克思，恩格斯．马克思恩格斯全集：第21卷．2版．北京：人民出版社，2003.

3. 马克思，恩格斯．马克思恩格斯全集：第22卷．北京：人民出版社，1965.

专　著

1. 林榕年主编．外国法制史新编．北京：群众出版社，1994.

2. 《外国法制史》编写组编．外国法制史资料选编：上，下册．北京：北京大学出版社，1982.

3. 林榕年主编．外国法律制度史．北京：中国人民公安大学出版社，1992.

4. 何勤华主编．外国法制史．北京：法律出版社，1997.

5. 由嵘主编．外国法制史．北京：北京大学出版社，1992.

6. 叶秋华．外国法制史论．北京：中国法制出版社，2000.

7. 费多罗夫编．外国国家与法律制度史．叶长良，曾宪义，译．北京：中国人民大学出版社，1985.

8. 沈宗灵．比较法总论．北京：北京大学出版社，1987.

9. 达维德．当代主要法律体系．漆竹生，译．上海：上海译文出版社，1984.

10. 茨威格特，克茨．比较法总论．潘汉典，等译．贵阳：贵州人民出版社，1992.

11. 丘日庆主编．各国法律概况．北京：知识出版社，1981.

12. 梅因．古代法．沈景一，译．北京：商务印书馆，1959.

13. 早川武夫，等．外国法．张光博，金峰玉，译．长春：吉林人民出版社，1984.

14. 孟德斯鸠．论法的精神：上，下．张雁深，译．北京：商务印书馆，1961.

15. 卢梭．社会契约论．何兆武，译．北京：商务印书馆，1963.

16. 周长龄．法律的起源．北京：中国人民公安大学出版社，1997.

17. MITTAL J K. *Indian legal history*. Allahabad Law Agency，1984.
18. 王云霞，何戍中．东方法概述．北京：法律出版社，1993.
19. 顾准．希腊城邦制度．北京：中国社会科学出版社，1982.
20. 亚里士多德．雅典政制．日知，力野，译．北京：商务印书馆，1959.
21. 周枏．罗马法原论：上，下册．北京：商务印书馆，1994.
22. 彭梵得．罗马法教科书．黄风，译．北京：中国政法大学出版社，1992.
23. 格罗索．罗马法史．黄风，译．北京：中国政法大学出版社，1994.
24. 盖尤斯．盖尤斯法学阶梯．黄风，译．北京：中国政法大学出版社，2008.
25. WOLFF H J. *Roman law*. Norman：University of Oklahoma Press，1951.
26. 李宜琛．日耳曼法概说．上海：商务印书馆，1943.
27. 由嵘．日耳曼法简介．北京：法律出版社，1987.
28. 李秀清．日耳曼法研究．北京：商务印书馆，2005.
29. 高仰光．《萨克森明镜》研究．北京：北京大学出版社，2008.
30. 彭小瑜．教会法研究．北京：商务印书馆，2011.
31. 史密斯．欧陆法律发达史．姚梅镇，译．上海：商务印书馆，1947.
32. 伯尔曼．法律与革命．北京：中国大百科全书出版社，1993.
33. 吴云贵．伊斯兰教法概略．北京：中国社会科学出版社，1993.
34. 库尔森．伊斯兰教法律史．吴云贵，译．北京：中国社会科学出版社，1986.
35. 高鸿钧．伊斯兰法：传统与现代化．北京：社会科学文献出版社，1996.
36. 潘华仿．英美法论．北京：中国政法大学出版社，1997.
37. 徐尚清主编．当代英国法律制度．延吉：延边人民出版社，1990.
38. 丹宁勋爵．法律的正当程序．李克强，等译．北京：群众出版社，1984.
39. 梅特兰．普通法的诉讼形式．王云霞，等译．北京：商务印书馆，2009.
40. 李红海．普通法的历史解读：从梅特兰开始．北京：清华大学出版社，2003.
41. 梅特兰．英格兰宪政史．李红海，译．北京：中国政法大学出版社，2010.
42. 张彩凤．英国法治研究．北京：中国人民公安大学出版社，2001.
43. CRACKNELL D G. *English legal system textbook*. 17th ed.. London：HLT Publications，1995.
44. WALKER R J. *The English legal system*. 6th ed.. London：Butterworths，1985.
45. BAKER J H. *An introduction to English legal history*. 3rd ed.. London：Butterworths，1990.
46. 汉密尔顿，等．联邦党人文集．程逢如，等译．北京：商务印书馆，1980.
47. 施瓦茨．美国法律史．王军，等译．北京：中国政法大学出版社，1989.
48. 何勤华主编．美国法律发达史．上海：上海人民出版社，1998.
49. 哈伊．美国法律概论．沈宗灵，译．北京：北京大学出版社，1983.
50. 李昌道．美国宪法史稿．北京：法律出版社，1986.
51. 弗里德曼．美国法律史．苏彦新，等译．北京：中国社会科学出版社，2007.
52. 姜栋．美国反倾销法研究．北京：中国人民大学出版社，2007.

53. FRIEDMAN L M. *A history of American law*. New York：Simon and Schuster，1985.

54. 何勤华主编．法国法律发达史．北京：法律出版社，2001.

55. 洪波．法国政治制度变迁．北京：中国社会科学出版社，1993.

56. 沃森．民法法系的演变及形成．李静冰，姚新华，译．北京：中国政法大学出版社，1992.

57. 何勤华主编．德国法律发达史．北京：法律出版社，2000.

58. 霍恩，等．德国民商法导论．楚建，译．北京：中国大百科全书出版社，1996.

59. 宫泽俊义．日本宪法精解．董璠舆，译．北京：中国民主法制出版社，1993.

60. 邓曾甲．日本民法概论．北京：法律出版社，1995.

61. 何勤华主编．日本法律发达史．上海：上海人民出版社，1999.

62. 瓦里赫米托夫．苏联国家和法的历史．北京：中国人民大学出版社，1955.

论　文

一、外国法制史通论

1. 林榕年．外国法制史研究中的几个问题．汕头大学学报（人文社会科学版），1985（1）.

2. 林榕年．西欧封建法制史的几个问题：兼谈大陆法系和英美法系的形成．法律史论丛，1983（3）.

3. 何勤华．外国法制史学的研究方法．社会科学，1988（3）.

4. 沈宗灵．比较法学的几个基本理论问题．北京大学学报（哲学社会科学版），1985（1）.

5. 高鸿钧．比较法研究的反思：当代挑战与范式转换．中国社会科学，2009（6）.

二、东方法

1. 公丕祥．传统东方法律文化的政治形态：马克思、恩格斯关于东方法文化理论的述评．南京大学法律评论，2002（1）.

2. 胡旭晟．东方宗教法概观：以法律伦理学和历史的理论逻辑为视角．比较法研究，1997（3）.

3. 王立民．古代东方的宗教与法律．法学，1994（5）.

4. 王云霞．东方三大文化圈的法律改革初探．法学家，1996（3）.

5. 夏新华．古埃及法研究新探．法学家，2004（3）.

6. 朱承恩，董为奋．《乌尔纳姆法典》和乌尔第三王朝早期社会．历史研究，1984（5）.

7. 叶秋华．古巴比伦土地公有制与阶级结构的特点．法制与社会发展，2000（3）．
8. 杨炽．谈汉穆拉比法典结构的逻辑性．世界历史，1988（4）．
9. 杨炽．再谈《汉穆拉比法典》．世界历史，1990（2）．
10. 叶秋华．古代印度法的两大特征．法制与社会发展，1999（6）．
11. 李启欣．古代印度法的渊源及其发展．南亚研究，1988（1）．
12. 王云霞．印度社会的法律改革．比较法研究，2000（2）．
13. 叶秋华．希伯来法论略：古代东方法律文化中的一枝奇葩．法学家，1999（5）．
14. 万亿．圣训在伊斯兰法中的地位和作用．比较法研究，1989（3）．
15. 高鸿钧．冲突与抉择：伊斯兰世界法律现代化．比较法研究，2001（4）．
16. 马明贤．当代伊斯兰法的复兴与改革．西亚非洲，2005（1）．
17. 吴云贵．伊斯兰法的理论基础．比较法研究，1990（1）．
18. 莎赫．伊斯兰法的性质．比较法研究，1989（1）．

三、古代西方法

1. 梁治平．从苏格拉底之死看希腊法的悲剧．读书，1987（8）．
2. 谢鹏程．论梭伦立法改革．山东法学，1993（1）．
3. 陈朝璧．罗马法的历史地位和借鉴作用．厦门大学学报（哲学社会科学版），1979（2）．
4. 由嵘．试论罗马法对英国法的影响．法律史论丛，1981（1）．
5. 谢邦宇．论罗马法的基本特征．青海社会科学，1982（2）．
6. 周枏．罗马十二铜表法．安徽大学学报，1983（3）．
7. 米健．略论罗马万民法产生的历史条件和思想渊源．厦门大学学报（哲学社会科学版），1984（1）．
8. 徐国栋．对十二表法的 4 个中译本的比较分析．求是学刊，2002（6）．
9. 徐国栋．共和晚期希腊哲学对罗马法之技术和内容的影响．中国社会科学，2003（5）．
10. 何勤华．略论罗马法形成和发展的特点．河北法学，1987（6）．
11. 克莱克尼尔，等．罗马法的接受和持续影响．林榕年，王云霞，译．中外法学，1995（2）．
12. 贝特鲁奇．从身份到契约与罗马的身份制度．徐国栋，译．现代法学，1997（6）．
13. 夏锦文，付建平．罗马法复兴与西欧法制现代化．比较法研究，2003（2）．
14. 劳森．罗马法对西方文明的贡献：上．比较法研究，1988（1）．
15. 劳森．罗马法对西方文明的贡献：下．比较法研究，1988（2）．

四、中世纪西欧法（包括日耳曼法、教会法、城市法和商法）

1. 叶秋华．西欧中世纪法制发展特点论析．南京师范大学学报（社会科学版），1999

（6）.

2. 叶秋华．资本主义民商法的摇篮：西欧中世纪城市法、商法与海商法．中国人民大学学报，2000（1）.

3. 张希孔．从撒利克法典看法兰克王国初期的法律制度．历史教学，1982（8）.

4. 易继明．论日耳曼财产法的团体主义特征．比较法研究，2001（3）.

5. 李秀清．《撒利克法典》若干问题之探析．比较法研究，2005（1）.

6. 高仰光．论日耳曼法中的赔命价制度．比较法研究，2006（3）.

7. 彭小瑜．中世纪西欧教会法对教会与国家关系的理解和规范．历史研究，2000（2）.

8. 李昌道．圣经中的法律研究．法学文稿，1983（3）.

9. 彭小瑜．格兰西之《教会法汇要》对奴隶和农奴法律地位的解释．世界历史，1999（3）.

10. 张镭，黄浴宇．中世纪欧洲城市制度与近代西方法律变革．河北法学，2001（1）.

11. 朱慈蕴，毛健铭．商法探源：论中世纪的商人法．法制与社会发展，2003（4）.

五、两大法系

（一）两大法系比较研究

1. 梁秀如．大陆法系和英美法系的比较．法律学习与研究，1987（6）.

2. 董茂云．大陆法系和英美法系的根本区别：两大法系法律观念比较．法学研究，1987（1）.

3. 麦克威利．法典法与普通法的比较．梁慧星译．法学译丛，1989（5）.

4. 舒国滢．当代西方法学的综合趋向．法学研究，1987（5）.

5. 郑永流．西方两大法系判例比较．中外法学，1989（4）.

（二）英美法

1. 沈宗灵．论普通法和衡平法的历史发展和现状．北京大学学报（哲学社会科学版），1986（3）.

2. 梁治平．英国判例法．法律科学，1991（1）.

3. 高鸿钧．英国法的主要特征：一个比较观察．比较法研究，1991（4）.

4. 董国强．英国自由大宪章的性质及其历史作用．北京政法学院学报，1982（2）.

5. 程汉大．12—13 世纪英国法律制度的革命性变化．世界历史，2000（5）.

6. 项焱，张烁．英国法治的基石：令状制度．法学评论，2004（1）.

7. 李红海．亨利二世改革与英国普通法．中外法学，1996（6）.

8. 郑祝君．英美法：时代性背景下的制度变迁．法商研究，2002（2）.

9. 何海波．没有宪法的违宪审查：英国故事．中国社会科学，2005（2）.

10. 张彩凤．现代英国法治理论的古典思想背景：理性自由主义法治观的兴起．中国人民公安大学学报，2001（4）.
11. 由嵘．1925年改革与现代英国财产法．中外法学，1993（1）.
12. 胡健．衰亡还是重生：英国大法官的历史演进．比较法研究，2005（6）.
13. 李红海．英国的法治传统与英国的法律职业阶层：兼论法律的专业化．比较法在中国，2003（4）.
14. 李红海．多维的英格兰宪政史：兼读梅特兰的《英格兰宪政史》．比较法研究，2010（6）.
15. 王云霞．从分立迈向合并：英国律师制度改革的基本走向．中外法学，2003（2）.
16. 赵向阳．从邦联条例到联邦宪法：美国立宪背景浅析．外国法学研究，1989（4）.
17. 李昌道．约翰・马歇尔对美国宪法的影响．法律史论丛，1983（3）.
18. 曾尔恕．试论美国宪法制定的法治渊源：英国的法治传统及其在北美殖民地的保留．比较法研究，2006（1）.
19. 谢维雁．论美国宪政下的正当法律程序．社会科学研究，2003（5）.
20. 奥顿．从马伯里诉麦迪逊案到布什诉戈尔案看美国司法审查制度的两百年．郭树理，译．法学评论，2002（2）.
21. 崔林林．从判例看美国反托拉斯法的历史与未来．河北法学，2001（5）.
22. 曾尔恕．本土法与外来法：美国的经验．政法论坛，2000（2）.
23. 张恒立．美国《统一商法典》立法之特色．江西社会科学，1998（9）.
24. 沈宗灵．二战后美国法律对民法法系法律的影响．北京大学学报（哲学社会科学版），1995（5）.
25. 李美勤．美国公司法的演变．国外法学，1988（1）.

（三）大陆法

1. 王振兴．略谈大陆法系的形成和发展．政法丛刊，1985（1）.
2. 谢怀栻．大陆法国家民法典研究．外国法译评，1995（2）.
3. 谢怀栻．大陆法国家民法典研究（续）．外国法译评，1995（3）.
4. 李启欣．法国法律渊源及其发展．法国研究，1988（2）.
5. 里弗罗．法国法律上对人权的宪法保障．王名扬，译．法学译丛，1979（3）.
6. 何勤华．朴蒂埃与《法国民法典》．外国法译评，1996（1）.
7. 叶秋华．西方民法史上的“骄子”：论《法国民法典》承上启下的历史地位．法学家，2004（2）.
8. 王云霞．《法国民法典》的时代精神探析．法学家，2004（2）.
9. 茨威格特，克茨．略论德国民法典及其世界影响．谢怀栻，译．法学译丛，1983（1）.
10. 吴卫国．德国民法典的变化．法学杂志，1985（5）.
11. 夏新华．德国法律文化的特性．德国研究，2005（4）.
12. 薛军．略论德国民法潘德克顿体系的形成．中外法学，2003（1）.
13. 由嵘．法国民法典与德国民法典的初步比较．法律史论丛，1983（3）.

14. 韩君玲．论日本法的移植与创新．法学杂志，2005（4）．

15. 魏晓阳．传统与革新：天皇在日本宪政制度中的历史作用．环球法律评论，2005（5）．

16. 丁相顺．日本近代“法典之争”的历史分析．法学家，2002（3）．

17. 真田芳宪．二战后美国法对日本法的影响．林灿玲，译．比较法研究，2002（3）．

18. 江平．日本民法典100年的启示．环球法律评论，2001（3）．

19. 植田信广．日本传统法律文化及其历史背景．中外法学，1996（4）．

20. 王成伟．第二次世界大战后日本法律制度的变化．日本问题研究，1995（4）．

六、其他法律体系

1. 王钺．《罗斯法典》产生的社会背景分析．兰州大学学报（社会科学版），1996（4）．

2. 苑思深，郭宝平．苏联的法律文化观点．中外法学，1989（2）．

3. 董晓阳．俄罗斯宪法制度的演变与时代特征．俄罗斯中亚东欧研究，2003（1）．

4. 肖辉忠，燕玉叶．90年代以来的俄罗斯法制建设．俄罗斯研究，2003（3）．

5. 刘向文．谈俄罗斯联邦刑事立法的历史发展．法学与实践，1997（5）．

6. 鄢一美．俄罗斯第三次民法法典化．比较法研究，2000（1）．

有关法律法规

1. 乌尔纳姆法典．历史研究，1984（5）．

2. 汉穆拉比法典//《外国法制史》编写组编．外国法制史资料选编：上册．北京：北京大学出版社，1982.

3. 摩奴法论．蒋忠新，译．北京：中国社会科学出版社，1986.

4. 十二表法//周枏．罗马法原论：下册．北京：商务印书馆，1994.

5. 法学总论．张企泰，译．北京：商务印书馆，1989.

6. 民法大全选译：债·契约之债．丁玫，译．北京：中国政法大学出版社，1992.

7. 民法大全选译：债·私犯之债·阿奎利亚法．米健，译．北京：中国政法大学出版社，1992.

8. 民法大全选译：司法管辖权·审判诉讼．黄风，译．北京：中国政法大学出版社，1992.

9. 撒利克法典//《外国法制史》编写组编．外国法制史资料选编：上册．北京：北京大学出版社，1982.

10. 英国1893年货物买卖法．http：//www.lawspirit.com/legalenglish/select/resouce1/54.htm.

11. 美利坚合众国宪法//《外国法制史》编写组编．外国法制史资料选编：下册．北京：北京大学出版社，1982.

12. 美国统一商法典．潘琪，译．北京：中国对外经济贸易出版社，1990.

13. 谢尔曼反托拉斯法．http：//www.lawspirit.com/legalenglish/select/resouce1/51.htm.

14. 联邦贸易委员会法．http：//www.lawspirit.com/legalenglish/select/resouce1/16.htm.

15. 人和公民的权利宣言//《外国法制史》编写组编．外国法制史资料选编：下册．北京：北京大学出版社，1982.

16. 法兰西共和国宪法（1958）//九国宪法选译．北京：群众出版社，1981.

17. 拿破仑法典．李浩培，等译．北京：商务印书馆，1996.

18. 法国刑法典．罗结珍，译．北京：中国人民公安大学出版社，1995.

19. 法国商法典．金邦贵，译．北京：中国法制出版社，2000.

20. 法国新民事诉讼法典．罗结珍，译．北京：中国法制出版社，1999.

21. 法国刑事诉讼法典．罗结珍，译．北京：中国法制出版社，2006.

22. 魏玛宪法．http：//www.chinalawedu.com/news/15300/154/2006/4/xi707411311111246002142290.htm.

23. 德意志联邦共和国基本法//九国宪法选译．北京：群众出版社，1981.

24. 德国民法典．陈卫佐，译注．北京：法律出版社，2004.

25. 德国刑法典．徐久生，庄敬华，译．北京：中国法制出版社，2000.

26. 德国商法典．杜景林，卢谌，译．北京：中国政法大学出版社，2000.

27. 德国刑事诉讼法典．李昌珂，译．北京：中国政法大学出版社，1995.

28. 德意志联邦共和国民事诉讼法典．谢怀栻，译．北京：中国法制出版社，2001.

29. 日本国宪法（1946）//九国宪法选译．北京：群众出版社，1981.

30. 日本民法典．王书江，译．北京：中国法制出版社，2000.

31. 日本刑法典．张明楷，译．北京：法律出版社，2006.

32. 日本商法典．王书江，殷建平，译．北京：中国法制出版社，2001.

33. 俄罗斯联邦民法典．黄道秀，译．北京：北京大学出版社，2007.

《　　　　　　　》* 任课教师调查问卷

为了能更好地为您提供优秀的教材及良好的服务，也为了进一步提高我社法学教材出版的质量，希望您能协助我们完成本次小问卷，完成后您可以在我社网站中选择与您教学相关的 1 本教材作为今后的备选教材，我们会及时为您邮寄送达！如果您不方便邮寄，也可以申请加入我社的**法学教师 QQ 群：436438859（申请时请注明法学教师）**，然后下载本问卷填写，并发往我们指定的邮箱（cruplaw@163.com）。

邮寄地址：北京市海淀区中关村大街甲 59 号文化大厦中国人民大学出版社 1202 室收

邮　　编：100080

再次感谢您在百忙中抽出时间为我们填写这份调查问卷，您的举手之劳，将使我们获益匪浅！

基本信息及联系方式：※

姓名：__________ 性别：__________ 课程：__________

任教学校：______________ 院系（所）：______________

邮寄地址：______________ 邮编：______________

电话（办公）：__________ 手机：__________ 电子邮件：__________

调查问卷：※

1. 您认为图书的哪类特性对您选用教材最有影响力？（　　）（可多选，按重要性排序）
   A. 各级规划教材、获奖教材　　B. 知名作者教材
   C. 完善的配套资源　　D. 自编教材
   E. 行政命令
2. 在教材配套资源中，您最需要哪些？（　　）（可多选，按重要性排序）
   A. 电子教案　　B. 教学案例
   C. 教学视频　　D. 配套习题、模拟试卷
3. 您对于本书的评价如何？（　　）
   A. 该书目前仍符合教学要求，表现不错将继续采用
   B. 该书的配套资源需要改进，才会继续使用
   C. 该书需要在内容或实例更新再版后才能满足我的教学，才会继续使用
   D. 该书与同类教材差距很大，不准备继续采用了
4. 从您的教学出发，谈谈对本书的改进建议：______________________

____

____

选题征集：如果您有好的选题或出版需求，欢迎您联系我们：

联系人：黄　强　联系电话：010-62515955/5536

索取样书：书名：______________________________

书号：______________________________

备注：※为必填项。